式部省補任

八木書店

凡例

一　本書は、「式部省補任　附文章道大業」・「式部考証」・「解説」の三部構成をとる。

一　第一部「式部省補任」は、藤原道隆政権の成立した正暦元年（九九〇）から建武政権が崩壊した建武三年（延元元年〈一三三六〉）までの期間を編年で編集した補任表である。第二部「式部考証」は、第一部で検出した人物及び前官等の表記によって当該期間に在職の確認できる人物について、系譜・経歴・備考を中心に整理した人名考証である。配列は人名索引としても使えることを配慮して、皇族を最初に置き、以下、姓・名の五十音順とした。第三部「解説」では、補任表を作成したそれぞれの官職について、補任の慣例を中心に概説を述べた。文章道大業諸家の動向については、拙稿「南家儒流と鎌倉幕府」（『栃木史学』九号　一九九五年）を参照していただきたい。

一　本書で出典として掲出した史料名は、以下の通りである。史料名は、叢書中に収められた書名を用いた。

一　石清水八幡宮史料叢書

『臨放記』

一　群書類従（正・続・続々）
『御即位次第』『改元部類』『賀陽院水閣歌合』『観音院恒例結縁灌頂記』『官職秘鈔』『関東評定衆伝』『蔵人補任』『桂林遺芳抄』『外記補任』『元秘抄』『建武年間記』『弘安四年鶴岡八幡宮遷宮記』『高野御幸記』『康平記』『後三条院御即位記』『実任卿改元定記』『十三代要略』『正元元年東宮御元服部類記』『常楽記』『宣旨類』『尊勝寺供養記』『太皇太后宮大進清輔家歌合』『中古歌仙三十六人伝』『長徳二年大間書』『伝宣草』『東宮冠礼部類記』『東宮元服祝文』『東寺要集』『東大寺続要録』『東大寺別當次第』『内大臣殿歌合』『文永七年宸筆御八講記』『平記』『編御記』『弁官補任』『法勝寺供養記』『法勝寺金堂造営記』『妙槐記除目部類』『綸旨抄』

一　国史大系
『本朝世紀』『吾妻鏡』『公卿補任』『朝野群載』『日本紀略』『百錬鈔』『扶桑略記』『政事要略』『本朝文粋』『本朝続文粋』『類聚符宣抄』

一　史籍集覧
『新抄』『民経記』

一　史料纂集
『園太暦』『北野神社文書』『公衡公記』『葉黄記』『師守記』

一　史料拾遺
『魚魯愚抄』

一　史料大成（正・続）
『永仁三年記』『永昌記』『鎌倉年代記』『春日社記録』『勘仲記』『吉続記』『吉記』『建治三年記』『江記』『後称念院関白冬平公記』『権記』『左経記』『山槐記』『春記』『白河上皇高野御幸記』『水左記』『帥記』『台記』『中右記』『長秋記』『土右記』『花園天皇宸記』『兵範記』『武家年代記』『伏見院宸記』『平戸記』『妙槐記』『歴代宸記』

一　神道大系
『伊勢勅使部類』『宮寺縁事抄』『伯家部類』

一　大日本古記録
『猪隈関白記』『岡屋関白記』『後二条師通記』『実躬卿記』『小右記』『中右記』『殿暦』『御堂関白記』『民経記』

一　大日本古文書
『東大寺文書』

一　大日本史料
『雨言雑秘記』『栄山寺文書』『御譲位記』『改元勘文部類』『嘉禄二年秋除目聞書』『寛弘四年九月九日記』『魚魯抄符案』『建久御即位記』『建久興福寺供養次第』『江都督納言願文集』『五壇法記』『朔旦冬至賀表并裏書』『叙位議次第抄』『叙位尻付抄』『諸家大系図』『摂政詔宣下類聚』『高辻家譜』『為房卿記』『天皇元服部類記』『広橋家記録』『扶桑古文集』『不知記』『平座小除目等部類』『枕草子』（宮内庁図書寮本）『三柱神社文書』『類聚国史紙背文書』『倭歌作者部類』

一　大日本仏教全書

『造興福寺記』『寺門伝記補録』

一　中世法制史料集

『鎌倉幕府法』

一　図書寮叢刊

『御産部類記』『九条家歴世記録　一』『砂巌』『経俊卿記』『玉葉』

一　日本古典文学大系

『太平記』『平家物語』『平治物語』『保元物語』

一　日本絵巻大成

『石山寺縁起』

一　陽明叢書

『愚昧記』

一　歴代残闕日記

『右大弁平時範朝臣記』『右兵衛佐高階仲章記』『官記』『寛治二年記』『京極関白藤師実公記』『江記』『御譲位記』『五条宰相菅原為長卿記』『権大納言藤資季卿記』『権中納言藤実任卿記』『西園寺太政大臣実兼公記』『実躬卿記』『大外記清原良業記』『大外記中原師淳記』『大外記中原師兼記』『大外記中原師右記』『大外記中原師光朝臣記』『鷹司中納言藤頼平卿記』『朝観部類』『洞院大納言藤公定卿記』『仁和寺日次記』『野宮内大臣藤公継公記』『葉室中納言藤顕隆卿記』『民経記』

『冷泉中納言藤頼定卿記』

一　単行の史料

『顕時卿記』（内閣文庫所蔵）「三条西家本栄花物語」（『岩波文庫』）『大間成文抄』『御即位叙位部類記』（内閣文庫所蔵）『御即位正安之記』（『伯家記録考』所収）『花押かがみ』『革命勘文　建仁元年』（内閣文庫所蔵）「漢籍古點本奥書識語集」（小林芳規著『平安鎌倉時代における漢籍訓読の国語史的研究』所収）『玉蘂』『玉葉』『警固中節会部類記』（菊池紳一「『警固中節会部類記』について」『学習院史学』二五号）「外記補任」（宮内庁書陵部所蔵・前田育徳会尊経閣文庫所蔵）『江記逸文集成』（木本好信編）「古書雑記」（西岡芳文「尊経閣文庫所蔵『古書雑記』について」『金沢文庫研究』二九九号）「惟宗系図」（東京大学史料編纂所所蔵）『実隆公記』（続群書類従完成会）『地下家伝』「時範記」（『書陵部紀要』）『除目雑例抄』（内閣文庫所蔵　押小路文書）「除目申文之抄」（宮内庁書陵部所蔵）「青蓮院蔵吉祥院天満宮文書」（『東京大学史料編纂所研究紀要』五）「千載佳句」（金原理「松平文庫本『千載佳句』について」『平安朝漢詩文の研究』所収）「為房卿記」（駒澤大学大学院史学会古代史部会編『史聚』一〇号）『親経卿記』『千葉大系図』「中右記部類巻第二八紙背漢詩」（後藤昭雄著『平安時代漢文文献の研究』）「朝野群載抄」（高田義人「『朝野群載抄』について」『栃木史学』一八号）『津守氏古系図』（加地宏江「『津守氏古系図』について」『人文論究』三七巻一号）「爾家抄」（宮内庁書陵部所蔵）『洞院二十巻部類』（内閣文庫所蔵）『洞院家記　御即位部類』（内閣文庫所蔵）『土右記』（平林盛得翻刻　『書陵部紀要』一二号）『東宮元服之記』（橋本義彦「殿上日記と外記日記」『平安貴族社会の研究』所収）『仁部記』（大森金五郎旧蔵本）「兵範記紙背文書」（吉田早苗「京都大学附属図書館所蔵兵範記紙背文書にみえる官職申文」『東京大学史料編纂所報』一四号、同「兵範記紙背文書にみえる官職申文」『同』二三号・二四号、『東京大学史料編纂所研究紀要』一号）『平安遺文』「保元三年秋除目大間」（内閣文庫本）「三井寺灌頂脈譜」（内閣文庫本）『壬生新写古文書』『明月記』

目次

式部省補任

附文章道大業

凡例

一、補任表の略号は、以下の通り。
補　官職補任を示す。
初　初出史料。
着座　任官後、初参（初出仕）の日を示す。
現　現任の確認できる史料。その史料一例の時に用いる。
転　その官職への転任を示す。
遷　同一位階内での遷官を示す。
申＋官職　除目で提出された任官申文。
官職＋初　その官職の初出史料。年内に異動があった場合及びその官職の初出を確認した場合の表記。
官職＋補　その官職への補任を示す史料。年内に異動があった場合の表記。
官職＋転　その官職への転任を示す史料。年内に二度以上の転任があった場合の二度目以降の表記。
官職＋現　その官職在職を示す史料。一例の時に用いる。
終　在職ないし、その官職における終出史料。
出家　出家の場合は、出家した月日を表記した。

薨・卒　死亡を表わす。薨・卒は身分によって表記が異なる。
叙　従五位下への叙爵や加階を示す。
叙＋位階　年内に二度以上の昇叙があった場合に該当する位階を示した。
宿　宿官。宿官以外にも式部丞が叙爵によって補任された諸国権守を記した。
去　任期を満たした退任など、正当な退任。
解　解任。
兼　兼官。
前年に同じ　異動のない場合。
一、史料の記載順は、次の通り。
補任・転任等異動の場合　月日・尻付等による前官・史料名。ただし、同日の場合は日付を省略した。
初出の場合　古文書　年月日・文書名・出典。
古記録・編纂史料等　史料名・条文。
一、同日の記録が複数ある場合には、『某』・『某』年月日条と頭に史料名を列記し、年月日をその後に記した。

一条天皇　寛和二年七月廿二日即位
寛弘八年六月十三日譲位

正暦元年（九九〇）

式部卿　為平親王　（初）永観二年秋（『大間成文抄』第一　当年給）。

式部大輔　従三位　高階成忠　（補）永延元年七月十二日（『公卿補任』）。

式部権大輔　正四下　菅原輔正　（補）天元五年三月五日（『小右記』『公卿補任』）。

式部少輔　三善佐忠　（初）『本朝世紀』正暦元年十二月九日条。

式部大丞　正六上　藤原伊祐　（式部丞初）『小右記』正暦元年八月十五日条。
（大丞現）『本朝世紀』正暦元年十月廿三日条。

正六上　源　致治　（現）『本朝世紀』正暦元年十二月九日条。

式部少丞　正六上　紀　伊賢　（現）『本朝世紀』正暦元年十二月九日条。

式部大録

式部少録　正六上　林　相門　（補）天延元年九月（「外記補任」）。
（遷）八月三十日　民部少録（「外記補任」）。

式部録　正六上　和気元倫　（初）『本朝世紀』正暦元年十二月九日条。

文章博士　三善道統　（補）永延元年七月（『二中歴』第二　文章博士歴）。

従五上　大江匡衡　（補）永祚元年十一月廿八日（「中古歌仙三十六人伝」）。

東宮学士　従四下　藤原忠輔　（補）寛和二年七月十六日（『公卿補任』）。
（兼）正月廿九日　紀伊権守（『弁官補任』）。

従五上 高階信順　（初）永祚二年十月十日　太政官牒（『東大寺文書』「東南院文書」一九九号）。

大内記　文室如正　（現）『本朝世紀』正暦元年九月廿三日条。

少内記　正六上 藤原惟貞　（初）「小記目録」永祚元年正月七日条。
（終）『小右記』正暦元年十月廿七日条。

大学頭

正暦二年（九九一）

式部卿　為平親王　前年に同じ。

式部大輔　従二位 高階成忠　（叙）七月十日　去大輔　二階（『扶桑略記』『公卿補任』）。
正四下 菅原輔正　（補）五月廿一日（『公卿補任』）。

式部権大輔 正四下 菅原輔正　（遷）五月廿一日（『公卿補任』）。

式部少輔　三善佐忠　前年に同じ。

式部大丞

式部少丞

式部録　正六上 和気元倫　前年に同じ。

文章博士　三善道統　前年に同じ。
従五上 大江匡衡　（兼）正月一日　侍従（「中古歌仙三十六人伝」）。

東宮学士　従四下 藤原忠輔　前年に同じ。
高階信順　前年に同じ。

大内記　巨勢為時　（初）『権記』正暦二年九月七日条。

少内記

大学頭

正暦三年（九九二）

式部卿　為平親王　前年に同じ。

式部大輔　従三位 菅原輔正　（叙）二月九日　持朱雀院御骨

賞　式部大輔如元（『日本紀略』『公卿補任』）。

式部少輔　三善佐忠　（終）正暦三年十二月十一日　大江通直書状（「桂林遺芳抄」文章得業生事）。

式部権輔

式部丞　正六上藤原知光　（現）四月九日（『江家次第』第六　平野祭）。

式部大録　正六上和気元倫　（初）正暦三年十二月廿日　宣旨（「桂林遺芳抄」）。

式部少録

文章博士　三善道統　前年に同じ。

従五上大江匡衡　（兼）正月廿日　尾張権守（「中古歌仙三十六人伝」）。

東宮学士　従四下藤原忠輔　前年に同じ。

高階信順　前年に同じ。

大内記　巨勢為時　前年に同じ。

少内記　正六上藤原弘道　（現）正暦三年十二月十一日　大江通直書状（「桂林遺芳抄」）。

大学頭

正暦四年（九九三）

式部卿　為平親王　前年に同じ。

式部大輔　従三位菅原輔正　前年に同じ。

式部少輔

式部権輔

式部丞　正六上藤原輔尹　（初）『権記』正暦四年二月廿八日条。

（終）『権記』正暦四年三月廿九日条。

式部少丞　従五下平　理義　（初）『小右記』正暦四年三月廿九日条。

（叙）十一月十五日（『小右記』）。

式部丞　正六上源　惟時　（現）『小右記』正暦四年七月五

日条。

正六上　藤原頼隆　（現）『本朝世紀』正暦四年十二月十九日条。

式部大録　正六上　和気元倫　前年に同じ。

式部少録

文章博士　三善道統　前年に同じ。

従五上　大江匡衡　前年に同じ。

東宮学士　正四下　藤原忠輔　（叙従四位上）正月七日（『公卿補任』『弁官補任』）。

（叙正四位下）十一月廿五日（『公卿補任』『弁官補任』）。

高階信順　前年に同じ。

大内記　巨勢為時　前年に同じ。

少内記

大学頭

正暦五年（九九四）

式部卿　為平親王　前年に同じ。

式部大輔　従三位　菅原輔正　前年に同じ。

式部少輔

式部権輔

式部大丞　正六上　平　孝順　（現）『本朝世紀』正暦五年四月廿三日条。

式部少丞

式部大録　正六上　和気元倫　前年に同じ。

式部少録

文章博士　三善道統　前年に同じ。

従五上　大江匡衡　前年に同じ。

東宮学士　正四下　藤原忠輔　（兼）正月廿五日　紀伊権守（『弁官補任』）。

（転）九月八日　左中弁（『弁官補任』）。

正五下　高階信順　正暦五年七月廿一日　太政官牒（『東大寺文書』「東南院文書」

三九号）。

大内記　巨勢為時　（終）『権記』正暦五年八月廿八日条。

弓削以言　（初）『本朝世紀』正暦五年五月廿五日条。

少内記

大学頭

長徳元年（九九五）

式部卿　為平親王　前年に同じ。

式部大輔　従三位　菅原輔正　前年に同じ。

式部少輔

式部権少輔　正五下　大江匡衡　（補）八月廿八日（「中古歌仙三十六人伝」）。

式部大丞

式部少丞

式部大録　正六上　和気元倫　前年に同じ。

式部少録　正六上　能登守成　（補）八月　文章生散位（「外記補任」・「除目申文之抄」）。

正六上　惟宗貴重　（補）八月　文章生（『大間成文抄』第十　当職文章生・「除目申文之抄」）。

文章博士　三善道統　前年に同じ。

正五下　大江匡衡　（叙）正月七日（「中古歌仙三十六人伝」）。

東宮学士　正四下　藤原忠輔　前年に同じ。

従四下　高階信順　（終）九月廿六日（『東大寺文書』「東南院文書」二〇一号）。

大内記　弓削以言　（終）『百錬鈔』長徳元年八月廿一日条。

少内記　正六上　藤原中尹　（兼）正月十日　六位蔵人（『権記』）。

大学頭

長徳二年（九九六）

式部卿　為平親王　前年に同じ。

式部大輔　従三位　菅原輔正　（補）参議　四月廿四日（『公卿補任』）。

式部権大輔　従四下　藤原行成　（補）正月廿五日（『公卿補任』）。

式部少輔

式部権少輔　正五下　大江匡衡　前年に同じ。

式部大丞　正六上　源　済政　（少丞初）『小右記』長徳二年正月十三日条。
（転）正月廿五日（「長徳二年大間書」）。

式部少丞　正六上　藤原有家　（補）正月廿五日（「長徳二年大間書」）。

正六上　菅原宣義　（補）正月廿五日（「長徳二年大間書」）。
（終）『小右記』長徳二年十月十三日条。

式部丞　正六上　式光　（現）『小右記』長徳二年十月十三日条。

式部大録　正六上　和気元倫　（遷）正月廿五日　右少史（「長徳二年大間書」）。

式部少録　正六上　能登守成　（遷）正月　権少外記（「外記補任」）。

文章博士　三善道統　前年に同じ。

正五下　大江匡衡　前年に同じ。

東宮学士　正四下　藤原忠輔　（終）長徳二年二月十一日　太政官符（『大間成文抄』第二　任符返上）。
（補）七月廿九日　参議（『公卿補任』）。

従五下　藤原弘道　（補）『二中歴』第二　儒職歴学士侍読。

大内記　紀　斉名　（初）『小右記』長徳二年正月十日条。

少内記　正六上 藤原中尹　前年に同じ。
　　　　正六上 源　至光　(兼)正月十日　六位蔵人　少内記如元(『小右記』)。
　　　　(終)『小右記』長徳二年八月九日条。

大学頭

式部巡　藤原為時　(補)正月廿八日　越前守　式部(『日本紀略』・『今昔物語集』巻二四―三〇「藤原為時詩を作りて越前守に任ぜられし語」)。

長徳三年（九九七）

式部卿　一品　為平親王　長徳三年正月廿四日　式部卿親王長徳二年未給挙(『大間成文抄』第一　春外国　未給)。

式部大輔　従三位 菅原輔正　前年に同じ。

式部少輔

式部権少輔 正五下 大江匡衡　(兼)正月廿八日　越前権守(「中古歌仙三十六人伝」)。
　　　　(兼)三月九日　東宮学士(「中古歌仙三十六人伝」)。

式部丞　従五下 源　済政　(叙)正月六日(宮内庁書陵部本『枕草子』傍注)。
　　　　(宿)正月廿八日(宮内庁図書寮本『枕草子』傍注)。
　　　　正六上 橘　行資　(初)『権記』長徳三年十二月十三日条。
　　　　正六上 藤原信経　(補)正月廿八日　兵部丞(宮内庁書陵部本『枕草子』傍注)。

式部大録

式部少録

文章博士　三善道統　前年に同じ。
　　　　正五下 大江匡衡　(兼)正月廿八日　越前権守(「中古歌仙三十六人伝」)。

（兼）三月九日　東宮学士（「中古歌仙三十六人伝」）。

東宮学士　正五下　大江匡衡　（補）三月九日（「中古歌仙三十六人伝」）。

　従五下　藤原弘道　前年に同じ。

大内記　従五下　紀　斉名　前年に同じ。

少内記　正六上　藤原中尹　前年に同じ。

　正六上　大江昌言　（現）『日本紀略』長徳三年三月廿五日条。

　正六上　大江通直　（補）元治部丞（『大間成文抄』第八　課試及第）。

　正六上　　信義　（現）『権記』長徳三年十月廿一日条。

大学頭

長徳四年（九九八）

式部卿　一品　為平親王　前年に同じ。

式部大輔　従三位　菅原輔正　前年に同じ。

式部権大輔　従四下　大江匡衡　（転）正月廿五日（「中古歌仙三十六人伝」）。

式部少輔

式部権少輔　従四下　大江匡衡　（叙）正月七日（「中古歌仙三十六人伝」）。

式部大丞　正六上　源　国政　（卒）七月六日（『権記』）。

式部丞　従五下　橘　行資　（叙）七月十四日（『権記』）。

　従五下　藤原信経　（叙）正月七日（宮内庁書陵部本『枕草子』傍注）。（宿）正月廿五日　河内権守（宮内庁書陵部本『枕草子』傍注）。

　正六上　藤原泰通　（初）『権記』長徳四年十一月廿二日条。

式部大録

式部少録

文章博士　三善道統　（終）『権記』長徳四年七月十日条。

従四下 大江匡衡 （叙）正月七日（「中古歌仙三十六人伝」）。

東宮学士 従四下 大江匡衡 （叙）正月七日（「中古歌仙三十六人伝」）。

大内記 従五下 藤原弘道 前年に同じ。

紀　斉名 前年に同じ。

少内記 正六上 藤原中尹 （兼）正月十日　六位蔵人（『権記』）。

大学頭 （終）『権記』長徳四年九月一日条。

長保元年（九九九）

式部卿 一品 為平親王 前年に同じ。

式部大輔 従三位 菅原輔正 前年に同じ。

式部権大輔 従四下 大江匡衡 前年に同じ。

式部少輔 従五上 紀　斉名 （卒）十二月十五日（『権記』同日条・『小右記』同十六日条）。

式部大丞 正六上 藤原泰通 （初）『本朝世紀』長保元年五月十一日条。

（終）『権記』長保元年十一月七日条。

正六上 藤原師信 （現）『本朝世紀』長保元年五月十一日条。

式部少丞 正六上 藤原広業 （補）正月卅日（『公卿補任』）。

正六上 源　済頼 （現）『本朝世紀』長保元年五月十一日条。

式部大録

式部少録 正六上 伴　季随 （初）『本朝世紀』長保元年五月十一日条。

正六上 石城文信 （初）『本朝世紀』長保元年五月十一日条。

正六上 弓削清言 （現）『本朝世紀』長保元年五月十一日条。

正六上 阿刀佐友 （現）『本朝世紀』長保元年五月

十一日条。

文章博士　従四下　大江匡衡　前年に同じ。
　　　　　従五下　藤原弘道　（補）正月（『魚魯愚抄』巻第五　文章博士兼国）。
東宮学士　従四下　大江匡衡　前年に同じ。
　　　　　従五下　藤原弘道　（兼）正月　文章博士（『魚魯愚抄』巻第五　文章博士兼国）。
大内記　従五上　紀　斉名　（卒）十二月十五日（『権記』）。
少内記
大学頭　従五上　源　孝道　（現）長保元年八月廿七日　大和国司解（『平安遺文』三八五号）。

長保二年（一〇〇〇）

式部卿　一品　為平親王　前年に同じ。
式部大輔　従三位　菅原輔正　（兼）近江守　正月十七日（『公卿補任』）。
式部権大輔　従四下　大江匡衡　前年に同じ。
式部少輔
式部少丞　正六上　藤原広業　（叙）正月廿四日　蔵人（『公卿補任』）。
式部丞　正六上　橘　則隆　（初）『権記』長保二年四月五日条。
式部少録　正六上　弓削清言　（申外記）『権記』長保二年正月廿二日条。
式部録　正六上　伴　季随　（申史）正月廿二日　式部録　省奏（『権記』）。
　　　　正六上　石城文信　（申史）正月廿二日　式部録　左大臣挙（『権記』）。同年右少史補任（『官史補任』参照）。
文章博士　従四下　大江匡衡　（終）『日本紀略』長保二年八月五日条。
　　　　　　　　　藤原弘道　前年に同じ。
東宮学士　従四下　大江匡衡　前年に同じ。
　　　　　　　　　藤原弘道　前年に同じ。

大内記　　菅原宣義　(初)『権記』長保二年二月廿五日条。

少内記　正六上源　則孝　(申式部)少内記(『権記』長保二年正月廿二日条)。

(初)『権記』長保二年二月三日条。

大学頭

長保三年（一〇〇一）

式部卿　一品　為平親王　前年に同じ。

式部大輔　従三位　菅原輔正　前年に同じ。

式部権大輔　従四下　大江匡衡　(兼)正月廿四日　尾張権守(「中古歌仙三十六人伝」)。

式部少輔

式部丞　従五下　橘　則隆　(叙)正月廿四日(『権記』)。

正六上源　兼宣　(初)『権記』長保三年二月九日条。

(出家)四月廿六日(『日本紀略』同日条・『権記』同廿七日条)。

式部大録　正六上　大江忠孝　(初)『権記』長保三年九月十四日条。

式部少録

文章博士　　藤原弘道　(兼)正月　但馬権守(『魚魯愚抄』巻第五　文章博士兼国)。

従五上　大江以言　(補)八月(『二中歴』第二　文章博士歴・寛弘四年二月廿二日　大江以言申文『本朝文粋』巻第六　奏状)。

東宮学士　従四下　大江匡衡　(兼)正月廿四日　尾張権守(「中古歌仙三十六人伝」)。

藤原弘道　前年に同じ。

大内記　　菅原宣義　前年に同じ。

少内記　正六上源　則孝　(終)『権記』長保三年十二月廿

九日条。

正六上　仲保　（現）『権記』長保三年九月十一日条。

大学頭　文室如正　（補）正月（治安二年正月廿二日源頼重申文『魚魯愚抄』巻第四　兼国）。

長保四年（一〇〇二）

式部卿　一品　為平親王　前年に同じ。

式部大輔　従三位　菅原輔正　前年に同じ。

式部権大輔　従四下　大江匡衡　前年に同じ。

式部少輔

式部丞　正六上　藤原実房　（初）『本朝世紀』長保四年十月廿四日条。

正六上　藤原定房　（現）十月廿二日（「文永七年宸筆御八講記」）。

式部大録

式部少録

文章博士　藤原弘道　前年に同じ。

大江以言　前年に同じ。

東宮学士　従四下　大江匡衡　前年に同じ。

藤原弘道　前年に同じ。

大内記　菅原宣義　前年に同じ。

少内記

大学頭　文室如正　前年に同じ。

長保五年（一〇〇三）

式部卿　一品　為平親王　前年に同じ。

式部大輔　正三位　菅原輔正　（叙）十一月五日　臨時（『公卿補任』）。

式部権大輔　正四下　大江匡衡　（叙従四位上）正月七日　策労（「中古歌仙三十六人伝」）。（叙正四位下）十一月五日　造営功（「中古歌仙三十六人伝」）。

式部少輔
式部大丞　正六上源　永光　（初）『本朝世紀』長保五年二月廿八日条。
式部丞　藤原実房　（終）『権記』長保五年正月七日条。
式部少丞　正六上源　頼貞　（初）『権記』長保五年正月十日条。
正六上源　道済　（補）正月卅日（「中古歌仙三十六人伝」）。
式部大録
式部少録
文章博士　藤原弘道　前年に同じ。
大江以言　前年に同じ。
東宮学士　正四下大江匡衡　前年に同じ。
藤原弘道　前年に同じ。
大内記　菅原宣義　前年に同じ。
少内記　平　邦光　（現）『本朝世紀』長保五年三月七日条。
大学頭　文室如正　前年に同じ。

寛弘元年（一〇〇四）

式部卿　一品　為平親王　前年に同じ。
式部大輔　正三位菅原輔正　前年に同じ。
式部権大輔　正四下大江匡衡　前年に同じ。
式部少輔　紀　為基　（現）『御堂関白紀』寛弘元年十一月廿六日条。
式部大丞　従五下藤原頼明　（初）『御堂関白記』『権記』寛弘元年正月五日条。
（叙）正月六日　中宮御給（『権記』『御堂関白記』）。
式部丞　従五下源　頼貞　（叙）正月五日　蔵人式部丞（『権記』）。
正六上源　道成　（現）『御堂関白記』寛弘元年正月五日条。
式部大丞　正六上源　永光　前年に同じ。
正六上源　道済　（転）正月卅日（「中古歌仙三十

六人伝」）。

式部丞　正六上源　忠隆　（初）『権記』寛弘元年三月十九日条。
（終）『日本紀略』寛弘元年五月廿一日条。

式部大録

式部少録

文章博士　藤原弘道　前年に同じ。
大江以言　前年に同じ。

東宮学士　正四下大江匡衡　前年に同じ。
藤原弘道　前年に同じ。

大内記　菅原宣義　前年に同じ。

少内記　正六上藤原惟規　（初）『御堂関白記』寛弘元年正月十一日条。

大学頭　文室如正　前年に同じ。

寛弘二年（一〇〇五）

式部卿　一品　為平親王　前年に同じ。

式部大輔　正三位菅原輔正　前年に同じ。

式部権大輔　正四下大江匡衡　前年に同じ。

式部少輔

式部大丞　正六上源　永光　（終）『小右記』寛弘二年正月七日条。
正六上源　道済　前年に同じ。

式部丞　正六上藤原隆光　（初）『小右記』寛弘二年三月廿五日条。
（終）『権記』寛弘二年九月六日条。

式部大録

式部少録

文章博士　藤原弘道　前年に同じ。
大江以言　前年に同じ。

東宮学士　正四下大江匡衡　前年に同じ。
藤原弘道　前年に同じ。

大内記　菅原宣義　前年に同じ。
少内記　正六上 藤原惟規　(終)『御堂関白記』寛弘二年十一月十日条。
大学頭　文室如正　前年に同じ。

寛弘三年（一〇〇六）

式部卿　一品　為平親王　前年に同じ。
式部大輔　正三位 菅原輔正　前年に同じ。
式部権大輔　正四下 大江匡衡　(辞)正月　辞権大輔以男挙周任少丞(『中古歌仙三十六人伝』)。
式部少輔
式部大丞　従五下 源　道済　(叙)正月七日(『中古歌仙三十六人伝』)。
(宿)正月廿八日　下総権守(『中古歌仙三十六人伝』)。
式部少丞　正六上 藤原定佐　(初)『御堂関白記』寛弘三年五月十日条・『日本紀略』『扶桑略記』「十三代要略」。
(除籍)五月十一日(『御堂関白記』『権記』『百錬鈔』)。
(如元)六月十三日(『御堂関白記』『権記』)。
正六上 藤原資業　(補)正月廿八日(『公卿補任』)。
正六上 大江挙周　(補)正月(『中古歌仙三十六人伝』)。
(兼)三月四日　蔵人(『御堂関白記』)。
式部大録
式部少録
文章博士　藤原弘道　前年に同じ。
大江以言　前年に同じ。
東宮学士　正四下 大江匡衡　(辞)正月　式部権大輔(『中古歌仙三十六人伝』)。
藤原弘道　前年に同じ。

大内記　菅原宣義　前年に同じ。
少内記　正六上　藤原頼任　（初）『権記』寛弘三年六月廿三日条。同日兼東宮侍者。
大学頭　文室如正　前年に同じ。

寛弘四年（一〇〇七）

式部卿　一品　為平親王　前年に同じ。
式部大輔　正三位　菅原輔正　前年に同じ。
式部少輔
式部権少輔　従五上　菅原宣義　（初）「寛弘四年九月九日記」。
式部大丞　正六上　藤原資業　（転）正月廿八日（『公卿補任』）。
式部少丞
式部大録
式部少録
文章博士　従四下　藤原弘道　（兼）正月　信濃権守（『魚魯愚抄』巻第五　文章博士兼国）。
　正五下　大江以言　（終）『日本紀略』寛弘四年四月廿五日条。
東宮学士　従四下　藤原弘道　文章博士項に同じ。
　正四下　大江匡衡　（辞）九月廿日（「中古歌仙三十六人伝」）。
　正五下　藤原広業　（補）九月廿八日（『公卿補任』「春宮坊官補任」）。
大内記　菅原宣義　前年に同じ。
少内記　正六上　藤原隆佐　（補）正月廿八日　文章生（『公卿補任』『大間成文抄』第十　当職文章生）。
大学頭　文室如正　前年に同じ。

寛弘五年（一〇〇八）

式部卿　一品　為平親王　前年に同じ。
式部大輔　正三位　菅原輔正　（去）参議　二月七日去年辞参議請以為理因幡守（『公卿補任』）。
式部権大輔　正四下　大江匡衡　（補）正月十一日（「中古歌仙三

十六人伝」)。

式部少輔
式部権少輔 正五下 菅原宣義 (叙)正月七日(『御堂関白記』)。
式部大丞 正六上 藤原資業 (兼)正月十一日 蔵人(『公卿補任』)。
式部丞 正六上 藤原定輔 (現)『栄花物語』第八「はつ花」。
式部大録
式部少録
文章博士 従四下 藤原弘道 (卒)四月廿二日(『権記』)。
正五下 藤原広業 (補)十月卅日(『公卿補任』)。
東宮学士 従四下 藤原弘道 (卒)四月廿二日(『権記』)。
正五下 藤原広業 前年に同じ。
正五下 菅原宣義 (補)正月廿八日 匡衡替(『二中歴』第二 儒職歴 学士侍読・『菅家侍読年譜』は十月)。
大内記 正五下 菅原宣義 (叙)正月七日(『御堂関白記』)。
少内記 正六上 藤原隆佐 前年に同じ。

大学頭 文室如正 前年に同じ。

寛弘六年(一〇〇九)

式部卿 一品 為平親王 前年に同じ。
式部大輔 正三位 菅原輔正 (薨)十二月廿四日(『公卿補任』)。
式部権大輔 正四下 大江匡衡 前年に同じ。
式部少輔
式部大丞 従五下 藤原資業 (叙)正月七日(『公卿補任』)。
式部丞 正六上 藤原庶政 (現)『権記』寛弘六年三月四日条。
正六上 藤原惟規 (現)『紫式部日記』「晦日の日の引きはぎ」。
式部大録
式部少録
文章博士 正五下 藤原広業 (辞)三月廿日(『公卿補任』)。
正四下 大江匡衡 (補)三月(『二中歴』第二 儒職歴 文章博士)。

東宮学士　正五下　藤原広業　前年に同じ。

大内記　正五下　菅原宣義　前年に同じ。

少内記　正六上　藤原隆佐　前年に同じ。

大学頭　文室如正　前年に同じ。

寛弘七年（一〇一〇）

式部卿　一品　為平親王　（出家）十月九日（『御堂関白記』）。

式部大輔　正四下　大江匡衡　（転）二月（大治五年正月　大江敦光申文『本朝続文粋』巻第六奏状・「中古歌仙三十六人伝」）。（兼）三月卅日　丹波守　元尾張守（『御堂関白記』・「中古歌仙三十六人伝」）。（兼）十一月廿五日　侍従（「中古歌仙三十六人伝」）。

式部権大輔　従四下　大江以言　（卒）七月廿四日（『日本紀略』）。

式部少輔

式部丞　正六上　高階成順　（初）正月十四日　還昇（『権記』）。

式部大録

式部少録

文章博士　正四下　大江匡衡　（補）二月一日（『権記』同七日条）。

従四下　大江通直　（補）八月（『二中歴』第二　文章博士歴）。

東宮学士　正五下　藤原広業　（補）二月十六日　伊予介　元右少弁（『公卿補任』『弁官補任』）。

正五下　菅原宣義　（兼）二月十六日　右少弁　東宮学士如元（『弁官補任』）。

大内記　正五下　菅原宣義　（遷）二月十六日　右少弁　東宮学士如元（『弁官補任』）。

従五下　藤原資業　（補）正月十六日（『公卿補任』）。

少内記　正六上　藤原隆佐　前年に同じ。

正六上　菅原資高　（現）『一条天皇宸記』寛弘七年九月十一日条。

大学頭　　文室如正　(兼)二月　周防権守(治安二年正月廿二日　源頼正申文『魚魯愚抄』巻第四　兼国)。

三条天皇

寛弘八年十月十六日即位
長和五年正月廿九日譲位

寛弘八年（一〇一一）

式部卿　二品　敦明親王　（補）十二月十八日（『権記』「十三代要略」）。

式部大輔　正四下　大江匡衡　前年に同じ。

式部権大輔　紀　為基　（初）『権記』寛弘八年十月十六日条。

式部少輔　正五下　慶滋為政　（兼）三月十九日　大内記（『権記』）。（兼）九月十五日　大嘗会御契御前次官（『権記』）。（遷）十月五日　河内守（『権記』）。

菅原師長　（補）十月五日（『権記』）。

式部大丞　正六上　高階成順　（終）『権記』寛弘八年八月十一日条。

式部丞　正六上　藤原惟任　（現）『権記』寛弘八年七月八日条。

式部少丞　正六上　橘　行順　（現）『小右記』寛弘八年八月十六日条。

式部丞　正六上　藤原懐尹　（兼）九月十五日　大嘗会御契御前判官（『権記』）。

式部大録

式部少録　正六上　津守致孝　（兼）九月十五日　大嘗会御契御前主典（『権記』）。

文章博士　正四下　大江匡衡　前年に同じ。

大江通直　前年に同じ。

東宮学士　従四下　藤原広業　（叙）正月五日　策労（『公卿補任』）。（止）六月十三日　践祚（『公卿補任』、「春宮坊官補任」は七年とする）。

従四下　菅原宣義　（叙）正月七日　弁（『弁官補任』）。

（終）『権記』寛弘八年六月十三日条。

従五下　藤原資業　（補）六月十三日（『公卿補任』）。

大江挙周　（初）『権記』寛弘八年八月二日条。

大内記　正五下　慶滋為政　（補）三月十九日（『権記』）。（終）『権記』寛弘八年八月廿七日条。

少内記　正六上　藤原隆佐　前年に同じ。

正六上　藤原義忠　（初）『権記』寛弘八年七月九日条。

正六上　菅原資信　（初）『権記』寛弘八年十月十九日条。

大学頭　文室如正　前年に同じ。

長和元年（一〇一二）

式部卿　二品　敦明親王　前年に同じ。

式部大輔　正四下　大江匡衡　（卒）七月十六日（『日本紀略』『小右記』同十七日条・「中古歌仙三十六人伝」）。

式部権大輔　正四下　藤原広業　（補）十月廿八日（『公卿補任』）。

紀　為基　前年に同じ。

式部少輔　菅原師長　前年に同じ。

式部丞　正六上　高階在平　（初）『御堂関白記』長和元年正月四日条。（終）「小記目録」長和元年十一月十一日条。

正六上　高階業敏　（現）『小右記』長和元年四月廿一日条。

式部大録

式部少録　正六上　津守致孝　前年に同じ。

文章博士　正四下　大江匡衡　（卒）七月十六日（『日本紀略』『小右記』同十七日条・「中古歌仙三十六人伝」）。

　　　　大江通直　前年に同じ。
　　正四下　菅原宣義　(初)『小右記』『御堂関白記』長和元年十二月廿五日条。
東宮学士　従五下　藤原資業　(兼)正月廿七日　右少弁(『公卿補任』『弁官補任』)。
　　　　大江挙周　前年に同じ。
大内記　　　大江為清　(初)『小右記』長和元年七月八日条。
少内記　正六上　藤原隆佐　前年に同じ。
　　正六上　藤原義忠　前年に同じ。
　　正六上　菅原資信　前年に同じ。
大学頭　従四下　文室如正　前年に同じ。

長和二年（一〇一三）

式部卿　一品　敦明親王　(叙)六月廿二日　一品(『小右記』同廿三日条・「十三代要略」)。
式部大輔　正四下　藤原広業　前年に同じ。
式部権大輔　　紀　為基　(終)『御堂関白記』長和二年六月三日条。
式部少輔　従五上　菅原師長　前年に同じ。
式部大丞　正六上　橘　俊孝　(現)『小右記』長和二年八月廿六日条。
式部丞　正六上　源　光清　(現)『御堂関白記』長和二年正月廿日条。
　　正六上　藤原章信　(初)『御堂関白記』長和二年正月廿日条。
　　正六上　平　雅康　(初)『小右記』長和二年正月廿八日条。
　　正六上　藤原頼祐　(初)『小右記』長和二年三月十日条。(終)『小右記』『本朝世紀』長和二年六月廿五日条。
　　正六上　橘　義通　(初)『小右記』長和二年四月十日条。

(終)『小右記』『本朝世紀』長和二年六月廿五日条。

式部大録

式部少録　正六上津守致孝　前年に同じ。

正六上伴　信重　(初)『御堂関白記』長和二年正月十三日条。

文章博士　正四下菅原宣義　前年に同じ。

大江通直　前年に同じ。

東宮学士　大江挙周　前年に同じ。

従五上藤原資業　(叙)正月七日(『公卿補任』『弁官補任』)。

大内記　大江為清　(終)『御堂関白記』長和二年八月五日条。

少内記　正六上藤原隆佐　前年に同じ。

正六上藤原義忠　(終)『小右記』長和二年正月一日条。

正六上菅原資信　前年に同じ。

大学頭　文室如正　前年に同じ。

長和三年（一〇一四）

式部卿　一品　敦明親王　前年に同じ。

式部大輔　正四下藤原広業　前年に同じ。

式部少輔　従五上菅原師長　前年に同じ。

式部権輔

式部大丞　正六上藤原隆佐　(少丞補)正月廿四日(『公卿補任』)。(大丞転)二月八日(『公卿補任』)。

式部丞　正六上藤原章信　前年に同じ。

正六上平　雅康　(終)『小右記』長和三年十一月廿八日条。

式部大録

式部少録　正六上津守致孝　(終)『小右記』長和三年十二月廿四日条。

正六上伴　信重　前年に同じ。

文章博士　菅原宣義　前年に同じ。
　　　　　大江通直　前年に同じ。
東宮学士　大江挙周　前年に同じ。
　　　　　従五上藤原資業　(兼)正月　蔵人(『公卿補任』『弁官補任』)。
大内記　従五上藤原頼任　(現)『小右記』長和三年十二月廿六日条。
少内記　正六上藤原隆佐　(遷)正月廿四日　式部少丞(『公卿補任』)。
　　　　正六上菅原資信　(終)『小右記』長和三年十二月廿六日条。
　　　　正六上橘　為賢　(初)『小右記』長和三年十二月廿六日条。
大学頭　文室如正　前年に同じ。

長和四年（一〇一五）

式部卿　一品　敦明親王　前年に同じ。
式部大輔　正四下藤原広業　前年に同じ。
式部少輔　従五上菅原師長　前年に同じ。
式部権輔
式部大丞　正六上藤原隆佐　前年に同じ。
式部丞　正六上藤原章信　前年に同じ。
　　　　正六上藤原登任　(初)『小右記』長和四年四月十三日条。
式部大録
式部少録　正六上伴　信重　前年に同じ。
　　　　正六上中原師任　(補)　(『地下家伝』)。
　　　　正六上麻田光貴　(現)長和四年四月一日　式部省祭使差文(『類聚符宣抄』第一　広瀬龍田祭使)。年内右少史転任(『後二条師通記』所収「左経記」長和四年十二月廿六日条)。
文章博士　大江通直　前年に同じ。

東宮学士　　　菅原宣義　前年に同じ。
　　　　　　　大江挙周　前年に同じ。
　　　　従五上藤原資業　（兼）二月十八日　左衛門権佐（『公卿補任』『弁官補任』）。
大内記　従五下藤原義忠　（初）『小右記』長和四年五月廿六日条。
少内記　正六上橘　為賢　前年に同じ。
大学頭　　　　文室如正　（終）『小右記』長和四年五月廿五日条。
式部巡　従五下源　道済　（補）二月十四日　筑前守（「中古歌仙三十六人伝」）。

後一条天皇

長和五年二月七日即位
長元九年四月十七日崩御

長和五年（一〇一六）

式部卿　一品　敦明親王　（立太子）正月廿九日（『日本紀略』『扶桑略記』『栄花物語』第十二「玉の村菊」）。
　　　　一品　敦康親王　（初）『御堂関白記』長和五年四月十三日条。
式部大輔　正四下　藤原広業　（兼）近江守　正月二日（『公卿補任』）。
式部少輔　正五下　菅原師長　（叙）二月七日　御即位叙位（『小右記』）。同条終出。
式部権輔
式部大丞　従五下　藤原隆佐　（叙）正月廿五日　蔵人（『公卿補任』）。
式部丞　正六上　藤原親業　（現）『小右記』長和五年正月廿八日条。
　　　　正六上　藤原登任　（兼）正月廿九日　三条院判官代（『小右記』）。同条終出。
　　　　正六上　藤原章信　前年に同じ。
　　　　正六上　源　懐信　（現）『小右記』長和五年正月廿九日条。
　　　　正六上　源　定良　（兼）正月廿九日　蔵人（『小右記』）。
　　　　正六上　源　為善　（現）『左経記』長和五年三月廿七日条。
式部少丞　正六上　高階成章　（補）十一月廿六日（『公卿補任』）。
式部大録
式部少録　正六上　伴　信重　前年に同じ。
式部録　正六上　中原師任　前年に同じ。
文章博士　従四上　大江通直　前年に同じ。
　　　　　　　　　菅原宣義　前年に同じ。
東宮学士　従五上　藤原資業　（止）正月廿九日（『公卿補任』

『弁官補任』）。

大江挙周　（終）『御堂関白記』長和五年正月廿三日条。

大内記　従五下　藤原義忠　前年に同じ。

少内記　正六上　橘　為賢　前年に同じ。

正六上　紀　行任　（初）『小右記』長和五年正月廿五日条。

大学頭

寛仁元年（一〇一七）

式部卿　一品　敦康親王　前年に同じ。

式部大輔　正四下　藤原広業　（兼）八月九日　東宮学士（『権記』『左経記』）。

式部少輔

式部権輔

式部丞　正六上　藤原章信　（終）『左経記』寛仁元年八月廿四日条。

式部少丞　従五下　高階成章　（叙）正月七日　蔵人（『公卿補任』）。

式部丞　正六上　源　季範　（除服）十一月廿三日（『小右記』）。

正六上　藤原国成　（兼）正月十日　蔵人（『御堂関白記』）。

式部大録

式部少録　正六上　伴　信重　前年に同じ。

式部録　正六上　中原師任　前年に同じ。

文章博士　従四上　大江通直　（終）『小右記』寛仁元年八月廿七日条。

正四下　菅原宣義　（卒）四月廿二日（『左経記』「脱漏」同廿四日条）。

正五下　藤原資業　（補）八月卅日（『公卿補任』『弁官補任』）。

慶滋為政　（初）『御堂関白記』寛仁元年十月廿一日条。

東宮学士　正四下　藤原広業　（補）八月九日（『権記』『左経記』

「立坊部類記」所収「外記日記」）。

従五下　藤原義忠　（補）八月九日（『権記』『左経記』「立坊部類記」所収「外記日記」）。

大内記　従五下　藤原義忠　（兼）八月九日　東宮学士（『権記』『左経記』）。

少内記　正六上　橘　為賢　前年に同じ。

正六上　紀　行任　（終）『小右記』寛仁元年八月七日条。

大学頭

寛仁二年（一〇一八）

式部卿　一品　敦康親王　（薨）十二月十七日（『左経記』『小右記』『日本紀略』『扶桑略記』）。

式部大輔　正四下　藤原広業　前年に同じ。

式部権大輔　従四上　大江通直　（初）『小右記』寛仁二年十月廿二日条。

式部少輔　従五下　藤原義忠　（兼）八月十四日（『御堂関白記』）。

式部丞　正六上　大江定経　（現）『御堂関白記』『左経記』寛仁二年三月七日条。

正六上　藤原頼宣　（現）『左経記』寛仁二年十月十六日条。

式部大録

式部少録　正六上　伴　信重　前年に同じ。

式部録　正六上　中原師任　前年に同じ。

文章博士　正五下　藤原資業　（辞）九月廿四日（『公卿補任』『弁官補任』）。

慶滋為政　前年に同じ。

東宮学士　正四下　藤原広業　前年に同じ。

従五下　藤原義忠　（兼）八月十四日　式部少輔（『御堂関白記』）。

大内記　従五下　藤原義忠　（兼）八月十四日　式部少輔（『御堂関白記』）。

少内記　正六上　橘　為賢　（終）『小右記』寛仁二年十一月

廿二日条。
大学頭

寛仁三年（一〇一九）

式部卿
式部大輔　正四下　藤原広業　前年に同じ。
式部権大輔　従四上　大江通直　前年に同じ。
式部少輔　従五上　藤原義忠　（兼）十二月廿一日　右少弁（『弁官補任』）。
式部大丞　正六上　藤原範永　（初）『小右記』寛仁三年三月廿六日条。
（大丞初）『小右記』寛仁三年五月廿日条。
（終）「東宮元服之記」所収「殿上記」寛仁三年八月廿八日条。
式部少丞　正六上　藤原保相　（現）「東宮元服之記」所収「殿上記」寛仁三年八月廿八日条。
式部少丞　正六上　平　定親　（初）（治承二年正月廿日　菅原長守申文『大間成文抄』第八課試及第）。
式部録　正六上　中原師任　前年に同じ。
式部少録　正六上　伴　信重　前年に同じ。
文章博士　慶滋為政　前年に同じ。
東宮学士　正四下　藤原広業　前年に同じ。
従五上　藤原義忠　（兼）十二月廿一日　右少弁（『弁官補任』）。
大内記　藤原義忠　（遷）十二月廿一日　右少弁（『弁官補任』）。
少内記
大学頭

寛仁四年（一〇二〇）

式部卿　三品　敦儀親王　（補）正月　兵部卿（「十三代要略」）。

式部大輔　正四上藤原広業　（叙）正月五日（『公卿補任』）。
式部権大輔　従四上大江通直　前年に同じ。
式部少輔　従五上藤原義忠　（転）十一月廿九日　左少弁（『弁官補任』）。
（遷）閏十二月廿三日　文章博士（『弁官補任』）。
式部大丞
式部少丞　正六上平　定親　（終）『左経記』寛仁四年閏十二月廿七日条。
式部録　正六上中原師任　前年に同じ。
式部少録　正六上伴　信重　前年に同じ。
文章博士　慶滋為政　前年に同じ。
従五上藤原義忠　（補）閏十二月廿三日（『弁官補任』）。
東宮学士　正四下藤原広業　（叙）正月五日（『公卿補任』）。
（補）十一月廿九日　参議　大輔労九年（『公卿補任』）。
従五上藤原義忠　（転）十一月廿九日　左少弁（『弁官補任』）。
大内記
少内記　正六上橘　孝親　（初）『左経記』寛仁四年六月十四日条。
（終）『小右記』寛仁四年閏十二月卅日条。
大学頭

治安元年（一〇二一）

式部卿　三品　敦儀親王　前年に同じ。
式部大輔　正四上藤原広業　前年に同じ。
式部権大輔　従四上大江通直　前年に同じ。
式部少輔
式部丞　正六上藤原良任　（初）『小右記』治安元年三月六日条。
式部録　正六上中原師任　（遷）正月廿日　権少外記（『地

下家伝』）。

式部少録　正六上伴　信重　前年に同じ。

文章博士　正五下藤原義忠　（叙）十一月三日　春日行幸行事賞（『弁官補任』『小右記』同四日条）。

　　　　　従四上慶滋為政　前年に同じ。

東宮学士　正五下藤原義忠　（叙）十一月三日　春日行幸行事賞（『弁官補任』『小右記』同四日条）。

大内記　　　　菅原忠貞　（初）「改元部類記」所収「権記」治安元年二月二日条。

少内記　　正六上令宗業任　（補）八月　文章生（「除目申文之抄」）。

　　　　　正六上惟宗成俊　（補）八月　文章生（「除目申文之抄」）。

大学頭

治安二年（一〇二二）

式部卿　　三品　敦儀親王　前年に同じ。

式部大輔　正四上藤原広業　前年に同じ。

式部権大輔従四上大江通直　前年に同じ。

式部少輔

式部丞　　正六上藤原良任　（終）『小右記』治安二年四月九日条。

式部少丞　従五下源　資通　（補）正月廿七日（『公卿補任』）。（叙）四月三日　禎子内親王給（『小右記』『公卿補任』）。

式部丞　　正六上藤原俊忠　（初）『小右記』治安二年四月三日条。

　　　　　正六上藤原教任　（補）四月三日　兵部丞（『小右記』）。

式部大録

式部少録　正六上伴　信重　前年に同じ。

文章博士　正五下藤原義忠　前年に同じ。

従四上 慶滋為政　前年に同じ。

東宮学士　正五下 藤原義忠　前年に同じ。

大内記　菅原忠貞　前年に同じ。

少内記　正六上 令宗業任　前年に同じ。

大学頭　従四上 大江通直　(初)「小記目録」治安二年七月廿七日条。

治安三年（一〇二三）

式部卿　三品　敦儀親王　前年に同じ。

式部大輔　正四上 藤原広業　(辞)十二月十五日(『公卿補任』)。

正四下 藤原資業　(補)十月五日(『公卿補任』)。

式部権大輔　従四上 大江通直　前年に同じ。

式部少輔　藤原経長　(現)八月(『栄花物語』第十九「御裳着」)。

式部丞　正六上 藤原俊忠　(終)『小右記』治安三年六月廿三日条。

式部少丞　正六上 源　経長　(補)三月廿九日(『公卿補任』)。

式部丞　正六上 橘　則長　(現)『小右記』治安三年五月七日条。

式部大録

式部少録　正六上 伴　信重　前年に同じ。

正六上 惟宗章国　(補)十月　散位(「除目申文之抄」)。

文章博士　従四上 慶滋為政　前年に同じ。

正五下 藤原義忠　前年に同じ。

東宮学士　正五下 藤原義忠　前年に同じ。

大内記　菅原忠貞　前年に同じ。

少内記　正六上 令宗業任　前年に同じ。

正六上　兼行　(初)『小右記』治安三年十二月十六日条。

大学頭　従四上 大江通直　前年に同じ。

万寿元年（一〇二四）

式部卿　三品　敦儀親王　前年に同じ。

式部大輔　正四下藤原資業　前年に同じ。
式部権大輔従四上大江通直　前年に同じ。
式部少輔　　　　慶滋為政　(現)『栄花物語』巻廿二「こまくらべの行幸のまき」。
　　　　　　　　菅原忠貞　(初)七月十三日(『改元勘文部類』)。
式部少丞　従五下源　経長　(叙)正月七日　蔵人(『公卿補任』)。
式部丞　　正六上藤原永職　(初)『小右記』万寿元年三月十日条。
　　　　　　　　　　　　　(終)『小右記』万寿元年三月十六日条。
　　　　　正六上橘　成任　(現)『小右記』万寿元年七月廿一日条。
　　　　　正六上源　則成　(現)『小右記』万寿元年十二月十九日条。
式部大録

式部少録　正六上伴　信重　前年に同じ。
文章博士　　　　慶滋為政　前年に同じ。
　　　　　正五下藤原義忠　(終)『弁官補任』万寿元年条。
東宮学士　正五下藤原義忠　前年に同じ。
大内記　　　　　菅原忠貞　前年に同じ。
少内記　　正六上令宗業任　(終)『小右記』万寿元年十二月廿八日条。
　　　　　正六上　　兼行　前年に同じ。
大学頭　　従四上大江通直　前年に同じ。

万寿二年（一〇二五）

式部卿　　三品　敦儀親王　前年に同じ。
式部大輔　正四下藤原資業　前年に同じ。
式部権大輔従四上大江通直　前年に同じ。
式部少輔　正五下菅原忠貞　(終)万寿二年六月十日　式部省解(『類聚符宣抄』第一　諸神宮司補任)。

式部省補任　後一条天皇（万寿二年）

式部大丞　正六上源　朝棟　(現)万寿二年六月十日　式部省解(『類聚符宣抄』第一　諸神宮司補任)。

正六上橘　済通　(初)『左経記』万寿二年二月十一日条。
(終)『小右記』万寿二年十二月十四日条。

式部丞　正六上藤原親任　(初)万寿二年六月十日　式部省解(『類聚符宣抄』第一　諸神宮司補任)。
(終)『小右記』万寿二年十月十八日条。

式部大録

式部少録　正六上伴　信重　(終)万寿二年六月十日　式部省解(『類聚符宣抄』第一　諸神宮司補任)。

正六上坂合部　(現)万寿二年六月十日　式部省解(『類聚符宣抄』第一　諸神宮司補任)。

正六上紀　(現)万寿二年六月十日　式部省解(『類聚符宣抄』第一　諸神宮司補任)。

正六上惟宗　(現)万寿二年六月十日　式部省解(『類聚符宣抄』第一　諸神宮司補任)。

文章博士　慶滋為政　前年に同じ。

従四上大江挙周　(補)正月(『二中歴』第二　文章博士歴)。

東宮学士　従四下藤原義忠　前年に同じ。

大内記　正五下菅原忠貞　前年に同じ。

少内記　正六上　兼行　(終)『小右記』万寿二年十二月十三日条。

正六上源　経任　(現)蔵人内記(『小右記』万寿二年十一月廿四日条)。

大学頭　従四上　大江通直　前年に同じ。

万寿三年（一〇二六）

式部卿　三品　敦儀親王　前年に同じ。
式部大輔　正四下　藤原資業　前年に同じ。
式部権大輔　従四上　大江通直　前年に同じ。
式部少輔
式部大丞　正六上　源　経任　（初）『小右記』万寿三年七月九日条。
式部少丞
式部大録
式部少録
文章博士　従四上　慶滋為政　「従四位上文章博士」（『桂林遺芳抄』雲客勤問答例）。
　従四上　大江挙周　前年に同じ。
　従五上　藤原家経　（補）十月廿六日（『弁官補任』）。
東宮学士　従四下　藤原義忠　前年に同じ。
大内記　菅原忠貞　（終）『小右記』万寿三年正月十七日条。
　孝信　（現）『春記』万寿三年六月廿四日条。橘孝親カ。
　橘　孝親　（初）『小右記』万寿三年七月十七日条。
少内記　正六上　藤原元範　（現）方略宣旨（『大間成文抄』第八　課試及第）。
大学頭　従四上　大江通直　前年に同じ。

万寿四年（一〇二七）

式部卿　三品　敦儀親王　前年に同じ。
式部大輔　正四下　藤原資業　前年に同じ。
式部権大輔　従四上　大江通直　前年に同じ。
式部少輔　公頼　（現）『小右記』万寿四年正月七日条。
式部大丞　正六上　源　経任　前年に同じ。

式部丞　正六上 源　有章　(現)『小右記』万寿四年正月七日条。
　　　　正六上　　経兼　(現)『小右記』万寿四年三月二日条。
　　　　　　　　　光清　(現)『小右記』万寿四年正月廿七日条。
式部大録
式部少録
文章博士　　　慶滋為政　前年に同じ。
　　　　従四上 大江挙周　前年に同じ。
　　　　従五上 藤原家経　(兼)正月廿七日　備後介(『弁官補任』)。
東宮学士　従四下 藤原義忠　前年に同じ。
大内記　　　　橘　孝親　前年に同じ。
　　　　　　　菅原定義　(初)『小右記』万寿四年正月七日条。
少内記

大学頭　従四上 大江通直　前年に同じ。

長元元年（一〇二八）

式部卿　三品　敦儀親王　前年に同じ。
式部大輔　正四下 藤原資業　(兼)二月十九日　播磨守　止勘解由長官(『公卿補任』)。
式部権大輔　従四上 大江通直　(終)『左経記』長元元年十一月十五日条。
式部少輔
式部大丞　正六上 源　経任　(終)『小右記』長元元年十月三日条。
式部丞　正六上　　以康　(初)『左経記』長元元年二月十一日条。
　　　　正六上 藤原実範　(初)『小右記』長元元年九月四日条。
　　　　正六上 藤原親経　(現)『小右記』長元元年九月廿八日条。

式部大録
式部少録
文章博士　慶滋為政　前年に同じ。
従四上大江挙周　前年に同じ。
従五上藤原家経　（兼）二月十九日　左衛門権佐
（『弁官補任』）。
東宮学士　従四下藤原義忠　前年に同じ。
大内記　橘　孝親　前年に同じ。
菅原定義　前年に同じ。
少内記
大学頭　従四上大江通直　前年に同じ。

長元二年（一〇二九）

式部卿　三品　敦儀親王　前年に同じ。
式部大輔　正四下藤原資業　前年に同じ。
式部権大輔従四上大江挙周　（補）十二月（大治六年正月四日
藤原敦光申文『本朝続文粋』巻
第六　奏状）。
式部少輔
式部丞　正六上藤原実範　（終）『本朝続文粋』巻第十　和
歌序　殿上花見。
式部大録
式部少録
文章博士　慶滋為政　（終）閏二月廿九日（『本朝続文
粋』巻第九　詩序中　七言暮春
侍御史大王書閣同賦花開皆錦
繍応教詩一首）。
従四上大江挙周　前年に同じ。
従五上藤原家経　前年に同じ。
東宮学士　従四下藤原義忠　前年に同じ。
大内記　菅原定義　（終）『小右記』長元二年正月九
日条。
橘　孝親　前年に同じ。
少内記　正六上惟宗国成　（補）正月　文章生散位（「除目

申文之抄」）。

大学頭　従四上大江通直　（卒）五月廿日（「小記目録」）。

長元三年（一〇三〇）

式部卿　三品　敦儀親王　（出家）八月（「十三代要略」）。
　　二品　敦平親王　（補）十一月　兵部卿（「十三代要略」）。
式部大輔　正四下藤原資業　前年に同じ。
式部権大輔　従四上大江挙周　前年に同じ。
式部少輔
式部大丞
式部少丞
式部大録
式部少録
文章博士　従四上大江挙周　前年に同じ。
　　正五下藤原家経　（叙）正月五日　弁（『公卿補任』）。
東宮学士　従四下藤原義忠　前年に同じ。
大内記　橘　孝親　前年に同じ。
少内記　正六上惟宗国成　前年に同じ。
大学頭

長元四年（一〇三一）

式部卿　二品　敦平親王　（止吏務）三月七日（『日本紀略』）。（如元可従省務）九月五日（『日本紀略』）。
式部大輔　正四下藤原資業　前年に同じ。
式部権大輔　正四下大江挙周　（叙）七月（大治六年正月四日藤原敦光申文『本朝続文粋』巻第六　奏状）。
式部少輔
式部大丞　正六上　惟道　（現）『小右記』長元四年正月五日条。
式部丞　正六上橘　資通　（初）『左経記』長元四年六月廿七日条。

(終)『左経記』長元四年十月十七日条。

正六上 菅原資信 (現)『小右記』長元四年九月廿二日条。

式部大録

式部少録

文章博士 正四下 大江挙周 (叙)七月廿六日(『小右記』)。

正五下 藤原家経 前年に同じ。

東宮学士 従四下 藤原義忠 前年に同じ。

大内記 橘　孝親 前年に同じ。

少内記 正六上 惟宗国成 (終)『小右記』長元四年正月七日条。

正六上 宗岳国任 (補)三月廿八日(『小右記』)。(終)『小右記』長元四年九月十日条。

大学頭 正五下 大江時棟 (叙)十一月十六日(「小記目録」)。

長元五年（一〇三二）

式部卿 二品 敦平親王 前年に同じ。

式部大輔 正四下 藤原資業 前年に同じ。

式部権大輔 正四下 大江挙周 前年に同じ。

式部少輔

式部丞 正六上 兼安 (現)『小右記』長元五年十二月四日条。

式部録 正六上 紀　頼政 (初)長元五年七月十五日(「桂林遺芳抄」問答博士)。

正六上 済任 (現)『小右記』長元五年十月十九日条。

文章博士 正四下 大江挙周 前年に同じ。

正五下 藤原家経 (終)『弁官補任』長元五年条。(遷)二月八日 信濃守 元右少弁(『弁官補任』)。

従四下 菅原忠貞 (補)十月(『二中歴』第二 文章

博士歴）。

東宮学士　従四下　藤原義忠　前年に同じ。

大内記　橘　孝親　前年に同じ。

少内記

大学頭　正五下　大江時棟　（終）『小右記』長元五年十二月七日条。

長元六年（一〇三三）

式部卿　二品　敦平親王　前年に同じ。

式部大輔　正四下　藤原資業　前年に同じ。

式部権大輔　正四下　大江挙周　前年に同じ。

式部少輔

式部丞　正六上　藤原経衡　（除籍）十二月廿一日（『日本紀略』『扶桑略記』『左経記』長元七年十二月廿一日条）。

式部録　正六上　紀　頼政　前年に同じ。

文章博士　正四下　大江挙周　前年に同じ。

菅原忠貞　前年に同じ。

東宮学士　従四下　藤原義忠　前年に同じ。

従五上　平　定親　（補）四月二日　本官右少弁（『弁官補任』）。

大内記　橘　孝親　前年に同じ。

少内記

大学頭

長元七年（一〇三四）

式部卿　二品　敦平親王　前年に同じ。

式部大輔　正四下　藤原資業　（止）正月　播磨守（『公卿補任』）。

式部権大輔　正四下　大江挙周　前年に同じ。

式部少輔

式部丞　正六上　橘　季通　（初）『左経記』長元七年十二月十七日条。

式部録　正六上　紀　頼政　（終）『左経記』長元七年十二月十七日条。

文章博士　正四下　大江挙周　前年に同じ。
菅原忠貞　前年に同じ。
東宮学士　従四下　藤原義忠　(終)『左経記』長元七年十月十一日条。
正五下　平　定親　(叙)正月五日(『弁官補任』)。
大内記　橘　孝親　前年に同じ。
少内記
大学頭　正五下　藤原国成　(初)十月十六日　右少弁補任　大学頭如元(『弁官補任』)。

長元八年（一〇三五）

式部卿　二品　敦平親王　前年に同じ。
式部大輔　正四下　藤原資業　前年に同じ。
式部権大輔　正四下　大江挙周　前年に同じ。
式部少輔　大江公資　(初)五月廿三日(『栄花物語』巻卅二「歌合」)。
(捕縛)七月十八日(『日本紀略』)。
従五下　藤原元範　(初)長元八年七月廿日　藤原公義書状(「桂林遺芳抄」問答博士事)。
式部大丞　正六上　橘　季通　(兼)三月十一日　六位蔵人　中宮令挙給わる(『左経記』)。
正六上　藤原　(現)長元八年十月四日　式部省解(『類聚符宣抄』第一　神社修造)。
式部少丞　正六上　藤原　(現)長元八年十月四日　式部省解(『類聚符宣抄』第一　神社修造)。
正六上　橘　義清　(初)長元八年五月十六日(「賀陽院水閣歌合」)。
式部録　正六上　公義　(現)『左経記』長元八年二月四日条。
正六上　惟宗　(現)長元八年十月四日　式部省解(『類聚符宣抄』第一　神社

修造）。

正六上橘　（現）長元八年十月四日　式部省解（『類聚符宣抄』第一　神社修造）。

正六上伴　（現）長元八年十月四日　式部省解（『類聚符宣抄』第一　神社修造）。

正六上中原　（現）長元八年十月四日　式部省解（『類聚符宣抄』第一　神社修造）。

正六上小野　（現）長元八年十月四日　式部省解（『類聚符宣抄』第一　神社修造）。

文章博士　正四下大江挙周　前年に同じ。

菅原忠貞　前年に同じ。

東宮学士　正五下平　定親　（転）十月十六日　左少弁（『弁官補任』）。

茂忠　（現）五月廿三日（『栄花物語』巻卅二「歌合」）。

大内記　橘　孝親　前年に同じ。

少内記

大学頭

後朱雀天皇　長元九年七月十日即位　寛徳二年正月十六日譲位

長元九年（一〇三六）

式部卿　二品　敦平親王　前年に同じ。

式部大輔　正四下　藤原資業　前年に同じ。

式部権大輔　正四下　大江挙周　前年に同じ。

式部少輔　藤原元範　前年に同じ。

式部丞　従五下　藤原俊経　（叙）七月十四日　御即位叙位　後一条院御給　式部（「山槐記除目部類」建久三年十一月廿日条引用先例）。

式部少丞　正六上　橘　義清　（初）五月十七日（『師守記』貞治三年七月廿六日条）。（終）『左経記』「類聚雑例」長元九年五月廿二日条。

式部丞　正六上　源　重成　（初）『左経記』「類聚雑例」長元九年五月十五日条。（終）『左経記』「類聚雑例」長元九年五月廿二日条。

式部大録

式部少録

文章博士　正四下　大江挙周　前年に同じ。

菅原忠貞　前年に同じ。

東宮学士　正五下　平　定親　（兼）正月廿九日　土佐権守（『弁官補任』）。（停）四月十七日（『弁官補任』）。

大内記　橘　孝親　前年に同じ。

少内記

大学頭　藤原義忠　（初）長元九年十一月　大和国栄山寺牒（『平安遺文』五七二号）。

長暦元年（一〇三七）

式部卿　二品　敦平親王　前年に同じ。

式部省補任　後朱雀天皇（長暦元年）

式部大輔　正四下　藤原資業　前年に同じ。
式部権大輔　正四下　大江挙周　前年に同じ。
式部少輔　従五上　藤原元範　（現）長暦元年六月八日　式部省解　従五位上行少輔越兼前権守（『類聚符宣抄』第一　神社修造）。
式部大丞　正六上　藤原　（現）長暦元年六月八日　式部省解　正六位上行大丞（『類聚符宣抄』第一　神社修造）。
正六上　藤原　（現）長暦元年六月八日　式部省解　正六位上行大丞（『類聚符宣抄』第一　神社修造）。
式部少丞　正六上　藤原　（現）長暦元年六月八日　式部省解　正六位上行少丞（『類聚符宣抄』第一　神社修造）。
正六上　藤原　（現）長暦元年六月八日　式部省解　正六位上行少丞（『類聚符宣抄』第一　神社修造）。
式部大録
式部少録　正六上　惟宗　（現）長暦元年六月八日　式部省解　正六位上行少録（『類聚符宣抄』第一　神社修造）。
正六上　中原　（現）長暦元年六月八日　式部省解　正六位上行少録（『類聚符宣抄』第一　神社修造）。
正六上　小野　（現）長暦元年六月八日　式部省解　正六位上行少録（『類聚符宣抄』第一　神社修造）。
文章博士　正四下　大江挙周　（終）「元秘抄」巻第三　進年号勘文人数多少事。
従四上　菅原忠貞　（終）四月十九日（「元秘抄」巻第二　年号勘文書様）。
正四下　藤原国成　（補）四月（『二中歴』第二　儒職歴　文章博士）。

東宮学士　藤原義忠　（補）『二中歴』第二　儒職歴　学士侍読。
　従五下　藤原実綱　（補）八月十七日（『二中歴』第二　儒職歴　学士侍読・『尊卑分脈』）。
大内記　橘　孝親　前年に同じ。
少内記
大学頭　藤原義忠　前年に同じ。

長暦二年（一〇三八）

式部卿　二品　敦平親王　前年に同じ。
式部大輔　正四下　藤原資業　前年に同じ。
式部権大輔　正四下　大江挙周　前年に同じ。
式部少輔　藤原元範　（終）三月三日（『中右記部類』第廿八　漢詩）。
式部大丞
式部少丞
式部大録
式部少録
文章博士　藤原国成　前年に同じ。
　従四下　橘　孝親　（補）七月十二日（『二中歴』第二　文章博士歴）。
東宮学士　正四下　藤原義忠　（兼）六月廿五日　右中弁（『弁官補任』）。
　従五下　藤原実綱　前年に同じ。
大内記　従四下　橘　孝親　本年従四位下昇叙。叙留か。
少内記
大学頭　正四下　藤原義忠　（兼）六月廿五日　右中弁（『弁官補任』）。

長暦三年（一〇三九）

式部卿　二品　敦平親王　前年に同じ。
式部大輔　正四下　藤原資業　（兼）正月廿六日　伊予守（『公卿補任』）。

式部省補任　後朱雀天皇（長暦三年～長久元年）

式部権大輔 正四下 大江挙周　前年に同じ。
式部少輔
式部丞　従五下 藤原憲輔　（叙）正月六日　女院御給　蔵人式部丞（『春記』）。
　　　　正六上 藤原章祐　（現）『左経記』長暦三年十月十九日条。
式部大録
式部少録
文章博士　藤原国成　前年に同じ。
　　　　　橘　孝親　前年に同じ。
東宮学士 正四下 藤原義忠　（転）十二月十八日　権左中弁（『弁官補任』）。
大内記　従五下 藤原実綱　前年に同じ。
　　　　橘　孝親　前年に同じ。
少内記
大学頭　正四下 藤原義忠　（転）十二月十八日　権左中弁（『弁官補任』）。

長久元年（一〇四〇）

式部卿　二品　敦平親王　前年に同じ。
式部大輔　正四下 藤原資業　（辞）正月　辞大輔男実政任丞（『公卿補任』）。
式部権大輔 正四下 大江挙周　前年に同じ。
式部少輔
式部丞　正六上 藤原公基　（補）正月廿五日　蔵人（『春記』）。
　　　　（終）『春記』長久元年十一月十五日条。
　　　　正六上　重経　（補）正月廿五日　重□子（『春記』）。
式部大録
式部少録
文章博士　藤原国成　（終）十一月十日（『元秘抄』巻第三　進年号勘文人数多少事）。
　　　　　橘　孝親　（終）十一月十日（『元秘抄』巻第

三　進年号勘文人数多少事）。

東宮学士　正四下　藤原義忠　前年に同じ。
　　　　　従五下　藤原実綱　（兼）正月　右衛門権佐（『尊卑分脈』）。

大内記　　　　　　橘　孝親　（終）九月廿七日（『伊勢勅使部類記』伊勢公卿勅使長暦四年九月廿七日先例）。＊同日以前の宣命起草。

少内記

大学頭　正四下　藤原義忠　前年に同じ。

式部巡　　　　　　経季　（現）『春記』長久元年十二月廿一日条。

長久二年（一〇四一）

式部卿　二品　敦平親王　前年に同じ。

式部大輔

式部権大輔　正四下　大江挙周　前年に同じ。

式部少輔

式部丞　正六上　源　信房　（現）蔵人式部丞（『春記』長久二年二月十六日条）。

式部大録

式部少録

文章博士　従四上　平　定親　（補）正月廿五日　本官右中弁（『弁官補任』）。

東宮学士　正四下　藤原義忠　（卒）十一月十日（『扶桑略記』『弁官補任』）。
　　　　　　　　　藤原実綱　前年に同じ。
　　　　　　　　　藤原国成　（補）義忠卒替（『二中歴』第二儒職歴　学士侍読）。

大内記

少内記

大学頭　正四下　藤原義忠　（卒）十一月十日（『扶桑略記』『弁官補任』）。

長久三年（一〇四二）

式部卿　二品　敦平親王　前年に同じ。

式部大輔

式部権大輔　正四下　大江挙周　前年に同じ。

式部少輔

式部大丞

式部少丞

式部大録

式部少録

文章博士　従四上平　定親　(兼)正月廿九日　備中介(『弁官補任』)。(転)十月廿七日　権左中弁(『弁官補任』)。

　　従四上藤原家経　(補)(『二中歴』第二　文章博士歴)。

東宮学士　藤原実綱　前年に同じ。

大内記

少内記

大学頭

長久四年（一〇四三）

式部卿　二品　敦平親王　前年に同じ。

式部大輔

式部権大輔　正四下　大江挙周　前年に同じ。

式部少輔

式部大丞

式部少丞　正六上藤原実政　(補)正月(『公卿補任』、治承二年正月廿日　菅原長守申文『大間成文抄』第八　課試及第)。

式部大録

式部少録

文章博士　従四上平　定親　(転)九月十九日　左中弁(『弁官補任』)。

東宮学士　藤原実綱　前年に同じ。

大内記

少内記

大学頭

寛徳元年（一〇四四）

式部卿　二品　敦平親王　前年に同じ。

式部大輔　闕　「元秘抄」巻第三　進年号勘文人数多少事。

式部権大輔　正四下　大江挙周　前年に同じ。

式部少輔

式部大丞

式部少丞　従五下　藤原実政　（叙）正月五日　策（『公卿補任』）。

式部大録

式部少録

文章博士　従四上平　定親　前年に同じ。

闕　「元秘抄」巻第三　進年号勘文人数多少事。

東宮学士　藤原実綱　前年に同じ。

大内記　源　親範　（初）『春記』寛徳元年十一月廿四日条。

少内記

大学頭　正四下大江挙周　（現）長久五年六月十一日　権中納言家牒（『朝野群載』巻第廿一　雑文）。

後冷泉天皇

寛徳二年四月八日即位
治暦四年四月十九日崩御

寛徳二年（一〇四五）

式部卿　二品　敦平親王　前年に同じ。
式部大輔　従三位　藤原資業　（補）四月十四日（『公卿補任』）。
式部権大輔　正四下　大江挙周　前年に同じ。
式部少輔
式部大丞
式部少丞
式部大録
式部少録
文章博士　従四上　平　定親　（兼）正月十六日　東宮学士（『弁官補任』）。
東宮学士　正五下　藤原実綱　（叙）四月五日　御即位学士労（『尊卑分脈』）。
従四上　平　定親　（補）正月十六日（『弁官補任』）。
大内記　源　親範　（卒）七月廿日（「勅撰作者部類」）。
少内記
大学頭　正五下　藤原実綱　（補）（康和二年七月廿三日　菅原是綱大学頭申文『朝野群載』巻第九　功労）。

永承元年（一〇四六）

式部卿　二品　敦平親王　前年に同じ。
式部大輔　従三位　藤原資業　前年に同じ。
式部権大輔　正四下　大江挙周　（終）「土右記」永承元年四月十四日条。
式部少輔
式部大丞
式部少丞
式部大録
式部少録
文章博士　従四上　平　定親　前年に同じ。

東宮学士　従四上平　定親　前年に同じ。
大内記　菅原定義　(初)「東宮冠礼部類記」「東宮元服祝文」永承元年十二月十九日条。姓未詳定義は削除。
少内記
大学頭　正五下藤原実綱　前年に同じ。

永承二年（一〇四七）

式部卿　二品　敦平親王　前年に同じ。
式部大輔　従三位藤原資業　前年に同じ。
式部少輔
式部権輔
式部大丞
式部少丞　正六上橘　為仲　(現)永承二年十二月一日　蔵人所勘申殿上冬等第事(『朝野群載』巻第五　朝儀下)。
式部大録
式部少録
文章博士　従四上平　定親　(兼)正月廿八日　備前権介(『弁官補任』)。
東宮学士　従四上平　定親　(兼)正月廿八日　備前権介(『弁官補任』)。
大内記　菅原定義　前年に同じ。
少内記
大学頭　正五下藤原実綱　(遷)六月　但馬守(康和二年七月廿三日　菅原是綱大学頭申文『朝野群載』巻第九　功労)。(還任)十二月　但馬守(康和二年七月廿三日　菅原是綱大学頭申文『朝野群載』巻第九　功労)。

永承三年（一〇四八）

式部卿　二品　敦平親王　前年に同じ。

式部省補任　後冷泉天皇（永承三年～同五年）

式部大輔　従三位 藤原資業　前年に同じ。
式部権大輔　藤原国成　(現)三月二日(『造興福寺記』)。
式部少輔
式部大丞
式部少丞
式部大録
式部少録
文章博士　従四上平　定親　前年に同じ。
東宮学士　従四上平　定親　前年に同じ。
大内記　菅原定義　(終)三月二日(『造興福寺記』)。
少内記　正六上惟宗孝言　(現)三月(「建久興福寺供養次第」永承先例)。
大学頭　藤原実綱　(復任)十二月七日　但馬守　同日兼任大学頭(『除目雑例抄』)。

永承四年（一〇四九）

式部卿　二品　敦平親王　(薨)三月十九日(『扶桑略記』「十三代要略」)。
式部大輔　従三位 藤原資業　前年に同じ。
式部少輔
式部権輔
式部大丞
式部少丞
式部大録
式部少録
文章博士　正四下平　定親　(叙)十二月廿九日　春日行幸行事賞(『弁官補任』)。
東宮学士　正四下平　定親　(叙)十二月廿九日　春日行幸行事賞(『弁官補任』)。
大内記
少内記
大学頭　藤原実綱　前年に同じ。

永承五年（一〇五〇）

式部卿　敦貞親王　(補)十一月　中務卿(『十三代要略』)。

式部大輔　従三位藤原資業　前年に同じ。

式部少輔

式部権輔

式部大丞

式部少丞

式部大録

式部少録

文章博士　正四下平　定親　前年に同じ。

東宮学士　正四下平　定親　前年に同じ。

　　　　　従五上藤原実政　(補)十一月廿五日(『公卿補任』「春宮坊官補任」)。

大内記　従五上藤原実政　(補)二月(『公卿補任』)。

　　　　(叙)十一月十三日　朔旦(『公卿補任』)。

　　　　(遷)十一月廿五日　東宮学士(『公卿補任』)。

少内記

大学頭　藤原実綱　前年に同じ。

永承六年（一〇五一）

式部卿　敦貞親王　前年に同じ。

式部大輔　従三位藤原資業　(出家)二月十六日(『公卿補任』)。

　　　　　藤原国成　(補)十一月(大治五年正月　藤原敦光申文　『本朝続文粋』巻第六　奏状)。

式部少輔

式部権輔

式部大丞

式部少丞　正六上藤原公経　(補)正月廿六日　元勘解由判官(『本朝世紀』康和元年七月廿三日条)。

式部大録

式部少録
文章博士　正四下平　定親　(兼)正月廿七日　摂津守(『弁官補任』)。
　　　　　正四下藤原実綱　(補)(『尊卑分脈』)。
東宮学士　正四下平　定親　(兼)正月廿七日　摂津守(『弁官補任』)。
　　　　　従五上藤原実政　前年に同じ。
大内記
少内記
大学頭　　正四下藤原実綱　前年に同じ。

永承七年（一〇五二）

式部卿　　敦貞親王　前年に同じ。
式部大輔　藤原国成　(兼)正月　丹波守(大治五年正月　藤原敦光申文『本朝続文粋』巻第六　奏状)。
式部少輔
式部権輔
式部大丞
式部少丞　正六上藤原公経　前年に同じ。
式部大録
式部少録
文章博士　正四下平　定親　前年に同じ。
　　　　　正四下藤原実綱　前年に同じ。
東宮学士　正四下平　定親　前年に同じ。
　　　　　従五上藤原実政　(兼)二月廿六日　美濃権介(『公卿補任』)。
大内記　　　　　広経　(現)十一月廿九日(『伊勢勅使部類記』伊勢公卿勅使)。
少内記
大学頭　　正四下藤原実綱　前年に同じ。

天喜元年（一〇五三）

式部卿　　敦貞親王　前年に同じ。

式部大輔　藤原国成　(兼)正月　丹波守(大治五年正月　藤原敦光申文『本朝続文粋』巻第六　奏状)。(終)正月十三日(「元秘抄」巻第三　進年号勘文人数多少事)。

式部少輔

式部権輔

式部少丞　正六上藤原公経　前年に同じ。

式部丞　正六上菅原是綱　(補)正月(治承二年正月廿日菅原長守申文　『大間成文抄』第八　課試及第)。

式部大録

式部少録

文章博士　正四下平　定親　(終)「土右記」天喜元年正月十一日条。

　正四下藤原実綱　(終)正月十三日(「元秘抄」巻第三　進年号勘文人数多少事)。

　従四上藤原実範　(補)正月(『大間成文抄』第五兼国・『魚魯愚抄』巻第五　文章博士兼国・『二中歴』第二　文章博士歴)。

東宮学士　正四下平　定親　前年に同じ。

　従五上藤原実政　前年に同じ。

大内記

少内記

大学頭　正四下藤原実綱　前年に同じ。

天喜二年（一〇五四）

式部卿　敦貞親王　前年に同じ。

式部大輔　正四下平　定親　(補)十二月十九日(『弁官補任』)。

式部少輔

式部権輔

式部大丞

式部少丞　従五下藤原公経　(叙)正月五日　式部(『本朝世

紀』康和元年七月廿三日条）。
（宿）二月廿三日　加賀権守（『本朝世紀』康和元年七月廿三日条）。

式部大録
式部少録
文章博士　従四上藤原実範　前年に同じ。
　　　　　従四上菅原定義　（補）十月（康和六年正月廿六日藤原敦基申文　『本朝続文粋』巻第六　奏状・『二中歴』第二文章博士歴）。
東宮学士　正四下平　定親　前年に同じ。
　　　　　従五上藤原実政　前年に同じ。
大内記
少内記
大学頭　正四下藤原実綱　前年に同じ。

天喜三年（一〇五五）

式部卿　敦貞親王　前年に同じ。
式部大輔　正四下平　定親　前年に同じ。
式部少輔
式部権輔
式部大丞
式部少丞
式部大録
式部少録
文章博士　従四上藤原実範　（兼）正月　伊予権守　博士兼国（『大間成文抄』第五　兼国・『魚魯愚抄』巻第五　文章博士兼国）。
　　　　　菅原定義　前年に同じ。
東宮学士　正四下平　定親　前年に同じ。
　　　　　従五上藤原実政　前年に同じ。
大内記
少内記

大学頭　正四下藤原実綱　前年に同じ。

大内記　藤原正家　（補）『朝野群載抄』五　藤原正家重任申文。

少内記

大学頭　正四下藤原実綱　前年に同じ。

天喜四年（一〇五六）

式部卿　敦貞親王　前年に同じ。

式部大輔　正四下平　定親　前年に同じ。

式部少輔　藤原明衡　（初）二月（康和六年正月廿六日藤原敦基申文『本朝続文粋』巻第六　奏状）。

式部権輔

式部大丞

式部少丞

式部大録

式部少録

文章博士　従四上藤原実範　前年に同じ。

菅原定義　前年に同じ。

東宮学士　正四下平　定親　前年に同じ。

正五下藤原実政　（叙）正月五日　策（『公卿補任』）。

天喜五年（一〇五七）

式部卿　敦貞親王　前年に同じ。

式部大輔　正四下平　定親　（兼）二月卅日（『弁官補任』）。

式部少輔　藤原明衡　前年に同じ。

式部権輔

式部大丞

式部少丞

式部大録

式部少録

文章博士　従四上藤原実範　前年に同じ。

菅原定義　前年に同じ。

東宮学士　正四下平　定親　（兼）二月卅日（『弁官補任』）。

正五下藤原実政　前年に同じ。
大内記　藤原正家　前年に同じ。
少内記
大学頭　正四下藤原実綱　前年に同じ。

康平元年（一〇五八）

式部卿　敦貞親王　前年に同じ。
式部大輔　正四下平　定親　（転）四月廿五日　右大弁（『弁官補任』）。
（兼）十一月八日　摂津守（『弁官補任』）。
式部少輔　藤原明衡　前年に同じ。
式部権輔
式部大丞
式部少丞
式部大録
式部少録
文章博士　従四上藤原実範　前年に同じ。
菅原定義　前年に同じ。
東宮学士　正四下平　定親　（転）四月廿五日　右大弁（『弁官補任』）。
（兼）十一月八日　摂津守（『弁官補任』）。
正五下藤原実政　（兼）加賀権守（『公卿補任』）。
大内記　藤原正家　前年に同じ。
少内記
大学頭　正四下藤原実綱　前年に同じ。

康平二年（一〇五九）

式部卿　敦貞親王　前年に同じ。
式部大輔　正四下平　定親　前年に同じ。
式部少輔　藤原明衡　前年に同じ。
式部権輔
式部大丞

式部少丞
式部大録
式部少録
文章博士　従四上 藤原実範　前年に同じ。
　　　　　　　　菅原定義　前年に同じ。
東宮学士　正四下 平　定親　前年に同じ。
　　　　　正五下 藤原実政　前年に同じ。
大内記　　　　　藤原正家　前年に同じ。
少内記
大学頭　　正四下 藤原実綱　前年に同じ。

康平三年（一〇六〇）

式部卿　　　　　敦貞親王　前年に同じ。
式部大輔　正四下 平　定親　前年に同じ。
式部少輔　　　　藤原明衡　前年に同じ。
式部権輔
式部大丞
式部少丞　従五下 大江匡房　（補）二月廿日（『公卿補任』）。
　　　　　　　　　　　　　（叙）七月六日　策（『公卿補任』）。
式部大録
式部少録
文章博士　従四上 藤原実範　前年に同じ。
　　　　　　　　菅原定義　前年に同じ。
東宮学士　正四下 平　定親　前年に同じ。
　　　　　正五下 藤原実政　前年に同じ。
大内記　　　　　藤原正家　（終）「定家朝臣記」康平三年七月廿四日条。
少内記
大学頭　　正四下 藤原実綱　前年に同じ。

康平四年（一〇六一）

式部卿　三品　敦貞親王　（薨）八月十二日（「十三代要略」）。
　　　　四品　敦賢親王　（補）十二月　中務卿（「十三代要略」）。

式部大輔　正四下平　定親　（終）『弁官補任』康平四年条。
式部少輔　藤原明衡　前年に同じ。
式部権輔
式部大丞
式部少丞
式部大録
式部少録
文章博士　従四上藤原実範　（兼）正月　讃岐権介（『魚魯愚抄』巻第五　文章博士兼国）。
（終）康平四年十一月十五日　勧学院学堂奏（『朝野群載』巻第十三　紀伝上）。
菅原定義　前年に同じ。
東宮学士　正四下平　定親　（終）『弁官補任』康平四年条。
従四下藤原実政　（叙）正月五日　策（『公卿補任』）。
大内記
少内記
大学頭　正四下藤原実綱　前年に同じ。

康平五年（一〇六二）

式部卿　四品　敦賢親王　前年に同じ。
式部大輔
式部権大輔　正四下藤原実綱　（補）『尊卑分脈』。
式部少輔　藤原明衡　前年に同じ。
式部丞　正六上橘　則季　（現）「定家朝臣記」康平五年正月廿日条。
式部大録
式部少録
文章博士　菅原定義　前年に同じ。
藤原明衡　（補）十一月（康和六年正月廿六日　藤原敦基申文　『本朝続文粋』巻第六　奏状・『二中歴』第二　文章博士歴）。
東宮学士　従四下藤原実政　前年に同じ。
大内記
少内記

大内記
少内記
大学頭　正四下　藤原実綱　（終）「定家朝臣記」康平五年正月廿日条。
菅原定義　（補）十一月（康和六年正月廿六日　藤原敦基申文『本朝続文粋』巻第六　奏状）。

康平六年（一〇六三）

式部卿　四品　敦賢親王　前年に同じ。
式部大輔　正四下　藤原実綱　（補）正月（大治五年正月　藤原敦光申文『本朝続文粋』巻第六　奏状・『尊卑分脈』）。
式部少輔　正五下　藤原明衡　（終）康平六年十月廿六日　藤原有信対策（『朝野群載』巻第十三　紀伝上）。
式部権輔
式部大丞
式部少丞
式部大録
式部少録
文章博士　従四下　菅原定義　（終）康平六年十一月八日　式部省評定文章得業生正六位上丹波大掾藤原朝臣有信対策文事（『朝野群載』巻第十三　紀伝上）。
正五下　藤原明衡　前年に同じ。
東宮学士　従四下　藤原実政　前年に同じ。
正五下　藤原明衡　（補）十一月（康和六年正月廿六日　藤原敦基申文『本朝続文粋』巻第六　奏状）。
大内記
少内記
大学頭　従四下　菅原定義　（終）康平六年十一月八日　式

部省評定文章得業生正六位上丹波大掾藤原朝臣有信対策文事（『朝野群載』巻第十三　紀伝上）。

康平七年（一〇六四）

式部卿　四品　敦賢親王　前年に同じ。
式部大輔　正四下　藤原実綱　前年に同じ。
式部少輔
式部権輔
式部大丞
式部少丞
式部大録
式部少録
文章博士　藤原明衡　前年に同じ。
東宮学士　従四下　藤原実政　（兼）三月四日　甲斐守（『公卿補任』）。
大内記
少内記
大学頭
式部巡　従四下　藤原実政　（補）三月四日　甲斐守（『公卿補任』）。

治暦元年（一〇六五）

式部卿　四品　敦賢親王　前年に同じ。
式部大輔　正四下　藤原実綱　前年に同じ。
式部少輔
式部権輔
式部少丞　正六上　源　重資　（補）四月廿四日（『公卿補任』）。
式部丞　正六上　藤原家綱　（現）九月廿八日（「文永七年宸筆御八講記」）。
式部大録
式部少録
文章博士　藤原明衡　（終）八月二日（「元秘抄」巻第

二　勘文料紙懸紙封并人々及
外記来告事)。
従五上藤原正家　(補)三月廿九日　本官左少弁
(康和六年正月廿六日　藤原敦
基申文『本朝続文粋』巻第六
奏状・『弁官補任』『魚魯愚抄』
巻第五　文章博士兼国)。

東宮学士　従四下藤原実政　前年に同じ。

大内記　藤原成季　(初)四月十四日(「伊勢勅使部
類記」伊勢公卿勅使)。

少内記

大学頭

治暦二年(一〇六六)

式部卿　四品　敦賢親王　前年に同じ。

式部大輔　正四下藤原実綱　前年に同じ。

式部少輔

式部権輔

式部大丞　正六上源　重資　(転)正月(『公卿補任』)。

式部少丞

式部大録

式部少録

文章博士　従五上藤原正家　前年に同じ。

東宮学士　従四下藤原実政　前年に同じ。

大内記　藤原成季　前年に同じ。

少内記

大学頭　藤原明衡　(現)九月(『兵範記』久寿元年
三月廿二日条)。
(卒)十月十八日(『勅撰作者部
類』『玉葉』養和元年十月十四
日条)。

治暦三年(一〇六七)

式部卿　四品　敦賢親王　前年に同じ。

式部省補任　後冷泉天皇（治暦三年）

式部大輔　正四下　藤原実綱　(兼)二月　伊予守(大治五年正月　藤原敦光申文　『本朝続文粋』巻第六　奏状・『尊卑分脈』)。

式部少輔

式部権輔

式部大丞　従五下　源　重資　(叙)正月五日　式部丞労(『公卿補任』)。
(宿官)二月六日　越後権守(『公卿補任』)。

式部少丞　従五下　源　基綱　(補)二月六日(『公卿補任』)。
(叙)九月廿八日(『公卿補任』)。

式部大録

式部少録

文章博士　従五上　藤原正家　前年に同じ。

東宮学士　従四上　藤原実政　(叙)正月(『公卿補任』)。
(止)二月六日(「春宮坊官補任」)。
従五下　大江匡房　(補)二月六日(『公卿補任』「春宮坊官補任」)。

大内記　藤原成季　前年に同じ。

少内記

大学頭

後三条天皇　治暦四年七月廿一日即位　延久四年十二月八日譲位

治暦四年（一〇六八）

式部卿　四品　敦賢親王　前年に同じ。
式部大輔　正四下　藤原実綱　前年に同じ。
式部少輔　藤原成季　（初）『江記』治暦四年七月廿一日条。
式部権輔
式部丞　従五下　平　経方　（叙）七月十九日　式部（『本朝世紀』）。
従五下　藤原敦憲　（叙）十一月廿一日　式部　大嘗会叙位（『本朝世紀』）。
式部大録
式部少録
文章博士　正五下　藤原正家　（叙）正月七日　策（『弁官補任』）。
東宮学士　従四上　藤原実政　（止）四月十九日　践祚（『公卿補任』）。
従五下　大江匡房　（遷）五位蔵人　前坊学士（『公卿補任』）。
大内記　藤原成季　前年に同じ。
少内記
大学頭

延久元年（一〇六九）

式部卿　四品　敦賢親王　前年に同じ。
式部大輔　正四下　藤原実綱　前年に同じ。
式部少輔　藤原成季　前年に同じ。
式部権輔
式部大丞
式部少丞　正六上　橘　以綱　（補）元中務丞　蔵人（『大間成文抄』第八　蔵人）。
式部大録
式部少録

文章博士　正四下　藤原実政　（補）二月（『公卿補任』）。
正五下　藤原正家　（兼）正月七日　伊予権介　博士兼国（『弁官補任』『魚魯愚抄』巻第五　文章博士兼国）。
（転）十一月十七日　右中弁（『弁官補任』）。

東宮学士　正四下　藤原実政　（補）四月八日（『公卿補任』）。
正五下　大江匡房　（補）四月八日（『公卿補任』「春宮坊官補任」）。
（兼）十二月十七日　右少弁（『公卿補任』）。

大内記　藤原成季　前年に同じ。

少内記　正六上　藤原敦基　（初）「土右記」延久元年四月十八日条。
正六上　忠長　（初）「土右記」延久元年六月三日条。

大学頭

延久二年（一〇七〇）

式部卿　四品　敦賢親王　前年に同じ。

式部大輔　正四下　藤原実綱　前年に同じ。

式部少輔　藤原成季　前年に同じ。

式部権輔

式部丞　正六上　藤原敦宗　（補）十二月（治承二年正月廿日　菅原長守申文『大間成文抄』第八　課試及第）。
正六上　藤原敦家　（補）秋除目　文章得業生（『魚魯愚抄』巻第四　顕官挙）。

式部大録

式部少録

文章博士　正四下　藤原実政　前年に同じ。
従四下　藤原正家　（叙）八月廿八日　春日行幸行事賞（『弁官補任』）。

東宮学士　正四下　藤原実政　前年に同じ。

正五下 大江匡房　前年に同じ。
大内記　藤原成季　前年に同じ。
少内記　正六上 藤原敦基　前年に同じ。
正六上　忠長　前年に同じ。
正六上 紀　為定　(補)正月　文章得業生(「除目申文之抄」)。
大学頭

延久三年（一〇七一）

式部卿　四品　敦賢親王　前年に同じ。
式部大輔　正四下 藤原実綱　前年に同じ。
式部少輔　藤原成季　前年に同じ。
式部権輔
式部大丞　正六上 藤原敦基　(補)元少内記　課試労(『大間成文抄』第八　課試及第・蔵人)。
式部少丞　正六上 菅原在良　(補)正月(「除目申文之抄」)。
式部大録
式部少録
文章博士　正四下 藤原実政　前年に同じ。
従四下 藤原正家　前年に同じ。
東宮学士　正四下 藤原実政　前年に同じ。
正五下 大江匡房　前年に同じ。
大内記　藤原成季　前年に同じ。
少内記　正六上 藤原敦基　(遷)式部大丞(『大間成文抄』第八　課試及第)。
正六上　忠長　前年に同じ。
大学頭　惟宗孝言　(初)延久三年正月九日　右大臣家送状(『平安遺文』補一七三号)。
(終)延久三年暮秋九日　納和歌集等於平等院経蔵記(『本朝続文粋』巻第十一　記)。

白河天皇　延久四年十二月廿九日即位
応徳三年十一月廿六日譲位

延久四年（一〇七二）

式部卿　四品　敦賢親王　前年に同じ。

式部大輔　正四下　藤原実綱　前年に同じ。

式部少輔　藤原成季　前年に同じ。

式部権輔

式部大丞　正六上　藤原永相　（転）正月廿九日　転任勘文（『魚魯愚抄』巻第五　転任勘文）。

式部丞　正六上　宗基　（現）『為房卿記』延久四年十二月廿四日条。

式部大録

式部少録

文章博士　正四下　藤原実政　（兼）七月廿四日　近江守（『公卿補任』）。
（兼）十二月　左中弁（『公卿補任』『弁官補任』）。

従四上　藤原正家　（叙）正月五日　治国（『弁官補任』）。

東宮学士　正四下　藤原実政　（初）延久四年正月廿一日　勧学院挙（「除目申文之抄」）。
（終）延久四年正月廿五日　北堂挙（「除目申文之抄」）。

正五下　大江匡房　（止）十二月八日（『弁官補任』「春宮坊官補任」）。
（補）十二月八日　新帝蔵人　東宮学士（『公卿補任』「春宮坊官補任」）。

大内記　藤原成季　前年に同じ。

少内記　正六上　忠長　前年に同じ。

大学頭

延久五年（一〇七三）

式部卿　四品　敦賢親王　前年に同じ。
式部大輔　正四下　藤原実綱　前年に同じ。
式部少輔　正五下　藤原成季　前年に同じ。
式部権輔
式部大丞
式部少丞
式部大録
式部少録
文章博士　正四上　藤原実政　（叙）四月廿日　行幸一院　院司賞（『公卿補任』『弁官補任』）。
　従四上　藤原正家　前年に同じ。
東宮学士　正五下　大江匡房　前年に同じ。
大内記　正五下　藤原成季　前年に同じ。
少内記　正六上　忠長　前年に同じ。
大学頭
＊「依国々不足式部民部史等巡不被任」（『為房卿記』延久五年正月卅日条）。

承保元年（一〇七四）

式部卿　三品　敦賢親王　（叙）十一月廿一日（「十三代要略」）。
式部大輔　正四下　藤原実綱　前年に同じ。
式部少輔　正五下　藤原成季　前年に同じ。
式部権輔
式部大丞
式部少丞
式部大録
式部少録
文章博士　正四上　藤原実政　前年に同じ。
　従四上　藤原正家　前年に同じ。
東宮学士　従四下　大江匡房　（兼）正月廿八日　美作守（『公卿補任』）。
　（叙）正月廿八日（『公卿補任』）。
大内記　正五下　藤原成季　前年に同じ。

少内記　正六上　忠長　前年に同じ。

大学頭

承保二年（一〇七五）

式部卿　三品　敦賢親王　前年に同じ。

式部大輔　正四下　藤原実綱　前年に同じ。

式部少輔　正五下　藤原成季　（終）承保二年八月卅日　擬文章生試詩（『朝野群載』巻第十三　紀伝上）。

式部権輔

式部大丞

式部少丞　正六上　菅原在良　（補）正月（治承二年正月廿日菅原長守申文　『大間成文抄』第八　課試及第）。（終）承保二年五月十四日　大江通国方略試申文（『朝野群載』巻第十三　紀伝上）。

式部大録

式部少録

文章博士　正四上　藤原実政　（兼）閏四月廿三日　修理左宮城使（『公卿補任』『弁官補任』）。（転）六月十三日　右大弁（『公卿補任』）。

　正四下　藤原正家　（兼）正月　伊予介（『弁官補任』）。（叙）十二月八日　春日行幸行事賞（『弁官補任』）。

東宮学士　正四下　大江匡房　（叙）正月廿五日　前坊学士（『公卿補任』）。

大内記　正五下　藤原成季　（終）承保二年八月卅日　擬文章生試詩（『朝野群載』巻第十三　紀伝上）。

　藤原敦基　（初）「法勝寺金堂造営記」承保二年十二月□日条。

少内記　正六上　忠長　（終）『春記』承保二年十一月廿

七日条。

正六上藤原為定　(除籍)『扶桑略記』承保二年八月十一日条。

大学頭　従四上藤原有綱　(初)承保二年五月十四日　大江通国方略試申文(『朝野群載』巻第十三　紀伝上)。

承保三年（一〇七六）

式部卿　三品　敦賢親王　前年に同じ。

式部大輔　正四下藤原実綱　(兼)正月　備中守(大治五年正月　藤原敦光申文『本朝続文粋』巻第六　奏状)。

式部少輔

式部権輔

式部丞　正六上菅原在良　前年に同じ。

式部大録

式部少録

文章博士　正四上藤原実政　前年に同じ。

正四下藤原正家　(兼)六月二日　修理右宮城使(『弁官補任』)。(辞)十月(『弁官補任』)。

東宮学士　正四下大江匡房　前年に同じ。

藤原　(現)承保三年九月三日　関白左大臣家政所下文「(別当)東宮学士藤原朝臣」(『平安遺文』一一三二号)。

大内記　藤原敦基　前年に同じ。

少内記

大学頭　藤原有綱　承保三年九月三日　関白左大臣家(師実)政所下文　大学頭兼中宮亮(『平安遺文』一一三二号)。

承暦元年（一〇七七）

式部省補任　白河天皇（承暦元年〜同二年）

式部卿　三品　敦賢親王　（薨）七月十七日（『扶桑略記』・「十三代要略」）。
式部大輔　正四下　藤原実綱　前年に同じ。
式部権大輔　闕　（現）承保四年十月三日　式部省奏（「除目申文之抄」）。
式部少輔　従五下　菅原在良　（補）閏十二月六日（『水左記』）。
式部丞　従五下　菅原在良　（叙）正月（『水左記』承暦元年閏十二月六日条）。
（宿）正月廿八日　肥前権守（『水左記』承暦元年閏十二月六日条）。
正六上　藤原明業　（初）『水左記』承暦元年十一月二日条。
（終）『水左記』承暦元年閏十二月四日条。
式部少丞　正六上　藤原知言　（現）三月廿日（『臨放記』第一）。
式部大録
式部少録

文章博士　正四上　藤原実政　（兼）蔵人頭　止近江守（『公卿補任』『弁官補任』）。
正四下　藤原正家　（初）『弁官補任』承暦元年条。
東宮学士　正四下　大江匡房　前年に同じ。
大内記　藤原敦基　前年に同じ。
少内記　正六上　大江通国　（補）承保四年正月廿七日　式部省勘申（『大間成文抄』第八課試及第）。
（終）『法勝寺供養記』承暦元年十二月十八日条。
大学頭　藤原有綱　前年に同じ。
＊承保四年十月三日　式部省奏　式部権大輔・式部少輔闕（「除目申文之抄」）。

承暦二年（一〇七八）

式部卿
式部大輔　正四下　藤原実綱　前年に同じ。

式部少輔　　菅原在良　前年に同じ。
式部権輔
式部大丞
式部少丞
式部大録
式部少録
文章博士　正四上藤原実政　(辞)三月(『公卿補任』)。『弁官補任』は承保元年正月。
　　　　　正四下藤原正家　前年に同じ。
　　　　　従四上藤原有綱　(補)六月(『二中歴』第二　文章博士歴)。
東宮学士　正四下大江匡房　前年に同じ。
大内記　　藤原敦基　前年に同じ。
少内記
大学頭　　藤原有綱　前年に同じ。

承暦三年（一〇七九）

式部卿
式部大輔　正四下藤原実綱　前年に同じ。
式部少輔　　菅原在良　前年に同じ。
式部権輔
式部丞　従五下橘　致綱　(叙)蔵人式部丞(『為房卿記』承暦三年三月四日条)。
　　　　正六上藤原仲実　(補)七月廿五日　蔵人(『為房卿記』)。
　　　　正六上藤原実俊　(現)蔵人式部丞(『為房卿記』承暦三年七月十八日条)。
式部大録
式部少録
文章博士　正四下藤原正家　(終)『水左記』承暦三年七月十日条、同年辞任(『弁官補任』)。
　　　　　従四上藤原有綱　前年に同じ。
　　　　　従四下藤原行家　(補)十一月(『二中歴』第二　文章博士歴)。

東宮学士　正四下大江匡房　前年に同じ。
従四上藤原有綱　(現)承暦三年七月九日(『御産部類記』「代々浴殿読書例」)。
大内記　藤原敦基　前年に同じ。
少内記　正六上菅野兼孝　(遷)七月廿五日　権少外記(『為房卿記』)。
大学頭　従四上藤原有綱　(終)承暦三年七月九日(『御産部類記』「代々浴殿読書例」)。

承暦四年（一〇八〇）

式部卿
式部大輔　正四下藤原実綱　前年に同じ。
式部少輔　菅原在良　前年に同じ。
式部権輔
式部丞　正六上大江隆兼　(補)正月(治承二年正月廿日菅原長守申文　『大間成文抄』第八　課試及第)。
式部大録
式部少録
文章博士　藤原有綱　前年に同じ。
従四下藤原行家　前年に同じ。
東宮学士　正四下大江匡房　(兼)八月廿二日　権左中弁(『公卿補任』)。
藤原有信　(初)『水左記』承暦元年八月廿八日条。
大内記　藤原敦基　前年に同じ。
定俊　(初)「葉室中納言藤顕隆卿記」承暦四年七月廿一日条。
(終)『帥記』承暦四年八月六日条。＊少内記平祐俊カ。
少内記　正六上平　祐俊　(初)『水左記』承暦四年正月七日条。
正六上中原保清　(初)『水左記』承暦四年五月廿二日条。

正六上　範賢　（初）『水左記』承暦四年正月一日条。
（終）『水左記』承暦四年正月十日条。

大学頭

永保元年（一〇八一）

式部卿

式部大輔　正四下藤原実綱　（終）二月十日（「元秘抄」巻第三　進年号勘文人数多少事）。

式部少輔　菅原在良　前年に同じ。

式部権輔

式部大丞

式部少丞

式部大録

式部少録

文章博士　藤原有綱　前年に同じ。

藤原行家　（終）『水左記』永保元年二月十日条。

東宮学士　正四下大江匡房　（兼）八月八日　左中弁（『公卿補任』）。

藤原有信　前年に同じ。

大内記　藤原敦基　前年に同じ。

少内記　正六上平　祐俊　（終）『水左記』永保元年十一月廿二日条。

正六上藤原保清　（終）『帥記』永保元年四月廿五日条。

大学頭

永保二年（一〇八二）

式部卿

式部大輔　従三位藤原実政　（補）三月廿七日（『公卿補任』）。

式部少輔　菅原在良　前年に同じ。

式部権輔

式部大丞
式部少丞
式部大録
式部少録
文章博士　　藤原有綱　前年に同じ。
東宮学士　正四下 大江匡房　(兼)八月八日　左中弁(『公卿補任』)。
大内記　　藤原有信　前年に同じ。
少内記　　藤原敦基　前年に同じ。
大学頭

永保三年（一〇八三）

式部卿
式部大輔　従三位 藤原実政　前年に同じ。
式部権大輔 正四下 大江匡房　(兼)二月一日(『公卿補任』)。
式部少輔　　菅原在良　前年に同じ。
式部大丞
式部少丞
式部大録
式部少録
文章博士　　藤原有綱　前年に同じ。
　　　　正五下 藤原敦宗　(補)十二月(『二中歴』第二　文章博士歴)。
東宮学士　正四下 大江匡房　(兼)八月八日　左中弁(『公卿補任』)。
大内記　　藤原有信　前年に同じ。
少内記　　藤原敦基　前年に同じ。
大学頭

応徳元年（一〇八四）

式部卿
式部大輔　従三位 藤原実政　(遷)六月廿三日　大宰大弐(『公

卿補任』)。

式部権大輔　正四下　大江匡房　(兼)六月廿三日　左大弁(『公卿補任』)。

式部少輔　菅原在良　前年に同じ。

式部大丞

式部少丞

式部大録

式部少録　正六上　大江良貞　(初)十二月廿日(『地下家伝』中原師遠項)。

文章博士　藤原有綱　(終)二月七日(「元秘抄」巻第三　進年号勘文人数多少事)。

正五下　藤原敦宗　前年に同じ。

従四下　藤原成季　(補)十一月(『二中歴』第二　文章博士歴)。

東宮学士　正四下　大江匡房　(兼)六月廿三日　左大弁(『公卿補任』)。

藤原有信　前年に同じ。

大内記　藤原敦基　前年に同じ。

少内記

大学頭

応徳二年(一〇八五)

式部卿

式部大輔

式部権大輔　正四下　大江匡房　(兼)二月十五日　勘解由長官(『公卿補任』)。

式部少輔　菅原在良　前年に同じ。

式部大丞

式部少丞

式部大録

式部少録　正六上　大江良貞　前年に同じ。

文章博士　従四下　藤原成季　前年に同じ。

正五下　藤原敦宗　前年に同じ。

東宮学士　正四下　大江匡房　(止)十一月八日(『公卿補任』

式部省補任　白河天皇（応徳二年）

「春宮坊官補任」）。

藤原有信　前年に同じ。

大内記　正五下　藤原敦基　前年に同じ。

少内記

大学頭

堀河天皇

応徳三年十二月十九日即位
嘉承二年七月十九日崩御

応徳三年（一〇八六）

式部卿

式部大輔

式部権大輔　従三位　大江匡房　（叙）十一月廿日（『公卿補任』）。

式部少輔　従五上　菅原在良　前年に同じ。

式部丞　正六上　源　宗俊　（現）「御即位叙位部類記」所収「通俊卿記」応徳三年十二月十六日条。

従五下　源　家清　（叙）十二月十八日　御即位叙位　式部（「御即位叙位部類記」所収「通俊卿記」）。

式部大録

式部少録　正六上　大江良貞　前年に同じ。

文章博士　従四下　藤原成季　前年に同じ。

正五下　藤原敦宗　（兼）二月三日　摂津守　博士如元（『弁官補任』）。

（兼）二月廿七日　修理左宮城使（『弁官補任』）。

東宮学士　藤原有信　前年に同じ。

大内記　従四下　藤原敦基　（叙）十二月十八日　策（「御即位叙位部類記」所収「通俊卿記」）。

少内記　正六上　惟仲　（現）『後二条師通記』応徳三年十二月十三日条。

大学頭

寛治元年（一〇八七）

式部卿

式部大輔　従三位　大江匡房　（転）正月廿五日（『公卿補任』）。

式部権大輔　従五上　藤原基兼　（補）八月廿九日　元中務大輔（『本朝世紀』）。

正四下　藤原正家　（補）十二月十三日　兼若狭守

　　『本朝世紀』）。
式部少輔　従五上 菅原在良　前年に同じ。
式部丞　従五下 橘　仲俊　（叙）正月　式部（「叙位尻付抄」）。
　従五下 藤原監綱　（叙）十一月十八日　式部（『本朝世紀』）。
式部大丞　正六上 菅原淳中　（少丞初）十月廿二日（「御禊行幸服飾部類」）。
　（転）十二月十三日　元少丞（『本朝世紀』）。
式部少丞　正六上 藤原盛房　（補）十二月十三日　元大膳亮蔵人（『本朝世紀』）。
式部大録
式部少録　正六上 大江良貞　前年に同じ。
文章博士　従四下 藤原成季　前年に同じ。
　正五下 藤原敦宗　前年に同じ。
東宮学士　藤原有信　（補）十二月十三日　兵部権少輔　学士（『本朝世紀』）。
大内記　従五上 菅原在良　（初）二月十六日（『本朝世紀』寛治元年八月五日条）。
　（終）『本朝世紀』寛治元年十二月廿八日条。
少内記　正六上 中原忠遠　（補）十二月十三日　局奏（『本朝世紀』）。
大学頭

寛治二年（一〇八八）

式部卿
式部大輔　正三位 大江匡房　（叙）正月十九日　院行幸別当賞（『公卿補任』）。
　（兼）正月廿五日　周防権守（『公卿補任』）。
　（補）八月廿九日　参議（『公卿補任』）。

式部権大輔 正四下 藤原正家 前年に同じ。
式部少輔 菅原在良 前年に同じ。
式部大丞 正六上 菅原淳中 前年に同じ。
正六上 源　俊兼 (初)「白河上皇高野御幸記」寛治二年二月廿二日条。
式部丞 正六上 藤原盛房 (終)『師記』寛治二年十月八日条。
正六上 橘　説家 (現)『江記』寛治二年十一月廿一日条。
式部大録
式部少録 正六上 大江良貞 前年に同じ。
正六上 上野義定 (初)寛治三年正月廿三日　上野義定検非違使申文(『朝野群載』巻第九　功労)。
文章博士 従四下 藤原成季 前年に同じ。
正五下 藤原敦宗 (解)十二月廿四日　父実政卿縁坐(『弁官補任』)。
従四下 藤原敦基 (補)十二月廿五日(『中右記』)。
東宮学士
大内記 正五下 菅原在良 (叙)十一月廿一日　策(『江記』)。
少内記 正六上 中原忠遠 前年に同じ。
大学頭 菅原是綱 (初)承徳三年正月廿一日　大学寮解　引用先例(『朝野群載』巻第八　別奏)。

寛治三年（一〇八九）

式部卿 闕 (現)寛治三年正月十一日　制符(『朝野群載』巻第十二　内記)。
式部大輔 正三位 大江匡房 前年に同じ。
式部権大輔 正四下 藤原正家 前年に同じ。
式部少輔 正五下 菅原在良 (初)『江記』寛治三年正月七日条。
式部大丞 正六上 菅原淳中 前年に同じ。
正六上 源　俊兼 前年に同じ。

式部丞　正六上　盛広　（現）『江記』寛治三年正月五日条。

　　　　正六上　季定　（現）『江記』寛治三年正月七日条。

式部大録

式部少録　正六上　忠任　（現）寛治三年正月十一日　制符（『朝野群載』巻第十二　内記）。

　　　　正六上　大江良貞　（終）寛治三年正月十一日　制符（『朝野群載』巻第十二　内記）。

　　　　正六上　上野義定　（終）寛治三年正月十一日　制符（『朝野群載』巻第十二　内記）。（申文）寛治三年正月廿三日　検非違使志（『朝野群載』巻第九　式部録申検非違使）。

文章博士　従四下　藤原成季　前年に同じ。

　　　　従四下　藤原敦基　前年に同じ。

東宮学士

大内記　正五下　菅原在良　前年に同じ。

少内記　正六上　中原忠遠　前年に同じ。

大学頭　菅原是綱　前年に同じ。

＊「未時許、式部省正庁焼亡、是失火云々、上皇御幸法勝寺、暁更還御」（『中右記』寛治三年正月廿五日条）。

寛治四年（一〇九〇）

式部卿

式部大輔　正三位　大江匡房　前年に同じ。

式部権大輔　正四下　藤原正家　前年に同じ。

式部少輔　正五下　菅原在良　前年に同じ。

式部大丞　従五下　菅原淳中　（叙）正月七日　策労（『中右記』同日条）。

　　　　正六上　忠清　（着座）十二月廿一日（『江記』寛治五年正月六日条）。

式部丞　従五下　藤原朝輔　（叙）正月七日　蔵人（『中右記』同日条）。

従五下 源　俊兼　(叙)正月七日 式部(『中右記』同日条)。

式部少丞　正六上 藤原友実　(補)春(『江記』寛治五年正月六日条)。

正六上 橘　章定　(補)春(『江記』寛治五年正月六日条)。

従五下 源　有家　(初)三月廿五日(「五壇法記」)。(叙)六月五日 蔵人式部丞 篤子内親王内外官未済被下本宮中文、外記勘例奏之(『為房卿記』)。

正六上 源　季忠　(補)六月五日 諸陵助(『為房卿記』)。

式部大録

式部少録

文章博士　従四下 藤原成季　前年に同じ。

従四下 藤原敦基　前年に同じ。

東宮学士

大内記　正五下 菅原在良　前年に同じ。

少内記　正六上 中原忠遠　前年に同じ。

大学頭　菅原是綱　前年に同じ。

寛治五年（一〇九一）

式部卿

式部大輔　正三位 大江匡房　前年に同じ。

式部権大輔　正四下 藤原正家　前年に同じ。

式部少輔　正五下 菅原在良　前年に同じ。

式部大丞　正六上 忠清　(終)『江記』寛治五年正月六日条。

従五下 源　季忠　(転)正月廿八日(『江記』)。(叙)十二月廿九日 二条院合爵(『中右記』)。

式部少丞　正六上 藤原友実　(終)『江記』寛治五年正月六日条。

（兼）正月九日　蔵人（『中右記』）。

正六上　橘　章定　前年に同じ。

正六上　源　雅隆　（補）正月廿八日　典薬助（『江記』）。

式部大録

式部少録

文章博士　従四下　藤原成季　前年に同じ。

従四下　藤原敦基　前年に同じ。

東宮学士

大内記　正五下　菅原在良　前年に同じ。

少内記　正六上　中原忠遠　前年に同じ。

大学頭　菅原是綱　前年に同じ。

式部巡　藤原忠宗　（補）正月廿八日　下総守　式部（『江記』）。

寛治六年（一〇九二）

式部卿

式部大輔　正三位　大江匡房　（兼）正月　越前権守（『公卿補任』）。

式部権大輔　正四下　藤原正家　前年に同じ。

式部少輔　正五下　菅原在良　前年に同じ。

式部丞　従五下　橘　章定　（叙）正月五日　橘氏爵（『後二条師通記』）。

正六上　源　雅隆　前年に同じ。

正六上　藤原説長　（現）『中右記』寛治六年二月六日条。

式部少丞　従五下　藤原国資　（補）文章得業生（治承二年正月廿日　菅原長守申文（『大間成文抄』第八　課試及第・『魚魯愚抄』巻第二　申文）。

（叙）十一月三日　蔵人式部丞大業（『中右記』）。

式部大録

式部少録

文章博士　従四下 藤原成季　前年に同じ。
　　　　　従四下 藤原敦基　前年に同じ。
東宮学士
大内記　正五下 菅原在良　前年に同じ。
少内記　正六上 中原忠遠　前年に同じ。
　　　　正六上 大江通景　(初)『中右記』寛治六年四月八日条。
大学頭　　　　 菅原是綱　前年に同じ。
式部巡　　　　 頼季　(補)正月廿五日　受領　式部巡第三(『中右記』)。

寛治七年(一〇九三)

式部卿
式部大輔　正三位 大江匡房　(兼)正月　越前権守(『公卿補任』)。
式部権大輔 正四下 藤原正家　前年に同じ。
式部少輔　正五下 菅原在良　前年に同じ。
式部丞　　従五下 源　雅隆　(叙)正月五日　式部(『後二条師通記』)。
　　　　　正六上 藤原業仲　(初)『後二条師通記』寛治七年正月七日条。
　　　　　正六上 藤原為宣　(初)『中右記』寛治七年二月廿二日条。
式部録　　正六上　　行義　(初)『後二条師通記』寛治七年正月五日条。
文章博士　従四下 藤原成季　前年に同じ。
　　　　　従四下 藤原敦基　前年に同じ。
東宮学士
大内記　正五下 菅原在良　前年に同じ。
少内記　正六上 中原忠遠　前年に同じ。
　　　　正六上 大江通景　(終)『中右記』「脱漏」寛治七年正月七日条。
大学頭　　　　 菅原是綱　前年に同じ。

嘉保元年（一〇九四）

式部卿　闕

式部大輔　正三位　大江匡房　（補）六月十三日　権中納言（『公卿補任』）。（現）「元秘別録」寛治八年十二月十五日改元例。

式部権大輔　正四下　藤原正家　前年に同じ。

式部少輔　正五下　菅原在良　（終）『中右記』嘉保元年正月七日条。

式部丞　正六上　藤原業仲　前年に同じ。

従五下　藤原為宣　（叙）正月五日　蔵人式部（『中右記』同日条）。

式部少丞　正六上　藤原定仲　（補）二月廿二日（「嘉保元年大間書」柳原家記録　第四十六　除目大間書）。

式部大録

式部少録

文章博士　従四下　藤原成季　（兼）二月廿二日　備前介（「嘉保元年大間書」）。

東宮学士　藤原敦基　前年に同じ。

大内記　正五下　菅原在良　（終）『中右記』嘉保元年十二月十五日条。

少内記　従五下　中原季貞　（叙）正月五日　内記（『中右記』）。

正六上　中原忠遠　前年に同じ。

正六上　惟宗基言　（補）二月廿二日　本局請（『大間成文抄』第七　本司奏・「嘉保元年大間書」柳原家記録　第四十六　除目大間書）。

正六上　菅原宣資　（補）二月廿二日　当職文章生（『大間成文抄』第八　当職文章生・「嘉保元年大間書」柳原家記録　第四十六　除目大間書）。

大学頭　菅原是綱　前年に同じ。

嘉保二年（一〇九五）

式部卿

式部大輔　正四下　藤原正家　（補）十二月（康和六年正月廿六日　藤原敦基申文『本朝続文粋』巻第六　奏状）。

式部権大輔　正四下　藤原正家　（終）『中右記』嘉保二年十二月五日条。

式部少輔

式部丞　正六上　藤原定仲　（終）『中右記』嘉保二年正月三日条。

正六上　藤原業仲　前年に同じ。

正六上　藤原隆重　（初）『中右記』嘉保二年二月十一日条。

式部大録

式部少録

文章博士　従四下　藤原成季　前年に同じ。

藤原敦基　前年に同じ。

東宮学士

大内記　従五上　藤原俊信　（初）『中右記』嘉保二年二月八日条。

少内記　正六上　中原忠遠　前年に同じ。

正六上　菅原宣資　前年に同じ。

大学頭　菅原是綱　（遷）四月五日　常陸介　同条大学頭終出（『中右記』）。

式部巡　藤原季綱　（補）春除目　長門守　式部（『魚魯愚抄』巻第七　尻付）。

＊「初献大学頭、未被補任、誰人可勤仕哉」（『中右記』嘉保二年八月十四日条）。

永長元年（一〇九六）

式部卿

式部大輔　正四下　藤原正家　前年に同じ。

式部少輔

式部権輔

式部丞　従五下　藤原隆重　（叙）正月五日　式部（『中右記』）。
　　　　正六上　藤原業仲　前年に同じ。
　　　　正六上　藤原宗仲　（補）正月廿四日　元宮内丞（『中右記』同廿三日条裏書）。

式部大録

式部少録

文章博士　従四下　藤原成季　前年に同じ。
　　　　　　　　　藤原敦基　前年に同じ。

東宮学士

大内記　従五上　藤原俊信　前年に同じ。

少内記　従五下　中原忠遠　（叙）正月五日　内記（『中右記』）。
　　　　正六上　菅原宣資　同年重服（『中右記』承徳元年正月卅日条）。
　　　　正六上　藤原泰俊　（補）正月廿四日（『中右記』同廿三日条裏書）。

大学頭

＊「今年除目、闕国七ケ国中、不被成文章生并式部民部外記別功者、是依無国数歟」（『中右記』永長元年正月廿三日条）。

承徳元年（一〇九七）

式部卿

式部大輔　正四下　藤原正家　前年に同じ。

式部少輔

式部権輔

式部丞　従五下　藤原信忠　（叙）正月五日　式部（『中右記』同日条裏書）。（宿）正月卅日　尾張権守（『中右記』）。
　　　　正六上　藤原業仲　前年に同じ。
　　　　正六上　藤原宗仲　（終）『中右記』承徳元年十一月廿日条。

式部少丞　正六上藤原公明　（補）正月卅日（『中右記』）。
式部大録
式部少録
文章博士　従四上藤原敦基　（兼）正月卅日　伊予権介（『中右記』）。
　従四下藤原成季　前年に同じ。
東宮学士
大内記　正五下藤原俊信　（叙）正月五日　策（『中右記』）。
　（兼）正月卅日　安芸権介（『中右記』）。
少内記　正六上藤原泰俊　前年に同じ。
　正六上菅原宣資　（復任）正月卅日（『中右記』）。
　（終）十一月廿一日（『師守記』文和元年九月廿五日条）。
大学頭
＊「式部一二臈辞退、以上臈信忠叙之」（『中右記』承徳元年正月五日条）。

承徳二年（一〇九八）

式部卿
式部大輔　正四下藤原正家　前年に同じ。
式部少輔　正五下藤原敦宗　（補）三月十二日（『中右記』）。
式部権輔
式部大丞　正六上藤原業仲　前年に同じ。
式部丞　正六上藤原公明　前年に同じ。
　従五下藤原盛輔　（初）『中右記』承徳二年二月十六日条。
　（叙）八月廿四日　前皇太后宮未給（『中右記』）。
　正六上藤原敦光　（補）月日未詳（天承二年正月廿日　藤原敦光参議申文『朝野群載』巻第九　功労）。
式部大録
式部少録　正六上小野義定　（初）十二月八日（承徳二年十

二月八日　式部省勘申　『大間成文抄』第八　課試及第）。

文章博士　従四下藤原成季　前年に同じ。

従四下菅原在良　（補）正月（『魚魯愚抄』巻第五文章博士兼国・『二中歴』第二文章博士歴）。

東宮学士

大内記　正五下藤原俊信　（遷）七月九日　右衛門権佐（『中右記』）。

少内記　正六上藤原泰俊　前年に同じ。

正六上中原広俊　（補）三月十二日　文章生（『中右記』）。

大学頭　藤原　（現）承徳二年八月十五日　栄山寺記置雑事（『栄山寺文書』）。

＊「宣命ハ文章生少内記広俊作之、大内記依未被任也」（『中右記』承徳二年七月廿六日条）。

康和元年（一〇九九）

式部卿

式部大輔　正四下藤原正家　前年に同じ。

式部少輔　従四下藤原敦宗　（叙）正月六日　式部少輔　策（『本朝世紀』）。

式部権輔

式部大丞　従五下藤原業仲　（宿）正月廿二日　出雲権守（『本朝世紀』）。

式部丞　従五下藤原敦光　（叙）正月六日　策（『本朝世紀』）。

正六上藤原公明　前年に同じ。

式部大丞　正六上平　盛房　（転）正月廿三日　元少丞（『本朝世紀』）。

式部少丞　正六上源　有房　（補）正月廿三日　元兵庫助　奏（『本朝世紀』）。

正六上藤原宗光　（補）正月廿三日　元図書権助　策（『本朝世紀』）。

式部大録
式部少録　正六上 小野義定　前年に同じ。
文章博士　従四下 藤原成季　(終)八月八日(「元秘抄」巻第三　進年号勘文人数多少事)。
　　　　　従四下 菅原在良　(兼)正月廿三日　美作権介(『本朝世紀』『魚魯愚抄』巻第五　文章博士兼国)。
東宮学士
大内記　　藤原兼衡　(初)正月廿四日(『伊勢勅使部類記』『伊勢公卿勅使』)。
少内記　　正六上 藤原泰俊　(遷)十二月十四日　民部大丞(『本朝世紀』)。
　　　　　正六上 中原広俊　前年に同じ。
　　　　　正六上 藤原泰盛　(補)十二月十四日　文章生(『本朝世紀』)。
大学頭　　従四上 藤原季綱　(初)承徳三年正月廿一日　大学寮解(『朝野群載』巻第八　別奏)。
　　　　　(終)承徳三年十一月廿日　藤原行家手輿往反山上申文(『朝野群載』巻第十七　仏事下)。
式部巡　　源　俊賢　(補)正月廿三日　駿河守　式部巡(『本朝世紀』)。

康和二年（一一〇〇）

式部卿
式部大輔　正四下 藤原正家　前年に同じ。
式部少輔
式部権輔
式部丞　　従五下 藤原公明　(宿)正月廿七日　因幡権守(『魚魯愚抄』巻第五　宿官)。
　　　　　正六上 源　有房　前年に同じ。
　　　　　正六上 藤原宗光　前年に同じ。
式部大録

式部少録　正六上小野義定　前年に同じ。

文章博士　従四下菅原在良　前年に同じ。

　正五下藤原俊信　（補）十二月　本官　右少弁（『弁官補任』）。

東宮学士

大内記　従五上藤原兼衡　前年に同じ。

少内記　正六上大江仲俊　（現）康和二年正月廿一日　内記局奏（『朝野群載』巻第十二内記）。

　正六上中原広俊　前年に同じ。

　正六上藤原泰盛　（終）康和二年正月廿一日　内記局奏（『朝野群載』巻第十二内記）。

　正六上藤原資康　（初）七月廿三日（「柱史抄」下帝王部）。

大学頭

＊菅原是綱大学頭申文　康和二年七月廿三日（『朝野群載』巻第九　功労）。

康和三年（一一〇一）

式部卿

式部大輔　正四下藤原正家　前年に同じ。

式部少輔

式部権輔

式部丞　正六上源　有房　前年に同じ。

　正六上藤原宗光　前年に同じ。

　正六上　俊頼子　（補）二月十日（『長秋記』）。

式部少丞　正六上藤原重兼　（補）十一月十六日（『中右記』）。

式部大録

式部少録　正六上小野義定　前年に同じ。

文章博士　従四上菅原在良　（叙）正月七日　策労（『中右記』脱漏同日条）。

　正五下藤原俊信　（兼）二月　周防介　博士労（『弁官補任』）。

東宮学士
大内記　従五上藤原兼衡　前年に同じ。
少内記　正六上中原広俊　前年に同じ。
正六上藤原資康　前年に同じ。
大学頭
＊康和三年二月十日「俊頼朝臣子任式部事」（『長秋記』）。

康和四年（一一〇二）

式部卿
式部大輔　正四下藤原正家　前年に同じ。
式部少輔
式部権輔
式部丞　正六上源　有房　（終）『殿暦』康和四年正月十四日条。
式部少丞　従五下藤原資信　（補）正月廿三日（『公卿補任』）。（叙）十一月十四日（『公卿補任』）。

式部丞　従五下源　俊重　（初）『中右記』康和四年三月廿日条。（叙）八月十日　臨時除目（『殿暦』『中右記』）。
正六上藤原宗光　前年に同じ。
正六上藤原資懐　（初）『中右記』康和四年二月十一日条。
式部少丞　正六上藤原重兼　前年に同じ。
式部録　正六上中原資成　（遷）正月廿三日　右少史（『中右記』、『殿暦』は重資とする）。
式部少録　正六上小野義定　前年に同じ。
文章博士　菅原在良　前年に同じ。
東宮学士　正五下藤原俊信　前年に同じ。
大内記　藤原兼衡　（終）『殿暦』『中右記』康和四年十月七日条。
藤原敦光　（初）『殿暦』『中右記』康和四年

十一月廿五日条。

少内記　正六上中原広俊　前年に同じ。
　　　　正六上藤原資康　前年に同じ。
大学頭　藤原敦宗　(初)『中右記』・「尊勝寺供養記」康和四年七月廿一日条。

康和五年（一一〇三）

式部卿
式部大輔　正四下藤原正家　前年に同じ。
式部少輔
式部権輔
式部大丞　従五下源　忠時　(叙)正月六日(『本朝世紀』)。
　(宿)二月卅日　出雲権守(『本朝世紀』)。
式部丞　従五下藤原宗国　(叙)正月六日　禎子内親王　蔵人式部丞(『本朝世紀』)。
式部大丞　正六上藤原重兼　(転)二月卅日　少丞(『本朝世紀』)。
　(復任)十一月一日(『本朝世紀』)。
式部丞　正六上藤原宗光　前年に同じ。
式部少丞　正六上藤原有清　(補)二月卅日　兵部少丞(『本朝世紀』)。
　　　　正六上源　雅光　(補)二月卅日　大学助　故右大臣源顕房息(『本朝世紀』)。
式部大録
式部少録　正六上小野義定　(復任)十一月一日(『本朝世紀』)。
文章博士　菅原在良　前年に同じ。
　　　　正五下藤原俊信　(兼)八月十九日　東宮学士(『殿暦』『弁官補任』)。
東宮学士　従四上藤原敦宗　(補)十一月一日(『本朝世紀』)。
　　　　正五下藤原俊信　(補)八月十九日(『殿暦』「右兵衛佐高階仲章記」「為房卿記」

『弁官補任』「春宮坊官補任」）。

大内記　　　　藤原敦光　前年に同じ。

少内記　正六上 中原広俊　前年に同じ。

　　　　正六上 中原隆忠　(解)四月卅日(『中右記』『本朝世紀』)。

　　　　正六上 藤原資康　前年に同じ。

　　　　正六上 藤原忠理　(補)四月卅日　文章生(『中右記』『本朝世紀』)。

大学頭　従四上 藤原敦宗　(兼)十一月一日　東宮学士(『本朝世紀』)。

式部巡　　　　藤原親信　(補)二月卅日　駿河守　式部巡(『本朝世紀』)。

長治元年（一一〇四）

式部卿

式部大輔　正四下 藤原正家　前年に同じ。

式部少輔

式部権輔

式部大丞　正六上 藤原宗光　(初)四月(『扶桑古文集』)。

式部丞　正六上 源　雅光　前年に同じ。

　　　　正六上 藤原有清　前年に同じ。

　　　　正六上 大江維順　(補)（治承二年正月廿日　菅原長守申文　『大間成文抄』第八　課試及第)。

式部少丞　正六上 大江匡時　(望栄爵)四月廿九日　前女御源基子当年未給(『朝野群載』巻第四　朝儀上)。

　　　　正六上 藤原行盛　(補)十二月十五日(『中右記』「蔵人式部丞」。

式部大録

式部少録　正六上 紀　成忠　(補)十二月十五日(『中右記』)。

文章博士　　　　菅原在良　前年に同じ。

　　　　正五下 藤原俊信　前年に同じ。

東宮学士　正五下 藤原俊信　前年に同じ。

従四上藤原敦宗　前年に同じ。
　藤原敦光　前年に同じ。
大内記
少内記　正六上中原広俊　前年に同じ。
　正六上藤原資康　前年に同じ。
　正六上藤原忠理　前年に同じ。
大学頭　従四上藤原敦宗　前年に同じ。

長治二年（一一〇五）

式部卿
式部大輔　正四下藤原正家　前年に同じ。
式部少輔
式部権輔
式部丞　従五下藤原行盛　（宿官）正月廿九日　能登権守（『大間成文抄』第五　諸衛兼国　宿官）。
式部大丞　正六上藤原宗光　（兼）正月十六日　六位蔵人　院蔵人二﨟（『永昌記』『中右記』『殿暦』）。
式部丞　正六上源　雅光　前年に同じ。
　正六上藤原有清　前年に同じ。
式部大録
式部少録　正六上紀　成忠　（遷）正月廿七日　右少史　下﨟録（『中右記』）。
文章博士　菅原在良　（兼）二月六日　摂津守　文章博士（『中右記』）。
　正五下藤原俊信　（卒）二月一日（『中右記』同日条・『殿暦』七日条）。
　従四下藤原実義　（補）三月十六日（『中右記』『殿暦』『二中歴』第二　文章博士歴）。
東宮学士　正五下藤原俊信　（卒）二月一日（『中右記』同日条・『殿暦』同七日条）。
　従四上藤原敦宗　前年に同じ。
大内記　藤原敦光　前年に同じ。

少内記　正六上中原広俊　前年に同じ。
　正六上藤原資康　（申文）正月廿四日　民部丞（長治二年正月廿四日　太政官処分状『朝野群載』巻第六　太政官）。
大学頭　正六上藤原忠理　前年に同じ。
　藤原敦宗　前年に同じ。
式部巡　源　家清　（不任）正月廿七日　式部一家清不任（『中右記』）。
＊直物「右少弁・右衛門権佐・文章博士・東宮学士雖有其闕今夕不被成」（『中右記』長治二年二月廿八日条）。

嘉承元年（一一〇六）

式部卿
式部大輔　正四下藤原正家　前年に同じ。
式部少輔
式部権輔

式部大丞　従五下藤原宗光　（叙）正月五日　三﨟式部丞（『中右記』）。
式部丞　従五下源　雅光　（叙）正月五日（『中右記』）。
　正六上藤原有清　前年に同じ。
　正六上藤原輔実　（初）『永昌記』嘉承元年十二月十三日条。
式部大録
式部少録
文章博士　菅原在良　前年に同じ。
　従四下藤原実義　（卒）九月十一日（『中右記』同十二日条）。
東宮学士　従四上藤原敦宗　前年に同じ。
大内記　藤原敦光　前年に同じ。
少内記　正六上中原広俊　前年に同じ。
　正六上藤原忠理　前年に同じ。
　正六上大江澄景　（現）『永昌記』嘉承元年七月廿九日条。

式部省補任　堀河天皇（嘉承元年）

大学頭　従四上藤原敦宗　前年に同じ。

式部巡　藤原基綱　（補）三月十二日　河内守　式部巡第三（『中右記』・『魚魯愚抄』巻第七　尻付）。

鳥羽天皇　嘉承二年十二月一日即位
保安四年正月廿八日譲位

嘉承二年（一一〇七）

式部卿
式部大輔　正四下 藤原正家　前年に同じ。
式部権大輔 正四下 藤原敦宗　(叙)月日未詳　坊学士(「叙位尻付抄」)。
(初)『中右記』嘉承二年二月廿七日条。
式部少輔　　　大江有元　(初)『中右記』嘉承二年二月七日条。
式部丞　従五下 藤原有清　(叙)正月(『殿暦』嘉承二年二月二日条)。
正六上 藤原輔実　前年に同じ。
正六上　　重綱　(現)『中右記』嘉承二年六月十八日条。
式部大録
式部少録
文章博士　従四上 菅原在良　前年に同じ。
従五上 藤原敦光　(補)正月(『大間成文抄』第五兼国・『二中歴』第二　文書博士歴)。
東宮学士　正四下 藤原敦宗　(叙)月日未詳(「叙位尻付抄」)。
大内記　従五上 藤原敦光　前年に同じ。
少内記　正六上 藤原忠理　(終)『中右記』嘉承二年正月五日条。
正六上 中原広俊　前年に同じ。
正六上　　知国　(現)「朝覲部類」所収「長秋記」嘉承二年正月三日条。
大学頭　正四下 藤原敦宗　(叙)月日未詳　坊学士(「叙位尻付抄」)。
＊「今年闕国纔六ケ国、式部民部外記不成也、是又先例也」(『中右記』嘉承二年正月廿六日条)。

＊「式部丞給爵人有請漏宿官、今夜被成諸国権守」（『中右記』嘉承二年二月廿一日条）。

天仁元年（一一〇八）

式部卿

式部大輔　正四下　藤原正家　前年に同じ。

式部権大輔　正四下　藤原敦宗　（辞）八月廿九日　敦宗式部権大輔を辞し、子息有成を少丞に申任（『中右記』）。

式部少輔　従五上　大江有元　前年に同じ。

式部丞　従五下　藤原輔実　（叙）正月廿四日　式部（『中右記』）。

式部大丞　正六上　藤原忠理　（転）正月廿七日　元少丞（『中右記』）。

正六上　橘　元輔　（少丞初見）『中右記』天仁元年三月五日条。
（大丞転任）八月廿九日（『中右記』）。
（終）『中右記』天仁元年十一月十日条。

正六上　藤原知仲　（初）『中右記』天仁元年正月廿四日条。
（大丞初見）『中右記』天仁元年十月十日条。同条終出。

式部少丞　正六上　藤原有成　（補）八月廿九日（『中右記』）。
（終）『江記』天仁元年十一月廿一日条。

式部大録

式部少録　正六上　紀　国康　（卒）九月一日（『中右記』同廿日条・同十月十日条）。

正六上　中原真行　（初）『中右記』天仁元年十月八日条。
（申請）十月十日　大嘗会御禊御前主典（『中右記』）。

文章博士　従四上菅原在良　前年に同じ。

藤原敦光（兼）正月　越中介（『大間成文抄』第五　兼国）。

東宮学士

大内記　藤原敦光　前年に同じ。

少内記　正六上中原広俊　前年に同じ。

正六上　光遠（卒）『中右記』天仁元年四月廿五日条。

正六上藤原周衡（初）『中右記』『殿暦』天仁元年三月二日条。

正六上惟宗兼職（補）八月廿九日　挙（『中右記』）。

大学頭　正四下藤原敦宗（兼）十月十四日　丹波守（『中右記』）。

式部巡　従四下源　広綱（補）正月廿四日　摂津守　式部一　従四位下、君達也、被成最下国　尤不便也（『中右記』）。

（卒）十一月廿八日（『中右記』同晦日条）。

天仁二年（一一〇九）

式部卿

式部大輔　正四下藤原正家　前年に同じ。

式部少輔　大江有元　前年に同じ。

式部権輔

式部丞　正六上　親仲（初）『殿暦』天仁二年四月十二日条。

正六上藤原行佐（初）『殿暦』天仁二年十一月十九日条「蔵人式部丞」。

式部大録

式部録　正六上中原真行　前年に同じ。

文章博士　従四上菅原在良　前年に同じ。

正五下藤原敦光　前年に同じ。

東宮学士

大内記　正五下藤原敦光　前年に同じ。
少内記　正六上中原広俊　前年に同じ。
　　　　正六上藤原周衡　前年に同じ。
　　　　正六上惟宗兼職　前年に同じ。
大学頭　正四下藤原敦宗　前年に同じ。

天永元年（一一一〇）

式部卿
式部大輔　正四下藤原正家　前年に同じ。
式部少輔　　　　大江有元　前年に同じ。
式部権輔
式部丞　正六上藤原行佐　前年に同じ。
　　　　正六上　　親仲　（終）『殿暦』天永元年四月三日条。
式部大録
式部録　正六上中原真行　（終）『中右記』天永元年十月十四日条。

文章博士　従四上菅原在良　前年に同じ。
　　　　　正五下藤原敦光　前年に同じ。
東宮学士
大内記　正五下藤原敦光　前年に同じ。
少内記　正六上中原広俊　前年に同じ。
　　　　正六上藤原周衡　前年に同じ。
　　　　正六上惟宗兼職　前年に同じ。
大学頭　正四下藤原敦宗　前年に同じ。

天永二年（一一一一）

式部卿
式部大輔　正四下藤原正家　（卒）十月十二日（『中右記』）。
　　　　　従四上菅原在良　（補）十二月廿六日（『中右記』）。
式部少輔　　　　大江有元　前年に同じ。
式部権輔
式部丞　従五下藤原資文　（叙）正月六日　式部（『中右記』）。

従五下　藤原行佐　（叙）正月十四日　皇后未給（『中右記』）。
正六上　藤原安頼　（補）正月廿三日（『中右記』）。
（終）『中右記』天永二年三月十五日条。

式部大録

式部少録

文章博士　従四上　菅原在良　（兼）十二月十二日　侍読（『砂巌』所収「菅儒侍読臣之年譜」）。
正五下　藤原敦光　前年に同じ。

東宮学士

大内記　正五下　藤原敦光　前年に同じ。

少内記　正六上　中原広俊　（終）『中右記』天永二年三月十八日条。
正六上　藤原周衡　前年に同じ。
正六上　惟宗兼職　（遷）正月廿三日　外記（『中右記』）。
正六上　為善　（現）『中右記』天永二年正月十四日条。

大学頭　正四下　藤原敦宗　（卒）九月十七日（『中右記』同十八日条）。
大江通国　（補）十二月廿六日（『中右記』）。

＊「式部巡一惟明不成受領、依国不足歟」（『中右記』天永二年正月廿三日条）。

天永三年（一一一二）

式部卿　闕

式部大輔　菅原在良　前年に同じ。

式部少輔　大江有元　前年に同じ。

式部権輔

式部大丞

式部少丞

式部大録

式部少録

文章博士　正五下 藤原敦光　前年に同じ。
　　　　　従五上 藤原永実　(補)正月(『二中歴』第二　文章博士歴)。
東宮学士
大内記　正五下 藤原敦光　前年に同じ。
少内記　正六上 藤原周衡　(終)『中右記』天永三年十二月十日条。
大学頭　大江通国　(卒)五月廿二日(『中右記』)。
式部巡　藤原惟明　(補)正月廿七日　信濃守　式部(『中右記』)。

＊「今夜王氏爵不叙、各雖進自解不知誰人、仍奏事由於院、仰云、式部卿親王挙之、而近来無親王、仍不叙」(『殿暦』天永三年正月五日条)。

永久元年（一一一三）

式部卿
式部大輔　菅原在良　前年に同じ。
式部少輔　大江有元　前年に同じ。
式部権輔
式部大丞　正六上 源　雅光　(現)永久元年十二月　式部省移(『朝野群載』巻第八　別奏)。
式部少丞
式部大録
式部少録　正六上 中原章永　(現)永久元年十二月　式部省移(『朝野群載』巻第八　別奏)。
文章博士　正五下 藤原敦光　前年に同じ。
　　　　　藤原永実　前年に同じ。
東宮学士
大内記　正五下 藤原敦光　(終)『進献記録抄纂本永昌記』永久元年正月三日条。
　　　　藤原永実　(初)『殿暦』永久元年四月十三日条。
少内記　正六上 菅原修言　(現)閏三月十六日(『伊勢勅使部類記』伊勢公卿勅使)。

大学頭　正五下藤原敦光　(初)天永四年三月七日　大学寮牒(『朝野群載』巻第二十一雑文上)。

永久二年(一一一四)

式部卿

式部大輔　従四上菅原在良　前年に同じ。

式部少輔　正五下大江有元　前年に同じ。

式部権輔

式部丞　正六上藤原忠興　(初)『中右記』永久二年正月七日条。

式部大録

式部少録　正六上紀　行友　(補)永久二年十二月十三日式部省奏(『魚魯愚抄』巻第二諸司奏)。

文章博士　従四下藤原敦光　前年に同じ。

従五上藤原永実　前年に同じ。

東宮学士

大内記　従五上藤原永実　前年に同じ。

少内記　正六上　為頼　(初)永久二年四月廿五日　宣命(『石清水文書』第五　宮寺縁事抄)。

大学頭　従四下藤原敦光　前年に同じ。

永久三年(一一一五)

式部卿

式部大輔　従四上菅原在良　前年に同じ。

式部少輔　正五下大江有元　前年に同じ。

式部権輔

式部丞　正六上藤原忠興　前年に同じ。

式部大録　正六上藤原兼定　(初)永久三年正月十三日　式部省勘申(『魚魯愚抄』巻第二)。

式部少録　正六上清原盛安　(初)永久三年正月十三日　式部省勘申(『魚魯愚抄』巻第二)。

文章博士　従四下　藤原敦光　前年に同じ。
　　　　　　　　　藤原永実　前年に同じ。
東宮学士
大内記　　　　　　藤原永実　前年に同じ。
少内記　　正六上　為頼　前年に同じ。
大学頭　　従四下　藤原敦光　前年に同じ。

永久四年（一一一六）

式部卿
式部大輔　従四上　菅原在良　前年に同じ。
式部少輔　従四下　大江有元　（終）永久四年正月十三日　奨学院年挙（『魚魯愚抄』巻第二）。
式部権輔
式部丞　　従五下　藤原兼定　（宿）正月廿九日　信濃権守（『大間成文抄』第五　宿官）。
式部大丞　正六上　藤原忠興　（初）永久四年正月　式部省勘申（『大間成文抄』第八　課試及第）。（終）永久四年十二月十八日　式部省勘申（『大間成文抄』第八　課試及第）。
式部大録
式部少録　正六上　清原盛安　前年に同じ。
文章博士　従四下　藤原敦光　前年に同じ。
　　　　　正五下　藤原永実　前年に同じ。
東宮学士
大内記　　正五下　藤原永実　前年に同じ。
少内記　　正六上　為頼　前年に同じ。
大学頭　　従四下　藤原敦光　前年に同じ。

永久五年（一一一七）

式部卿
式部大輔　従四上　菅原在良　前年に同じ。
式部少輔　正五下　藤原行盛　（初）永久五年正月廿六日　式

部省移（『朝野群載』巻第八 別
奏）。

式部権輔
式部大丞 正六上橘　清仲 （初）永久五年十一月廿一日 式
部省試 監試（『朝野群載』巻第
十三 紀伝上）。
式部丞 正六上菅原清能 （初）六月十四日（「雨言雑秘記」）。
式部大録
式部少録 正六上清原盛安 前年に同じ。
文章博士 従四下藤原敦光 前年に同じ。
正五下藤原永実 前年に同じ。
東宮学士
大内記 正五下藤原永実 前年に同じ。
少内記 正六上　　為頼 前年に同じ。
正六上藤原広兼 （初）三月十五日（『伊勢勅使部
類記』伊勢公卿勅使）。
大学頭 従四下藤原敦光 前年に同じ。

元永元年（一一一八）

式部卿
式部大輔 従四上菅原在良 前年に同じ。
式部少輔 正五下藤原行盛 前年に同じ。
式部権輔
式部大丞 正六上橘　清仲 （終）元永元年十一月廿三日 式
部省勘申（『大間成文抄』第八
課試及第）。
式部丞 従五下菅原清能 （叙）正月六日 蔵人（『中右記』）。
正六上　　家能 （補）正月十八日（『中右記』同
十九日条）。
式部大録
式部少録 正六上清原盛安 （終）元永元年十一月廿三日 式
部省勘申（『大間成文抄』第八
課試及第）。
文章博士 従四下藤原敦光 前年に同じ。

式部省補任　鳥羽天皇（元永元年～同二年）

正五下 藤原永実　前年に同じ。

東宮学士

大内記　正五下 藤原永実　（終）元永元年十一月廿七日 式部省評定文章得業生正六位上行能登大丞大江挙周対策文事（『朝野群載』巻第十三 紀伝上）。

少内記　正六上　為頼　前年に同じ。

　　　正六上 藤原広兼　前年に同じ。

大学頭　従四下 藤原敦光　前年に同じ。

式部巡　従五下 源　季忠　（補）正月十八日 筑前守 式部（『中右記』同十九日条）。

元永二年（一一一九）

式部卿

式部大輔　従四上 菅原在良　前年に同じ。

式部少輔　正五下 藤原行盛　（終）七月（「内大臣殿歌合」）。

式部権輔

式部丞　正六上 藤原忠光　（現）『御産部類記』所収「祭資記」元永二年三月十五日条。

　　　正六上 藤原宗能　（現）『長秋記』元永二年四月十四日条。

　　　正六上 藤原周衡　（初）「法性寺殿御記」元永二年十一月廿五日条。

式部録　正六上 豊原友時　（補）四月六日（『中右記』）。

文章博士　従四上 藤原敦光　前年に同じ。

　　　従四下 藤原永実　（卒）十一月十二日（『尊卑分脈』）。

東宮学士

大内記　　藤原宗光　（補）正月（『大間成文抄』第五兼国）。

少内記　正六上　為頼　前年に同じ。

　　　正六上 藤原広兼　前年に同じ。

　　　正六上　為保　（現）『中右記』元永二年八月十五日条。

大学頭　従四下 藤原敦光　前年に同じ。

式部巡　源　雅隆　（補）正月廿四日　和泉守　式部
（『中右記』）。

保安元年（一一二〇）

式部卿　闕
（終）保安元年十二月　式部省
奏（『朝野群載』巻第八　別奏・
『魚魯愚抄』巻第一）。

式部大輔　従四上菅原在良　（終）保安元年十二月　式部省
奏　従四位上行大輔兼文章博
士（『朝野群載』巻第八　別奏・
『魚魯愚抄』巻第一）。

式部少輔　正五下藤原　（現）保安元年正月五日　式部
省奏　正五位下行少輔兼伊予
介（『叙位議次第抄』）。
（現）保安元年十二月　式部省
奏　正五位下行少輔兼阿波介
（『朝野群載』巻第八　別奏・『魚
魯愚抄』巻第一）。

式部権少輔従五下藤原資光　（初）保安元年正月五日　式部
省奏　従五位下兼行中宮少進
（『叙位議次第抄』）。

式部大丞　正六上源　雅職　（申叙位）保安元年正月五日
式部省奏（『叙位議次第抄』）。

式部丞　正六上藤原忠光　前年に同じ。
正六上　友兼　（初）『中右記』保安元年三月廿
九日条。
（終）『中右記』保安元年四月十
日条。
正六上藤原周衡　（終）『中右記』保安元年三月廿
九日条。
正六上藤原有教　（補）正月廿八日（『中右記』）。
正六上源　重俊　（現）「法性寺殿御記」保安元年
正月廿七日条。

式部録　正六上　為頼　（遷）四月三日　少外記（『中右

記』）。
　　　　正六上斎部孝重　（補）正月卅日（『中右記』）。
式部少録　正六上中原倫俊　（補）十一月廿五日（『中右記』）。
文章博士　従四上菅原在良　（初）『中右記』保安元年三月十日条。
　　　　　　　　　（終）保安元年十二月　式部省奏　従四位上行大輔兼文章博士（『魚魯愚抄』巻第一）。
　　　　従四上藤原敦光　（叙）正月　叙労十二年（大治六年正月四日　藤原敦光申文『本朝続文粋』巻第六　奏状）。
東宮学士
大内記　　　　藤原宗光　前年に同じ。
少内記　正六上　　為頼　（遷）四月三日　少外記　元内記（『中右記』）。
　　　　正六上藤原広兼　（終）『中右記』保安元年四月十日条・『師守記』文和元年九月廿五日条。
大学頭　　従四上藤原敦光　前年に同じ。
＊「式部巡一宗兼不被成受領、依国数不足也」（『中右記』保安元年正月廿八日条）。

保安二年（一一二一）

式部卿
式部大輔
式部少輔
式部権少輔　　藤原資光　前年に同じ。
式部丞　正六上藤原忠光　前年に同じ。
式部大録
式部少録　正六上中原倫俊　前年に同じ。
　　　　正六上高階宗広　（補）元刑部少録　本司奏（『大間成文抄』第七　本司奏）。
文章博士　従四上藤原敦光　（終）三月（『兵範記』久寿元年三月廿二日条）。

東宮学士

大内記　正五下藤原宗光　(兼)正月　阿波介(『大間成文抄』第五　兼国)。

少内記　正六上藤原廉兼　(現)保安二年正月十三日　内記局奏(『大間成文抄』第七　本司奏)。

　　　　正六上藤原重真　(補)正月(保安二年正月十三日内記局奏『大間成文抄』第七　本司奏)。

大学頭　従四下藤原敦光　前年に同じ。

保安三年(一一二二)

式部卿

式部大輔　従四上藤原敦光　(補)十二月　大治六年正月十九日　藤原敦光申文(『本朝続文粋』巻第六　奏状)。

式部少輔

式部権少輔　藤原資光　前年に同じ。

式部丞　正六上藤原忠光　前年に同じ。

式部大録

式部少録　正六上中原倫俊　前年に同じ。

文章博士　従四上大江有元　(補)十二月(『二中歴』第二　文章博士歴)。

　　　　正五下藤原行盛　(補)十二月(『二中歴』第二　文章博士歴)。

東宮学士

大内記　正五下藤原宗光　前年に同じ。

少内記　正六上藤原重真　前年に同じ。

大学頭　従四下藤原敦光　(終)保安三年十二月九日　藤原敦光申文(『本朝続文粋』巻第七　施入状)。

崇徳天皇

保安四年二月十九日即位
永治元年十二月七日譲位

保安四年（一一二三）

式部卿
式部大輔　従四上　藤原敦光　前年に同じ。
式部少輔
式部権少輔　藤原資光　前年に同じ。
式部丞　従五下　藤原忠光　（叙）二月十五日　御即位叙位式部（『中右記』同十六日条・「大外記中原師元朝臣記」・『御即位叙位部類記』所収「朝隆卿記」）。
正六上　藤原有隆　（現）十月十五日（『御禊行幸服飾部類』）。
式部大録
式部少録　正六上　中原倫俊　前年に同じ。
文章博士　従四上　大江有元　前年に同じ。
正五下　藤原行盛　前年に同じ。
東宮学士
大内記　正五下　藤原宗光　前年に同じ。
少内記　正六上　藤原重真　前年に同じ。
正六上　橘　盛忠　（現）「大外記中原師元朝臣記」保安四年二月十九日条。
大学頭

天治元年（一一二四）

式部卿
式部大輔　従四上　藤原敦光　前年に同じ。
式部少輔
式部権少輔　藤原資光　前年に同じ。
式部大丞
式部少丞　正六上　藤原　（現）天治元年正月　式部省勘申諸道得業生問者生課試及第事（『魚魯愚抄』巻第二　諸道課

試及第事）。

式部大録

式部少録　正六上 中原倫俊　前年に同じ。

文章博士　大江有元　前年に同じ。

正五下 藤原行盛　前年に同じ。

東宮学士

大内記　正五下 藤原宗光　前年に同じ。

少内記　正六上 藤原重真　（兼）正月　惟宗に改姓して右兵衛尉補任（信貞訴状『洞院家記』十四）。

大学頭　藤原資光　（初）『御産部類記』所収「花園左府記」天治元年六月一日条。

天治二年（一一二五）

式部卿

式部大輔　従四上 藤原敦光　前年に同じ。

式部少輔

式部権少輔　藤原資光　（終）『御産部類記』所収「朝隆卿記」天治二年五月廿六日条。

式部大丞

式部少丞

式部録　正六上 中原倫俊　前年に同じ。

文章博士　大江有元　前年に同じ。

正五下 藤原行盛　前年に同じ。

東宮学士

大内記　正五下 藤原宗光　前年に同じ。

少内記　正六上 惟宗重真　前年に同じ。

大学頭　藤原資光　前年に同じ。

大治元年（一一二六）

式部卿

式部大輔　従四上 藤原敦光　前年に同じ。

式部少輔

式部権輔

式部大丞

式部少丞

式部録　正六上　中原倫俊　前年に同じ。

文章博士　大江有元　前年に同じ。

従四下　藤原行盛　(叙)十一月十七日(『勘仲記』正応元年正月四日条)。

大内記　正五下　藤原宗光　前年に同じ。

少内記　正六上　惟宗重真　前年に同じ。

大学頭　藤原資光　前年に同じ。

大治二年（一一二七）

式部卿

式部大輔　従四上　藤原敦光　前年に同じ。

式部少輔　藤原資光　(初)『中右記』大治二年十二月廿五日条。

菅原時登　(現)『中右記』大治二年四月九日条。

式部権輔

式部丞　従五下　源　時賢　(叙)正月五日　蔵人式部(『中右記』)。

正六上　藤原知通　(補)正月十九日(『中右記』同廿日条・治承二年正月廿日菅原長守申文『大間成文抄』第八　課試及第)。

式部録　正六上　中原倫俊　(終)『中右記』大治二年正月十八日条。

文章博士　大江有元　前年に同じ。

藤原行盛　前年に同じ。

東宮学士

大内記　正五下　藤原宗光　前年に同じ。

少内記　正六上　惟宗重真　前年に同じ。

正六上　菅原是基　(初)『中右記』大治二年十月十三日条。

大学頭　藤原資光　前年に同じ。

式部巡　従五下藤原盛輔　(補)正月十九日　常陸介　式部巡(『二中歴』第十　当任歴)。

大治三年（一一二八）

式部卿

式部大輔　従四上藤原敦光　前年に同じ。

式部少輔　藤原資光　前年に同じ。

式部権輔

式部丞　従五下源　邦忠　(宿)正月(『魚魯愚抄』巻第五兼国)。

　正六上藤原知通　前年に同じ。

式部録　正六上中原範兼　(遷)十二月廿四日　少外記(『外記補任』)。

文章博士　大江有元　前年に同じ。

　藤原行盛　前年に同じ。

東宮学士

大内記　正五下藤原宗光　前年に同じ。

少内記　正六上惟宗重真　前年に同じ。

　正六上菅原是基　前年に同じ。

大学頭　正五下藤原資光　前年に同じ。

大治四年（一一二九）

式部卿

式部大輔　従四上藤原敦光　前年に同じ。

式部少輔　藤原資光　前年に同じ。

式部権輔

式部丞　従五下藤原懐遠　(叙)正月五日　式部(『中右記』同六日条)。

　従五下藤原知通　(叙)八月廿八日(『中右記』『長秋記』)。

式部少丞　正六上源　俊長　(補)正月廿四日(『中右記』・『長秋記』同二月十七日条)。

式部丞　正六上藤原有盛　(初)『永昌記』大治四年七月七日条。

（兼）八月廿八日　蔵人　故院一
臈蔵人（『長秋記』）。

正六上源　俊高　（補）十月九日（『中右記』）。

式部大録
式部少録
文章博士　大江有元　前年に同じ。
　　　　　藤原行盛　前年に同じ。
東宮学士
大内記　正五下藤原宗光　前年に同じ。
少内記　正六上惟宗重真　（遷）正月廿四日　少外記　元内
記（『中右記』）。
　　　　正六上菅原是基　前年に同じ。
　　　　正六上藤原為業　（補）十月九日　文章生（『中右
記』）。
大学頭　正五下藤原資光　前年に同じ。

＊巡年「式部検非違使又不成」（『中右記』大治四年正月廿四
日条）。

大治五年（一一三〇）

式部卿
式部大輔　従四上藤原敦光　前年に同じ。
式部少輔　正五下藤原資光　（終）『中右記』大治五年三月廿
五日条。
式部権輔
式部丞　正六上橘　定元　（補）正月廿八日（『中右記』）。
　　　　正六上源　光成　（補）正月廿八日（『中右記』）。
　　　　正六上藤原為範　（補）正月廿八日（『中右記』）。
　　　　正六上藤原雅仲　（補）正月廿八日（『中右記』）。
式部録　正六上中原俊式　（遷）七月　官史（『中右記』寛治
八年八月廿三日条）。
文章博士　大江有元　前年に同じ。
　　　　　藤原行盛　前年に同じ。
東宮学士
大内記　正五下藤原宗光　前年に同じ。

少内記　正六上菅原是基　前年に同じ。
　　　　正六上藤原為業　前年に同じ。
大学頭　正五下藤原資光　前年に同じ。

天承元年（一一三一）

式部卿
式部大輔　正四下藤原敦光　前年に同じ。
式部少輔
式部権輔
式部大丞
式部少丞　正六上高階業兼　（補）十二月廿四日　兵部一（「贈左府時信朝臣記」）。
式部大録
式部少録
文章博士　従四上大江有元　（終）正月廿六日（「元秘抄」巻第二　年号勘文書様）。
　　　　　　　藤原行盛　前年に同じ。

東宮学士
大内記　正五下藤原宗光　（終）「贈左府時信朝臣記」天承元年十二月廿二日条。
少内記　正六上菅原是基　前年に同じ。
　　　　正六上藤原為業　前年に同じ。
大学頭　正五下藤原資光　前年に同じ。

長承元年（一一三二）

式部卿
式部大輔　正四下藤原敦光　前年に同じ。
式部少輔　　　　藤原国能　（補）正月廿二日（『中右記』）。
式部権輔
式部大丞　従五下　　忠成　（叙）『魚魯愚抄』巻第四　顕官挙。
式部丞　正六上高階業兼　前年に同じ。
式部少丞　正六上源　雅頼　（補）正月廿二日（『中右記』『公卿補任』）。

　　　正六上源　行忠　（補）正月廿二日（『中右記』）。
式部録　正六上紀　教重　（初）天承二年正月十四日　権中納言源卿家奉送八省御斎会加供事（『朝野群載』巻第七　公卿家）。
文章博士　藤原行盛　前年に同じ。
　　　菅原時登　（初）『中右記』長承元年二月十五日条。
東宮学士
大内記　藤原令明　（補）正月廿六日（『中右記』）。
少内記　正六上菅原是基　前年に同じ。
　　　正六上藤原為業　前年に同じ。
大学頭　正五下藤原資光　（卒）『中右記』長承元年二月十七日条。

長承二年（一一三三）

式部卿
式部大輔　正四下藤原敦光　前年に同じ。
式部少輔　藤原国能　前年に同じ。
式部権輔
式部少丞　従五下源　行忠　（叙）正月五日（『中右記』）。
　　　正五下源　雅頼　（叙）二月三日　一品禎子内親王給（『公卿補任』）。
式部丞　正六上高階業兼　前年に同じ。
式部録　正六上紀　教重　前年に同じ。
文章博士　藤原行盛　（兼）五月六日　摂津守　元左衛門権佐（『中右記』）。
　　　菅原時登　前年に同じ。
東宮学士
大内記　藤原令明　前年に同じ。
少内記　正六上菅原是基　前年に同じ。
　　　正六上藤原為業　前年に同じ。
　　　正六上菅原為則　（現）『中右記』長承二年八月二日条。

大学頭

長承三年（一一三四）

式部卿

式部大輔　正四下　藤原敦光　前年に同じ。

式部少輔　藤原国能　前年に同じ。

式部権輔

式部丞　従五下　高階業兼　（叙）正月五日　式部（『中右記』）。

式部録　正六上　紀　教重　（遷）閏十二月十五日　右少史（『中右記』）。

正六上　大江元重　（現）『中右記』長承三年三月七日条。

文章博士　正四下　藤原行盛　（卒）十一月廿二日（『中右記』）。

菅原時登　前年に同じ。

従四下　藤原顕業　（補）十一月廿六日（『中右記』『公卿補任』）。

東宮学士

大内記　藤原令明　前年に同じ。

少内記　正六上　菅原是基　（終）『中右記』長承三年四月九日条。

正六上　藤原為業　前年に同じ。

大学頭

保延元年（一一三五）

式部卿

式部大輔　正四下　藤原敦光　前年に同じ。

式部少輔　正五下　藤原国能　（卒）六月十一日（『中右記』）。

式部権輔

式部丞　正六上　源　季隆　（補）四月一日（『中右記』）。

式部録　正六上　中原宗遠　（補）四月一日（『中右記』）。

文章博士　菅原時登　（終）『中右記』保延元年八月廿四日条。

従四下　藤原顕業　（兼）正月廿八日　越中権介（『公卿補任』『弁官補任』）。

東宮学士
大内記　藤原令明　前年に同じ。
少内記　正六上藤原為業　（終）『中右記』保延元年八月十日条。
大学頭

保延二年（一一三六）

式部卿
式部大輔　正四下藤原敦光　前年に同じ。
式部少輔
式部権輔
式部大丞
式部少丞
式部大録
式部少録
文章博士　従四下藤原顕業　前年に同じ。
東宮学士
大内記　藤原令明　前年に同じ。
少内記
大学頭

保延三年（一一三七）

式部卿
式部大輔　正四下藤原敦光　前年に同じ。
式部権大輔　藤原宗光　（補）正月卅日（『中右記』）。
式部少輔
式部丞　従五下藤原有光　（叙）正月五日　蔵人式部丞（『中右記』）。
　正六上菅原是基　（補）正月卅日（『中右記』）。
式部大録
式部少録
文章博士　従四下藤原顕業　（転）十月六日　左中弁（『公卿補任』『弁官補任』）。
東宮学士

大内記　　藤原令明　前年に同じ。
少内記
大学頭　　菅原時登　(現)『中右記』保延三年十月十五日条。

保延四年（一一三八）

式部卿
式部大輔　正四下　藤原敦光　前年に同じ。
式部権大輔　藤原宗光　前年に同じ。
式部少輔
式部丞　正六上　菅原是基　前年に同じ。
　　　　正六上　藤原義経　(補)正月廿二日(『中右記』)。
式部大録
式部少録
文章博士　正四下　藤原顕業　(叙従四位上)正月五日　中弁労(『公卿補任』『弁官補任』)。(叙正四位下)十月十四日　行幸石清水賀茂行幸行事賞(『公卿補任』『弁官補任』)。
東宮学士
大内記　　藤原令明　前年に同じ。
少内記
大学頭

保延五年（一一三九）

式部卿
式部大輔　正四下　藤原敦光　前年に同じ。
式部権大輔　藤原宗光　前年に同じ。
式部少輔
式部大丞　正六上　菅原是基　(終)二月廿三日(『台記列見記』)。
　　　　正六上　藤原義経　(終)二月廿三日(『台記列見記』)。
式部少丞

式部大録

式部少録　正六上 中原守光　（現）二月廿三日（「台記列見記」）。

正六上 大江久俊　（現）二月廿三日（「台記列見記」）。

文章博士　正四下 藤原顕業　（兼）正月廿四日　備中権介　装束使労（『公卿補任』『弁官補任』）。

従四下 藤原永範　（補）十二月十六日（『公卿補任』）。

東宮学士　正四下 藤原顕業　（補）八月十七日（『公卿補任』・「春宮坊官補任」）。

大内記　藤原令明　前年に同じ。

少内記　正六上 藤原公基　（初）十二月十日（『上卿故実』）。

正六上　相永　（現）五月一日（『古今著聞集』巻一　神祇）。

大学頭

保延六年（一一四〇）

式部卿

式部大輔　正四下 藤原敦光　前年に同じ。

式部権大輔　藤原宗光　前年に同じ。

式部少輔

式部大丞

式部少丞　正六上 藤原頼定　（補）十二月十六日（『公卿補任』）。

式部大録

式部少録　正六上 大江久俊　前年に同じ。

文章博士　正四下 藤原顕業　前年に同じ。

従四下 藤原永範　（補）十二月十六日（『公卿補任』）。

東宮学士　正四下 藤原顕業　前年に同じ。

大内記　藤原令明　前年に同じ。

少内記　正六上 藤原公基　前年に同じ。

大学頭

近衛天皇

永治元年十二月廿七日即位
久寿二年七月廿三日崩御

永治元年（一一四一）

式部卿

式部大輔　正四下　藤原敦光　前年に同じ。

式部権大輔　従四下　藤原宗光　前年に同じ。

式部少輔

式部大丞　正六上　藤原頼定　(転)正月廿九日(『公卿補任』)。

式部少丞

式部大録

式部少録　正六上　大江久俊　前年に同じ。

文章博士　従三位　藤原顕業　(転)十二月二日　左大弁(『公卿補任』『弁官補任』)。
(補)十二月十三日　参議(『公卿補任』)。
(叙)十二月廿六日　御即位叙位　前坊学士(『御即位叙位部類記』所収「頼業記」・『公卿補任』)。

従四下　藤原永範　(兼)正月廿九日　越中介(『公卿補任』)。

東宮学士　正四下　藤原顕業　(止)十二月七日(『公卿補任』・「春宮坊官補任」)。

藤原　(現)保延七年六月廿三日　鳥羽院庁下文案(『平安遺文』補六五号)。

大内記　藤原令明　前年に同じ。

少内記　正六上　藤原公基　前年に同じ。

正六上　藤原守光　(初)「改元部類」所収「略記　不知作者」永治元年七月十日条。

大学頭

康治元年（一一四二）

式部省補任　近衛天皇（康治元年）

式部卿

式部大輔　正四下　藤原敦光　前年に同じ。

式部権大輔　従四上　藤原宗光　（叙）正月五日　策（『本朝世紀』）。

式部少輔　正五下　藤原茂明　（兼）九月一日　大嘗会御禊次第司　御前次官（『本朝世紀』）。

式部大丞　従五下　藤原頼定　（叙）正月五日（『本朝世紀』『公卿補任』）。
（宿）正月廿三日　相模権守（『本朝世紀』『公卿補任』）。

従五下　源　範基　（補）正月廿三日　兵部丞（『本朝世紀』）。
（兼）九月一日　大嘗会御禊次第司　御前判官（『本朝世紀』）。
（叙）十一月十四日　大嘗会叙位（『本朝世紀』）。

従五下　藤原俊経　（補）正月廿二日　式部少丞（『公卿補任』）。
（転）正月廿三日　式部大丞（『本朝世紀』『公卿補任』）。
（叙）五月二日　臨時（『本朝世紀』『公卿補任』）。

従五下　藤原頼季　（兼）正月五日　蔵人（『本朝世紀』）。
（叙）正月廿七日　同日使宣旨（『本朝世紀』）。

式部少丞　正六上　藤原通能　（補）正月廿七日　縫殿助（『本朝世紀』）。

正六上　藤原信兼　（補）正月廿七日　諸陵助（『本朝世紀』）。

正六上　藤原範基　（兼）七月廿七日　主基行事（『本朝世紀』）。

正六上　藤原信重　（補）十月十日　典薬助（『本朝世紀』）。

正六上　伴　敦保　（補）十月十日　兵部丞（『本朝

世紀』)。

正六上源　仲頼　(補)十二月廿一日　兵部丞(『本朝世紀』)。

式部大録

式部少録　正六上大江久俊　(兼)六月十八日　修理左宮城主典(『本朝世紀』)。

(兼)九月一日　大嘗会御禊次第司　御前主典(『本朝世紀』)。

文章博士　従四下藤原永範　前年に同じ。

東宮学士

大内記　藤原令明　前年に同じ。

少内記　正六上藤原公基　(遷)十二月廿一日　兵部丞(『本朝世紀』)。

正六上藤原守光　(兼)九月一日　大嘗会御禊装束司判官(『本朝世紀』)。

大学頭　従四上藤原宗光　(現)康治元年十一月八日　摂政家政所下文案(『平安遺文』二四八七号)。

康治二年（一一四三）

式部卿

式部大輔　正四下藤原敦光　(兼)正月廿七日　因幡権守右京大夫労(『本朝世紀』)。

式部権大輔　従四上藤原宗光　(卒)十二月廿二日(『本朝世紀』)。

式部少輔　藤原茂明　(服喪)八月廿八日(『本朝世紀』)。

式部大丞　従五下藤原信兼　(叙)正月六日　式部(『本朝世紀』)。

(宿)正月廿七日　越後権守(『本朝世紀』)。

正六上藤原信重　(転)正月廿七日　元少丞(『本朝世紀』)。

式部少丞　正六上藤原兼親　(補)正月廿七日　元皇后宮権

少進(『本朝世紀』)。

式部録　正六上　守元　(現)『本朝世紀』康治二年九月廿六日条。

文章博士　従四下　藤原永範　前年に同じ。

東宮学士

大内記　正五下　藤原令明　(卒)八月廿四日　頓死(『本朝世紀』)。

従五下　藤原長光　(補)十一月二日(『本朝世紀』)。

少内記　正六上　藤原守光　前年に同じ。

大学頭

天養元年（一一四四）

式部卿

式部大輔　正四下　藤原敦光　(出家)四月廿日　年八十二(『台記』・「清原重憲記」・『本朝世紀』)。

従三位　藤原顕業　(補)十二月廿八日(『公卿補任』『弁官補任』)。

式部少輔　正五下　藤原範兼　(補)正月廿四日(『公卿補任』)。

式部権輔

式部大丞　正六上　藤原信重　(終)『台記』天養元年六月廿三日条。

式部丞　正六上　藤原憲親　(初)『台記』天養元年六月廿三日条。

式部大録

式部少録　正六上　佐伯仲友　(初)『本朝世紀』天養元年九月一日条。

文章博士　従四下　藤原永範　前年に同じ。

藤原茂明　(初)二月廿六日(『公卿補任』平治元年藤原俊憲項)。

東宮学士

大内記　従五下　藤原長光　前年に同じ。

少内記　正六上　藤原守光　前年に同じ。

大学頭

久安元年（一一四五）

式部卿

式部大輔　従三位　藤原顕業　前年に同じ。

式部少輔　正五下　藤原範兼　(兼)正月廿六日　出雲権守(『公卿補任』)。

式部権輔

式部丞　正六上　藤原憲親　(終)『台記』久安元年正月七日条。

正六上　藤原成佐　(初)『台記』久安元年三月六日条。

式部大録

式部少録　正六上　佐伯仲友　前年に同じ。

文章博士　従四上　藤原永範　(叙)正月五日　策(『公卿補任』)。

藤原茂明　前年に同じ。

東宮学士

大内記　従五下　藤原長光　前年に同じ。

少内記　正六上　藤原守光　前年に同じ。

大学頭

久安二年（一一四六）

式部卿

式部大輔　従三位　藤原顕業　(兼)正月廿三日　周防権守(『公卿補任』『弁官補任』)。

式部少輔　正五下　藤原範兼　前年に同じ。

式部権少輔　菅原在長　(初)『本朝世紀』久安二年二月十一日条。

式部丞　従五下　藤原敦保　(叙)正月五日(『本朝世紀』)。

(宿)正月廿三日　相模権守(『本朝世紀』)。

従五下　源　重成　(叙)十二月廿一日　式部・禎子内親王給(『本朝世紀』)。

正六上　藤原成佐　前年に同じ。

式部少丞　正六上　藤原遠宣　(補)正月廿三日　兵部丞(『本

朝世紀』）。

正六上藤原俊憲　（補）十二月廿一日　大学助（『本朝世紀』『公卿補任』）。

正六上藤原公基　（補）十二月廿四日　兵部丞（『本朝世紀』）。

式部大録

式部少録　正六上佐伯仲友　前年に同じ。

文章博士　従四上藤原永範　前年に同じ。

東宮学士　藤原茂明　前年に同じ。

大内記　従五下藤原長光　前年に同じ。

少内記　正六上藤原守光　前年に同じ。

正六上藤原為盛　（初）『本朝世紀』久安二年十月四日条。

大学頭

久安三年（一一四七）

式部卿

式部大輔　従三位藤原顕業　前年に同じ。

式部少輔　正五下藤原範兼　前年に同じ。

式部権少輔　菅原在長　前年に同じ。

式部丞　従五下藤原成佐　（叙）正月五日　式部丞労・蔵人（『本朝世紀』）。

（宿）正月廿八日　甲斐権守　式部（『本朝世紀』）。

式部大丞　正六上藤原公基　（転）正月廿八日　元少丞（『本朝世紀』）。

正六上藤原遠宣　（大丞初）五月廿日　復任徐目式部大丞（『本朝世紀』）。

正六上藤原俊憲　（兼）正月七日　大業蔵人　顕業卿養子　実者通憲入道男（『本朝世紀』『公卿補任』）。

（大丞転）十一月十二日（『本朝世紀』）。

式部少丞　正六上藤原経政　(補)正月廿八日(『本朝世紀』)。
式部少録　正六上佐伯仲友　(遷)正月廿八日　右少史　式部第三録(『本朝世紀』)。
式部録　正六上中原末正　(現)『本朝世紀』久安三年三月十三日条。
正六上清原定景　(現)『本朝世紀』久安三年七月一日条。
式部少録　正六上清原盛時　(補)十二月廿一日　元刑部丞省奏(『本朝世紀』)。
文章博士　従四上藤原永範　(兼)正月廿八日　伊予権介　文章博士重兼国(『本朝世紀』『公卿補任』)。
東宮学士
藤原茂明　前年に同じ。
大内記　従五下藤原長光　前年に同じ。
少内記　正六上藤原守光　前年に同じ。
正六上藤原憲親　(遷)正月廿八日　民部少丞(『本朝世紀』)。
正六上藤原為盛　前年に同じ。
正六上大江成周　(補)正月廿八日　本局奏(『本朝世紀』)。
盛光　(現)『本朝世紀』久安三年二月六日条。
大学頭

久安四年(一一四八)

式部卿
式部大輔　正三位藤原顕業　(叙)正月五日　大弁労(『本朝世紀』)。
(出家)五月十一日(『公卿補任』『弁官補任』)。
式部少輔　正五下藤原範兼　前年に同じ。
式部権少輔　従四下菅原在長　(叙)正月五日　元式部権少輔(『本朝世紀』)。

(終)『台記』「宇槐記抄」久安四年正月七日条。

従五下　藤原成佐　(補)正月廿八日　元甲斐権守上﨟十二人を超越(『台記』『本朝世紀』)。

式部大丞　従五下　藤原遠宣　(叙)正月五日　式部一(『本朝世紀』)。(宿)正月廿八日　能登権守　式部労(『本朝世紀』)。

正六上　藤原公基　前年に同じ。

正六上　藤原隆政　(転)正月廿八日　元少丞(『本朝世紀』)。

式部少丞　正六上　藤原敦周　(補)正月廿八日　元掃部助　大業蔵人(『本朝世紀』)。

正六上　源　守時　(補)正月廿八日　元兵部丞(『本朝世紀』)。

式部大録

式部少録　正六上　清原盛時　前年に同じ。

文章博士　従四上　藤原永範　前年に同じ。

藤原茂明　前年に同じ。

東宮学士

大内記　従五下　藤原長光　前年に同じ。

少内記　正六上　藤原守光　(遷)正月廿八日　右衛門少尉使宣旨(『本朝世紀』)。

正六上　藤原為盛　前年に同じ。

正六上　大江成周　前年に同じ。

正六上　藤原孝佐　(補)正月廿八日　文章生散位(『本朝世紀』)。

大学頭　正四下　大江維順　(兼)正月廿八日　阿波権介(『本朝世紀』)。

久安五年（一一四九）

式部卿

式部大輔

式部少輔　正五下 藤原範兼　前年に同じ。
式部権少輔 従五下 藤原成佐　前年に同じ。
式部丞　従五下 藤原敦周　(叙)六月四日 蔵人(『本朝世紀』)。
　正六上 源　守時　前年に同じ。
式部少丞　正六上 菅原貞衡　(補)九月廿二日(『本朝世紀』)。
　正六上 藤原頼方　(補)十月廿二日(『兵範記』『本朝世紀』)。
式部大録
式部少録　正六上 清原盛時　前年に同じ。
文章博士　従四上 藤原永範　前年に同じ。
　藤原茂明　前年に同じ。
東宮学士
大内記　正五下 藤原長光　(叙)十月廿二日　臨時　策労(『兵範記』『本朝世紀』)。
少内記　正六上 藤原為盛　前年に同じ。
　正六上 大江成周　前年に同じ。
　正六上 藤原孝佐　前年に同じ。
大学頭　正四下 大江維順　前年に同じ。

久安六年（一一五〇）

式部卿
式部大輔
式部少輔　正五下 藤原範兼　前年に同じ。
式部権少輔 従五下 藤原成佐　(出家)十二月廿九日(『台記』・『本朝世紀』仁平元年正月二日条)。
式部丞　従五下 平　実重　(叙)『本朝世紀』久安六年十二月廿二日条。
　藤原親経　(補)『本朝世紀』久安六年十二月廿三日条。
　正六上 源　守時　前年に同じ。
式部少丞　正六上 藤原頼方　(現)『本朝世紀』久安六年十二月七日条。
　正六上 大江維光　(初)十一月卅日 復任除目(『本朝世紀』)。

正六上藤原懐経　（補）八月卅日　兵部丞（『本朝世紀』）。

正六上藤原仲成　（補）十一月廿一日（『本朝世紀』同廿二日条）。

正六上藤原有盛　（補）十二月廿二日　兵部丞（『本朝世紀』）。

式部大録

式部少録　正六上清原盛時　前年に同じ。

文章博士　従四上藤原永範　前年に同じ。

　藤原茂明　前年に同じ。

東宮学士

大内記　正五下藤原長光　前年に同じ。

少内記　正六上藤原為盛　前年に同じ。

　正六上大江成周　前年に同じ。

　正六上藤原孝佐　前年に同じ。

大学頭　正四下大江維順　前年に同じ。

仁平元年（一一五一）

式部卿

式部大輔　闕　（現）「元秘抄」巻第三　進年号勘文人数多少事。

式部少輔　正五下藤原範兼　前年に同じ。

式部権輔

式部丞　正六上大江維光　前年に同じ。

　正六上源　守時　前年に同じ。

式部少丞　正六上藤原有盛　前年に同じ。

　正六上藤原懐経　前年に同じ。

　正六上藤原範忠　（補）九月廿八日（「山槐記除目部類」）。

式部大録

式部少録　正六上清原盛時　前年に同じ。

文章博士　従四上藤原永範　前年に同じ。

　藤原茂明　前年に同じ。

東宮学士

大内記　正五下藤原長光　前年に同じ。
少内記　正六上藤原為盛　前年に同じ。
　正六上大江成周　前年に同じ。
　正六上藤原孝佐　前年に同じ。
大学頭　正四下大江維順　前年に同じ。

仁平二年（一一五二）

式部卿
式部大輔　従四上藤原永範　（補）正月廿八日（『兵範記』『公卿補任』）。
式部少輔　正五下藤原範兼　前年に同じ。
式部権少輔従五上菅原公賢　（補）二月八日（『兵範記』同日条裏書・『山槐記』・「山槐記除目部類」）。
式部丞　従五下大江維光　（叙）正月五日　式部（『兵範記』）。
　従五下藤原守時　（叙）十二月卅日　皇嘉門院臨時（『兵範記』）。
式部大丞　正六上藤原有盛　（大丞初）『本朝世紀』仁平二年八月廿一日条。
式部丞　正六上藤原範忠　前年に同じ。
式部少丞　正六上源　光俊　（補）正月廿八日（「山槐記除目部類」）。
　正六上菅原定宗　（補）正月廿八日（『兵範記』・「山槐記除目部類」）。
式部大録
式部少録　正六上清原盛時　前年に同じ。
文章博士　従四上藤原永範　（遷）正月廿八日　式部大輔（『兵範記』・「山槐記除目部類」・『公卿補任』）。
　藤原茂明　前年に同じ。
　従四下藤原長光　（補）正月廿八日（『兵範記』『台記』「台記抄」・『山槐記』・「山槐記除目部類」）。
東宮学士

大内記　従四下　藤原長光　（叙）正月五日　大内記　策労
（『兵範記』）。
（遷）正月廿八日　文章博士　元
大内記（『兵範記』・「山槐記除
目部類」）。
従五上　藤原遠明　（補）正月廿八日（『兵範記』『台
記』「台記抄」・「山槐記除目部
類」）。
少内記　正六上　藤原為盛　前年に同じ。
正六上　大江成周　（改名）盛周（『兵範記』『本朝世
紀』仁平二年十二月卅日条）。
正六上　藤原孝佐　前年に同じ。
大学頭　正四下　大江維順　前年に同じ。
式部巡　橘　清仲　（補）正月廿八日　豊前守　式部
（『山槐記』・「山槐記除目部類」）。

仁平三年（一一五三）

式部卿
式部大輔　従四上　藤原永範　前年に同じ。
式部少輔　正五下　藤原範兼　前年に同じ。
式部権少輔　正五下　菅原公賢　（叙）正月五日　式部権少輔（『兵
範記』）。
式部大丞　従五下　藤原有盛　（叙）正月五日　式部（『兵範記』）。
（宿）正月廿二日　武蔵権守　式
部（「山槐記除目部類」）。
式部丞　従五下　藤原範忠　（叙）三月廿八日（『兵範記』『本
朝世紀』）。
正六上　源　光俊　前年に同じ。
式部少丞　正六上　源　経時　（初）『本朝世紀』仁平三年八月
十九日条。
式部丞　正六上　藤原親長　（補）三月廿八日（『兵範記』）。
式部大録
式部少録　正六上　中原季正　（初）『本朝世紀』仁平三年八月
十九日条。

（終）『兵範記』仁平三年九月廿一日条。

式部録　正六上中原則久　（補）三月廿八日（『兵範記』）。

文章博士　藤原茂明　前年に同じ。

従四下藤原長光　（兼）正月廿二日　越後権守（『山槐記除目部類』）。

東宮学士

大内記　正五下藤原遠明　（叙）正月五日（『兵範記』）。

少内記　正六上藤原為盛　（終）『台記』久寿元年八月九日条。

正六上大江盛周　前年に同じ。

正六上藤原孝佐　前年に同じ。

大学頭　正四下大江維順　前年に同じ。

久寿元年（一一五四）

式部卿

式部大輔　従四上藤原永範　（兼）正月廿三日　加賀介（『公卿補任』）。

式部少輔　正五下藤原範兼　前年に同じ。

式部権少輔　正五下菅原公賢　（終）『兵範記』久寿元年四月廿日条。

式部丞　従五下源　光俊　（叙）正月五日　式部（『兵範記』）。

正六上源　経時　前年に同じ。

正六上源　有保　（補）正月廿三日（『兵範記』）。

正六上藤原義憲　（補）二月八日（『兵範記』）。

式部大録

式部少録

文章博士　藤原茂明　前年に同じ。

従四下藤原長光　前年に同じ。

東宮学士

大内記　正五下藤原遠明　前年に同じ。

少内記　正六上大江盛周　前年に同じ。

正六上藤原孝佐　前年に同じ。

大学頭　正四下大江維順　前年に同じ。

後白河天皇　久寿二年十月廿六日即位
保元三年八月十一日譲位

久寿二年（一一五五）

式部卿

式部大輔　従四上　藤原永範　(兼)正月廿三日　加賀介(『公卿補任』)。

式部少輔　正五下　藤原範兼　(兼)十一月廿七日　東宮学士(『公卿補任』・「春宮坊官補任」)。

式部権少輔　従五上　藤原成光　(補)十月廿二日(『兵範記』)。(兼)十二月廿八日　河内権守(「右中弁藤為親朝臣記」)。

式部丞　従五下　源　有保　(叙)正月六日　式部(『兵範記』)。

従五下　源　経時　(叙)十月廿三日　式部　御即位叙位(『兵範記』)。

従五下　藤原義憲　(叙)十一月廿二日　式部　大嘗会叙位(『兵範記』・「右中弁藤為親朝臣記」)。

正六上　藤原為宗　(補)十一月十日　蔵人(『山槐記』『兵範記』・「右中弁藤為親朝臣記」)。

正六上　藤原範業　(補)十二月廿五日　蔵人(『山槐記』『兵範記』・「右中弁藤為親朝臣記」同廿六日条)。

正六上　藤原敦親　(補)十二月廿五日(『山槐記』『兵範記』・「右中弁藤為親朝臣記」同廿六日条「敦任」)。

従五下　高階業綱　(叙)十月廿三日　式部(『山槐記』)。

式部大録

式部少録　正六上　大江信政　(補)十月廿二日(『兵範記』)。

文章博士　従四上　藤原茂明　(終)『兵範記』久寿二年五月十日条。

従四下　藤原長光　前年に同じ。

東宮学士　正五下　藤原範兼　(補)十一月廿七日　兼式部少輔(『兵範記』『公卿補任』・「春宮坊官補任」)。

従五下　藤原俊憲　(補)十二月廿七日　兼刑部少輔(『兵範記』『公卿補任』・「春宮坊官補任」)。

大内記　正五下　藤原遠明　前年に同じ。

少内記　正六上　大江盛周　前年に同じ。

正六上　藤原孝佐　前年に同じ。

大学頭　正四下　大江維順　(終)久寿二年正月廿三日　奨学院年挙(『大間成文抄』第三　三院挙、『魚魯愚抄』巻第二に同文)。

保元元年(一一五六)

式部卿

式部大輔　従四上　藤原永範　前年に同じ。

式部少輔　正五下　藤原範兼　(遷)二月二日　大学頭(『公卿補任』)。

従五下　大江維光　(補)二月二日(『兵範記』)。

式部権少輔　正五下　藤原成光　(叙)正月六日　策労(『山槐記』『兵範記』)。

式部丞　従五下　藤原為宗　(叙)正月六日　蔵人式部丞(『山槐記』『兵範記』)。

従五下　藤原範業　(叙)正月六日　蔵人式部丞　策(『山槐記』『兵範記』)。

正六上　藤原敦親　前年に同じ。

式部大丞　正六上　藤原俊光　(補)正月廿八日(『兵範記』・「山槐記除目部類」)。

式部少丞　従五下　藤原資能　(補)正月廿八日　先帝蔵人　元文章生　近衛院判官代旧労(『兵範記』・「山槐記除目部類」・『大間成文抄』第八　旧労)。

(叙)月日未詳(保元元年十一月

十五日　藤原兼光申文「京都大学附属図書館所蔵兵範記紙背文書」一七号）。

式部丞　正六上藤原親経　（補）二月二日（『山槐記』・「山槐記除目部類」）。

式部少丞　正六上藤原光範　（補）十一月廿八日　前文章得業生（『公卿補任』・治承二年正月廿日　菅原長守申文『大間成文抄』第八　課試及第）。

式部丞　正六上源　信綱　（補）十一月廿八日　兵部丞（「山槐記除目部類」）。

正六上橘　章盛　（補）十一月廿八日　兵部丞（「山槐記除目部類」）。

式部大録

式部少録　正六上大江信政　前年に同じ。

文章博士　従四下藤原長光　前年に同じ。

東宮学士　正五下藤原範兼　（兼）二月二日　大学頭（『公卿補任』）。

従五下藤原俊憲　（止）十二月十七日（「春宮坊官補任」）。

大内記　従四下藤原遠明　（叙）正月六日　策労（『山槐記』『兵範記』）。

従五上藤原信重　（補）九月八日（『兵範記』）。

少内記　正六上大江盛周　前年に同じ。

正六上藤原孝佐　前年に同じ。

大学頭　正五下藤原範兼　（補）二月二日（『兵範記』『公卿補任』）。

＊「依無大内記也、去正月叙四位之後、未任其仁」（『兵範記』保元元年四月廿七日条）。

保元二年（一一五七）

式部卿

式部大輔　正四下藤原永範　（兼）正月廿四日　石見守　使巡（『公卿補任』）。

（叙）十月廿二日　造陰明門陣屋功（『公卿補任』）。

式部少輔　従五下 大江維光　前年に同じ。

式部権少輔 正五下 藤原成光　前年に同じ。

式部丞　従五下 藤原敦親　（叙）正月廿四日（『兵範記』）。

正六上 源　信綱　前年に同じ。

正六上 橘　章盛　前年に同じ。

式部大丞　従五下 藤原光範　（大丞転）正月廿七日（『公卿補任』）。
（兼）五月廿四日　蔵人（『公卿補任』）。
（叙）八月一日　妹子内親王御給（『公卿補任』）。

式部丞　正六上 藤原範信　（補）正月廿四日（『兵範記』）。

式部少録　正六上 大江信政　前年に同じ。

式部録　正六上 安倍頼元　（補）五月十八日（『兵範記』）。
（辞退）十月廿八日（『兵範記』）。

（遷）十月廿九日　右衛門志（『兵範記』）。

文章博士　従四下 藤原長光　前年に同じ。

従四下 菅原公賢　（補）正月廿四日（『兵範記』）。
（卒）十二月廿二日（『尊卑分脈』）。

東宮学士　従四下 藤原範兼　（兼）正月廿四日　越前介（『公卿補任』）。
（叙）十二月十七日（『兵範記』『公卿補任』）。

正五下 藤原俊憲　（兼）正月廿四日　美濃権介（『公卿補任』『弁官補任』）。
（叙）三月廿六日　正五位下臨時（『兵範記』『公卿補任』『弁官補任』）。
（兼）四月廿六日　右衛門権佐使宣旨（『公卿補任』『弁官補

任』）。
（兼）八月廿一日　左少弁（『公卿補任』『弁官補任』）。
（兼）十月廿四日　蔵人（『公卿補任』『弁官補任』）。

大内記　正五下　藤原信重　（叙）正月廿四日（『兵範記』）。

少内記　正六上　大江盛周　（遷）二月二日　民部丞（『兵範記』）。

正六上　藤原孝佐　（終）『兵範記』保元二年十二月十七日条。

大学頭　従四下　藤原範兼　（叙）十二月十七日（『公卿補任』）。

二条天皇　保元三年十二月廿日即位　永万元年六月廿五日譲位

保元三年（一一五八）

式部卿

式部大輔　正四下　藤原永範　前年に同じ。

式部少輔　従五上　大江維光　（叙）正月六日　策労（『兵範記』）。

式部権少輔　正五下　藤原成光　前年に同じ。（終）「二条院御即位記」所収「頼業記」保元三年九月十四日条。

式部丞　従五下　源　信綱　（叙）正月六日　式部（『兵範記』）。

式部大丞　正六上　藤原範信　（初）『兵範記』正月八日条。（大丞転）十一月廿六日（「保元三年秋除目大間」）。

従五下　橘　章盛　（叙）十二月十七日　御即位式部（『兵範記』）。（終）「保元三年番記録」十二月廿八日条。

式部少丞　正六上　藤原範光　（補）十一月廿六日　陪従（『兵範記』・「保元三年秋除目大間」）。

式部大録

式部少録　正六上　大江信政　前年に同じ。

文章博士　従四上　藤原長光　（叙）正月六日　策（『兵範記』）。

正五下　藤原俊経　（補）十一月廿六日（『兵範記』『公卿補任』「保元三年秋除目大間」）。

東宮学士　正四下　藤原範兼　（叙従四位上）正月六日　造大学寮廟倉（『兵範記』『公卿補任』）。（叙正四位下）十二月十七日　御即位　学士（『兵範記』『公卿補任』）。

従四上藤原俊憲　（兼）二月廿一日　権右中弁（『兵範記』『公卿補任』『弁官補任』）。
（叙従四位下）五月六日（『公卿補任』『弁官補任』）。
（兼）八月十日　右中弁　蔵人頭（『公卿補任』『弁官補任』）。
（叙従四位上）八月十日　鳥羽御堂行事賞（『公卿補任』『弁官補任』）。
（止）八月十一日　践祚（『弁官補任』）。

大内記　正五下藤原信重　前年に同じ。

少内記

大学頭　正四下藤原範兼　（叙従四位上）正月六日　造大学寮廟倉（『兵範記』『公卿補任』）。
（叙正四位下）十二月十七日（『公卿補任』）。

平治元年（一一五九）

式部卿

式部大輔　正四下藤原永範　前年に同じ。

式部少輔

式部権少輔　正五下藤原成光　前年に同じ。

式部大丞　正六上藤原範光　（補）正月廿九日（「保元四年大間書」）。

式部少丞　正六上藤原盛清　（補）正月廿九日（「保元四年大間書」）。

式部大録

式部少録　正六上大江信政　前年に同じ。

文章博士　従四上藤原長光　前年に同じ。
正五下藤原俊経　前年に同じ。

東宮学士

大内記　正五下藤原信重　前年に同じ。

少内記

大学頭　正四下　藤原範兼　(兼)正月廿九日　佐渡守(『公卿補任』)。

永暦元年（一一六〇）

式部卿

式部大輔　正四下　藤原永範　前年に同じ。

式部少輔

式部権少輔　正五下　藤原成光　前年に同じ。

式部丞　正六上　藤原盛清　(終)『山槐記』永暦元年十二月廿七日条。

　　正六上　藤原憲盛　(現)七月(「太皇太后宮大進清輔朝臣家歌合」)。

式部大録

式部少録　正六上　大江信政　前年に同じ。

文章博士　従四上　藤原長光　前年に同じ。

　　正五下　藤原俊経　(補)正月廿一日　権右少弁去治部権少輔(『公卿補任』『弁官補任』)。

　　(兼)十月三日　左少弁(『公卿補任』『弁官補任』)。

東宮学士

大内記　正五下　藤原信重　前年に同じ。

少内記

大学頭　正四下　藤原範兼　(兼)正月廿一日　近江守(『公卿補任』)。

応保元年（一一六一）

式部卿

式部大輔　正四下　藤原永範　(止)正月廿三日　石見守(『公卿補任』)。

式部少輔

式部権少輔　正五下　藤原成光　(終)『山槐記』応保元年四月廿七日条。

式部大丞

式部少丞
式部大録
式部少録　正六上 大江信政　前年に同じ。
文章博士　従四上 藤原長光　前年に同じ。
　　　　　正五下 藤原俊経　前年に同じ。
東宮学士
大内記　正五下 藤原信重　前年に同じ。
少内記　正六上 藤原能資　(初)四月廿二日(『伊勢勅使部類記』『伊勢公卿勅使』)。
　　　　正六上 藤原貞親　(補)四月十三日(『山槐記』・仁安三年四月六日　少内記藤原能資申文「陽明文庫本兵範記紙背文書」一一三号)。
大学頭　正四下 藤原範兼　(譲)正月廿三日　近江守を弟範季に譲る(『公卿補任』)。

応保二年（一一六二）

式部卿
式部大輔　正四下 藤原永範　前年に同じ。
式部少輔
式部権輔
式部丞　正六上 菅原定正　(補)正月廿七日　蔵人前秀才(「山槐記除目部類」・治承二年正月廿日　菅原長守申文『大間成文抄』第八　課試及第)。
　　　　正六上 藤原敦経　(補)十月廿八日　蔵人元大膳権亮(「山槐記除目部類」)。
式部大録
式部少録　正六上 大江信政　前年に同じ。
　　　　　正六上 惟宗定景　(現)正月廿二日(『魚』巻二)。
文章博士　藤原長光　前年に同じ。
　　　　　正五下 藤原俊経　(兼)二月十九日　中宮大進(『公卿補任』『弁官補任』)。
東宮学士

大内記　正五下藤原信重　前年に同じ。
少内記　正六上藤原能資　前年に同じ。
　　　　正六上藤原貞親　前年に同じ。
大学頭　正四下藤原範兼　(遷)七月十七日　刑部卿(『公卿補任』)。
　　　　藤原有光　(補)十月廿八日　元美濃守(「山槐記除目部類」)。

長寛元年（一一六三）

式部卿
式部大輔　正四下藤原永範　前年に同じ。
式部少輔
式部権輔
式部大丞
式部少丞
式部大録
式部少録　正六上大江信政　前年に同じ。

文章博士　従四上藤原長光　前年に同じ。
　　　　正五下藤原俊経　前年に同じ。
東宮学士
大内記　正五下藤原信重　(終)十一月十一日(『伊勢勅使部類記』伊勢公卿勅使)。
　　　　藤原敦周　(補)十二月(『大間成文抄』第五　兼国)。
少内記　正六上藤原能資　前年に同じ。
　　　　正六上藤原貞親　前年に同じ。
　　　　正六上三善用仲　(初)『山槐記』長寛元年七月五日条。
大学頭　藤原有光　前年に同じ。

長寛二年（一一六四）

式部卿
式部大輔　正四下藤原永範　(兼)二月八日　大宰大弐(『公卿補任』)。

式部少輔
式部権輔
式部大丞
式部少丞
式部大録
式部少録　正六上　大江信政　前年に同じ。
文章博士　　　　　藤原長光　前年に同じ。
　　　　　正五下　藤原俊経　前年に同じ。
東宮学士
大内記　　正五下　藤原敦周　「正五位下行大内記」（宮内庁書陵部本『春秋経伝集解』奥書・『金沢文庫古文書　識語編』四七八号）。
少内記　　正六上　藤原能資　前年に同じ。
　　　　　正六上　藤原貞親　前年に同じ。
　　　　　正六上　三善用仲　前年に同じ。
大学頭　　　　　　藤原有光　前年に同じ。

六条天皇　永万元年七月廿七日即位　仁安三年二月十九日譲位

永万元年（一一六五）

式部卿
式部大輔　正四下　藤原永範　前年に同じ。
式部少輔
式部権輔
式部少丞　正六上　藤原光衡　(補)七月十八日(『山槐記』・「山槐記除目部類」)。
式部大録
式部少録　正六上　大江信政　前年に同じ。
文章博士　　藤原長光　(終)『山槐記』永万元年六月五日条。
　正五下　藤原俊経　(兼)八月十七日　右中弁(『公卿補任』『弁官補任』)。
東宮学士

大内記　正五下　藤原敦周　(兼)正月　因幡権介(『大間成文抄』第五　兼国)。
少内記　正六上　藤原能資　前年に同じ。
　正六上　三善用仲　(遷)七月廿二日　民部丞(『山槐記』)。
　正六上　藤原貞親　前年に同じ。
大学頭　　藤原有光　前年に同じ。

仁安元年（一一六六）

式部卿
式部大輔　正四下　藤原永範　(止)七月十五日　大宰大弐(『公卿補任』)。
　(兼)十月十日　東宮学士(『玉葉』『兵範記』『公卿補任』)。
式部少輔
式部権少輔　　藤原敦綱　(初)『兵範記』仁安元年九月廿六日条。

式部丞　従五下　藤原頼成　（叙）十月廿一日（『兵範記』）。
　　　　従五下　藤原範宣　（叙）十一月十四日（『兵範記』）。
　　　　正六上　菅原良盛　（補）八月廿七日（「山槐記除目部類」）。
　　　　正六上　菅原在茂　（補）十月廿一日（『兵範記』）。
式部少録　正六上　大江信政　前年に同じ。
式部録　正六上　中原知重　（補）十月廿一日（『兵範記』）。
文章博士　従四下　藤原俊経　（叙）正月十四日　応保元平野大原野行幸行事（『公卿補任』『弁官補任』）。
　　　　（兼）六月六日　左中弁（『公卿補任』『弁官補任』）。
　　　　（兼）七月十二日　修理左宮城使（『公卿補任』『弁官補任』）。
　　　　藤原成光　（初）八月廿七日（「元秘抄」巻第三　進年号勘文人数多少事）。
東宮学士　正四下　藤原永範　（補）十月十日　東宮学士（『玉葉』・『兵範記』・「山槐記除目部類」・『公卿補任』・「春宮坊官補任」）。
　　　　従五上　藤原兼光　（補）十二月二日（『公卿補任』・「春宮坊官補任」）。
大内記　正五下　藤原敦周　（終）『兵範記』仁安元年十一月十七日条。
少内記　正六上　藤原能資　前年に同じ。
　　　　正六上　藤原貞親　前年に同じ。
大学頭　藤原有光　前年に同じ。

仁安二年（一一六七）

式部卿
式部大輔　正四下　藤原永範　前年に同じ。
式部少輔　従五下　菅原定正　（初）『山槐記』仁安二年六月廿五日条。
式部権少輔　藤原敦綱　前年に同じ。

式部丞　従五下藤原為貞　(補)閏七月十二日(『兵範記』)。
藤原成光　前年に同じ。
東宮学士　正四下藤原永範　前年に同じ。
(叙)十二月十三日(『兵範記』・十二月一日　文章生大中臣惟親申文「陽明文庫本兵範記紙背文書」一九号・十二月十四日　内匠助藤原家信申文「陽明文庫本兵範記紙背文書」三七号)。
正五下藤原兼光　(叙)正月廿八日　朝覲行幸(『兵範記』『公卿補任』)。
大内記　従五上藤原光範　(補)二月八日(『公卿補任』)。
式部大丞　正六上藤原経盛　(少丞補)正月卅日(『兵範記』)。
少内記　正六上藤原能資　(申文)民部丞(十二月四日　少内記藤原能資申文「陽明文庫本兵範記紙背文書」二四号)。
(大丞転)十二月十三日(『兵範記』)。
正六上藤原貞親　(申文)十二月四日　民部丞(仁安二年十二月四日　少内記藤原能資申文「陽明文庫本兵範記紙背文書」七四号)。
式部少丞　正六上卜部基忠　(補)十二月十三日(『兵範記』)。
正六上藤原実範　(補)十二月十三日(『兵範記』)。
式部少録　正六上大江信政　前年に同じ。
正六上中原経長　(初)『兵範記』仁安二年五月十七日条。
式部録　正六上中原知重　前年に同じ。
文章博士　従四上藤原俊経　(叙)正月廿八日　行幸院　止中宮大進　中宮御給(『公卿補任』『弁官補任』)。
大学頭　藤原有光　前年に同じ。

高倉天皇

仁安三年三月廿日即位
治承四年二月廿一日譲位

仁安三年（一一六八）

式部卿

式部大輔　従三位　藤原永範　（叙）三月十五日　御即位　前坊学士（『玉葉』『公卿補任』）。

式部少輔　従五上　菅原定正　（叙）正月六日　策（『兵範記』）。
（終）『兵範記』仁安三年正月七日条。

正五下　藤原業実　（補）九月四日（『兵範記』）。

式部権少輔　従五上　藤原敦綱　前年に同じ。

式部大丞　従五下　藤原経盛　（叙）正月七日（『兵範記』）。

外従五下　卜部基忠　（叙）正月十一日　上西門院（『兵範記』・「山槐記除目部類」）。

従五下　藤原実範　（叙）三月十五日　御即位叙位式部（『兵範記』）。

正六上　藤原実教　（補）正月十五日（「山槐記除目部類」）。

式部少丞　従五下　大中臣忠清　（補）正月十一日（『兵範記』・「山槐記除目部類」）。
（叙）十一月廿日　大嘗会叙位式部（『兵範記』）。

従五下　橘　仲俊　（補）正月十一日　兵部丞（『兵範記』・「山槐記除目部類」）。
（叙）十二月十三日（『兵範記』）。

正六上　源　光遠　（初）『兵範記』仁安三年四月廿八日条。
（辞退）九月四日（『兵範記』）。

正六上　藤原邦兼　（補）九月四日（『兵範記』）。

式部丞　正六上　源　忠光　（補）十二月十三日（『兵範記』）。

正六上　藤原章綱　（補）十二月十六日　兵部丞（『兵範記』）。

式部少録　正六上　大江信政　（辞）月日未詳（仁安三年八月

四日　式部省奏「陽明文庫本
兵範記紙背文書」一一七号）。

式部録　正六上 中原知重　前年に同じ。

式部少録　正六上 三善成職　（補）十月十八日（『兵範記』）。

正六上 中原国保　（申）仁安三年八月四日　式部省奏（「陽明文庫本兵範記紙背文書」一一七号）。
（補）十月十八日（『兵範記』）。

文章博士　正四下 藤原俊経　（叙）正月六日　長寛元年八幡賀茂行幸行事賞（『公卿補任』『弁官補任』）。

藤原成光　前年に同じ。

東宮学士　正四下 藤原永範　（止）二月十九日　践祚（『公卿補任』「春宮坊官補任」）。

正五下 藤原兼光　（兼）正月十一日　備中権介学士労（『公卿補任』）。
（止）二月十九日　践祚（『公卿補任』「春宮坊官補任」）。

大内記　従五上 藤原光範　前年に同じ。

少内記　正六上 藤原能資　（遷）三月廿三日　民部丞（『兵範記』）。

正六上 藤原貞親　（申文）四月六日　民部丞（仁安三年四月六日　少内記藤原能資申文「陽明文庫本兵範記紙背文書」一一三号）。

正六上 中原経長　前年に同じ。

大学頭　藤原有光　前年に同じ。

嘉応元年（一一六九）

式部卿

式部大輔　従三位 藤原永範　（兼）四月十六日　宮内卿（『公卿補任』）。

式部少輔　正五下 藤原業実　（兼）正月十一日 越後権守（『兵範記』）。

式部権少輔　従五上　藤原敦綱　前年に同じ。
式部丞　従五下　藤原邦兼　（叙）正月六日（『兵範記』）。
式部大丞　正六上　藤原仲教　（転）正月十一日（『兵範記』）。
　正六上　藤原章綱　（大丞現）『兵範記』嘉応元年八月十五日条。
式部少丞　正六上　藤原国長　（補）正月十一日（『兵範記』）。
式部少録　正六上　中原国保　前年に同じ。
式部録　正六上　中原知重　前年に同じ。
式部少録　正六上　□原盛維　（現）『兵範記』嘉応元年八月十五日条。
文章博士　正四下　藤原俊経　前年に同じ。
　藤原成光　（終）『兵範記』嘉応元年九月一日条。
東宮学士
大内記　従五上　藤原光範　（兼）正月十一日　因幡権守（『公卿補任』）。
少内記　正六上　藤原貞親　（終）『兵範記』嘉応元年十月廿四日条。
　正六上　中原経長　前年に同じ。
　正六上　中原資弘　（初）『兵範記』嘉応元年二月廿四日条。
大学頭　藤原有光　前年に同じ。

嘉応二年（一一七〇）

式部卿
式部大輔　従三位　藤原永範　前年に同じ。
式部少輔　正五下　藤原業実　前年に同じ。
式部権少輔　藤原敦綱　（終）『玉葉』嘉応二年八月十五日条。
式部丞　正六上　藤原勝仲　（補）四月七日（『兵範記』）。
　正六上　藤原孝忠　（補）四月七日（『兵範記』）。
式部少録　正六上　中原国保　前年に同じ。
式部録　正六上　中原知重　前年に同じ。
文章博士　正四下　藤原俊経　（転）正月十八日　右大弁（『公

卿補任』『弁官補任』)。

東宮学士

大内記　正五下　藤原光範　(叙)正月五日　策(『公卿補任』)。

少内記　正六上　中原経長　前年に同じ。

　　　　正六上　中原資弘　前年に同じ。

大学頭　　　　　藤原有光　前年に同じ。

承安元年(一一七一)

式部卿

式部大輔　従三位　藤原永範　前年に同じ。

式部少輔　正五下　藤原業実　前年に同じ。

式部権輔

式部丞　従五下　藤原家信　(叙)十二月八日　式部(『兵範記』)。

式部少丞　正六上　藤原範光　(補)十二月八日(『兵範記』『公卿補任』『弁官補任』)。

式部丞　正六上　平　貞重　(補)十二月八日(『兵範記』)。

式部少録　正六上　中原国保　前年に同じ。

式部録　正六上　中原知重　前年に同じ。

文章博士　正四下　藤原俊経　前年に同じ。

東宮学士

大内記　正五下　藤原光範　前年に同じ。

少内記　正六上　中原経長　前年に同じ。

　　　　正六上　中原資弘　前年に同じ。

大学頭　　　　　藤原有光　前年に同じ。

承安二年(一一七二)

式部卿

式部大輔　従三位　藤原永範　前年に同じ。

式部少輔　正五下　藤原業実　(終)『玉葉』承安二年九月九日条。

式部権輔

式部大丞

式部少丞　従五下 藤原範光　（叙）正月五日　策労（『公卿補任』『弁官補任』）。
式部少録　正六上 中原国保　前年に同じ。
式部録　正六上 中原知重　前年に同じ。
式部少録　正六上 中原康能　（現）春除目　申史（承安二年春除目申文目録『魚魯愚抄』別録巻第一）。
文章博士　正四下 藤原俊経　前年に同じ。
東宮学士
大内記　正五下 藤原光範　前年に同じ。
少内記　正六上 中原経長　前年に同じ。
　　　　正六上 中原資弘　前年に同じ。
大学頭　藤原有光　前年に同じ。

承安三年（一一七三）

式部卿
式部大輔　正三位 藤原永範　（叙）正月五日　坊官賞（『玉葉』同六日条・『公卿補任』）。

式部少輔
式部権輔
式部大丞
式部少丞
式部少録　正六上 中原国保　前年に同じ。
式部録　正六上 中原知重　前年に同じ。
文章博士　正四下 藤原俊経　前年に同じ。
東宮学士
大内記　正五下 藤原光範　前年に同じ。
少内記　正六上 中原経長　前年に同じ。
　　　　正六上 中原資弘　前年に同じ。
大学頭　藤原有光　前年に同じ。

承安四年（一一七四）

式部卿
式部大輔　正三位 藤原永範　前年に同じ。

式部少輔　　藤原敦経　（補）四月（『魚魯愚抄』巻第五
式部少輔兼国）。

式部権輔

式部大丞

式部少丞　正六上藤原忠友　（補）正月廿一日（「山槐記除目
部類」）。

式部少録　正六上中原国保　前年に同じ。

式部録　正六上中原知重　前年に同じ。

文章博士　正四下藤原俊経　（辞）三月　列判儒（『公卿補任』、
『弁官補任』は四月廿六日従三
位の日とする）。

　　　　藤原敦周　（補）正月廿一日（「山槐記除目
部類」・『玉葉』同廿二日条・『魚
魯愚抄』巻第五　文章博士兼国）。

東宮学士　正五下藤原光範　（補）四月廿六日（『公卿補任』）。

大内記　正五下藤原光範　（遷）四月廿六日　文章博士（『公
卿補任』）。

　　　　正五下藤原業実　（補）四月（『大間成文抄』第五
兼国）。

少内記　正六上中原経長　（遷）正月廿一日　民部丞（「山
槐記除目部類」）。

　　　　正六上中原資弘　前年に同じ。

　　　　正六上大江成棟　（補）正月廿一日　局奏（「山槐
記除目部類」）。

　　　　正六上三善盛俊　（初）『吉記』承安四年八月二日
条。

大学頭　　藤原有光　前年に同じ。

安元元年（一一七五）

式部卿

式部大輔　正三位藤原永範　（兼）正月廿三日　播磨権守（『公
卿補任』）。

式部少輔　　藤原敦経　（兼）正月　越後介（『魚魯愚抄』

巻第五　式部少輔兼国）。
　　　　　　　　　　　　　　　　東宮学士　正五下　藤原業実　前年に同じ。
（終）二月十三日（醍醐寺本『性霊集』巻第六奥書）。
　　　　　　　　　　　　　　　　大内記　正六上　中原資弘　前年に同じ。
　　　　　　　　　　　　　　　　少内記　正六上　大江成棟　前年に同じ。
菅原在茂　（現）二月十三日（醍醐寺本『性霊集』巻第六奥書）。
　　　　　　　　　　　　　　　　　　　　正六上　三善盛俊　前年に同じ。
式部権少輔　正五下　藤原範季　（補）正月廿五日（『公卿補任』）。
　　　　　　　　　　　　　　　　大学頭　正四下　藤原有光　前年に同じ。
式部少丞　正六上　藤原忠友　前年に同じ。
式部丞　正六上　平　清定　（現）『玉葉』安元元年正月廿日条。

安元二年（一一七六）

式部卿
式部少録　正六上　中原国保　前年に同じ。
　　　　　　　　　　　　　　　　式部大輔　正三位　藤原永範　前年に同じ。
式部録　正六上　中原知重　前年に同じ。
　　　　　　　　　　　　　　　　式部少輔
文章博士　藤原敦周　（兼）正月　備前介（『魚魯愚抄』巻第五　文章博士兼国）。
　　　　　　　　　　　　　　　　式部権少輔　正五下　藤原範季　（兼）正月卅日　陸奥守　院分（『公卿補任』）。
従四下　藤原光範　（叙）正月五日　策　去治部少輔（『公卿補任』）。
　　　　　　　　　　　　　　　　（兼）三月卅日　鎮守府将軍（『公卿補任』）。
（兼）正月廿二日　美作権介（『公卿補任』）。
　　　　　　　　　　　　　　　　式部丞　従五下　藤原時宗　（宿）正月廿九日（『大間成文抄』第五　宿官）。

式部大丞　正六上藤原忠友　(転)正月卅日(『玉葉』)。
式部丞　正六上　宗成　(初)『玉葉』安元二年正月廿八日条。
式部少丞　正六上大江忠房　(補)正月卅日　元雅楽助(『玉葉』・『大間成文抄』第八　課試及第)。
式部録　正六上中原国保　(遷)十二月廿九日　右少史(『玉葉』)。
　正六上中原知重　前年に同じ。
文章博士　従四上藤原敦周　前年に同じ。
　従四下藤原光範　前年に同じ。
東宮学士
大内記　正五下藤原業実　(兼)正月廿九日　因幡介(『玉葉』)。
少内記　正六上中原資弘　前年に同じ。
　正六上大江成棟　前年に同じ。
　正六上三善盛俊　前年に同じ。
大学頭　正四下藤原有光　前年に同じ。

治承元年（一一七七）

式部卿
式部大輔　正三位藤原永範　前年に同じ。
式部少輔
式部権少輔　正五下藤原範季　前年に同じ。
式部大丞　正六上藤原忠友　前年に同じ。
式部丞　正六上　宗成　前年に同じ。
式部録　正六上中原知重　前年に同じ。
文章博士　従四上藤原敦周　前年に同じ。
　従四上藤原光範　(叙)正月廿四日　策(『公卿補任』)。
東宮学士
大内記　正五下藤原業実　前年に同じ。
少内記　正六上中原資弘　前年に同じ。
　正六上大江成棟　前年に同じ。

　　　正六上　三善盛俊　前年に同じ。
大学頭　正四下　藤原有光　（終）『玉葉』治承元年正月二日条。
　　　従五上　菅原在茂　（補）十一月十五日（『玉葉』・「山槐記除目部類」・『魚魯愚抄』巻第五　大学頭兼国）。

治承二年（一一七八）

式部卿
式部大輔　正三位　藤原永範　前年に同じ。
式部少輔
式部権少輔　正五下　藤原範季　前年に同じ。
式部大丞　従五下　藤原忠友　（叙）正月五日　式部（『玉葉』『山槐記』）。
式部丞　従五下　　宗成　（終）『玉葉』治承二年正月廿八日条、宗成叙爵。
（宿）正月廿八日　長門権守式部（『玉葉』）。
式部大丞　正六上　藤原資定　（転）正月廿八日（『玉葉』）。
式部少丞　正六上　藤原親政　（補）正月廿八日（『玉葉』）。
　　　正六上　平　度房　（補）正月廿八日（『玉葉』）。
式部録　正六上　中原知重　前年に同じ。
文章博士　従四上　藤原敦周　前年に同じ。
　　　従四上　藤原光範　（兼）十二月十五日　東宮学士（『公卿補任』）。
東宮学士　従四上　藤原光範　（補）十二月十五日（『玉葉』・「山槐記除目部類」・『公卿補任』・「春宮坊官補任」）。
　　　従五上　藤原親経　（補）十二月十五日（『玉葉』・「山槐記除目部類」・『公卿補任』・「春宮坊官補任」）。
大内記　正五下　藤原業実　（初）治承二年正月十四日　内記局奏（『大間成文抄』第七　本司奏）。

少内記　正六上中原資弘　（終）治承二年正月十四日　内記局奏（『大間成文抄』第七　本司奏）。
正六上大江成棟　前年に同じ。
正六上三善盛俊　（遷）正月廿八日　民部少丞（『玉葉』）。
正六上惟宗業昌　（補）正月廿八日　本局奏（『玉葉』・『大間成文抄』第七　本司奏）。

大学頭　正五下菅原在茂　（叙）正月五日　策　大学頭（『玉葉』『山槐記』）。
（兼）正月廿八日　讃岐介（『玉葉』・『魚魯愚抄』巻第五　大学頭兼国）。

治承三年（一一七九）

式部卿

式部大輔　正三位藤原永範　前年に同じ。
式部少輔
式部権少輔　正五下藤原範季　（解官）十一月十七日　陸奥守　式部権少輔（『玉葉』『公卿補任』）。
式部丞　従五下藤原頼経　（叙）正月五日　式部第一（『玉葉』『山槐記』）。
式部大丞　正六上藤原宣親　（転）正月十九日（『玉葉』）。
式部少丞　正六上源　宗綱　（補）正月十九日　兵部一（『玉葉』）。
正六上卜部仲道　（補）正月十九日　兵部（『玉葉』）。
式部録　正六上中原知重　前年に同じ。
文章博士　従四上藤原敦周　前年に同じ。
従四上藤原光範　（兼）正月十九日　美濃介（『公卿補任』）。
東宮学士　従四上藤原光範　（兼）正月十九日　美濃介（『公

式部省補任　高倉天皇（治承三年）

卿補任』）。

従五上藤原親経　（兼）十月十日　蔵人（『公卿補任』）。

大内記　正五下藤原業実　前年に同じ。

少内記　正六上大江成棟　前年に同じ。

正六上惟宗業昌　前年に同じ。

大学頭　正五下菅原在茂　前年に同じ。

安徳天皇　治承四年四月廿二日即位　元暦元年三月廿四日崩御

治承四年（一一八〇）

式部卿

式部大輔　正三位　藤原永範　（出家）十月十一日（『山槐記』・『明月記』同十三日条・『公卿補任』）。

従三位　藤原俊経　（補）十二月廿二日（『公卿補任』）。

式部少輔　源　宗雅　（遷）正月廿八日　左馬権頭（「山槐記除目部類」）。

正五下　藤原光輔　（補）正月廿八日　権少輔範季雖為位階上臈不転任、先例也（『玉葉』・「山槐記除目部類」）。

式部権少輔　正五下　藤原範季　前年に同じ。

式部丞　従五下　藤原宣親　（叙）正月五日　式部（『玉葉』）。

式部大丞　従五下　源　宗綱　（転）正月廿八日（『玉葉』同八日条）。
（叙）四月廿一日　式部（『吉記』『山槐記』）。

正六上　卜部仲道　（転）正月廿八日（『玉葉』同八日条）。

式部少丞　正六上　藤原範頼　（補）正月廿八日　兵部一（『玉葉』同八日条・「山槐記除目部類」）。

正六上　藤原資博　（補）二月十九日（『山槐記』）。

式部丞　正六上　藤原盛経　（補）十二月廿一日（『公卿補任』『弁官補任』）。

式部録　正六上　中原知重　前年に同じ。

式部大録

式部少録

文章博士　正四下　藤原光範　（兼）正月廿八日　美濃介（『玉葉』廿七日条・『公卿補任』）。
（止）四月廿一日　東宮学士（『公卿補任』・「春宮坊官補任」）。

式部省補任　安徳天皇（治承四年～養和元年）

(叙)四月廿一日　正四位下前坊学士労（『吉記』『山槐記』・『明月記』同廿二日条・『公卿補任』）。

正四下　藤原敦周　(叙)四月廿一日　辞弾正大弼（『吉記』『山槐記』・『明月記』同廿二日条）。

東宮学士　正四下　藤原光範　(兼)正月廿八日　美濃介（『玉葉』廿七日条・『公卿補任』）。
(止)四月廿一日　践祚　前坊学士（『山槐記』・『明月記』同廿二日条・『公卿補任』・「春宮坊官補任」）。

正五下　藤原親経　(叙)四月廿一日（『公卿補任』）。
(兼)正月廿九日　越前権介（『玉葉』同廿七日条・『公卿補任』）。
(止)四月廿一日　践祚　前坊学士（『吉記』『山槐記』・『明月記』同廿二日条・『公卿補任』・「春宮坊官補任」）。
(叙)四月廿一日（『公卿補任』）。

大内記　正五下　藤原業実　前年に同じ。

少内記　従五下　大江資弘　(叙)正月五日（『玉葉』）。

正六上　大江成棟　前年に同じ。

正六上　惟宗業昌　前年に同じ。

正六上　藤原業貞　(補)正月廿八日　本局奏（『玉葉』）。

大学頭　正五下　菅原在茂　前年に同じ。

式部巡　従五下　藤原宗長　(補)豊後守　正月廿八日　式部（『玉葉』・「山槐記除目部類」）。

源　俊光　(補)壱岐守　正月廿八日　式部（『玉葉』・「山槐記除目部類」）。

養和元年（一一八一）

式部卿

式部大輔　従三位 藤原俊経　（兼）三月廿六日 備後権守（『吉記』『公卿補任』）。
式部少輔　正五下 藤原光輔　（兼）三月廿六日 越後権守（『吉記』）。
式部権少輔 従四下 藤原範季　（叙）三月八日　少輔如元（『公卿補任』）。
式部丞　従五下 卜部仲道　（叙）正月五日　式部（「警固中節会部類記」所収「山槐記」）。
　　正六上 藤原資博　前年に同じ。
式部少丞　正六上 藤原範頼　（終）『吉記』養和元年六月廿六日条。
式部丞　正六上 藤原盛経　前年に同じ。
式部少丞　正六上 藤原敦季　（補）三月廿六日　民部丞（『吉記』）。
　　正六上 橘　定家　（補）三月廿九日　兵部丞（『吉記』）。
式部丞　従五下 平　重光　（補）九月廿三日（『吉記』）。
　　（叙）十一月廿八日（『吉記』）。
式部録　正六上 中原知重　前年に同じ。
文章博士　正四下 藤原光範　前年に同じ。
　　正四下 藤原敦周　（兼）三月廿六日　越前介（『吉記』）。
東宮学士
大内記　正五下 藤原業実　前年に同じ。
少内記　正六上 大江成棟　（終）『吉記』養和元年三月廿四日条。
　　正六上 惟宗業昌　前年に同じ。
　　正六上 藤原業貞　前年に同じ。
大学頭　従四下 菅原在茂　（叙）正月五日　策（「警固中節会部類記」所収「山槐記」）。

寿永元年（一一八二）

式部卿
式部大輔　従三位 藤原俊経　前年に同じ。

式部少輔　正五下　藤原光輔　前年に同じ。
式部権少輔　従四下　藤原範季　前年に同じ。
式部丞　正五下　藤原資博　（叙）三月十一日　式部（『吉記』）。
式部大丞　正六上　藤原仲資　（転）十一月七日（『魚魯愚抄』巻第四　顕官挙）。
　　正六上　藤原憲頼　（少丞補）九月四日（『吉記』）。（大丞転）十一月七日（『魚魯愚抄』巻第四　顕官挙）。
式部丞　正六上　藤原盛経　前年に同じ。
式部少丞　正六上　橘　定家　（終）『吉記』寿永元年九月五日条。
　　正六上　源　資家　（補）九月四日（『吉記』）。
式部丞　正六上　藤原範光　（初）「観音院恒例結縁灌頂記」寿永元年十二月十五日条。
式部録　正六上　中原知重　（終）「観音院恒例結縁灌頂記」寿永元年十二月十五日条。
文章博士　正四下　藤原光範　前年に同じ。
　　正四下　藤原敦周　前年に同じ。
東宮学士
大内記　正五下　藤原業実　前年に同じ。
少内記　正六上　惟宗業昌　前年に同じ。
　　正六上　藤原業貞　（終）『吉記』寿永元年三月廿四日条。
大学頭　菅原在茂　前年に同じ。

寿永二年（一一八三）

式部卿
式部大輔　従三位　藤原俊経　（補）十二月十日　参議（『公卿補任』）。
式部少輔　正五下　藤原光輔　前年に同じ。
式部権少輔　従四上　藤原範季　（叙）正月五日（『公卿補任』）。
式部丞　従五下　藤原盛経　（叙）正月六日（『公卿補任』『弁官補任』）。
　　正六上　藤原範光　前年に同じ。

式部少丞　従五下　藤原頼範　（補）正月廿二日　主殿権助（『公卿補任』）。
（叙）二月七日（『公卿補任』）。
文章博士　正六上　高階泰能　（補）十二月十日（『吉記』）。
正四下　藤原光範　前年に同じ。
正四下　藤原敦周　（出家）三月三日（『尊卑分脈』）。
東宮学士
大内記　正五下　藤原業実　（終）『玉葉』寿永二年三月廿九日条。
正五下　藤原光輔　（初）四月廿六日（『伊勢勅使部類記』『伊勢公卿勅使』）。
少内記　正六上　惟宗業昌　前年に同じ。
正六上　惟宗友成　（補）十二月十日（『吉記』）。
大学頭　菅原在茂　前年に同じ。
式部巡　藤原仲教　（補）十二月廿一日　伊賀守
式部　季能卿給（『吉記』）。

後鳥羽天皇

元暦元年七月廿八日即位
建久九年正月十一日譲位

元暦元年（一一八四）

式部卿

式部大輔　正三位　藤原俊経　（叙）正月六日（『公卿補任』）。

式部少輔　正五下　藤原光輔　（終）『親経卿記』元暦元年七月廿八日条。

式部権少輔　従四上　藤原範季　（遷）九月十八日　備前守　院分（『山槐記』『公卿補任』『弁官補任』）。

正五下　藤原範光　（補）九月十八日　範季譲（『山槐記』『公卿補任』『弁官補任』）。

式部丞　従五下　藤原範光　（叙）七月十四日　式部（『山槐記』・「参議定長卿記」）。

式部大丞　従五下　高階泰能　（叙）十一月十七日　大嘗会叙位　式部（『吉記』）。

式部丞　正六上　橘　清季　（現）『山槐記』元暦元年七月十日条。

式部大録

式部少録

文章博士　正四下　藤原光範　前年に同じ。

藤原業実　（初）「参議定長卿記」元暦元年四月十六日条。

東宮学士

大内記　正五下　藤原光輔　（終）『吉記』元暦元年十一月十七日条。

少内記　正六上　惟宗業昌　（終）『愚昧記』元暦元年正月三日条。

正六上　惟宗友成　前年に同じ。

大学頭　菅原在茂　前年に同じ。

文治元年（一一八五）

式部卿

式部大輔　正三位 藤原俊経　(補)正月廿二日　阿波権守(『公卿補任』)。
　　　　　正四下 藤原光範　(出家)五月八日(『公卿補任』)。
式部少輔　正五下 藤原範光　(補)六月十日(『公卿補任』)。
式部権少輔 正五上 藤原師綱　(転)六月十日(『公卿補任』『弁官補任』)。
式部大丞　正六上 源　光輔　(現)「中臣祐重記」文治元年九月廿七日・廿八日条。
式部丞　　正六上 藤原資昌　(現)文治元年八月廿八日(「東大寺続要録」供養編)。
　　　　　正六上 藤原長正　(補)正月廿日(『吉記』)。
式部大録　　　　　　　　　(補)正月廿日　秀才(『吉記』)。
式部少録
文章博士　正四下 藤原光範　(遷)六月十日　式部大輔(『公卿補任』)。
　　　　　　　　 藤原業実　前年に同じ。

東宮学士　　　　 藤原光輔　(初)『山槐記』・「参議定長卿記」文治元年八月十四日条。
大内記　　　　　 菅原長守　(初)『山槐記』・「参議定長卿記」文治元年八月十四日条。
少内記　　正六上 惟宗友成　(遷)正月廿日　民部丞(『吉記』)。
　　　　　正六上 中原信康　(初)『吾妻鏡』文治元年十二月六日条。
　　　　　　　　　　　　　(解却)十二月十七日(『玉葉』同十八日条・『吾妻鏡』同廿九日条)。
大学頭　　　　　 菅原在茂　前年に同じ。

文治二年（一一八六）

式部卿
式部大輔　正四下 藤原光範　(兼)二月卅日　安芸権守(『公卿補任』)。

式部省補任　後鳥羽天皇（文治二年〜同三年）

式部少輔　正五下　藤原範光　（解）十一月廿一日　紀伊守（『公卿補任』）。
式部権輔
式部大丞
式部少丞
式部大録
式部少録
文章博士　藤原業実　前年に同じ。
　　　　　藤原光輔　前年に同じ。
東宮学士
大内記　菅原長守　前年に同じ。
少内記　正六上　景政　（現）「山槐記除目部類」文治二年二月卅日条。
大学頭　菅原在茂　前年に同じ。
＊文治二年四月十三日　後白河院庁下文案　「主典代式部□□□□正兼皇后宮大進大江朝臣」（『鎌倉遺文』八五号）。

文治三年（一一八七）

式部卿
式部大輔　正四下　藤原光範　（補）二月十九日　侍読（『公卿補任』）。
式部少輔　正五下　藤原範光　前年に同じ。
式部権輔
式部丞　正六上　藤原光資　（初）『玉葉』文治三年六月廿六日条。
　　　　　　　　　　　　　（終）『玉葉』文治三年六月廿七日条。
式部大録
式部少録
文章博士　藤原業実　前年に同じ。
　　　　　藤原光輔　前年に同じ。
東宮学士
大内記　菅原長守　前年に同じ。
少内記

大学頭　菅原在茂　前年に同じ。

文治四年（一一八八）

式部卿
式部大輔　正四下　藤原光範　前年に同じ。
式部少輔　正五下　藤原範光　前年に同じ。
式部権輔
式部丞　正六上　藤原懐実　（補）十月十四日（「山槐記除目部類」）。
式部大録
式部少録
文章博士　藤原業実　前年に同じ。
　藤原光輔　前年に同じ。
東宮学士
大内記　菅原長守　前年に同じ。
少内記
大学頭　菅原在茂　前年に同じ。

文治五年（一一八九）

式部卿
式部大輔　正四下　藤原光範　前年に同じ。
式部少輔　正五下　藤原範光　前年に同じ。
式部権輔
式部丞　正六上　藤原親平　（補）正月十八日（「山槐記除目部類」）。
式部大録
式部少録
文章博士　藤原業実　前年に同じ。
　藤原光輔　前年に同じ。
東宮学士
大内記　正五下　菅原長守　前年に同じ。
少内記　正六上　中原以業　（初）『玉葉』文治五年五月四日条。
大学頭　菅原在茂　前年に同じ。

建久元年（一一九〇）

式部卿
式部大輔　正四下　藤原光範　前年に同じ。
式部権大輔　藤原敦綱　(初)『玉葉』建久元年三月廿七日条。
式部少輔　正五下　藤原範光　前年に同じ。
式部大丞
式部少丞
式部大録
式部少録
文章博士　藤原業実　前年に同じ。
　藤原光輔　前年に同じ。
東宮学士
大内記　正五下　菅原長守　前年に同じ。
少内記　正六上　中原以業　前年に同じ。
大学頭　菅原在茂　前年に同じ。

建久二年（一一九一）

式部卿
式部大輔　正四下　藤原光範　前年に同じ。
式部権大輔　藤原敦綱　前年に同じ。
式部少輔　正五下　藤原範光　前年に同じ。
式部大丞
式部少丞
式部大録
式部少録
文章博士　藤原業実　前年に同じ。
　藤原光輔　前年に同じ。
東宮学士
大内記　正五下　菅原長守　(終)『玉葉』建久二年五月十五日条。
少内記　正六上　中原以業　(終)『玉葉』建久二年九月十一日条。

大学頭　　菅原在茂　前年に同じ。

建久三年（一一九二）

式部卿
式部大輔　正四下藤原光範　前年に同じ。
式部権大輔　　藤原敦綱　前年に同じ。
式部少輔　正五下藤原範光　前年に同じ。
式部大丞
式部少丞
式部大録
式部少録
文章博士　　藤原業実　前年に同じ。
　　　　　　藤原光輔　前年に同じ。
東宮学士
大内記　従五上藤原宗業　(補)正月廿七日(『玉葉』同廿二・廿六・廿八日条・『公卿補任』)。
少内記　正六上藤原親俊　(現)『明月記』建久三年五月二日条。
大学頭　　菅原在茂　前年に同じ。

建久四年（一一九三）

式部卿
式部大輔　従三位藤原光範　(叙)正月廿八日(『公卿補任』)。
式部権大輔　　藤原敦綱　前年に同じ。
式部少輔　正五下藤原範光　前年に同じ。
式部大丞　正六上卜部　(現)正月廿八日卜部某を外従五位下に叙すべきか議論。保留となる(『玉葉』)。
式部少丞
式部大録
式部少録
文章博士　　藤原業実　前年に同じ。
　　　　　　藤原光輔　前年に同じ。

東宮学士
大内記　従五上 藤原宗業　前年に同じ。
少内記
大学頭　菅原在茂　前年に同じ。

建久五年（一一九四）

式部卿
式部大輔　従三位 藤原光範　前年に同じ。
式部権大輔　藤原敦綱　前年に同じ。
式部少輔　正五下 藤原範光　前年に同じ。
式部大丞
式部少丞
式部大録
式部少録
文章博士　藤原業実　（譲）正月卅日　薩摩守大江時房（「山槐記除目部類」）。
（終）『玉葉』建久五年八月廿八日条。
藤原光輔　（終）『玉葉』建久五年九月十七日条。
正四下 藤原親経　（補）十一月廿七日（『公卿補任』『弁官補任』）。
東宮学士
大内記　従五上 藤原宗業　（兼）正月卅日 出雲権介 大内記兼国（『公卿補任』）。
少内記
大学頭　菅原在茂　前年に同じ。
式部巡　大江時房　（補）正月卅日　薩摩守　文章博士藤原業実譲（「山槐記除目部類」）。

建久六年（一一九五）

式部卿
式部大輔　従三位 藤原光範　前年に同じ。

式部権大輔　　　藤原敦綱　前年に同じ。
式部少輔　正五下　藤原範光　(遷)十二月九日　勘解由次官
(『公卿補任』『弁官補任』)。
式部大丞　従五上　菅原為長　(補)十二月九日(『公卿補任』)。
　　　　　正六上　藤原良重　(現)三月十二日(「東大寺続要
録」供養編)。
式部少丞
式部大録
式部少録　正六上　中原倫光　(現)三月十二日(「東大寺続要
録」供養編)。
文章博士　正四下　藤原親経　(兼)十二月　右大弁(『公卿補
任』『弁官補任』)。
東宮学士
大内記　従五上　藤原宗業　前年に同じ。
少内記
大学頭　　　　　菅原在茂　前年に同じ。

建久七年（一一九六）

式部卿
式部大輔　従三位　藤原光範　前年に同じ。
式部権大輔　　　　藤原敦綱　前年に同じ。
式部少輔　従五上　菅原為長　前年に同じ。
式部大丞
式部少丞
式部大録
式部少録
文章博士　正四下　藤原親経　(兼)正月廿八日　能登権守　大
弁労(『公卿補任』『弁官補任』)。
東宮学士
大内記　従五上　藤原宗業　前年に同じ。
少内記
大学頭　　　　　菅原在茂　前年に同じ。

建久八年（一一九七）

式部卿
式部大輔　従三位 藤原光範　前年に同じ。
式部権大輔　藤原敦綱　前年に同じ。
式部少輔　従五上 菅原為長　前年に同じ。
式部大丞
式部少丞
式部大録
式部少録
文章博士　正四下 藤原親経　前年に同じ。
菅原在茂　(初)『猪隈関白記』建久八年二月十四日条。
東宮学士
大内記　正五下 藤原宗業　(叙)正月五日　正五位下(『公卿補任』)。
少内記
大学頭　菅原在茂　前年に同じ。

土御門天皇　建久九年三月三日即位　承元四年十一月廿五日譲位

建久九年（一一九八）

式部卿
式部大輔　正三位藤原光範　（叙）十二月九日　臨時（『公卿補任』）。
式部権大輔　藤原敦綱　前年に同じ。
式部少輔　従五上菅原為長　前年に同じ。
式部丞　従五下藤原範資　（叙）正月五日　式部（『明月記』同六日条）。
　（宿）正月卅日　安芸権守（『明月記』）。
式部大丞　従五下源　有綱　（式部丞初見）『御譲位記』建久九年正月十一日条。
　（転）正月卅日（『三長記』）。
　（叙）二月廿六日　御即位叙位（『三長記』『明月記』）。
　正六上源　仲家　（転）正月卅日（『三長記』『明月記』）。
式部少丞　正六上藤原広光　（補）正月卅日（『三長記』『明月記』）。
　正六上卜部兼経　（補）正月卅日（『三長記』『明月記』）。
式部大録
式部少録　正六上中原国貞　（補）正月卅日（『三長記』『明月記』）。
文章博士　正四下藤原親経　（止）十二月九日（『公卿補任』）。
　菅原在茂　（兼）正月卅日　越後介（『明月記』）。
東宮学士
大内記　正五下藤原宗業　前年に同じ。
少内記　従五下中原友景　（叙）正月五日　内記（『明月記』同六日条）。

正六上中原康業　（現）『三長記』建久九年正月十一日条・『御譲位記』建久九年正月十一日条。

正六上惟宗以忠　（補）正月卅日　局奏（『三長記』『明月記』）。

正六上源　行景　（初）『御譲位記』建久九年正月十一日条。
（終）十月廿七日（「御禊行幸服飾部類」）。

大学頭　　菅原在茂　（兼）正月卅日　越後介（『三長記』『明月記』）。

正治元年（一一九九）

式部卿

式部大輔　正三位藤原光範　前年に同じ。

式部権大輔　藤原敦綱　前年に同じ。

式部少輔　正五下菅原為長　（叙）正月五日　策（『公卿補任』）。
（兼）正月卅日　越後権守（『公卿補任』）。

式部大丞　正六上藤原範政　（転）三月廿三日（『明月記』同廿五日条）。

式部丞　正六上卜部兼経　前年に同じ。

式部少丞　正六上橘　以忠　（補）三月廿三日　蔵人（『明月記』同廿五日条）。
正六上藤原頼季　（補）三月廿三日（『明月記』同廿五日条）。

式部大録

式部少録

文章博士　正四下菅原在茂　前年に同じ。
従四上菅原長守　（初）『猪隈関白記』『三長記』正治元年四月廿七日条。

東宮学士

大内記　正五下藤原宗業　前年に同じ。

少内記　正六上惟宗以忠　前年に同じ。
　　　　正六上藤原国俊　(補)六月廿三日(『明月記』同廿四日条)。
大学頭　正四下菅原在茂　前年に同じ。
式部巡　正六上源　宗信　(補)三月廿三日　左兵衛尉　父信綱式部巡任之(『明月記』同廿五日条)。

正治二年（一二〇〇）

式部卿
式部大輔　正三位藤原光範　前年に同じ。
式部権大輔　藤原敦綱　前年に同じ。
式部少輔　正五下菅原為長　(遷)十月廿六日　大内記(『公卿補任』)。
　　　　従五上藤原成信　(補)十月廿六日(『明月記』同廿七日条)。
式部丞　従五下藤原頼季　(叙)正月五日　式部(『明月記』同六日条)。
式部大丞　正六上卜部兼経　前年に同じ。
式部大録
式部少録
文章博士　正四下菅原在茂　(卒)六月廿九日(『猪隈関白記』同卅日条)。
　　　　従四上菅原長守　(遷)十月廿六日　大学頭(『明月記』同廿七日条)。
　　　　従四上菅原在高　(補)十月廿六日(『明月記』同廿七日条・『公卿補任』)。
　　　　正五下藤原宗業　(補)十月廿六日(『明月記』同廿七日条・『公卿補任』)。
東宮学士　正四下藤原資実　(補)四月十五日(『公卿補任』)。
　　　　従五下藤原範時　(補)四月十五日(『公卿補任』『弁官補任』・「春宮坊官補任」)。
大内記　正五下藤原宗業　(遷)十月廿六日　文章博士(『公卿補任』)。

正五下 菅原為長 （補）十月廿六日（『明月記』『公卿補任』）。

少内記 正六上 惟宗以忠 前年に同じ。

正六上 藤原国俊 前年に同じ。

大学頭 正四下 菅原在茂 （卒）六月廿九日（『猪隈関白記』同卅日条）。

従四上 菅原長守 （補）十月廿六日（『明月記』同廿七日条）。

建仁元年（一二〇一）

式部卿

式部大輔 正三位 藤原光範 前年に同じ。

式部権大輔 藤原敦綱 （終）二月十三日（『元秘抄』巻第三 進年号勘文人数多少事）。

式部少輔 従五上 藤原成信 前年に同じ。

式部大丞 正六上 卜部兼経 前年に同じ。

式部少丞 正六上 藤原長倫 （補）三月廿二日（『公卿補任』）。

式部大録

式部少録

文章博士 従四上 菅原在高 （兼）正月廿九日 越後介（『公卿補任』）。

従四下 藤原宗業 （叙）正月六日（『公卿補任』）。（兼）正月廿九日 備前権介（『公卿補任』）。

東宮学士 正四下 藤原資実 （遷）八月十九日 参議（『公卿補任』）。

正五下 藤原頼範 （補）十二月廿二日（『公卿補任』・「春宮坊官補任」）。

従五下 藤原範時 前年に同じ。

大内記 正五下 菅原為長 前年に同じ。

少内記 正六上 惟宗以忠 前年に同じ。

正六上 藤原国俊 前年に同じ。

大学頭 従四上 菅原長守 前年に同じ。

建仁二年（一二〇二）

式部卿
式部大輔　正三位藤原光範　前年に同じ。
式部少輔　従五上藤原成信　前年に同じ。
式部権輔
式部大丞　正六上卜部兼経　(終)『明月記』建仁二年二月三日条。
式部丞　正六上藤原長倫　前年に同じ。
　　　　正六上　　兼氏　(現)『猪隈関白記』建仁二年正月七日条。
　　　　正六上源　清季　(補)正月廿一日(『明月記』同廿二日条)。
式部大録
式部少録
文章博士　従四上菅原在高　前年に同じ。
　　　　　従四下藤原宗業　前年に同じ。
東宮学士　従四下藤原頼範　(叙)十一月十九日(『公卿補任』)。
　　　　　従五下藤原範時　前年に同じ。
大内記　正五下菅原為長　(兼)正月廿一日　阿波介(『公卿補任』)。
少内記　正六上惟宗以忠　(遷)正月廿一日　民部丞(『明月記』同廿二日条)。
　　　　正六上藤原国俊　(終)『猪隈関白記』建仁二年九月十一日条。
大学頭　従四上菅原長守　前年に同じ。

建仁三年（一二〇三）

式部卿
式部大輔　正三位藤原光範　前年に同じ。
式部少輔　従五上藤原成信　前年に同じ。
式部権少輔　正五下藤原範時　(補)正月十三日(『明月記』『公卿補任』『弁官補任』)。
式部丞　従五下藤原長倫　(叙)正月五日　式部(『明月記』

『公卿補任』）。
（宿）正月十三日　越前権守（『公卿補任』）。

式部大録

式部少録

文章博士　従四上　菅原在高　前年に同じ。
　従四下　藤原宗業　前年に同じ。

東宮学士　従四下　藤原頼範　前年に同じ。
　正五下　藤原範時　（叙）正月七日　臨時（『公卿補任』『弁官補任』）。
（兼）正月十三日　式部権少輔（『公卿補任』）。

大内記　正五下　菅原為長　前年に同じ。

少内記　正六上　中原業兼　（初）七月八日　権少外記補任　少内記兼字（「外記補任」）。

大学頭　従四上　菅原長守　（卒）十一月十三日（『高辻家譜』『諸家大系図』）。

元久元年（一二〇四）

式部卿

式部大輔　正三位　藤原光範　前年に同じ。

式部少輔　従五上　藤原成信　前年に同じ。

式部権少輔　正五下　藤原範時　前年に同じ。

式部丞　従五下　源　清家　（叙）正月五日（『明月記』同六日条）。

式部大録

式部少録

文章博士　従四上　菅原在高　（遷）正月十三日　大学頭（『公卿補任』）。
　従四下　藤原宗業　前年に同じ。
　従四下　菅原為長　（補）正月十三日（『公卿補任』）。
（叙）四月十二日（『公卿補任』）。

東宮学士　従四上　藤原頼範　（叙）正月十三日　止民部大輔（『公卿補任』）。

正五下 藤原範時 （去）正月十七日　淡路守（『公卿補任』『弁官補任』）。

大内記 正五下 菅原為長 （遷）正月十三日　文章博士（『公卿補任』）。

従五上 藤原成信 （初）『猪隈関白記』・「改元部類」所収「不知記」元久元年二月廿日条。

少内記 正六上 中原業兼 （転）正月十三日　少外記補任（「外記補任」）。

大学頭 従四上 菅原在高 （補）正月十三日（『公卿補任』）。

元久二年（一二〇五）

式部卿

式部大輔 従二位 藤原光範 （叙）四月十日（『明月記』）。

（辞）四月十六日「正四位下尹範　光範卿辞大輔申請之」（『明月記』同十七日条）。

正三位 藤原親経 （補）四月十六日（『公卿補任』）。

式部少輔 正五下 藤原成信 （叙）正月五日（『明月記』同六日条）。

式部権少輔 正五下 藤原範時 前年に同じ。

式部丞 従五下 藤原親継 （叙）正月五日　式部（『明月記』同六日条）。

式部大丞 正六上 藤原遠賢 （転）正月廿九日（『明月記』同卅日条）。

式部少丞 正六上 藤原忠康 （現）「大外記清原良業記」元久二年正月七日条。

正六上 源　成憲 （補）正月廿九日（『明月記』同卅日条）。

従五下 平　時房 （補）四月十日（『明月記』・「関東評定衆伝」）。

（叙）八月九日（「関東評定衆伝」）。

式部大録

式部省補任　土御門天皇（元久二年～建永元年）

式部少録

文章博士　従四下 藤原宗業　前年に同じ。

　　　　　従四下 菅原為長　前年に同じ。

東宮学士　従四上 藤原頼範　前年に同じ。

　　　　　正五下 藤原範時　前年に同じ。

大内記　正五下 藤原成信　(叙)正月五日(『明月記』同六日条)。

　　　　(終)「大外記清原良業記」元久二年正月七日条。

少内記　正六上 中原業兼　前年に同じ。

　　　　正六上 中原惟経　(初)「大外記清原良業記」元久二年正月四日条。

　　　　正六上 藤原基久　(補)正月廿九日(『明月記』同卅日条)。

大学頭　正四下 菅原在高　(兼)正月廿九日　紀伊権介(『明月記』同卅日条)。

　　　　(叙)四月十日　淳高治国賞(『公卿補任』)。

式部巡　従五下 藤原頼季　(補)十一月廿九日　越中守(『明月記』同卅日条)。

建永元年（一二〇六）

式部卿

式部大輔　正三位 藤原親経　(遷)三月廿八日　権中納言(『公卿補任』)。

　　　　　正四下 菅原在高　(補)四月三日(『三長記』『公卿補任』)。

式部少輔　正五下 藤原成信　(遷)四月三日　大学頭(『三長記』)。

　　　　　正五下 菅原公輔　(補)四月三日(『三長記』)。

式部権少輔 正五下 藤原範時　前年に同じ。

式部大丞

式部少丞　正六上 卜部兼遠　(現)『三長記』建永元年二月廿八日条。

式部大録

式部少録

文章博士　従四下 藤原宗業　前年に同じ。

　従四下 菅原為長　前年に同じ。

東宮学士　従四上 藤原頼範　前年に同じ。

　正五下 藤原範時　前年に同じ。

大内記　正五下 藤原孝範　（補）四月三日（『三長記』）。

少内記　正六上 中原業兼　（遷）十月廿日　民部大丞（「外記補任」）。

　正六上 中原惟経　前年に同じ。

大学頭　正四下 菅原在高　（遷）四月三日　式部大輔（『公卿補任』）。

　正五下 藤原成信　（補）四月三日（『三長記』）。

承元元年（一二〇七）

式部卿

式部大輔　正四下 菅原在高　（兼）正月十三日　周防権守（『公卿補任』）。

式部少輔

式部権少輔 正五下 藤原範時　前年に同じ。

式部大丞

式部少丞

式部大録

式部少録

文章博士　従四上 藤原宗業　（叙）正月五日（『公卿補任』）。（兼）正月十三日　越後権介（『公卿補任』）。

　従四下 菅原為長　前年に同じ。

東宮学士　従四上 藤原頼範　前年に同じ。

　正五下 藤原範時　前年に同じ。

大内記　正五下 藤原孝範　前年に同じ。

少内記　正六上 中原惟経　前年に同じ。

大学頭　藤原成信　前年に同じ。

式部巡　源　仲家　（補）正月十四日　隠岐守　蔵人

丞　去年不任、今年任（『明月記』）。

承元二年（一二〇八）

式部卿
式部大輔　正四下　菅原在高　前年に同じ。
式部少輔　正五下　藤原長衡　（現）『猪隈関白記』承元二年七月十七日条。
式部権少輔　正五下　藤原範時　（終）承元二年閏四月十日　某院庁下文（『鎌倉遺文』補一四三号）。
式部大丞
式部少丞
式部大録
式部少録
文章博士　従四上　藤原宗業　前年に同じ。
従四上　菅原為長　（叙）正月五日　八条院御給（『公卿補任』）。
東宮学士　従四上　藤原頼範　前年に同じ。
正五下　藤原範時　前年に同じ。
大内記　正五下　藤原孝範　前年に同じ。
少内記　正六上　中原惟経　（終）『砂巌』所収「実宣卿記」承元二年正月十九日条。
正六上　藤原景高　（現）『猪隈関白記』承元二年十二月十八日条。
大学頭　藤原成信　前年に同じ。

承元三年（一二〇九）

式部卿
式部大輔　正四下　菅原在高　前年に同じ。
式部少輔
式部権輔
式部大丞
式部少丞

式部大録
式部少録
文章博士　正四下　藤原宗業　（叙）十月卅日　坊門院建永二年御給（『公卿補任』）。
従四上　菅原為長　前年に同じ。
東宮学士　正四下　藤原頼範　（叙）正月五日　父卿辞民部卿申叙之（『公卿補任』）。
正五下　藤原範時　前年に同じ。
大内記　正五下　藤原孝範　（終）『猪隈関白記』承元三年四月十日条。
少内記　正六上　明守　（現）『猪隈関白記』承元三年五月十七日条。
大学頭　藤原成信　前年に同じ。

順徳天皇　承元四年十二月廿八日即位　承久三年四月廿日譲位

承元四年（一二一〇）

式部卿

式部大輔　正四下　菅原在高　（叙）十二月廿日　元式部大輔（『公卿補任』）。

正四下　藤原宗業　（補）十二月廿日（『公卿補任』）。

式部少輔

式部権輔

式部大丞

式部少丞

式部大録

式部少録

文章博士　正四下　藤原宗業　（遷）十二月廿日　式部大輔（『公卿補任』）。

正四下　菅原為長　（叙）正月五日　臨時（『公卿補任』）。

藤原孝範　（初）『猪隈関白記』承元四年三月二日条。

東宮学士　正四下　藤原頼範　（叙）十二月廿六日　前坊学士（『公卿補任』）。

（止）十二月廿六日　践祚（『公卿補任』）。

正五下　藤原範時　（補）十二月廿二日　右少弁　坊官賞（『公卿補任』『弁官補任』）。

（止）十二月廿六日　践祚（『公卿補任』）。

大内記

少内記

大学頭　藤原成信　前年に同じ。

建暦元年（一二一一）

式部卿

式部大輔　正四下 藤原宗業　前年に同じ。

式部権大輔 従三位 菅原為長　（初）『猪隈関白記』建暦元年三月二日条。（叙）十月九日（『玉蘂』）。

式部少輔　正五下 菅原淳高　（補）正月十八日（『公卿補任』）。

式部大丞

式部少丞

式部大録

式部少録

文章博士　従四下 菅原公輔　（初）『三長記』建暦元年三月一日条。

東宮学士　藤原孝範　前年に同じ。

大内記　正五下 藤原敦倫　（初）『猪隈関白記』建暦元年正月廿九日条。

少内記

大学頭　藤原成信　前年に同じ。

建暦二年（一二一二）

式部卿

式部大輔　正四下 藤原宗業　前年に同じ。

式部権大輔 従三位 菅原為長　（兼）正月十三日 備後権守（『公卿補任』）。

式部少輔　正五下 菅原淳高　（兼）正月十三日 下総権守（『公卿補任』）。

式部丞　従五下 藤原頼茂　（叙）十一月十一日 式部（『明月記』同十二日条）。

式部大録

式部少録

文章博士　菅原公輔　前年に同じ。

東宮学士　藤原孝範　前年に同じ。

大内記　正五下 藤原敦倫　（終）『玉蘂』建暦二年十月十一日条。

少内記　正六上　久景　(現)『野宮内大臣藤公継公記』建暦二年正月七日条。

大学頭　藤原成信　(終)『玉蘂』建暦二年七月廿一日条。

建保元年（一二一三）

式部卿

式部大輔　正四下　藤原宗業　前年に同じ。

式部権大輔　従三位　菅原為長　前年に同じ。

式部少輔　正五下　菅原淳高　前年に同じ。

式部大丞

式部少丞

式部大録

式部少録

文章博士　菅原公輔　(終)『猪隈関白記』建保元年十二月六日条。

藤原孝範　前年に同じ。

東宮学士

大内記

少内記

大学頭

建保二年（一二一四）

式部卿

式部大輔　正四下　藤原宗業　前年に同じ。

式部権大輔　従三位　菅原為長　(辞)正月十三日　辞権大輔　男長貞申任大内記(『公卿補任』)。

式部少輔　従四下　菅原淳高　(叙)正月七日　策(『明月記』『公卿補任』)。

式部権少輔　大江周房　(初)十月一日　大江信房書状(『鎌倉遺文』補六七二号)。

式部大丞

式部少丞　正六上　源　(現)建保二年五月　蔵人所牒案(『鎌倉遺文』二一〇六号)。

式部大録
式部少録
文章博士　藤原孝範　前年に同じ。
東宮学士
大内記　菅原長貞　(補)正月十三日　辞権大輔　男長貞申任大内記(『公卿補任』建保二年菅原為長項)。
少内記
大学頭　源　仲章　(初)七月十日　源仲章書状(『鎌倉遺文』補六五二号)。

建保三年（一二一五）

式部卿
式部大輔　正四下藤原宗業　前年に同じ。
式部少輔
式部権少輔　大江周房　前年に同じ。
式部丞　従五下惟宗以長　(叙)正月五日　式部(『明月記』同六日条)。
式部大録
式部少録
文章博士　藤原孝範　前年に同じ。
東宮学士
大内記　菅原長貞　前年に同じ。
少内記
大学頭　源　仲章　前年に同じ。

建保四年（一二一六）

式部卿
式部大輔　正四下藤原宗業　前年に同じ。
式部少輔　正五下藤原長倫　(補)正月十三日(『公卿補任』)。
式部権少輔　大江周房　前年に同じ。
式部丞　従五下藤原成家　(叙)正月五日　式部(『明月記』同六日条)。
式部少丞　従五下平　泰時　(補)三月廿八日(「関東評定衆

伝」「鎌倉年代記」）。
（叙）十二月卅日（「関東評定衆伝」「鎌倉年代記」）。

式部大録
式部少録
文章博士　藤原孝範　前年に同じ。
東宮学士
大内記　菅原長貞　前年に同じ。
少内記
大学頭　源　仲章　前年に同じ。

建保五年（一二一七）

式部卿
式部大輔　従三位　藤原宗業　（叙）正月六日（『公卿補任』）。
式部少輔　正五下　藤原長倫　（兼）正月廿八日　出雲権介（『公卿補任』）。
式部権少輔　大江周房　（終）建保五年正月廿七日　宗清願文案（『鎌倉遺文』二二八七号）。

式部大丞　従五下　藤原光兼　（補）正月廿四日（『公卿補任』）。
（叙）四月五日　罷式部巡（『公卿補任』）。
式部少丞
式部大録
式部少録
文章博士　藤原孝範　前年に同じ。
東宮学士
大内記　菅原長貞　前年に同じ。
少内記
大学頭　源　仲章　（終）建保四年八月十七日　将軍家政所下文（『壬生家文書』一七〇九号）。
式部巡　従五下　藤原光兼　（叙）四月五日　罷式部巡（『公卿補任』）。

建保六年（一二一八）

式部卿
式部大輔　従三位　藤原宗業　（叙）正月六日（『公卿補任』）。
式部少輔　従四下　藤原長倫　（叙）正月十三日（『公卿補任』）。
　　　　　　　　　藤原忠倫　（補）正月十三日（『明月記』同十四日条）。
式部権輔
式部丞　　正六上　橘　以良　（現）『中納言藤定高卿記』建保六年正月廿一日条。
式部大録
式部少録
文章博士　　　　　藤原孝範　前年に同じ。
　　　　　　　　　源　仲章　（初）二月十八日（『吾妻鏡』同三月十六日条）。
東宮学士　従五上　藤原家光　（補）十二月十六日　立坊（『公卿補任』『弁官補任』・「春宮坊官補任」）。
　　　　　従五上　菅原長貞　（補）十二月十六日　立坊（『砂巌』所収「菅儒侍読臣之年譜」）。
大内記　　従五上　菅原長貞　前年に同じ。
少内記
大学頭

承久元年（一二一九）

式部卿
式部大輔　従三位　藤原宗業　（出家）九月廿六日（『公卿補任』）。
　　　　　従三位　藤原頼範　（補）十月三日（『公卿補任』）。
式部少輔　　　　　藤原忠倫　前年に同じ。
式部権輔
式部大丞
式部少丞
式部大録
式部少録
文章博士　　　　　藤原孝範　（終）「五条宰相菅原為長卿記」

承久元年四月十一日条。
源　仲章　（卒）正月廿七日（『吾妻鏡』）。
正四下 菅原淳高　（補）四月廿八日（『公卿補任』）。
（初）四月十二日（「編御記」・「改元部類」）。補任の日は要検討。
東宮学士　従五上 藤原家光　（止）正月廿二日　止大隅守（『公卿補任』『弁官補任』）。
（兼）閏二月廿五日　蔵人（『公卿補任』『弁官補任』）。
菅原長貞　前年に同じ。
大内記　菅原長貞　前年に同じ。
少内記
大学頭
式部巡　従四下 藤原長倫　（補）四月廿八日　治部大輔　止任式部巡（『公卿補任』）。

承久二年（一二二〇）

式部卿
式部大輔　従三位 藤原頼範　（兼）正月廿二日　安芸権守（『公卿補任』）。
式部少輔　藤原忠倫　前年に同じ。
式部権輔
式部大丞
式部少丞　正六上 平　朝時　（補）十二月十五日（「関東評定衆伝」）。
式部大録
式部少録
文章博士　正四下 菅原淳高　前年に同じ。
東宮学士　正五下 藤原家光　（叙）正月廿六日（『公卿補任』『弁官補任』）。
菅原長貞　（終）『順徳天皇宸記』承久二年七月廿三日条。
大内記　菅原長貞　前年に同じ。
少内記
大学頭

仲恭天皇　承久三年四月廿日践祚
承久三年七月九日譲位

未詳断簡。

式部少丞　正六上平　朝時　前年に同じ。

式部大録

式部少録

文章博士　正四下菅原淳高　前年に同じ。

従四下藤原長倫　(補)四月十六日(『公卿補任』)。

東宮学士　正五下藤原家光　(止)四月廿日　践祚(『公卿補任』『弁官補任』・「春宮坊官補任」)。

大内記　菅原長貞　前年に同じ。

少内記

大学頭

後堀河天皇　承久三年十二月一日即位
貞永元年　十　月四日譲位

承久三年(一二二一)

式部卿

式部大輔　正三位藤原頼範　(叙)正月五日　坊官賞(『玉蘂』『公卿補任』)。

(出家)十月(『公卿補任』)。

正三位菅原為長　(補)閏十月十八日(「中納言藤家光卿記」・『公卿補任』)。

式部少輔　藤原忠倫　前年に同じ。

式部権輔

式部丞　従五下藤原頼仲　(叙)正月五日　式部(『玉蘂』)。

正六上源　能邦　(除籍)『仁和寺日次記』年月日

貞応元年(一二二二)

式部卿

式部大輔　正三位菅原為長　(兼)正月廿四日　豊前権守(『公卿補任』)。

式部省補任　後堀河天皇（貞応元年～同二年）

式部権大輔　菅原公輔　（初）四月十三日（「元秘抄」巻第三　進年号勘文人数多少事）。

式部少輔　藤原忠倫　前年に同じ。

式部大丞　正六上平　朝時　（転）正月廿四日（「関東評定衆伝」）。

式部少丞　正六上源　（現）貞応元年五月　蔵人所牒案（『鎌倉遺文』二九六四号）。

式部丞　正六上　周貞　（現）「天皇元服部類記」所収「大外記師季記」貞応元年正月七日条。

式部大録

式部少録

文章博士　正四下菅原淳高　前年に同じ。

従四上藤原長倫　（叙）正月六日（『公卿補任』）。（兼）正月廿四日　越中介（『公卿補任』）。

東宮学士

大内記　菅原長貞　前年に同じ。

少内記　正六上　佐継　（現）「天皇元服部類記」所収「大外記師季記」貞応元年正月七日条。

大学頭　藤原孝範　（初）「五条宰相菅原為長卿記」貞応元年四月十三日条。

貞応二年（一二二三）

式部卿

式部大輔　正三位菅原為長　前年に同じ。

式部権大輔　菅原公輔　前年に同じ。

式部少輔　藤原忠倫　（終）二月七日　藤原経光献策問答博士（『明月記』『公卿補任』『弁官補任』）。

式部大丞　正六上平　朝時　前年に同じ。

式部少丞

式部大録

式部少録
文章博士　正四下 菅原淳高　前年に同じ。
従四上 藤原長倫　前年に同じ。
東宮学士
大内記　菅原長貞　前年に同じ。
少内記
大学頭　藤原孝範　前年に同じ。

元仁元年（一二二四）

式部卿
式部大輔　正三位 菅原為長　前年に同じ。
式部権大輔　菅原公輔　（終）四月廿日（「元秘抄」巻第三　進年号勘文人数多少事）。
式部少輔
式部大丞　従五下 平　朝時　（叙）正月廿三日（「関東評定衆伝」）。
（宿官）正月廿三日　周防権守
（「関東評定衆伝」）。
式部丞　正六上 藤原光宗　（初）『吾妻鏡』元仁元年三月十八日条。
（終）『吾妻鏡』元仁元年八月廿九日条。
式部大録
式部少録
文章博士　正四下 菅原淳高　前年に同じ。
正四下 藤原長倫　（叙）正月十七日（『公卿補任』）。
東宮学士
大内記　菅原長貞　前年に同じ。
少内記
大学頭　藤原孝範　前年に同じ。

嘉禄元年（一二二五）

式部卿
式部大輔　正三位 菅原為長　前年に同じ。

式部少輔

式部権輔

式部丞　正六上　源　孝行　(現)『明月記』嘉禄元年四月三日条。

式部大録

式部少録

文章博士　正四下　菅原淳高　(遷)十二月廿六日　刑部卿　父卿罷兵部卿(『明月記』『公卿補任』)。

　正四下　藤原長倫　前年に同じ。

　従四下　大江周房　(補)十二月廿六日(『明月記』)。

東宮学士

大内記　正五下　菅原長貞　前年に同じ。

少内記

大学頭　藤原孝範　前年に同じ。

嘉禄二年（一二二六）

式部卿

式部大輔　正三位　菅原為長　前年に同じ。

式部少輔

式部権輔

式部丞　従五下　清原秀昌　(叙)正月五日　式部(『明月記』同六日条)。

式部大丞　正六上　卜部兼世　(転)十二月十六日(「類聚国史紙背」除目聞書)。

　正六上　卜部基明　(転)十二月十六日(「類聚国史紙背」除目聞書)。

式部少丞　正六上　卜部基朝　(補)十二月十七日(『明月記』)。

式部大録

式部少録

文章博士　従四下　大江周房　前年に同じ。

　正四下　藤原長倫　(兼)正月廿三日　左京権大夫(『公卿補任』)。　(辞)四月十九日　罷文章博士以男光兼申任宮内少輔(『公卿補任』)。

従四下 菅原長貞 (補)四月十九日(『明月記』)。
(卒)七月十五日(『民経記』・『明月記』同十六日条)。

東宮学士 正四下 菅原資高 (補)七月廿四日(『民経記』・『明月記』同廿五日条)。

大内記 従四下 菅原長貞 (叙)正月五日 策(『明月記』同六日条)。

従五上 源　遠章 (補)正月廿三日(『明月記』同廿四日条)。

少内記 正六上 大江信兼 (現)嘉禄二年十二月廿七日 当年不堪申文(「禰家抄」)。

大学頭 藤原孝範 前年に同じ。

安貞元年(一二二七)

式部卿

式部大輔 正三位 菅原為長 (兼)二月一日 甲斐権守(『公卿補任』)。

式部少輔

式部権輔

式部大丞 正六上 菅原在章 (少丞補)正月廿七日(『明月記』)。
(大丞転)十月四日(『明月記』)。

式部少丞

式部大録

式部少録

文章博士 正四下 菅原資高 前年に同じ。

従四上 大江周房 (叙)正月五日(『明月記』同六日条)。

東宮学士

大内記 正五下 源　遠章 (叙)正月五日(『明月記』同六日条)。

少内記

大学頭　藤原孝範　前年に同じ。

＊安貞元年十月四日臨時除目「式部大丞一・式部少丞二」（『明月記』同五日条）。

安貞二年（一二二八）

式部卿

式部大輔　正三位　菅原為長　前年に同じ。

式部権大輔

式部少輔

式部大丞　従五下　菅原在章　(叙)十二月廿六日(『公卿補任』)。

式部少丞

式部大録

式部少録

文章博士　正四下　菅原資高　前年に同じ。
　従四上　大江周房　前年に同じ。

東宮学士

大内記　正五下　源　遠章　前年に同じ。

少内記

大学頭　藤原孝範　前年に同じ。

寛喜元年（一二二九）

式部卿

式部大輔　正三位　菅原為長　前年に同じ。

式部権大輔

式部少輔

式部丞　正六上　平　信継　(現)『民経記』寛喜元年六月廿日条。

式部大録

式部少録

文章博士　正四下　菅原資高　前年に同じ。
　従四上　大江周房　前年に同じ。

東宮学士

大内記　正五下　源　遠章　前年に同じ。
少内記
大学頭　藤原孝範　前年に同じ。

寛喜二年（一二三〇）

式部卿
式部大輔　正三位　菅原為長　前年に同じ。
式部権大輔　正四下　藤原長倫　（補）二月八日（『明月記』同九日条・『公卿補任』）。
式部少輔
式部丞　従五下　藤原範尚　（叙）正月五日　式部（『明月記』同六日条）。
　従五下　清原友昌　（叙）閏正月四日（『明月記』同五日条）。
式部大丞
式部少丞　従五下　平　政村　（補）閏正月四日（「関東評定衆伝」「鎌倉年代記」）。（叙）十月十五日（「関東評定衆伝」「鎌倉年代記」）。
式部大録
式部少録
文章博士　大江周房　前年に同じ。
　菅原資高　前年に同じ。
東宮学士
大内記　従四下　源　遠章　（叙）正月五日　策（『明月記』同六日条）。
　正五下　藤原光兼　（補）閏正月四日（『明月記』同五日条・『公卿補任』）。
少内記
大学頭　藤原孝範　（譲）四月十四日（『公卿補任』建長元年藤原経範項）。
　正五下　藤原経範　（補）四月十四日（『明月記』同十五日条・『公卿補任』）。
＊閏正月四日下名転任「式部大丞一・少丞二」（『明月記』寛喜

二年閏正月五日条）。二月八日「少内記補任」。

寛喜三年（一二三一）

式部卿

式部大輔　正三位　菅原為長　前年に同じ。

式部権大輔　正四下　藤原長倫　（兼）二月廿八日　東宮学士（『公卿補任』・「春宮坊官補任」）。

式部少輔　藤原光朝　（補）二月五日　姉小路中納言入道範朝卿息（『明月記』同六日条・『民経記』同七日条）。

式部丞　従五下　源　信行　（叙）正月六日　式部（『民経記』・『明月記』同七日条）。

（宿）正月廿九日　武蔵権守（『民経記』）。

式部少丞　正六上　源　光宗　（補）正月廿九日　平野北野行幸功（『民経記』）。

式部丞　仲実　（現）『民経記』寛喜三年四月九日条。

式部大録

式部少録

文章博士　大江周房　（終）『民経記』寛喜三年八月五日条。

菅原資高　前年に同じ。

東宮学士　正四下　藤原長倫　（補）十月廿八日（『公卿補任』・「春宮坊官補任」）。

正四下　菅原淳高　（補）十月廿八日（『公卿補任』・「春宮坊官補任」）。

大内記　従四下　藤原光兼　（叙）正月三日　策労（『公卿補任』）。

正五下　菅原公良　（補）二月五日（『民経記』同六日条・『明月記』同六日条・『公卿補任』）。

少内記　従五下　中原茂平　（叙）正月六日　内記（『民経記』・『明月記』同七日条）。

正六上三善業継　（現）『民経記』寛喜三年七月□日条（十日条カ）。

大学頭

従四下藤原経範　（叙）正月六日　策労（『公卿補任』）。

（兼）正月廿九日　土佐介（『公卿補任』）。

式部巡

正六上藤原遠連　（補）二月五日　右衛門少尉　重基式部巡年任之（『民経記』同七日条）。

従五上橘　以良　（叙）三月廿五日　従五位上罷式部巡年叙之（『民経記』）。

四条天皇

貞永元年十二月五日即位
仁治三年正月九日崩御

貞永元年（一二三二）

式部卿

式部大輔　正三位　菅原為長　前年に同じ。

式部権大輔　従三位　藤原長倫　（止）十月四日　東宮学士（「春宮坊官補任」）。（叙）十二月二日（『公卿補任』）。

式部少輔　藤原光朝　（解）二月五日（『民経記』）。

従五上　藤原宗範　（補）二月五日　光朝不仕替（『民経記』）。

式部丞　正六上　菅原公長　（現）『甘露寺本洞院家記　御即位部類』所収「私記」貞永元年十二月五日条。

正六上　大江成氏　（現）『甘露寺本洞院家記　御即位部類』所収「私記」貞永元年十二月五日条。

式部大録

式部少録

文章博士　正四下　菅原資高　前年に同じ。

正五上　藤原信盛　（補）正月卅日（『公卿補任』）。

東宮学士　正四下　藤原長倫　（止）十月廿八日（「春宮坊官補任」）。

従三位　菅原淳高　（叙）閏九月廿七日　不待坊官賞去学士（『民経記』）。

大内記　正五下　菅原公良　前年に同じ。

少内記　正六上　中原成経　（現）『岡屋関白記』貞永元年十月四日条。

正六上　中原成俊　（初）『岡屋関白記』貞永元年十二月五日条。

大学頭　従四下　藤原経範　前年に同じ。

＊貞永元年三月七日　盗賊が大学寮に入る（『民経記』貞永元年三月十六日条）。

天福元年（一二三三）

式部卿

式部大輔　正三位　菅原為長　前年に同じ。

式部権大輔　従三位　藤原長倫　(辞)十二月廿二日　辞権大輔男以光兼申任大学頭(『明月記』同廿三日条・『公卿補任』)。

式部少輔　正五下　藤原宗範　(叙)正月七日　策(『明月記』)。(補)正月廿五日　信濃権守(『民経記』)。

式部権少輔　菅原良頼　(補)十二月廿二日(『明月記』同廿三日条)。

式部大丞　正六上　源　行定　(現)『民経記』天福元年四月十六日条。

式部少丞　正六上　平　朝直　(補)二月十八日(「関東評定衆伝」)。

式部大録

式部少録

文章博士　正四下　菅原資高　前年に同じ。

従四下　藤原信盛　(転)正月廿八日　権右中弁(『公卿補任』)。(叙)四月八日(『公卿補任』)。(辞)十二月廿二日(『公卿補任』)。

従四下　藤原経範　(補)十二月廿二日　文章博士(『明月記』同廿三日条・『公卿補任』)。

東宮学士

大内記　正五下　菅原公良　(兼)正月廿四日　阿波権守(『民経記』『公卿補任』)。(終)『民経記』天福元年六月廿日条。

少内記　従五下　藤原康茂　(補)正月廿八日　下総権守　内記局申(『民経記』)。

正六上 中原成俊　前年に同じ。

大学頭　従四下 藤原経範　(遷)十二月廿二日　文章博士（『公卿補任』）。

従四下 藤原光兼　(補)十二月廿二日（『明月記』同廿三日条・『公卿補任』）。

式部丞　従五下 菅原在宗　(補)四月二日（『公卿補任』）。

(叙)十月廿九日（『公卿補任』）。

式部大録

式部少録

文章博士　正四下 菅原資高　前年に同じ。

従四下 藤原経範　前年に同じ。

東宮学士

大内記　正五下 菅原公良　(補)正月廿四日　長門守　菅原為長知行国（『公卿補任』）。

少内記　正六上 中原成俊　前年に同じ。

大学頭　従四下 藤原光兼　前年に同じ。

文暦元年（一二三四）

式部卿

式部大輔　正三位 菅原為長　前年に同じ。

式部少輔

式部権少輔　菅原良頼　前年に同じ。

式部大丞　従五下 平　朝直　(転)正月十一日（「関東評定衆伝」）。

(叙)正月廿六日（「関東評定衆伝」）。

(宿)正月廿六日　相模権守（「関東評定衆伝」）。

嘉禎元年（一二三五）

式部卿

式部大輔　正三位 菅原為長　(兼)正月廿三日　参議（『公卿補任』）。

(兼)六月十七日　勘解由長官

（『明月記』同十八日条・『公卿補任』）。

式部少輔　正五下 菅原良頼　（補）十月十八日（『明月記』）。

式部権少輔 正五下 菅原良頼　（転）十月十八日 式部少輔（『明月記』）。

式部大丞　　　　大江信房　（補）十月十八日（『明月記』）。

式部少丞

式部大録

式部少録

文章博士　正四下 菅原資高　（終）『民経記』・「五条宰相菅原為長卿記」嘉禎元年九月十九日条。

東宮学士　従四下 藤原経範　前年に同じ。

大内記　正五下 菅原公良　前年に同じ。

少内記　正六上 中原成俊　（終）『玉蘂』嘉禎元年十二月九日条。

大学頭　従四下 藤原光兼　前年に同じ。

嘉禎二年（一二三六）

式部卿

式部大輔　正三位 菅原為長　（兼）二月廿九日 播磨権守（『公卿補任』）。

式部少輔　正五下 菅原良頼　前年に同じ。

式部権輔

式部大丞

式部少丞　正六上 藤原行方　（補）十一月廿一日 元左衛門尉（「関東評定衆伝」）。

式部大録

式部少録

文章博士　従四下 藤原経範　前年に同じ。

東宮学士　従四下 藤原光兼　（補）十二月（『公卿補任』）

大内記　従四下　菅原公良　（叙）二月卅日（『公卿補任』）。

少内記

大学頭　従四下　藤原光兼　（兼）正月卅日　讃岐権介（『公卿補任』）。
（遷）十二月　文章博士（『公卿補任』）。

嘉禎三年（一二三七）

式部卿

式部大輔　従二位　菅原為長　（叙）十二月廿五日　辞参議叙任大蔵卿（『公卿補任』）。

式部少輔　正五下　菅原良頼　（終）『経俊卿記』嘉禎三年十二月廿六日条。

式部権輔

式部少丞　従五下　藤原行方　（叙）正月五日（「関東評定衆伝」）。

式部丞　正六上　藤原元忠　（初）『吾妻鏡』嘉禎三年正月一日条。

正六上　平　光時　（初）『吾妻鏡』嘉禎三年正月二日条。
（終）『吾妻鏡』嘉禎三年四月廿二日条。

式部少丞　従五下　平　泰村　（補）十月廿七日（「関東評定衆伝」）。
（叙）十一月廿九日（「関東評定衆伝」）。

式部大録

式部少録

文章博士　従四上　藤原経範　（叙）正月五日（『公卿補任』）。

従四上　藤原光兼　（叙）十二月　策労七年（『公卿補任』）。

東宮学士

大内記　藤原宗範　（初）『玉蘂』嘉禎三年三月五日条。

少内記

大学頭

＊隠岐式部丞（『吾妻鏡』嘉禎三年正月六日条）・隠岐式部大夫（『吾妻鏡』嘉禎三年三月八日条・同四月廿二日条）。

暦仁元年（一二三八）

式部卿

式部大輔　従二位　菅原為長　前年に同じ。

式部少輔

式部権輔

式部丞　正六上　藤原元忠　（終）『吾妻鏡』暦仁元年正月一日条。

式部大丞　従五下　平　時章　（少丞補任）閏二月廿七日（「関東評定衆伝」）。（転）九月一日　同日叙爵（「関東評定衆伝」）。

式部大録

式部少録

文章博士　正四下　藤原経範　（叙）正月五日（『公卿補任』）。

東宮学士　従四上　藤原光兼　前年に同じ。

大内記　藤原宗範　（終）十一月廿三日（「改元部類」所収「実有卿記」）。

少内記

大学頭

延応元年（一二三九）

式部卿

式部大輔　従二位　菅原為長　（兼）正月廿四日　越後権守（『公卿補任』）。（辞）四月廿三日　辞勘解由長官外孫俊国叙正四位下（『公卿補任』）。

式部権大輔　従二位　菅原淳高　（補）月日未詳（『公卿補任』）。

（兼）正月廿四日　安芸権守（『公卿補任』）。

式部少輔　従五下　菅原在宗　（叙）十一月六日（『公卿補任』）。
（補）九月九日（『公卿補任』）。
式部大丞
式部少丞
式部大録
式部少録
文章博士　正四下　藤原経範　前年に同じ。
正四下　藤原光兼　（叙）正月五日　超越遠章朝臣
（『公卿補任』）。
東宮学士
大内記　正五下　大江信房　（初）延応元年二月七日詔書（岩崎文庫本「改元部類」）。
少内記
大学頭

仁治元年（一二四〇）

式部卿
式部大輔　正二位　菅原為長　（叙）十一月十二日　朔旦　臨時
年八十三、末代此年歯未聞事歟（『平戸記』『公卿補任』）。
式部権大輔　従二位　菅原淳高　前年に同じ。
式部少輔　従五上　菅原在宗　（叙）正月六日　策労（『平戸記』『公卿補任』）。
（兼）正月廿一日　因幡権守（『平戸記』『公卿補任』）。
式部丞　正六上　橘　知教　（補）正月廿一日（『平戸記』）。
正六上　藤原宗継　（補）正月廿九日（『平戸記』）。
式部大録
式部少録
文章博士　正四下　藤原経範　（兼）正月廿一日　越後権介（『平戸記』『公卿補任』）。
正四下　藤原光兼　前年に同じ。

東宮学士
大内記　正五下　大江信房　前年に同じ。
少内記
大学頭
式部巡　　源　孝行　（補）正月廿一日　筑後守　式部（『平戸記』）。

仁治二年（一二四一）

式部卿
式部大輔　正二位　菅原為長　前年に同じ。
式部権大輔　従二位　菅原淳高　前年に同じ。
式部少輔　従五下　菅原在宗　前年に同じ。
式部丞　従五下　平　家村　（補）六月七日（『吾妻鏡』仁治二年八月十一日条）。（叙）七月廿五日（『吾妻鏡』仁治二年八月十一日条）。
　　正六上　平　時秀　（現）『吾妻鏡』仁治二年八月十五日条。
式部大録
式部少録
文章博士　正四下　藤原経範　前年に同じ。
　　正四下　藤原光兼　（兼）二月一日　越中介（『公卿補任』）。
東宮学士
大内記　正五下　大江信房　前年に同じ。
少内記
大学頭　従四上　藤原正光　（現）『百錬鈔』仁治二年正月十七日条。
式部巡　従五上　藤原行方　（叙）四月七日　罷式部巡叙（『関東評定衆伝』）。

後嵯峨天皇　仁治三年三月十八日即位　寛元四年正月廿九日譲位

仁治三年（一二四二）

式部卿

式部大輔　正三位　菅原為長　前年に同じ。

式部権大輔　従三位　菅原淳高　（止）三月七日　辞刑部卿以男在章申任修理権大夫（『平戸記』同八日条・『公卿補任』）。

式部少輔　　菅原在宗　（終）『民経記』仁治三年三月十八日条・『甘露寺本洞院家記　御即位部類』仁治三年三月十八日条。

式部権少輔　従五上　藤原茂範　（補）三月八日（『平戸記』『公卿補任』）。

式部大丞　正六上　藤原元信　（補）十二月廿五日（『平戸記』）。

式部丞　正六上　藤原光信　（現）「大外記中原師兼記」『甘露寺本洞院家記　御即位部類』仁治三年三月十八日条。

従五下　平　為時　（補）十月十八日（『平戸記』）。（叙）十一月十二日（『平戸記』）。

正六上　光継　（現）六月五日（『民経記』）。

式部少丞　正六上　惟宗行氏　（補）十月十八日（『平戸記』）。（終）十月廿一日（「御禊行幸服飾部類」）。

正六上　藤原正国　（補）十二月廿五日（『平戸記』）。

式部録　正六上　和気助次　（現）十月廿一日（「御禊行幸服飾部類」）。

文章博士　正四下　藤原経範　前年に同じ。

正四下　藤原光兼　前年に同じ。

東宮学士

大内記　従四下　大江信房　（叙）正月五日（『民経記』）。

正五下　菅原高長　（補）三月七日（『平戸記』『公卿補任』）。

(兼)十月三日　長門守(『平戸記』『公卿補任』)。

少内記　正六上紀　朝久　(初)『民経記』仁治三年正月十九日条。
(終)「大外記中原師兼記」『廿露寺本洞院家記　御即位部類』仁治三年三月十八日条。

正六上中原国秀　(補)四月九日(『平戸記』)。

正六上平　能貞　(辞)十月三日(『平戸記』)。

正六上中原盛行　(補)十月三日(『平戸記』)。

大学頭

式部巡　正四下菅原公良　(叙)正月五日　募猶子公久式部巡年(『民経記』『公卿補任』建長二年菅原公良項)。

従四上藤原家盛　(叙)十一月十六日　罷男有仲式部巡年叙(『平戸記』)。

*「大内記闕之間、少内記朝久詔書」(『民経記』仁治三年正月廿日条)。

寛元元年（一二四三）

式部卿

式部大輔　正二位菅原為長　前年に同じ。

式部権大輔従二位菅原淳高　前年に同じ。

式部少輔　従五下菅原在宗　(遷)閏七月廿七日　大内記(『公卿補任』)。

従五上菅原在公　(補)閏七月廿七日(『公卿補任』)。

式部権少輔従五上藤原茂範　前年に同じ。

式部大丞

式部少丞　正六上源　季継　(初)「妙槐記除目部類」寛元元年八月十日条。

式部大録

式部少録

文章博士　正四下藤原経範　前年に同じ。

式部省補任　後嵯峨天皇（寛元元年～同二年）

正四下 藤原光兼　（遷）九月九日　東宮学士（『公卿補任』）。

東宮学士　正五下 藤原資定　（補）八月十日（「妙槐記除目部類」）。
　正四下 藤原光兼　（補）九月九日（『百錬鈔』『公卿補任』）。

大内記　従四下 菅原高長　（叙）七月八日（『公卿補任』）。
　従五上 菅原在宗　（補）閏七月廿七日（『公卿補任』）。

少内記　正六上　盛氏　（現）『民経記』寛元元年二月廿六日条。

大学頭　藤原忠倫　（卒）三月廿九日（『百錬鈔』）。
　正四下 菅原公良　（補）三月卅日（『公卿補任』）。

寛元二年（一二四四）

式部卿

式部大輔　正二位 菅原為長　前年に同じ。

式部権大輔　従二位 菅原淳高　前年に同じ。

式部少輔　従五上 菅原在公　（兼）正月廿三日　紀伊権守（『公卿補任』）。

式部権少輔　従五上 藤原茂範　前年に同じ。

式部丞　従五下 中原成行　（叙）正月五日　式部（『平戸記』）。
　（宿）正月廿三日　能登権守（『平戸記』）。
　正六上 源　季継　前年に同じ。
　従五下 藤原基長　（補）四月五日（『平戸記』『公卿補任』）。
　（叙）八月四日　宣下（『公卿補任』）。

文章博士　正四下 藤原経範　前年に同じ。
　正四下 菅原公良　（補）四月五日（『平戸記』『公卿補任』）。

東宮学士　正四下 藤原光兼　前年に同じ。

大内記　正五下　藤原資定　前年に同じ。
少内記　従五上　菅原在宗　前年に同じ。
大学頭　正六上　大江能秀　(補)八月廿五日(『平戸記』)。
　　　　正四下　菅原公良　(遷)四月五日　文章博士(『公卿補任』)。
　　　　　　　　菅原長成　(補)七月十六日(『平戸記』)。
式部巡　従四下　源　経雅　(叙)正月五日　在房罷式部巡年叙之(『平戸記』)。
　　　　　　　　親任　(申式部巡)『妙槐記』寛元二年正月廿一日条。

寛元三年（一二四五）

式部卿
式部大輔　正二位　菅原為長　前年に同じ。
式部権大輔　従二位　菅原淳高　前年に同じ。
式部少輔　従五上　菅原在公　前年に同じ。
式部権少輔　従五上　藤原茂範　前年に同じ。

式部丞　従五下　源　季継　(叙)正月五日(『平戸記』)。
式部大丞　従五下　源　知邦　(少丞補)正月十三日(『平戸記』)。
　　　　　(大丞転)九月十二日(『平戸記』)。
　　　　　(叙)十一月三日　式部(『平戸記』)。
式部少丞　正六上　卜部兼峯　(補)九月十二日(『平戸記』)。
　　　　　正六上　平　時広　(補)九月十二日(『関東評定衆伝』)。
式部大録　正六上　中原敦業　(補)十一月三日(『平戸記』)。
式部少録
文章博士　正四下　藤原経範　前年に同じ。
　　　　　正四下　菅原公良　前年に同じ。
東宮学士　正四下　藤原光兼　(兼)正月十三日　武蔵権介(『公卿補任』)。

式部省補任　後嵯峨天皇（寛元三年）

正五下　藤原資定　前年に同じ。

大内記

従五上　菅原在宗　（兼）正月十三日　因幡介（『平戸記』）。

少内記

正六上　大江能秀　前年に同じ。

正六上　藤原光重　（補）五月八日（『平戸記』）。

大学頭

後深草天皇　寛元四年正　月廿九日即位
正元元年十一月廿六日譲位

寛元四年（一二四六）

式部卿
式部大輔　正二位　菅原為長　（卒）三月廿八日（『葉黄記』『百錬鈔』『公卿補任』）。
　　　　　従二位　菅原淳高　（転）四月十日（『公卿補任』）。
式部少輔　正五下　菅原在公　（叙）正月五日（『葉黄記』『公卿補任』）。
式部権少輔　正五下　藤原茂範　（叙）正月五日（『葉黄記』『公卿補任』）。
式部丞　従五下　中原敦業　（叙）三月八日　御即位叙位　式部（『平戸記』）。
式部少丞　正六上　平　時広　前年に同じ。
式部丞　正六上　中原尚業　（現）『顕朝卿記』『甘露寺本洞院家記』所収「公基卿記」寛元四年三月十一日条。
式部大録
式部少録
文章博士　正四下　藤原経範　前年に同じ。
　　　　　正四下　菅原公良　前年に同じ。
東宮学士　正四下　藤原光兼　（止）三月十一日（『公卿補任』）。
　　　　　正五下　藤原資定　（終）『葉黄記』寛元四年正月廿九日条。
大内記　正五下　菅原在宗　（叙）正月五日（『葉黄記』『公卿補任』）。
少内記　正六上　大江能秀　（終）『経俊卿記』寛元四年三月十一日条。
　　　　正六上　藤原光重　（終）「大外記中原師兼記」・『甘露寺本洞院家記』所収「公基卿記」寛元四年三月十一日条。
大学頭

宝治元年（一二四七）

式部卿
式部大輔　従二位 菅原淳高　（転）四月十日（『公卿補任』）。
式部少輔　正五下 菅原在公　前年に同じ。
式部権少輔 正五下 藤原茂範　（終）『百錬鈔』宝治元年四月廿日条。
式部大丞
式部少丞　正五下 平　時広　（叙）正月五日（「関東評定衆伝」）。
式部大録
式部少録
文章博士　正四下 藤原経範　前年に同じ。
　　　　　正四下 菅原公良　前年に同じ。
東宮学士
大内記　正五下 菅原在宗　前年に同じ。
少内記
大学頭
＊「自殺討死等　同（白河）式部丞」（『吾妻鏡』宝治元年六月廿二日条）。

宝治二年（一二四八）

式部卿
式部大輔　従二位 菅原淳高　（転）四月十日（『公卿補任』）。
式部少輔　正五下 菅原在公　（遷）十二月十七日　大内記（『公卿補任』）。
　　　　　従五上 菅原高能　（補）十二月十七日（『公卿補任』）。
式部権輔
式部大丞
式部少丞
式部大録
式部少録
文章博士　正四下 藤原経範　前年に同じ。
　　　　　正四下 菅原公良　前年に同じ。

東宮学士
大内記　正五下　菅原在宗　（辞）病（『公卿補任』）。
　　　　正五下　菅原在公　（補）十二月十七日（『公卿補任』）。
少内記
大学頭

建長元年（一二四九）

式部卿
式部大輔　従二位　菅原淳高　（転）四月十日（『公卿補任』）。
式部少輔
式部権輔
式部大丞
式部少丞
式部大録
式部少録
文章博士　従三位　藤原経範　（叙）正月廿四日（『公卿補任』）。
東宮学士　正四下　菅原公良　前年に同じ。
　　　　　正四下　菅原長成　（初）『岡屋関白記』建長元年三月十八日条・『民経記』。
大内記　従四下　菅原在公　（叙）正月五日（『公卿補任』）。
　　　　正五下　藤原茂範　（補）正月廿四日（『公卿補任』）。
少内記
大学頭

建長二年（一二五〇）

式部卿
式部大輔　従二位　菅原淳高　（薨）五月廿四日（『岡屋関白記』『百錬鈔』『公卿補任』）。
　　　　　従三位　藤原経範　（補）九月十六日（『公卿補任』）。
式部少輔
式部権輔
式部大丞

式部少丞
式部大録
式部少録
文章博士　従三位　菅原公良　（叙）九月十六日　元文章博士（『公卿補任』）。
　　　　　正四下　菅原長成　前年に同じ。
東宮学士
大内記　従四下　藤原茂範　（叙）正月五日（『公卿補任』）。
少内記　正六上　中原忠広　（現）『岡屋関白記』建長二年十月十三日条。
大学頭　従四上　菅原在章　（補）九月十六日（『公卿補任』）。

建長三年（一二五一）

式部卿
式部大輔　従三位　藤原経範　前年に同じ。
式部権大輔　従三位　菅原公良　（補）正月廿七日（『公卿補任』）。
式部少輔　従五上　藤原基長　（補）三月十六日（『公卿補任』）。
式部大丞
式部少丞
式部大録
式部少録
文章博士　正四下　菅原長成　（終）十二月廿九日（国立国会図書館本『和漢朗詠集上』奥書）。
東宮学士
大内記
少内記
大学頭　従四上　菅原在章　前年に同じ。

建長四年（一二五二）

式部卿
式部大輔　従三位　藤原経範　前年に同じ。
式部権大輔　従三位　菅原公良　前年に同じ。
式部少輔　従五上　藤原基長　前年に同じ。
式部大丞

式部少丞
式部大録
式部少録
文章博士
東宮学士
大内記
少内記
大学頭　正四下 菅原在章　(兼)正月十三日　紀伊権介
(『公卿補任』)。
(叙)十二月四日(『公卿補任』)。

建長五年（一二五三）

式部卿
式部大輔　従三位 藤原経範　前年に同じ。
式部権大輔 従三位 菅原公良　前年に同じ。
式部少輔　従五上 藤原基長　前年に同じ。
式部大丞

式部少丞
式部大録
式部少録
文章博士　従三位 菅原長成　(叙)正月十三日　元文章博士
侍読(『公卿補任』)。
東宮学士　正四下 菅原在章　(補)正月十三日(『公卿補任』)。
大内記
少内記
大学頭　正四下 菅原在章　(遷)正月十三日　文章博士
(『公卿補任』)。

建長六年（一二五四）

式部卿
式部大輔　従三位 藤原経範　前年に同じ。
式部権大輔 従三位 菅原公良　前年に同じ。
式部少輔　従五上 藤原基長　(遷)正月十三日　大内記(『公

卿補任』）。

式部大丞

式部少丞

式部大録

式部少録

文章博士　従三位 菅原良頼　（叙）九月六日　元文章博士（『公卿補任』）。

正四下 菅原在章　（兼）五月十三日　越後介（『公卿補任』）。

東宮学士

大内記　従五上 藤原基長　（補）正月十三日（『公卿補任』）。

少内記

大学頭　従四上 菅原高長　（補）九月六日（『公卿補任』）。

建長七年（一二五五）

式部卿

式部大輔　従三位 藤原経範　前年に同じ。

式部権大輔　従三位 菅原公良　前年に同じ。

式部少輔

式部大丞

式部少丞

式部大録

式部少録

文章博士　正四下 菅原在章　前年に同じ。

東宮学士

大内記　正五下 藤原基長　（叙）正月五日　策労（『公卿補任』）。

少内記

大学頭

康元元年（一二五六）

式部卿

式部大輔　従三位 藤原経範　（出家）十二月十五日（『公卿補任』）。

式部権大輔 従三位 菅原公良 前年に同じ。
式部少輔
式部丞 正六上 藤原親説 (初)『経俊卿記』康元元年四月廿九日条。
式部大録
式部少録
文章博士 正四下 菅原在章 前年に同じ。
大江信房 (初)『経俊卿記』康元元年四月十四日条。
東宮学士
大内記 正五下 藤原基長 (辞)十月廿三日(『公卿補任』)。
少内記 正六上 中原景盛 (現)『経俊卿記』康元元年九月十日条。
大学頭

正嘉元年(一二五七)

式部卿
式部大輔 正三位 藤原光兼 (補)正月廿二日(『公卿補任』)。
式部権大輔 従三位 菅原公良 前年に同じ。
式部少輔
式部丞 正六上 藤原親説 前年に同じ。
従五下 藤原親佐 (補)九月八日(『経俊卿記』)。
(叙)九月廿二日(『経俊卿記』)。
式部大録
式部少録
文章博士 正四下 菅原在章 前年に同じ。
大江信房 前年に同じ。
東宮学士
大内記 菅原公長 (初)『経俊卿記』正嘉元年九月十九日条。
少内記 従五下 大江重房 (補)二月廿二日(『公卿補任』)。
(叙)四月十一日(『公卿補任』)。
大学頭

正嘉二年（一二五八）

式部卿
式部大輔　正三位 藤原光兼　前年に同じ。
式部権大輔 従三位 菅原公良　前年に同じ。
式部少輔
式部丞　正六上 藤原親説　前年に同じ。
式部大録
式部少録
文章博士　正四下 菅原在章　前年に同じ。
　大江信房　前年に同じ。
東宮学士　正四下 藤原光国　（補）八月七日（『公卿補任』『弁官補任』・「春宮坊官補任」）。
　正五下 藤原経業　（補）八月七日（『公卿補任』『弁官補任』・「春宮坊官補任」）。
大内記　菅原公長　前年に同じ。
少内記
大学頭

＊島津久時の縁者「大隅式部大夫」・「大隅式部丞」（『吾妻鏡』正嘉二年正月一日条）。

亀山天皇

正元元年十二月廿八日即位
文永十一年正月廿六日譲位

正元元年（一二五九）

式部卿

式部大輔　正三位　藤原光兼　前年に同じ。

式部権大輔　正三位　菅原公良　(叙)正月六日(『公卿補任』)。

式部少輔　正五下　菅原在匡　(辞退)十二月廿日(『民経記』)。
(叙)十二月廿五日　御即位叙位　策(『民経記』)。

菅原氏長　(初)「権大納言藤資季卿記」正元元年十二月廿八日条。

式部大丞　正六上　藤原親説　(大丞初見)「権大納言藤原頼親卿記」文応元年八月九日条。

式部少丞　従五下　菅原長経　(補)四月廿七日(『公卿補任』)。
(叙)四月廿八日(『公卿補任』)。

従五下　平　泰茂　(叙)十一月廿一日　式部(『民経記』)。

正六上　安倍資国　(補)十二月廿日(『民経記』)。

正六上　中原職成　(補)十二月廿日(『民経記』)。
(終)『洞院家記　御即位部類』所収「公相卿記」正元元年十二月廿八日条・『民経記』。

従五下　源　仲忠　(叙)十二月廿五日　御即位叙位　式部(『民経記』)。

式部大録

式部少録

文章博士　正四下　菅原在章　(兼)正月廿一日　越中介(『公卿補任』)。

大江信房　前年に同じ。

東宮学士　正四下　藤原光国　前年に同じ。

正五下　藤原経業　(止)十一月廿六日　践祚(『公卿補任』・「春宮坊官補任」・『弁官補任』)。

式部省補任　亀山天皇（正元元年～文応元年）

大内記　正五下　菅原公長　（辞）十二月廿日　依落馬不可出仕（『民経記』）。
　　　　正五下　藤原兼倫　（補）十二月廿日（『民経記』『公卿補任』）。
少内記　正六上　藤原行忠　（現）正嘉三年正月十九日　内記局奏（『魚魯愚抄』巻第二）。
　　　　正六上　藤原定茂　（現）正嘉三年正月十九日　内記局奏（『魚魯愚抄』巻第二）。
　　　　正六上　高橋重職　（補）正嘉三年正月十九日　内記局奏　元掃部允（『魚魯愚抄』巻第二）。
　　　　　　　　　　　　　（終）「正元元年東宮御元服部類」「外記記」八月廿八日条。
　　　　正六上　藤原康職　（補）十一月十五日（『民経記』）。
大学頭

式部卿
式部大輔　正三位　藤原光兼　（兼）月日　下総権守（『公卿補任』）。
式部権大輔　正三位　菅原公良　（薨）七月十七日（『公卿補任』）。
式部少輔　菅原氏長　（兼）三月　伊勢権守（『早稲田大学史料影印叢書　古文書集二』「兼国例勘文」）。
式部権少輔　従五上　菅原在嗣　（補）八月廿八日　元民部少輔（『公卿補任』）。
式部大丞　正六上　藤原親説　前年に同じ。
式部少丞　正六上　安倍資国　（終）『妙槐記』文応元年四月廿九日条。
式部大録
式部少録　正六上　紀　有弘　（補）九月八日（『経俊卿記』）。
文章博士　従三位　菅原在章　（叙）九月八日　元文章博士（『経俊卿記』『公卿補任』）。

文応元年（一二六〇）

正四下　大江信房　（終）四月十三日（「元秘抄」巻

第三　進年号勘文人数多少事）。
　　　　正四下　菅原高長　（補）十月十日（『公卿補任』）。
東宮学士　正四下　藤原光国　前年に同じ。
大内記　正五下　藤原兼倫　前年に同じ。
少内記
大学頭　従四上　菅原在宗　（補）十月十日（『公卿補任』）。

弘長元年（一二六一）

式部卿
式部大輔　従二位　藤原光兼　（叙）三月廿九日　罷大輔叙（『公卿補任』）。
　　　　従二位　菅原長成　（補）二月廿九日（『公卿補任』）。
　　　　　　　　　　　　　（叙）九月廿六日　新院当年御給（『公卿補任』）。
式部少輔　　　　菅原公長　（補）七月廿一日（『仁部記』）。
式部権少輔　従五上　菅原在嗣　前年に同じ。
式部大丞　正六上　藤原親説　前年に同じ。
式部丞　正六上　藤原忠継　（初）七月十二日　藤原忠継請文（『鎌倉遺文』八六八八六号）。
式部大録
式部少録
文章博士　正四下　菅原高長　前年に同じ。
東宮学士　正四下　藤原光国　前年に同じ。
大内記　正五下　藤原兼倫　（遷）二月五日　宮内少輔（『公卿補任』）。
少内記　従五上　藤原明範　（補）二月五日（『公卿補任』）。
大学頭　従四上　菅原在宗　前年に同じ。

弘長二年（一二六二）

式部卿
式部大輔　従二位　菅原長成　（兼）正月十九日　豊前権守（『公卿補任』）。
式部少輔　正五下　藤原兼倫　（補）正月十九日　元宮内少輔

（『公卿補任』）。

式部省補任　亀山天皇（弘長二年～同三年）

式部権少輔　正五下　菅原在嗣　（『公卿補任』・「妙槐記除目部類」）。
式部大丞　正六上　藤原親説　（叙）三月一日（『公卿補任』）。
式部少丞　前年に同じ。
式部大録
式部少録
文章博士　従三位　菅原高長　（叙）十二月廿一日（『公卿補任』）。
　従四上　菅原在公　（補）十二月廿一日（『公卿補任』）。
東宮学士　正四下　藤原光国　前年に同じ。
大内記　正五下　藤原明範　（叙）十二月廿六日（『公卿補任』）。
少内記
大学頭　正四下　菅原在宗　（叙）正月五日（『公卿補任』）。
　（兼）正月十九日　周防権介

弘長三年（一二六三）

式部卿
式部大輔　従二位　菅原長成　（辞）十二月（『公卿補任』）。
　従二位　菅原良頼　（補）十二月廿一日（『公卿補任』）。
式部権大輔　従三位　菅原在章　（補）正月廿八日（『公卿補任』・「妙槐記除目部類」）。
式部少輔　従四下　藤原兼倫　（叙）正月六日　臨時（『公卿補任』）。
　正五下　菅原在嗣　（転）正月廿八日（『公卿補任』・「妙槐記除目部類」）。
　（去）十二月廿一日（『公卿補任』）。
式部大丞　正六上　藤原親説　前年に同じ。
式部少丞
式部大録

式部少録

文章博士　従四上 菅原在公　（兼）正月廿八日　越前介（『公卿補任』）。

東宮学士　正四下 藤原光国　前年に同じ。

大内記　正五下 藤原明範　（兼）正月廿八日　因幡権介（『公卿補任』）。

少内記

大学頭　正四下 菅原在宗　前年に同じ。

文永元年（一二六四）

式部卿

式部大輔　従二位 菅原良頼　（兼）正月十三日　長門権守（『公卿補任』）。

式部権大輔 従三位 菅原在章　（兼）正月十三日　備後権守（『公卿補任』）。

式部少輔

式部大丞　正六上 藤原親説　前年に同じ。

式部少丞

式部大録

式部少録

文章博士　従四上 菅原在公　前年に同じ。

従四上 藤原茂範　（補）正月十三日（『公卿補任』）。

東宮学士　正四下 藤原光国　（遷）十二月廿一日　蔵人頭　学士賞（『公卿補任』『弁官補任』）。

大内記　正五下 藤原明範　前年に同じ。

少内記

大学頭　正四下 菅原在宗　前年に同じ。

文永二年（一二六五）

式部卿

式部大輔　従二位 菅原良頼　前年に同じ。

式部権大輔 正三位 菅原在章　（叙）三月廿八日　備後権守（『公卿補任』）。

式部少輔　藤原諸範　（補）正月卅日（「妙槐記除目部

類」)。

式部大丞　正六上藤原親説　前年に同じ。

式部丞　従五下平　時輔　(補)四月廿一日(「鎌倉年代記」)。
(叙)四月廿一日(「鎌倉年代記」)。

式部大録

式部少録

文章博士　従四上菅原在公　前年に同じ。
従四上藤原茂範　(兼)正月卅日　越後権介(『公卿補任』)。

東宮学士

大内記　従四下藤原明範　(叙)正月五日　去大内記(『公卿補任』)。
従五上大江重房　(補)正月卅日(『公卿補任』)。

少内記

大学頭　正四下菅原在宗　前年に同じ。

文永三年（一二六六）

式部卿

式部大輔　従二位菅原良頼　前年に同じ。

式部権大輔　正三位菅原在章　前年に同じ。

式部少輔　藤原諸範　前年に同じ。

式部大丞　正六上藤原親説　前年に同じ。

式部少丞

式部大録

式部少録

文章博士　従四上菅原在公　前年に同じ。
従四上藤原茂範　前年に同じ。

東宮学士

大内記　従五上大江重房　前年に同じ。

少内記

大学頭　正四下菅原在宗　前年に同じ。

文永四年（一二六七）

式部卿

式部大輔　従二位 菅原良頼　前年に同じ。

式部権大輔 正三位 菅原在章　前年に同じ。

式部少輔　藤原諸範　（終）『吉続記』文永四年四月廿五日条。

式部大丞　正六上 藤原親説　（終）十二月九日　左衛門尉補任　使宣旨（『民経記』『検非違使補任』）。

式部少丞　従五下 藤原業広　（叙）三月十五日　臨時（『民経記』）。

正六上 藤原秀成　（補）三月十五日（『民経記』）。

正六上 橘　長継　（補）十一月十日（『民経記』）。

正六上 藤原淳範　（補）十二月十九日　蔵人（『民経記』『公卿補任』）。

式部大録

式部少録

文章博士　従四上 菅原在公　前年に同じ。

従四上 藤原茂範　前年に同じ。

東宮学士

大内記　従五上 大江重房　（辞）四月九日　重服（『公卿補任』）。

菅原在守　（初）『吉続記』文永四年四月廿五日条。

（終）『吉続記』文永四年八月十五日条。

少内記

大学頭　正四下 菅原在宗　（終）「新抄」文永四年五月十六日条。

文永五年（一二六八）

式部卿

式部大輔　従二位 菅原良頼　前年に同じ。

式部権大輔 従二位 菅原在章　（叙）五月十三日（『公卿補任』）。

（出家）七月廿九日（『民経記』『公卿補任』）。

式部少輔

式部大丞

式部少丞　従五下　藤原淳範　（叙）正月五日　蔵人（『公卿補任』）。
（宿）正月廿九日　下総権守　蔵人（『公卿補任』）。

正六上　津守棟国　（補）二月晦日（『津守氏古系図』）。

文章博士　従四上　菅原在公　前年に同じ。

従四上　藤原茂範　前年に同じ。

東宮学士　従四上　藤原基長　（補）八月廿五日　浴殿儒（『公卿補任』・『春宮坊官補任』）。

大内記　従五下　菅原資宗　（補）十二月十六日（『公卿補任』）。

少内記

大学頭

文永六年（一二六九）

式部卿

式部大輔　従二位　菅原良頼　前年に同じ。

式部少輔

式部権少輔　正五下　大江重房　（補）十二月九日（『公卿補任』）。

式部少丞　従五下　津守棟国　（叙）正月五日（『津守氏古系図』）。

式部丞　正六上　邦広　（現）『吉続記』文永六年正月三日条。

文章博士　正四下　菅原在公　（叙）十月六日（『公卿補任』）。

正四下　藤原茂範　（叙）十二月七日（『公卿補任』）。

東宮学士　従四上　藤原基長　前年に同じ。

大内記　従五上　菅原資宗　（叙）正月五日　臨時（『公卿補任』）。

少内記

大学頭

文永七年（一二七〇）

式部卿

式部大輔　従二位　菅原良頼　前年に同じ。

式部少輔

式部権少輔　正五下　大江重房　（兼）正月廿一日　摂津権守（「妙槐記除目部類」）。

式部大丞　正六上　藤原信兼　（補）正月廿一日（「妙槐記除目部類」）。

　正六上　平　政長　（補）十二月廿日（「為氏卿記」）。

式部少丞　正六上　藤原秀清　（補）正月廿一日（「妙槐記除目部類」）。

式部大録

式部少録

文章博士　正四下　菅原在公　（兼）正月廿一日　越中介（「妙槐記除目部類」）。

　正四下　藤原茂範　前年に同じ。

東宮学士　従四上　藤原基長　（兼）正月廿一日　武蔵権介（『公卿補任』・「妙槐記除目部類」）。

大内記　従五上　菅原資宗　（兼）正月廿一日　出雲介（『公卿補任』・「妙槐記除目部類」）。（止）十二月廿日（『公卿補任』）。

　菅原在守　（補）十二月廿日（「為氏卿記」）。

少内記

大学頭

文永八年（一二七一）

式部卿

式部大輔　従二位　菅原良頼　（辞）二月一日　辞大輔以子在兼申任少輔（『公卿補任』）。

　従二位　菅原高長　（補）二月一日（『吉続記』『公卿補任』）。（叙）七月二日（『公卿補任』）。

式部省補任　亀山天皇（文永八年～同九年）

式部少輔　従五上 菅原在兼　（補）二月一日（『公卿補任』文永八年菅原良頼項）。
式部権少輔 正五下 大江重房　前年に同じ。
式部大丞
式部少丞
式部大録
式部少録
文章博士　正四下 菅原在公　前年に同じ。
　　　　　正四下 藤原茂範　前年に同じ。
東宮学士　従四上 藤原基長　前年に同じ。
大内記　　　　　 菅原在守　前年に同じ。
少内記
大学頭

文永九年（一二七二）

式部卿
式部大輔　従二位 菅原高長　（兼）七月十一日　豊前権守（『公卿補任』）。
式部少輔　従五上 菅原在兼　（兼）七月十一日　因幡権守（『公卿補任』）。
式部権少輔 従四下 大江重房　（叙）正月五日　策（『公卿補任』）。（去）七月十一日（『公卿補任』）。
　　　　　　　　 藤原広範　（補）七月（『魚魯愚抄』巻第七式部少輔兼国）。
式部大丞
式部少丞
式部大録
式部少録
文章博士　正四下 菅原在公　前年に同じ。
　　　　　正四下 藤原茂範　（兼）七月十一日　讃岐介（『公卿補任』）。
東宮学士　従四上 藤原基長　前年に同じ。
　　　　　従五上 菅原在守　（補）十二月廿日（『砂巌』所収「菅儒侍読臣之年譜」）。

大内記　従五上 菅原在守　(兼)十二月廿日 東宮学士(『砂巌』所収「菅儒侍読臣之年譜」)。

少内記

大学頭　従四下 菅原高能　(補)七月十一日(『公卿補任』『魚魯愚抄』第五 大学頭兼国)。

文永十年 (一二七三)

式部卿

式部大輔　従二位 菅原高長　前年に同じ。

式部少輔　従五上 菅原在兼　前年に同じ。

式部権少輔　藤原広範　(兼)七月 越後介(『魚魯愚抄』巻第七 式部少輔兼国)。

式部大丞

式部少丞

式部大録

式部少録

文章博士　正四下 菅原在公　前年に同じ。

正四下 藤原茂範　前年に同じ。

東宮学士　従四上 藤原基長　前年に同じ。

大内記　菅原在守　前年に同じ。

少内記

大学頭　従四下 菅原高能　(兼)三月廿五日 周防介 大学頭兼国(『公卿補任』『魚魯愚抄』巻第五 大学頭兼国)。

後宇多天皇　文永十一年三月廿六日即位　弘安十年十月廿一日譲位

文永十一年（一二七四）

式部卿

式部大輔　従二位　菅原高長　前年に同じ。

式部少輔　従五上　菅原在兼　（辞）五月十日（『公卿補任』）。

　　　　　　　　　菅原在守　（初）「勘仲記文永十一年暦記」十月十八日条。

式部権輔

式部丞　正六上　橘　知弘　（現）『妙槐記』「文永十一年後宇多院御即位記」文永十一年三月廿六日条。

　　　　正六上　橘　以蔭　（現）『妙槐記』「文永十一年後宇多院御即位記」文永十一年三月廿六日条。

　　　　正六上　菅原在賢　（現）「勘仲記文永十一年暦記」十月十八日条。

式部大録

式部少録

文章博士　正四下　菅原在公　藤原茂範に超越される（『公卿補任』文永十一年藤原茂範項）。

　　　　　従三位　藤原茂範　（叙）正月五日　元文章博士讃岐介（『公卿補任』）。

　　　　　従四上　菅原在匡　（初）「勘仲記文永十一年暦記」三月十一日条・『菅家侍読年譜』。

東宮学士　従四上　藤原基長　（止）正月廿六日　践祚（『公卿補任』）。

大内記　正五下　菅原在守　（終）『妙槐記』文永十一年三月廿六日条。

　　　　従五上　藤原淳範　（補）六月一日（『公卿補任』）。（叙）十一月十日　大嘗会叙位（『公卿補任』）。

少内記　正六上　菅原在賢　（現）「勘仲記文永十一年暦記」

十月十八日条。

大学頭　従四下 菅原高能　前年に同じ。

建治元年（一二七五）

式部卿

式部大輔　従二位 菅原高長　（辞）十月八日（『公卿補任』）。

従三位 藤原経業　（補）十月八日（『公卿補任』）。

式部少輔　正五下 菅原在守　前年に同じ。

式部権輔

式部大丞

式部少丞

式部大録

式部少録

文章博士　従四上 菅原在匡　（終）四月廿五日（「元秘抄」巻第三　進年号勘文人数多少事）。

正四下 菅原在公　前年に同じ。

東宮学士　従四上 藤原兼倫　（補）八月十一日（『公卿補任』・「春宮坊官補任」は十二月十四日）。

大内記　従五上 藤原淳範　（辞）十二月十四日（『公卿補任』）。

少内記

大学頭　正四下 菅原高能　（叙）十月八日（『公卿補任』）。

建治二年（一二七六）

式部卿

式部大輔　従三位 藤原経業　（兼）正月廿三日　備後権守（『公卿補任』）。

式部少輔　正五下 菅原在守　（終）『勘仲記』建治二年八月十三日条。

式部権輔

式部大丞

式部少丞

式部大録

式部少録

文章博士　正四下　菅原在公　前年に同じ。

東宮学士　正四下　藤原兼倫　（叙）十二月卅日　止内蔵権頭（『公卿補任』）。

正五下　菅原在兼　（補）三月十二日（「春宮坊官補任」・『公卿補任』は翌年十二月八日）。

大内記　藤原業範　（初）『勘仲記』建治二年七月廿二日条。

少内記

大学頭　正四下　菅原高能　前年に同じ。

建治三年（一二七七）

式部卿

式部大輔　従三位　藤原経業　（兼）二月十四日　宮内卿（『公卿補任』）。（兼）九月十三日　参議（『公卿補任』）。

式部少輔

式部権輔

式部大丞

式部少丞

式部大録

式部少録

文章博士　正四下　菅原在公　前年に同じ。

従四上　菅原在嗣　（補）二月十四日（『公卿補任』）。

東宮学士　正四下　藤原兼倫　前年に同じ。

正五下　菅原在兼　前年に同じ。

大内記　藤原業範　前年に同じ。

少内記

大学頭　正四下　菅原高能　前年に同じ。

弘安元年（一二七八）

式部卿

式部大輔　正三位　藤原経業　（叙）十二月十八日（『公卿補

任』）。

式部権大輔　従三位　藤原茂範　（補）十二月廿五日（『公卿補任』）。
式部少輔
式部権少輔　従四下　菅原在輔　（補）三月十四日（『公卿補任』）。（叙）十一月廿日（『公卿補任』）。
式部大丞
式部少丞
式部大録
式部少録
文章博士　正四下　菅原在公　前年に同じ。
東宮学士　正四下　藤原兼倫　前年に同じ。
　　　　　正五下　菅原在兼　前年に同じ。
大内記　藤原業範　（終）『吉続記』・「左大史小槻兼文記」弘安元年二月廿九日条。
　　　　菅原在顕　（初）『勘仲記』弘安元年十二月七日条。
少内記
大学頭　正四下　菅原高能　前年に同じ。

弘安二年（一二七九）

式部卿
式部大輔　正三位　藤原経業
式部権大輔　従三位　藤原茂範　（兼）正月廿四日　安芸権守（『公卿補任』）。
式部少輔
式部権少輔　従四下　菅原在輔　（止）正月廿四日（『公卿補任』）。
式部大丞
式部少丞
式部大録
式部少録
文章博士　正四下　菅原在公　前年に同じ。
　　　　　正四下　菅原在嗣　（補）八月廿五日（『公卿補任』）。（叙）十二月十四日（『公卿補任』）。

東宮学士　正四下 藤原兼倫　前年に同じ。
　　　　　従四下 菅原在兼　（叙）正月十六日　策（『公卿補任』）。
　　　　　　　　　　　　　（兼）正月廿四日　武蔵権介（『公卿補任』）。
大内記　　　　　 菅原在顕　（終）『勘仲記』弘安二年八月廿八日条。
少内記
大学頭　　正四下 菅原高能　前年に同じ。

弘安三年（一二八〇）

式部卿
式部大輔　正三位 藤原経業　前年に同じ。
式部権大輔 従三位 藤原茂範　前年に同じ。
式部少輔
式部大丞
式部少丞
式部大録
式部少録
文章博士　正四下 菅原在公　前年に同じ。
　　　　　正四下 菅原在嗣　前年に同じ。
東宮学士　正四下 藤原兼倫　前年に同じ。
　　　　　従四下 菅原在兼　前年に同じ。
大内記
少内記
大学頭　　正四下 菅原高能　前年に同じ。

弘安四年（一二八一）

式部卿
式部大輔　正三位 藤原経業　（辞）三月廿六日（『公卿補任』）。
　　　　　従三位 藤原茂範　（補）三月廿六日（『公卿補任』）。
式部権大輔 従三位 藤原茂範　（転）三月廿六日（『公卿補任』）。
　　　　　正四下 菅原在公　（補）三月廿六日（『公卿補任』）。
式部少輔　正五下 藤原淳範　（補）四月六日（『公卿補任』）。

式部大丞
式部少丞
式部大録
式部少録
文章博士　正四下 菅原在公　（遷）三月廿六日　式部権大輔
（『公卿補任』）。
　正四下 菅原在嗣　前年に同じ。
　正四下 藤原基長　（補）三月廿六日（『公卿補任』）。
東宮学士　正四下 藤原兼倫　前年に同じ。
　従四下 菅原在兼　前年に同じ。
大内記
少内記
大学頭　正四下 菅原高能　前年に同じ。

弘安五年（一二八二）

式部卿
式部大輔　従三位 藤原茂範　前年に同じ。
式部権大輔　正四下 菅原在公　前年に同じ。
式部少輔　正五下 藤原淳範　前年に同じ。
式部丞　従五下 平　宗宣　（補）三月十三日（「鎌倉年代記」）。
（叙）八月七日（『勘仲記』「鎌倉年代記」）。
　正六上 平　政頼　（補）八月七日（『勘仲記』）。
式部大録
式部少録
文章博士　正四下 菅原在嗣　前年に同じ。
　正四下 藤原基長　前年に同じ。
東宮学士　正四下 藤原兼倫　前年に同じ。
　従四下 菅原在兼　前年に同じ。
大内記
少内記　正六上　家弘　（補）十一月廿五日（『勘仲記』）。
大学頭　正四下 菅原高能　前年に同じ。

弘安六年（一二八三）

式部卿
式部大輔　正三位　藤原茂範　（叙）正月五日（『公卿補任』）。
式部権大輔　正四下　菅原在公　前年に同じ。
式部少輔　従四下　藤原淳範　（叙）正月五日　策労（『公卿補任』）。
式部大丞
式部少丞
式部大録
式部少録
文章博士　正四下　菅原在嗣　前年に同じ。
　　　　　従三位　藤原基長　（兼）美濃権守（『公卿補任』）。（叙）四月五日　越在公朝臣（『勘仲記』『公卿補任』）。
　　　　　正四下　藤原明範　（補）四月五日（『勘仲記』同六日条・『公卿補任』）。
東宮学士　正四下　藤原兼倫　前年に同じ。
大内記　従四下　菅原在兼　前年に同じ。
　　　　　　　　藤原邦行　（初）『公衡公記』弘安六年九月十二日条。
少内記
大学頭　正四下　菅原高能　前年に同じ。

弘安七年（一二八四）

式部卿
式部大輔　正三位　藤原茂範　前年に同じ。
式部権大輔　正四下　菅原在公　前年に同じ。
式部少輔
式部大丞
式部少丞
式部大録
式部少録
文章博士　正四下　菅原在嗣　前年に同じ。
　　　　　正四下　藤原明範　（兼）正月十三日　越後権介

（『公卿補任』）。

東宮学士　正四下　藤原兼倫　前年に同じ。

従四下　菅原在兼　前年に同じ。

大内記　藤原邦行　（終）『勘仲記』弘安七年三月廿日条。

少内記

大学頭　正四下　菅原高能　前年に同じ。

弘安八年（一二八五）

式部卿

式部大輔　従二位　藤原茂範　（叙）正月五日（『公卿補任』）。

式部権大輔　従三位　菅原在公　（叙）三月六日　元式部権大輔（『公卿補任』）。

式部少輔　正四下　藤原明範　（補）七月十日（『公卿補任』）。

式部大丞

式部少丞

式部大録

式部少録

文章博士　正四下　藤原明範　（遷）七月十日　式部権大輔（『公卿補任』）。

正四下　菅原在嗣　前年に同じ。

正四下　藤原兼倫　（補）八月十一日（『実躬卿記』『公卿補任』）。

東宮学士　正四下　藤原兼倫　（兼）八月十一日　文章博士（『公卿補任』）。

従四上　菅原在兼　（叙）正月五日　策（『公卿補任』）。

大内記

少内記

大学頭　正四下　菅原高能　前年に同じ。

弘安九年（一二八六）

式部卿

式部大輔　従二位　藤原茂範　前年に同じ。
式部権大輔　正四下　藤原明範　前年に同じ。
式部少輔
式部権少輔　藤原広範　(補)七月(『魚魯愚抄』巻第四 式部少輔兼国)。
式部大丞
式部少丞　正六上　中原盛藤　(現)『勘仲記』弘安九年三月廿七日条。
式部大録
式部少録
文章博士　正四下　菅原在嗣　前年に同じ。
　正四下　藤原兼倫　前年に同じ。
東宮学士　正四下　藤原兼倫　前年に同じ。
　従四上　菅原在兼　前年に同じ。
大内記　従五下　藤原具範　(補)正月十三日(『公卿補任』)。
少内記　正六上　平　頼村　(現)『勘仲記』弘安九年三月廿六日条。
大学頭　正四下　菅原高能　前年に同じ。

弘安十年（一二八七）

式部卿
式部大輔　従二位　藤原茂範　前年に同じ。
式部権大輔　正四下　藤原明範　(遷)六月廿三日　大学頭(『勘仲記』『公卿補任』)。
　正四下　菅原高能　(補)六月廿三日(『勘仲記』『公卿補任』)。
　(辞)八月五日(『公卿補任』)。
　正四下　大江重房　(補)八月五日(『公卿補任』)。
式部少輔
式部権少輔　藤原広範　(兼)七月　越後介(『魚魯愚抄』巻第四　式部少輔兼国)。
式部大丞
式部少丞
式部大録

正四下 藤原明範 (補)六月廿三日(『勘仲記』『公卿補任』)。

式部少録

文章博士 正四下 菅原在嗣 前年に同じ。

正四下 藤原兼倫 (辞)正月十三日(『公卿補任』)。

正五下 藤原俊光 (補)正月十三日(『公卿補任』)。

(兼)十二月十日 五位蔵人(『公卿補任』)。

東宮学士 正四下 藤原兼倫 前年に同じ。

従四上 菅原在兼 (止)十月廿一日 受禅(『公卿補任』・「春宮坊官補任」)。

大内記 従五上 藤原具範 (叙)正月五日(『公卿補任』)。

藤原親顕 (現)『勘仲記』弘安十年五月七日条。

従五上 藤原敦継 (補)十月十二日(『公卿補任』)。

少内記 正六上 安倍久広 (兼)十二月 左衛門尉(『洞院家記』所収信貞書状)。

大学頭 正四下 菅原高能 (転)六月廿三日 式部権大輔(『勘仲記』『公卿補任』)。

伏見天皇　正応元年三月十五日即位　永仁六年七月廿二日譲位

正応元年（一二八八）

式部卿

式部大輔　従二位　藤原茂範　前年に同じ。

式部権大輔　正四下　大江重房　（兼）二月十日　駿河権守（『公卿補任』）。

式部少輔　菅原在任　（補）二月十日（『勘仲記』）。（終）『実躬卿記』・「大外記中原師淳朝臣記」正応元年三月十五日条。

　従五上　藤原敦継　（補）九月廿七日（『勘仲記』『公卿補任』）。

式部大丞　正六上　三善清直　（補）九月廿七日（『勘仲記』）。

式部丞　従五下　大中臣有範　（叙）三月八日（『勘仲記』）。

式部少丞　従五下　中原国任　（補）三月六日（『勘仲記』）。

（叙）八月廿五日（『勘仲記』）。

式部丞　従五下　中原親守　（叙）九月廿七日　式部（『勘仲記』）。

　従五下　安倍親基　（叙）九月廿七日　式部（『勘仲記』）。

式部少丞　正六上　藤原成重　（補）九月廿七日（『勘仲記』）。

　正六上　紀　文雅　（補）九月廿七日（『勘仲記』）。

式部録　正六上　和気助益　（現）『勘仲記』正応元年十月廿一日条。

文章博士　従三位　菅原在嗣　（叙）三月八日　元文章博士（『勘仲記』『公卿補任』）。

　正五下　藤原俊光　（辞退）二月十日　文章博士（『勘仲記』）。（兼）二月十日　越中介（『公卿補任』『蔵人補任』『早稲田大学所蔵史料影印叢書　古文書集二』「兼国例勘文」）。

菅原長輔　（補）二月十日（『勘仲記』）。
（終）四月廿八日（「元秘抄」巻第三　進年号勘文人数多少事）。

東宮学士　従四上 菅原資宗　（補）四月七日（『勘仲記』『公卿補任』）。

大内記　従五上 藤原具範　前年に同じ。
従五上 藤原敦継　（兼）九月廿七日　式部少輔（『公卿補任』）。

少内記　正六上 安倍久広　（終）「大外記中原師淳朝臣記」・『実躬卿記』正応元年三月十五日条。
正六上 平　直氏　（初）『実躬卿記』・「大外記中原師淳朝臣記」正応元年三月十五日条。
（終）『勘仲記』正応元年十月廿一日条。

大学頭　正四下 藤原明範　（叙）六月一日　元大学頭（『公卿補任』）。
藤原広範　（補）六月一日　明範辞退替（『勘仲記』）。
（遷）十月十八日　治部卿（『勘仲記』）。
従四上 菅原在輔　（補）十二月廿日（『公卿補任』）。

正応二年（一二八九）

式部卿
式部大輔　従二位 藤原茂範　前年に同じ。
式部権大輔 正四下 大江重房　前年に同じ。
式部少輔　正五下 藤原敦継　（叙）正月五日（『公卿補任』）。
（兼）正月十三日　安芸権介（『公卿補任』）。
（解却）七月廿二日（『公卿補任』）。

式部丞　従五下源　胤季　（叙）二月廿四日（『勘仲記』）。
　従五下安倍遠依　（叙）二月廿四日（『勘仲記』）。
式部少丞　正六上平　貞房　（補）十二月廿九日（「鎌倉年代記」）。
式部大録
式部少録
文章博士　従四上菅原資宗　（兼）正月十三日　越中介（『公卿補任』）。
　（兼）閏十月四日　東宮学士（『公卿補任』）。
東宮学士　正五下藤原信経　（補）四月廿五日（『公衡公記』同日条裏書）。
　従四上菅原在兼　（補）六月二日（『公卿補任』・「春宮坊官補任」）。
　従四上菅原資宗　（補）閏十月四日（『公卿補任』）。
大内記　正五下藤原敦継　（叙）正月五日（『公卿補任』）。
　（兼）正月十三日　安芸権介（『公卿補任』）。
　（辞）八月七日（『公卿補任』）。
　従五上藤原具範　（辞）八月七日（『公卿補任』）。
　従五上菅原季長　（補）八月七日（『公卿補任』）。
　（辞）八月廿一日（『公卿補任』）。
少内記
大学頭　従四上菅原在輔　（兼）正月十三日　土佐介（『公卿補任』）。

正応三年（一二九〇）

式部卿
式部大輔　従二位藤原茂範　前年に同じ。
式部権大輔　従三位大江重房　（叙）正月十九日　元式部権大輔（『公卿補任』）。
　従三位藤原兼倫　（補）二月八日（『公卿補任』）。
式部少輔　菅原在範　（補）十一月（『早稲田大学史料影印叢書　古文書集二』「兼国

例勘文」)。

式部大丞

式部少丞　従五下　平　貞房　(叙)三月七日(「鎌倉年代記」)。

式部大録

式部少録

文章博士　正四下　菅原資宗　(叙)七月廿一日(『公卿補任』)。

　　　　　正四下　菅原在輔　(補)二月七日(『公卿補任』)。

　　　　　　　　　　　　　　(叙)九月五日(『公卿補任』)。

東宮学士　正四下　菅原資宗　(叙)七月廿一日(『公卿補任』)。

　　　　　正四下　菅原在兼　(兼)二月七日　大学頭(『公卿補任』)。

　　　　　　　　　　　　　　(叙)九月五日(『公卿補任』)。

大内記

少内記

大学頭　従四上　菅原在輔　(遷)二月七日　文章博士(『公卿補任』)。

　　　　正四下　菅原在兼　(補)二月七日(『公卿補任』)。

　　　　　　　　　　　　　(叙)九月五日(『公卿補任』)。

式部巡　従五上　津守棟国　(補)九月二日　土佐守(『津守氏古系図』)。

正応四年（一二九一）

式部卿

式部大輔　従二位　藤原茂範　(兼)三月廿五日　備後権守(『公卿補任』)。

式部権大輔　正三位　藤原兼倫　(叙)三月十五日　同日駿河権守(『公卿補任』・「正応四年除目大間書」)。

式部少輔　　　　　菅原在範　(兼)三月　能登権守(『早稲田大学史料影印叢書　古文書集二』「兼国例勘文」)。

式部丞　従五下　藤原長俊　(叙)正月六日(『勘仲記』)。

式部大録

式部少録

文章博士　正四下　菅原資宗　（遷）十二月廿一日　大学頭
（『公卿補任』）。
正四下　菅原在輔　前年に同じ。
正四下　菅原在兼　（補）十二月廿一日　元大学頭
（『公卿補任』）。
東宮学士　正四下　菅原資宗　前年に同じ。
正四下　菅原在兼　（兼）三月廿五日　紀伊権介
（『公卿補任』）。
（還任）四月六日　左京大夫
（『公卿補任』）。
大内記
少内記
大学頭　正四下　菅原在兼　（兼）三月廿五日　紀伊権介
（『公卿補任』）。
（還任）四月六日　左京大夫
（『公卿補任』）。
（遷）十二月廿一日　文章博士
（『公卿補任』）。
正四下　菅原資宗　（補）十二月廿一日（『公卿補任』）。

正応五年（一二九二）

式部卿
式部大輔　従二位　藤原茂範　（辞）四月十三日　辞大輔以男重範申任権少輔（『公卿補任』）。
正三位　藤原兼倫　（転）四月十三日（『実躬卿記』同五月廿三日条・『公卿補任』）。
式部権大輔　正三位　藤原兼倫　（転）四月十三日（『公卿補任』）。
式部少輔
式部権少輔　藤原重範　（補）四月十三日（『公卿補任』）。
式部大丞
式部少丞
式部大録
式部少録

文章博士　正四下 菅原在輔　前年に同じ。
東宮学士　正四下 菅原在兼　前年に同じ。
　　　　　正四下 菅原資宗　前年に同じ。
大内記　　正四下 菅原在兼　前年に同じ。
少内記
大学頭　　正四下 菅原資宗　(兼)正月十三日　土佐介(『公卿補任』)。

永仁元年（一二九三）

式部卿
式部大輔　正三位 藤原兼倫　前年に同じ。
式部少輔　　　　 藤原重範　式部少輔転任の年次不詳。仮にこの年に掲げる。
式部権輔
式部大丞
式部少丞
式部大録
式部少録
文章博士　正四下 菅原在輔　(兼)正月十三日　越前権介(『公卿補任』)。
　　　　　正四下 菅原在兼　(辞)十二月十三日(『勘仲記』『公卿補任』)。
　　　　　従四上 藤原淳範　(補)十二月十三日(『勘仲記』『公卿補任』)。
東宮学士　正四下 菅原資宗　前年に同じ。
　　　　　正四下 菅原在兼　前年に同じ。
大内記　　　　　 藤原道名　(初)『勘仲記』永仁元年八月五日条。
少内記
大学頭　　正四下 菅原資宗　前年に同じ。

永仁二年（一二九四）

式部卿

式部大輔　従二位藤原兼倫　（叙）四月十三日（『公卿補任』）。
式部少輔　　　　藤原重範　前年に同じ。
式部権輔
式部丞　　従五下中原秀実　（叙）正月六日（『勘仲記』）。
式部大録
式部少録
文章博士　正四下菅原在輔　前年に同じ。
　　　　　従四上藤原淳範　前年に同じ。
東宮学士　正四下菅原資宗　前年に同じ。
　　　　　正四下菅原在兼　（止）四月卅日　辞東宮学士申任男在経（『園太暦』貞和三年二月七日条・『公卿補任』・「春宮坊官補任」）。
　　　　　　　　菅原在経　（補）四月卅日（『園太暦』貞和三年二月七日条・『公卿補任』乾元元年菅原在兼項）。
大内記　　　　　藤原道名　（終）『勘仲記』永仁二年正月八日条。
少内記
大学頭　　正四下菅原資宗　前年に同じ。

永仁三年（一二九五）

式部卿
式部大輔　従二位藤原兼倫　前年に同じ。
式部少輔　　　　藤原重範　前年に同じ。
式部権輔
式部大丞
式部少丞
式部大録
式部少録
文章博士　正四下菅原在輔　前年に同じ。
　　　　　従四上藤原淳範　前年に同じ。
東宮学士　正四下菅原資宗　前年に同じ。
大内記

少内記
大学頭　正四下　菅原資宗　前年に同じ。

永仁四年（一二九六）

式部卿
式部大輔　正二位　藤原兼倫　（叙）月日未詳（『公卿補任』）。
　　　　　従二位　菅原在嗣　（補）五月十五日（『公卿補任』）。
　　　　　　　　　　　　　　（辞）十二月卅日（『公卿補任』）。
式部権大輔　正四下　菅原資宗　（補）五月十五日（『公卿補任』）。
式部少輔　　従二位　藤原明範　（補）十二月卅日（『公卿補任』）。
　　　　　　　　　藤原重範　前年に同じ。
式部大丞
式部少丞
式部大録
式部少録
文章博士　正四下　菅原在輔　前年に同じ。
　　　　　正四下　藤原淳範　（叙）四月十三日（『公卿補任』）。

東宮学士　正四下　菅原資宗　前年に同じ。
大内記
少内記
大学頭　正四下　菅原資宗　（遷）五月十五日　式部権大輔（『公卿補任』）。

永仁五年（一二九七）

式部卿　一品　久明親王　（補）十二月十七日（『帝王編年記』）。
式部大輔　従二位　藤原明範　前年に同じ。
式部権大輔　正四下　菅原資宗　前年に同じ。
式部少輔　藤原重範　前年に同じ。
式部大丞
式部少丞　従五下　津守清国　（補）五月十六日（『津守氏古系図』）。
　　　　　　　　　　　　　（叙）六月廿三日（『津守氏古系図』）。

式部大録

式部少録

文章博士　正四下 菅原在輔　前年に同じ。

　　　　　正四下 藤原淳範　前年に同じ。

東宮学士　正四下 菅原資宗　前年に同じ。

大内記

少内記

大学頭

後伏見天皇　永仁六年十月十三日即位
正安三年正月廿一日譲位

永仁六年（一二九八）

式部卿　一品　久明親王　前年に同じ。

式部大輔　従二位　藤原明範　前年に同じ。

式部権大輔　正四下　菅原資宗　（止）三月十四日（『公卿補任』）。

正四下　菅原在輔　（補）三月廿四日（『公卿補任』）。

式部少輔　正五下　藤原重範　（終）永仁六年十月十一日　大伴時綱位記写（『鎌倉遺文』一九八五〇号）。

式部大丞

式部少丞

式部大録

式部少録

文章博士　正四下　菅原在輔　（遷）三月廿四日　式部権大輔（『公卿補任』）。

正四下　藤原淳範　前年に同じ。

従四上　藤原敦継　（補）四月九日（『公卿補任』）。

東宮学士　正四下　菅原資宗　（止）七月廿一日　践祚（『公卿補任』）。

正五下　藤原経雄　（補）九月廿五日（『公卿補任』・「春宮坊官補任」）。

藤原広範　（補）九月廿五日（「春宮坊官補任」）。

大内記　菅原長員　（現）『実躬卿記』永仁六年十月十三日条。

少内記　正六上　紀　忠弘　（現）『実躬卿記』永仁六年十月十三日条。

大学頭

正安元年（一二九九）

式部卿　一品　久明親王　前年に同じ。

式部大輔　従二位　藤原明範　（兼）十二月十七日　左京大夫

式部省補任　後伏見天皇（正安元年〜同二年）

（『公卿補任』）。

式部権大輔　正四下　菅原在輔　（兼）三月廿四日　豊前権守（『公卿補任』）。

式部少輔

式部丞

式部大録

式部少録

文章博士　正四下　藤原淳範　前年に同じ。

　　　　　正四下　藤原敦継　（兼）三月廿四日　越中介（『公卿補任』）。（叙）四月十二日（『公卿補任』）。

東宮学士　従三位　藤原広範　（叙）七月八日　元治部卿（『公卿補任』）。（去）十一月廿七日（『公卿補任』・「春宮坊官補任」）。

　　　　　従四下　藤原経雄　（兼）六月六日　右少弁（『公卿補任』）。

（叙）九月卅日　去弁（『公卿補任』）。

大内記　従五上　藤原俊範　（補）十二月十七日（『公卿補任』）。

少内記

大学頭

＊永仁七年四月廿五日　大内記城外（『師守記』文和元年九月廿五日条）。

正安二年（一三〇〇）

式部卿　一品　久明親王　前年に同じ。

式部大輔　従二位　藤原明範　（辞）月日（『公卿補任』）。

式部権大輔　従三位　菅原在輔　（叙）十二月二日（『公卿補任』）。

式部少輔

式部丞　正六上　信家　（現）閏七月（『鎌倉遺文』二〇五四三号）。

式部大録

式部少録
文章博士　正四下藤原淳範　前年に同じ。
　　　　　正四下藤原敦継　前年に同じ。
東宮学士　従四下藤原経雄　（兼）三月六日　相模介（『公卿補任』）。
大内記　従五上藤原俊範　前年に同じ。
少内記
大学頭

後二条天皇　正安三年三月廿四日即位　徳治三年八月廿五日崩御

正安三年（一三〇一）

式部卿　一品　久明親王　前年に同じ。

式部大輔　従二位　藤原明範　（補）七月十三日（『公卿補任』）。
（薨去）月日（『公卿補任』）。

従三位　菅原在輔　（補）月日（『公卿補任』）。
（兼）三月十四日　右京大夫（『公卿補任』）。
（遷）十月五日　刑部卿（『一代要記』）。

式部少輔　従三位　菅原資宗　（補）十月五日（『一代要記』）。

式部権輔

式部大丞　正六上平　家政　（補）四月五日　東大寺功（『実躬卿記』）。

式部少丞　従五下平　維貞　（補）七月十五日（「鎌倉年代記」）。
（叙）八月廿日（「鎌倉年代記」）。

式部丞　従五下大中臣惟宣　（叙）三月十六日（「御即位正安之記」）。

従五下三善貞氏　（叙）十一月十八日　式部（『実躬卿記』）。

式部大録

式部少録

文章博士　正四下藤原淳範　前年に同じ。

正四下藤原敦継　前年に同じ。

東宮学士　従四上藤原経雄　（叙）正月六日　追（『公卿補任』）。
（止）正月廿一日　新帝昇殿（『公卿補任』）。

菅原　（現）二月廿日（「後宇多上皇行幸記」『北野神社文書　筑波大学所蔵文書　上』二一四号）。

大内記　従五上藤原俊範　（止）十月廿四日（『公卿補任』）。

藤原親信　（初）『吉続記』正安三年十一月十八日条。

少内記

大学頭　菅原　（現）二月廿日（「後宇多上皇行幸記」『北野神社文書　筑波大学所蔵文書　上』二四号）。

*「講師長者殿孫子東宮学士兼大学頭」（「後宇多上皇行幸記」『北野神社文書　筑波大学所蔵文書　上』二四号）。

乾元元年（一三〇二）

式部卿　一品　久明親王　前年に同じ。

式部大輔　従三位　菅原資宗　（薨）六月卅日（『公卿補任』）。

従三位　藤原広範　（補）七月廿一日（『一代要記』『公卿補任』）。

式部少輔

式部権輔

式部大丞　正六上藤原家倫　（転）十月七日（『公卿補任』）。

式部少丞　正六上藤原家倫　（補）四月十七日（『実躬卿記』『公卿補任』）。

式部大録

式部少録

文章博士　正四下藤原淳範　前年に同じ。

正四下藤原敦継　前年に同じ。

東宮学士

大内記　藤原親信　前年に同じ。

少内記

大学頭

嘉元元年（一三〇三）

式部卿　一品　久明親王　前年に同じ。

式部大輔　従三位　藤原広範　（出家）六月廿日（「元秘抄」巻第三　進年号勘文人数多少事）。

従三位　菅原在輔　（補）十二月廿九日（『公卿補任』）。

式部少輔

式部権輔
式部大丞
式部少丞　　　藤原家朝　（現）『後深草天皇宸記』嘉元元年十二月十九日条「蔵人式部少丞」。
式部大録
式部少録
文章博士　正四下　藤原淳範　（兼）正月廿八日　越前介（『公卿補任』）。
　　　　　正四下　藤原敦継　前年に同じ。
東宮学士　従五上　藤原俊範　（補）八月廿八日（『公卿補任』）。
　　　　　　　　　菅原在経　（現）『後深草天皇宸記』嘉元元年十二月十九日条。
大内記　　　　　　藤原親信　前年に同じ。
少内記
大学頭

嘉元二年（一三〇四）

式部卿　　一品　　久明親王　前年に同じ。
式部大輔　従三位　菅原在輔　前年に同じ。
式部少輔
式部権輔
式部大丞
式部少丞　正六上　菅原為視　（補）三月　同日蔵人（『公卿補任』）。
式部大録
式部少録
文章博士　正四下　藤原淳範　前年に同じ。
　　　　　正四下　藤原敦継　（兼）三月七日　越中介（『公卿補任』）。
東宮学士　正五下　藤原俊範　（叙）正月五日　策労（『公卿補任』）。
大内記　　　　　　藤原親信　前年に同じ。
少内記

大学頭　　藤原種範　（補）五月（『早稲田大学所蔵史料影印叢書　古文書集二』「兼国例勘文」）。

嘉元三年（一三〇五）

式部卿　　一品　久明親王　前年に同じ。
式部大輔　従三位　菅原在輔　（兼）正月廿三日（『公卿補任』）。
式部少輔
式部権輔
式部大丞
式部少丞　従五下　菅原公時　（補）三月（『公卿補任』）。（叙）五月五日（『公卿補任』）。
　　　　　正六上　菅原為視　前年に同じ。
式部大録
式部少録
文章博士　正四下　藤原淳範　前年に同じ。
　　　　　正四下　藤原敦継　前年に同じ。

東宮学士　正五下　藤原俊範　（兼）正月廿二日　相模権介（『公卿補任』）。
大内記　　藤原親信　前年に同じ。
少内記
大学頭　　藤原種範　（兼）正月　紀伊権介（『早稲田大学所蔵史料影印叢書　古文書集二』「兼国例勘文」）。

徳治元年（一三〇六）

式部卿　　一品　久明親王　前年に同じ。
式部大輔　従三位　菅原在輔　前年に同じ。
式部少輔
式部権輔
式部少丞　正六上　菅原為視　前年に同じ。
式部丞　　従五下　菅原房長　（補）二月十日（『公卿補任』）。（叙）九月廿八日（『公卿補任』）。
式部大録

式部少録

文章博士　正四下　藤原淳範　前年に同じ。

　　　　　正四下　藤原敦継　前年に同じ。

東宮学士　正五下　藤原俊範　（兼）四月五日　左京権大夫（『公卿補任』）。

大内記　　　　　　藤原親信　（終）「後称念院関白冬平公記」徳治元年十二月十三日条。

少内記

大学頭　　　　　　藤原種範　前年に同じ。

徳治二年（一三〇七）

式部卿　一品　久明親王　前年に同じ。

式部大輔　正三位　菅原在輔　（叙）正月五日　臨時（『公卿補任』）。

式部少輔

式部権少輔　従五下　菅原公時　（補）九月十七日（『公卿補任』）。（辞）九月廿七日（『公卿補任』）。

式部大丞

式部少丞　従五下　菅原為視　（叙）正月五日　蔵人（『公卿補任』）。

式部大録

式部少録

文章博士　正四下　藤原淳範　前年に同じ。

　　　　　正四下　藤原敦継　前年に同じ。

東宮学士　従四下　藤原俊範　（叙）正月五日（『公卿補任』）。

　　　　　正五下　藤原藤範　（補）三月二日（『公卿補任』・「春宮坊官補任」）。

大内記

少内記　正六上　弘親　（現）徳治二年六月九日　宣命（『鎌倉遺文』二二九八二号）。

大学頭　正四下　藤原種範　（叙）二月七日（『公卿補任』）。

花園天皇　延慶元年十一月十六日即位
文保二年　二　月廿六日譲位

延慶元年（一三〇八）

式部卿　一品　久明親王　前年に同じ。
式部大輔　正三位　菅原在輔　前年に同じ。
式部少輔
式部権少輔　藤原氏□　(現)「官記」延慶元年十一月十六日条。
式部大丞
式部少丞　正六上　宇佐公員　(現)「官記」・「後伏見天皇宸記」延慶元年十一月十六日条。
式部大録
式部少録
文章博士　正四下　藤原淳範　前年に同じ。
　　　　　正四下　藤原敦継　前年に同じ。
東宮学士　従四下　藤原俊範　(止)四月五日　左京権大夫

(『公卿補任』)。
(止)八月廿六日　受禅(『公卿補任』)。
正五下　藤原藤範　(遷)三月四日　東宮権大進(『公卿補任』・「春宮坊官補任」)。
従五下　菅原家高　(補)三月四日(『砂巌』所収「菅儒侍読臣之年譜」)。
　　　　菅原在登　(補)九月(『魚魯愚抄』巻第四東宮学士兼国)。
大内記　従五上　藤原行氏　(補)九月十七日(『公卿補任』)。
少内記　正六上　藤原俊重　(現)「官記」延慶元年十一月十六日条。
　　　　正六上　紀　定弘　(初)「官記」延慶元年十一月十六日条。
大学頭　正四下　藤原種範　(終)「後伏見天皇宸記」延慶元年八月廿六日条。

延慶二年（一三〇九）

式部卿　一品　久明親王　（終）延慶二年三月廿一日　巡給宣旨（「宣旨類」・「伝宣草」）。
式部大輔　従二位　菅原在輔　（叙）九月廿六日（『公卿補任』）。
式部少輔
式部権輔
式部大丞
式部少丞
式部大録
式部少録
文章博士　従三位　藤原淳範　（叙）二月十九日　元文章博士（『公卿補任』）。
　正四下　藤原敦継　前年に同じ。
東宮学士　菅原在登　前年に同じ。
大内記　従五上　藤原行氏　前年に同じ。
少内記　正六上　紀　定弘　前年に同じ。
大学頭

延慶三年（一三一〇）

式部卿
式部大輔　従二位　菅原在輔　前年に同じ。
式部少輔
式部権輔
式部大丞
式部少丞
式部大録
式部少録
文章博士　従三位　藤原敦継　（叙）正月五日　元文章博士（『公卿補任』）。
　正五下　藤原資名　（補）四月七日（『公卿補任』）。（兼）十二月九日　右少弁　三事　文章博士如元（『花園天皇宸記』『公卿補任』『弁官補任』）。
東宮学士　菅原在登　前年に同じ。

大内記　従五上藤原行氏　前年に同じ。
少内記　正六上紀　定弘　前年に同じ。
大学頭

応長元年（一三一一）

式部卿
式部大輔　従二位菅原在輔　前年に同じ。
式部少輔
式部権輔
式部大丞
式部少丞
式部大録
式部少録
文章博士　菅原在登　（初）『園太暦』応長元年二月五日条。
正五上藤原資名　（去）正月十七日　蔵人右衛門権佐（『公卿補任』『弁官補任』）。
（叙）二月三日（『公卿補任』『弁官補任』）。
（兼）三月卅日　越中権佐（『公卿補任』『弁官補任』）。
（辞）五月十五日（『公卿補任』『弁官補任』）。
東宮学士　菅原在登　前年に同じ。
大内記　正五下藤原行氏　（叙）二月三日　菅原家高同日位記（『公卿補任』）。
（兼）三月廿九日　長門介（『公卿補任』）。
少内記　正六上紀　定弘　（終）「大外記中原師右記」応長元年正月五日条。
大学頭

正和元年（一三一二）

式部卿

式部大輔　従二位菅原在輔　前年に同じ。
式部少輔
式部権輔
式部丞　従五下卜部兼春　（宿）正月十二日下総権守（『魚魯愚抄』巻第五　宿官）。
式部大録
式部少録
文章博士　正四下菅原在登　（叙）二月十三日（『公卿補任』）。
藤原種範　（初）三月廿日（「元秘抄」巻第三　進年号勘文人数多少事）。
東宮学士　正四下菅原在登　（叙）二月十三日（『公卿補任』）。
大内記　正五下藤原行氏　前年に同じ。
少内記
大学頭　正五下菅原公時　（補）四月十日（『公卿補任』『魚魯愚抄』巻第五　大学頭兼国）。

正和二年（一三一三）

式部卿
式部大輔　従二位菅原在輔　前年に同じ。
式部少輔
式部権輔
式部大丞
式部少丞
式部大録
式部少録
文章博士　正四下菅原在登　前年に同じ。
藤原種範　（終）「後伏見天皇宸記」正和二年十二月廿二日条。
東宮学士　正四下菅原在登　前年に同じ。
大内記　正五下藤原行氏　前年に同じ。
少内記
大学頭　正五下菅原公時　前年に同じ。

正和三年（一三一四）

式部卿
式部大輔　従二位　菅原在輔　前年に同じ。
式部少輔　従五上　菅原家倫　（補）閏三月廿五日（『公卿補任』）。
式部権輔
式部大丞
式部少丞
式部大録
式部少録
文章博士　正四下　菅原在登　前年に同じ。
東宮学士　正四下　菅原在登　前年に同じ。
大内記　正五下　藤原行氏　前年に同じ。
少内記
大学頭　従四下　菅原公時　（叙）四月十二日（『公卿補任』）。

正和四年（一三一五）

式部卿
式部大輔　従二位　菅原在輔　前年に同じ。
式部少輔　従五上　菅原家倫　（遷）七月廿六日　右京権大夫（『公卿補任』）。
　　　　　　　　　藤原長英　（補）八月（『魚魯愚抄』巻第五式部少輔兼国）。
式部権輔
式部大丞
式部少丞
式部大録
式部少録
文章博士　正四下　菅原在登　前年に同じ。
　　　　　正五下　菅原家高　（現）正和四年四月　菅原氏義絶状（『鎌倉遺文』二五五〇一号）。
　　　　　従四上　藤原春範　（補）三月（『魚魯愚抄』巻第五文章博士兼国・『早稲田大学所蔵史料影印叢書　古文書集二』

「兼国例勘文」）。

東宮学士　正四下　菅原在登　前年に同じ。

大内記　従四下　藤原行氏　(叙)正月六日　策　大内記如元(『公卿補任』)。

少内記

大学頭　従四下　菅原公時　前年に同じ。

正和五年（一三一六）

式部卿

式部大輔　正二位　菅原在輔　(叙)十一月廿三日(『公卿補任』)。

式部少輔

式部権少輔　従五上　菅原在成　(補)二月廿九日(『公卿補任』『弁官補任』)。

式部大丞　正六上　菅原季任　(転)正月十二日　転任勘文(『魚魯愚抄』巻第五　転任勘文)。

式部少丞

式部大録

式部少録

文章博士　正四下　菅原在登　前年に同じ。

従四上　藤原春範　(終)正和五年正月十三日　北堂挙(『魚魯愚抄』巻第二)。

東宮学士　正四下　菅原在登　前年に同じ。

大内記　従四下　藤原行氏　前年に同じ。

少内記

大学頭　従四下　菅原公時　(兼)正月十三日　讃岐権介(『公卿補任』)。

文保元年（一三一七）

式部卿

式部大輔　正二位　菅原在輔　前年に同じ。

式部少輔

式部権少輔　従五上　菅原在成　前年に同じ。

式部大丞
式部少丞
式部大録
式部少録
文章博士　正四下　菅原在登　前年に同じ。
　　　　　　　　　菅原家高　（初）『花園天皇宸記』文保元年二月三日条。
東宮学士　正四下　菅原在登　前年に同じ。
大内記　従四下　藤原行氏　前年に同じ。
少内記
大学頭　従四下　菅原公時　（遷）四月六日　宮内卿（『公卿補任』）。

（叙）十月六日　去左少弁（『弁官補任』）。
（補）十一月三日　権右中弁（『弁官補任』）。

後醍醐天皇　文保二年三月廿九日即位　延元四年八月十五日譲位

文保二年（一三一八）

式部卿

式部大輔　正二位　菅原在輔　前年に同じ。

式部少輔　藤原行範　（現）「洞院大納言藤公敏卿記」文保二年三月□日条。

式部権少輔　従五上　菅原在成　前年に同じ。

式部大丞

式部少丞　正六上　中原盛種　（現）「日野中納言資朝卿記」文保二年三月十日条。

式部大録

式部少録　正六上　和気助名　（現）「洞院大納言藤公敏卿記」文保二年三月□日条。

文章博士　菅原家高　前年に同じ。
従四上　藤原資朝　（補）五月廿八日（『弁官補任』）。

東宮学士　正四下　菅原在登　（止）「権中納言藤実任卿記」文保二年二月廿七日条。

大内記　従四下　藤原行氏　（辞）二月十二日（「洞院大納言藤公敏卿記」）。
藤原行親　（補）二月十二日（「洞院大納言藤公敏卿記」）。

少内記

大学頭　藤原宣範　（補）二月十二日（「洞院大納言藤公敏卿記」）。
従四下　藤原行氏　（補）八月二日（『公卿補任』）。

元応元年（一三一九）

式部卿

式部大輔　正二位　菅原在輔　前年に同じ。
式部少輔
式部権少輔　従五上　菅原在成　（去）六月十四日（『公卿補任』『弁官補任』）。
　従四下　菅原房長　（補）六月十四日（『公卿補任』）。
式部大丞
式部少丞
式部大録
式部少録
文章博士　従四上　藤原資朝　（転）三月九日　右中弁（『弁官補任』）。
　従四上　菅原家高　（叙）正月七日（『花園天皇宸記』）。
　正四下　藤原資朝　（補）五月廿八日（『弁官補任』）。
東宮学士
大内記
少内記　正六上　紀　景家　（初）『改元部類』「不知記」元応元年四月廿八日条。
大学頭　従四上　藤原行氏　（叙）正月五日（『公卿補任』）。

元応二年（一三二〇）

式部卿
式部大輔　正二位　菅原在輔　（薨）十一月九日（『公卿補任』）。
　正二位　菅原在兼　（補）十月廿二日（『公卿補任』）。
式部少輔
式部権少輔　従四下　菅原房長　前年に同じ。
式部大丞
式部少丞
式部大録
式部少録
文章博士　従四上　藤原資朝　（去）三月廿四日（『弁官補任』）。
　菅原家高　前年に同じ。
　従四上　菅原公時　（補）三月廿四日（『公卿補任』）。
　（去）五月五日（『公卿補任』）。
東宮学士　従四下　菅原在淳　（補）四月十二日（『公卿補任』

「春宮坊官補任」）。

大内記

少内記　正六上紀　景家　前年に同じ。

大学頭　従四上藤原行氏　（兼）二月六日　讃岐介（『公卿補任』）。

元亨元年（一三二一）

式部卿

式部大輔　正二位菅原在兼　（兼）三月十一日　参議（『公卿補任』）。
（辞）六月六日　参議（『公卿補任』）。
（薨）六月廿四日（『公卿補任』）。

式部権大輔従三位菅原在登　（補）十二月廿九日（元亨元年十二月廿九日　除目聞書『鎌倉遺文』二七九三四号）。

式部少輔

式部権少輔従四上菅原房長　（叙）三月七日　策労（『公卿補任』）。

式部大丞　正六上藤原永藤　（補）十二月廿九日（元亨元年十二月廿九日　除目聞書『鎌倉遺文』二七九三四号）。

式部少丞

式部大録

式部少録

文章博士　菅原家高　（終）『改元定記』元亨元年二月廿二日条。

東宮学士　従四上菅原公時　（補）七月廿六日（『公卿補任』）。

大内記

少内記　正六上紀　景家　前年に同じ。

大学頭　従四上藤原行氏　（止）六月六日（『公卿補任』）。
従四下菅原在淳　（補）六月（『公卿補任』）。

元亨二年（一三二二）

式部卿
式部大輔　従三位　藤原藤範　（初）（『公卿補任』）。
式部権大輔　従三位　菅原在登　（補）正月廿六日（『公卿補任』）。
式部少輔
式部大丞
式部少丞
式部大録
式部少録
文章博士　正四上　藤原資朝　（叙）正月六日（『公卿補任』）。
（兼）正月廿六日　山城権守（『公卿補任』）。
（止）六月十七日（『公卿補任』）。
従四上　菅原公時　（兼）正月十九日　記録所寄人（『公卿補任』）。
従四上　藤原行氏　（補）六月十七日　前大学頭（『公卿補任』）。
東宮学士
大内記
少内記　正六上　紀　景家　前年に同じ。
大学頭

元亨三年（一三二三）

式部卿
式部大輔　従三位　藤原藤範　（兼）六月十六日　民部卿（『花園天皇宸記』『公卿補任』）。
式部権大輔　従三位　菅原在登　（兼）九月廿八日　修理大夫（『公卿補任』）。
式部少輔
式部大丞
式部少丞
式部大録
式部少録
文章博士　従四上　藤原行氏　前年に同じ。

　　従四上菅原公時　前年に同じ。
東宮学士
大内記　　藤原俊基　（現）六月十六日　五位蔵人補任（『花園天皇宸記』同十七日条・「職事補任」）。
少内記　正六上紀　景家　前年に同じ。
大学頭

正中元年（一三二四）

式部卿　　恒明親王　（初）『続史愚抄』正中元年四月廿七日条。
式部大輔　従三位藤原藤範　前年に同じ。
式部権大輔従三位菅原在登　前年に同じ。
式部少輔
式部大丞
式部少丞
式部大録

式部少録
文章博士　従四上藤原行氏　前年に同じ。
　　従四上菅原公時　（兼）正月十三日　越後権介（『公卿補任』）。
　　　（去）八月六日（『公卿補任』）。
　　正五下藤原有正　（兼）十月廿九日　権右少弁　文章博士如元（『弁官補任』）。
東宮学士　正五下藤原正経　（兼）十月廿九日　五位蔵人　東宮学士如元（「職事補任」・「皇代暦」）。
　　　　菅原在淳　（現）「後称念院関白冬平公記」正中元年正月十九日条。
大内記　　菅原長俊　（現）十二月十三日　後醍醐天皇綸旨（『鎌倉遺文』二九一三一号）。
少内記　正六上紀　景家　前年に同じ。
大学頭　従四上菅原家高　（初）「後称念院関白冬平公記」

正中元年正月十九日条。

正中二年（一三二五）

式部卿　　恒明親王　前年に同じ。
式部大輔　正三位　藤原藤範　（叙）正月廿九日（『公卿補任』）。
式部権大輔　従三位　菅原在登　前年に同じ。
式部少輔
式部大丞
式部少丞
式部大録
式部少録
文章博士　従四上　藤原行氏　（兼）正月廿七日　備前権介（『公卿補任』）。
　　　　　正五下　藤原有正　（転）正月廿九日　右少弁（『弁官補任』）。
　　　　　従四下　藤原家倫　（補）二月十八日（『公卿補任』）。
東宮学士　正五下　藤原正経　（兼）十月廿六日　右少弁（『弁官補任』）。
大内記　　従四下　菅原在嗣　（還任）五月五日（『公卿補任』）。
少内記　　正六上　紀　景家　前年に同じ。
大学頭　　従四上　菅原家高　前年に同じ。

嘉暦元年（一三二六）

式部卿　　恒明親王　前年に同じ。
式部大輔　正三位　藤原藤範　（兼）二月十九日　長門権守（『公卿補任』）。
式部権大輔　従三位　菅原在登　（止）十月十日　修理権大夫（『公卿補任』）。
式部少輔
式部大丞
式部少丞
式部大録
式部少録

文章博士　従四上藤原行氏　前年に同じ。
　　　　　従四下藤原家倫　前年に同じ。
東宮学士　従四上菅原公時　（補）八月六日（『公卿補任』・「春宮坊官補任」）。
　　　　　従四下藤原正経　（兼）三月八日　記録所寄人（『弁官補任』）。
　　　　　　　　　　　　　（叙）四月廿二日　従四位下　去弁（『弁官補任』）。
大内記　従五下藤原行光　（補）十二月廿一日（『公卿補任』）。
少内記　正六上紀　景家　（終）「実任卿改元定記」嘉暦元年四月廿六日条。
大学頭　従四上菅原家高　（終）七月廿四日（『砂巌』所収「菅儒侍読臣之年譜」）。

嘉暦二年（一三二七）

式部卿　二品　恒明親王　（叙）正月五日（「房実卿嘉暦二年日記」同六日条・『師守記』康永元年正月七日条）。

式部大輔　正三位藤原藤範　前年に同じ。
式部権大輔　従三位菅原在登　（兼）九月廿一日　修理権大夫（『公卿補任』）。
式部少輔
式部丞　正六上藤原清藤　（初）正月五日（『師守記』康永元年正月七日条）。
式部大録
式部少録
文章博士　従四上藤原行氏　前年に同じ。
　　　　　従四下藤原家倫　（辞）八月四日（『公卿補任』）。
　　　　　従四上菅原在淳　（補）八月十四日（『公卿補任』）。
東宮学士　従四上菅原公時　前年に同じ。
大内記　従五下藤原行光　前年に同じ。
少内記
大学頭

嘉暦三年（一三二八）

式部卿　二品　恒明親王　前年に同じ。
式部大輔　正三位　藤原藤範　（去）三月十六日（『公卿補任』）。
　　　　　従三位　菅原在登　（転）三月十六日（『公卿補任』）。
式部少輔
式部権輔
式部大丞
式部丞　正六上　藤原清藤　前年に同じ。
式部大録
式部少録
文章博士　正四下　藤原行氏　（叙）正月五日（『公卿補任』）。（兼）九月廿三日　左京権大夫（『公卿補任』）。
東宮学士　従四上　菅原公時　（兼）三月十六日（『公卿補任』）。
大内記　従五下　藤原行光　（兼）三月十六日　長門介（『公卿補任』）。
少内記
大学頭　従四下　菅原在成　（補）六月廿九日（『公卿補任』『弁官補任』）。

元徳元年（一三二九）

式部卿　二品　恒明親王　前年に同じ。
式部大輔　従三位　菅原在登　（兼）正月十三日　筑前権守（『公卿補任』）。（去）十二月廿四日　修理権大夫（『公卿補任』）。
式部少輔
式部権輔
式部丞　正六上　藤原清藤　（終）四月五日　蔵人式部丞（『大日本古文書　東大寺文書』十巻一一号　後醍醐天皇綸旨施行状案）。
式部大丞
式部少丞

式部大録
（転）十月廿五日 左大弁 去大輔（『公卿補任』）。

式部少録
正三位 菅原長員 （補）十月廿一日（『公卿補任』）。

文章博士
藤原行氏 （終）八月廿九日（「元秘抄」巻第三 進年号勘文人数多少事）。
式部少輔
菅原在淳 （初）八月廿九日（『元秘抄』巻第三 進年号勘文人数多少事）。
式部権輔

式部大丞

東宮学士
従四上 菅原公時 前年に同じ。
式部少丞
正四下 藤原行氏 （補）九月廿六日（『公卿補任』・「春宮坊官補任」）。
式部大録

式部少録

大内記
従五下 藤原行光 前年に同じ。
文章博士
菅原在淳 前年に同じ。

少内記
東宮学士
正四下 菅原公時 （叙）四月六日（『公卿補任』）。

大学頭
従四下 菅原在成 前年に同じ。
（兼）十月廿一日 大蔵卿（『公卿補任』）。

元徳二年（一三三〇）

正四下 藤原行氏 前年に同じ。

式部卿
二品 恒明親王 前年に同じ。
大内記
従五上 藤原行光 （叙）正月五日 簡一（『公卿補任』）。

式部大輔
従三位 菅原在登 （兼）三月廿二日 勘解由長官（『公卿補任』）。
少内記
正六上 菅原長綱 （補）三月五日（『公卿補任』）。

(兼)三月廿二日　東宮権少進(『公卿補任』)。

(兼)年月日　弾正忠(『公卿補任』)。

(兼)十月五日　左衛門尉(『公卿補任』)。

大学頭　従四下 菅原在成　前年に同じ。

元弘元年・元徳三年（一三三一）

式部卿　二品　恒明親王　前年に同じ。

式部大輔　正三位 菅原長員　(兼)正月十三日　長門権守(『公卿補任』)。

式部少輔　正五下 藤原範国　(初)二月六日　五位蔵人補任(「職事補任」)。

式部権輔

式部大丞

式部少丞

式部大録

式部少録

文章博士　菅原在淳　前年に同じ。

従四上 菅原在成　(補)七月十七日(『公卿補任』)。

東宮学士　正四下 菅原公時　(止)九月廿日　践祚(『公卿補任』・「春宮坊官補任」)。

従三位 藤原行氏　(叙)正月五日　元左京大夫東宮学士(『公卿補任』『尊卑分脈』)。

従四上 菅原在成　(補)正月十三日(『公卿補任』『弁官補任』・「春宮坊官補任」)。

(止)九月廿日　践祚(『公卿補任』『弁官補任』・「春宮坊官補任」)。

従四上 藤原家倫　(補)十一月八日(『花園天皇宸記』『公卿補任』)。

(去)十二月一日　依本宮事也(『公卿補任』)。

式部省補任　後醍醐天皇（元弘元年）

大内記　従五上藤原行光　前年に同じ。

少内記　正六上菅原長綱　前年に同じ。

大学頭　従四上菅原在成　(叙)正月五日(『公卿補任』『弁官補任』)。
(兼)正月十三日　東宮学士(『公卿補任』『弁官補任』)。
(遷)七月十七日　文章博士(『公卿補任』『弁官補任』)。

光厳天皇（北）　正慶元年三月廿二日即位
正慶二年五月廿五日譲位

元弘二年・正慶元年（一三三二）

式部卿　二品　恒明親王　前年に同じ。

式部大輔　正三位　菅原長員　前年に同じ。

式部少輔　従四下　藤原範国　（叙）正月五日　策（『花園天皇宸記』）。

式部権少輔　菅原長継　（現）十月廿八日（「御禊行幸服飾部類」）。

式部大丞

式部少丞　正六上　安倍季重　（現）「冷泉中納言藤頼定卿記」元弘二年三月廿二日条。

式部大録

式部少録

文章博士　菅原在淳　前年に同じ。

従四上　菅原在成　前年に同じ。

東宮学士

大内記　従五上　藤原行光　前年に同じ。

少内記　正六上　菅原長綱　前年に同じ。

大学頭

元弘三年・正慶二年（一三三三）

式部卿　二品　恒明親王　前年に同じ。

式部大輔　正三位　菅原長員　前年に同じ。

式部少輔　従四下　藤原範国　（補）七月日（『師守記』康永三年四月廿四日条）。（終）元弘三年十一月十九日　後醍醐天皇綸旨案（『鎌倉遺文』三二七〇三号）。

式部権輔

式部丞　正六上　平　高有　（卒）五月廿二日（「常楽記」）。

式部大録

式部少録

文章博士　菅原在淳　前年に同じ。
　従四上　菅原在成　前年に同じ。
東宮学士
大内記　従五上　藤原行光　前年に同じ。
少内記　正六上　菅原長綱　（兼）十二月七日　中宮権少進（『公卿補任』）。
大学頭

建武元年（一三三四）

式部卿　一品　恒明親王　（叙）正月五日（『師守記』康永元年正月七日条）。（遷）十二月十七日　中務卿（『実隆公記』文明七年九月十八日条）。
　正二位　藤原公賢　（補）十二月十八日　前内大臣（『公卿補任』「玉英記抄」）。
式部大輔　正三位　菅原長員　前年に同じ。
式部権大輔　従三位　藤原行氏　（補）正月十三日　兼丹波権守（『公卿補任』）。
式部少輔　藤原英房　（現）「建武年間記」式評定衆結番。
式部権少輔　従五上　菅原高嗣　（補）正月十三日　兼越後介（『公卿補任』）。
式部大丞　正六上　藤原清藤　（補）二月十九日（『師守記』康永元年四月廿四日条）。
　正六上　源　義兼　（補）二月十九日（『師守記』康永元年四月廿四日条）。
　正六上　藤原慶範　（補）二月十九日（『師守記』康永元年四月廿四日条）。
式部丞　正六上　菅原長綱　（補）九月十四日（『公卿補任』）。（転）十二月卅日　大内記（『公卿補任』）。
式部大録
式部少録

文章博士　菅原在淳　(終)正月廿九日(「元秘抄」巻第三　進年号勘文人数多少事)。
従四上菅原在成　前年に同じ。
東宮学士　従五上菅原高嗣　(補)正月廿三日(『公卿補任』)。
従四下藤原言範　(補)二月廿三日(『公卿補任』)。
大内記　従五上藤原行光　前年に同じ。
正六上菅原長綱　(補)十二月卅日(『公卿補任』)。
少内記　正六上菅原長綱　(兼)九月四日　西市正(『公卿補任』)。
大学頭　従四下藤原有範　(補)正月十三日(『公卿補任』)。
(遷)九月十四日　式部丞。
正三位藤原実世　(補)十二月十七日(『公卿補任』)。

建武二年（一三三五）

式部卿　従一位藤原公賢　(叙)正月五日　元徳元年春日行幸行事賞(『公卿補任』)。
(補)二月十六日　右大臣　式部卿如元(『公卿補任』)。
(補)三月九日　東宮傅(『公卿補任』)。
一品　恒明親王　(補)十一月廿六日(『実隆公記』文明七年九月十八日条)。
式部大輔　正三位菅原長員　前年に同じ。
式部権大輔　従三位藤原行氏　前年に同じ。
式部少輔　従四上菅原在成　(補)正月十三日(『公卿補任』『弁官補任』)。
式部権少輔　従五上菅原高嗣　前年に同じ。
式部大丞
式部少丞
式部大録
式部少録
文章博士　従四上菅原在成　(遷)正月十三日　式部少輔(『公卿補任』『弁官補任』)。
正二位平　惟継　(補)正月十三日(『公卿補任』)。

正三位　藤原藤範　（補）正月十三日（『公卿補任』）。

東宮学士　従五上　菅原高嗣　前年に同じ。

従四上　藤原言範　（叙）正月五日（『公卿補任』）。

大内記　従五上　藤原行光　前年に同じ。

正六上　菅原長綱　前年に同じ。

少内記

大学頭　正三位　藤原実世　前年に同じ。

建武三年・延元元年（一三三六）

式部卿　一品　恒明親王　前年に同じ。

式部大輔　正三位　菅原長員　前年に同じ。

式部権大輔　従三位　藤原行氏　前年に同じ。

式部少輔　従四上　菅原在成　前年に同じ。

式部権少輔　従五上　菅原高嗣　前年に同じ。

式部大丞

式部少丞

式部大録

式部少録

文章博士　正二位　平　惟継　（兼）三月二日　大宰権帥（『公卿補任』）。

（止）十一月五日　止帥（『公卿補任』）。

正三位　藤原藤範　前年に同じ。

東宮学士　従五上　菅原高嗣　前年に同じ。

従四上　藤原言範　（止）十月十日（『公卿補任』）。

従四下　藤原有範　（補）十一月十四日（『公卿補任』）。

大内記　正五下　藤原行光　（叙）正月五日（『公卿補任』）。

正六上　菅原長綱　（兼）三月二日　采女正（『公卿補任』）。

少内記

大学頭　正三位　藤原実世　前年に同じ。

従四上　菅原在成　（補）十一月廿五日（『公卿補任』『弁官補任』）。

式部考証

凡例

一、式部省補任で立項した人物を以下の項目で整理した。

人名　立項した人物の姓名。皇族を冒頭に置き、以下五十音順に排列した。

生没年　和暦（西暦）で記述した。

家族　父母を中心に家族関係を整理した。「父某」は該当人物の父親、「某父」は該当人物が某の父親であることを示す。

経歴　その人物の経歴を、官歴を中心にまとめた。なお『公卿補任』等に詳細な経歴のある人物は、補任物中心に作成した。

系図等　系図の傍注などに記された記事をまとめた。

備考　権門との関係・家業・所領・説話など、上記の項目にかかってこない事項を抽出した。

一、略称一覧。第二部では、次の史料に略称を附した。

『大』→『大間成文抄』・『関』→『関東評定衆伝』・『魚』→『魚魯愚抄』・『公』→『公卿補任』・『桂』→『桂林遺芳抄』・『尊』→『尊卑分脈』・『弁』→『弁官補任』・『早』→『早稲田大学所蔵史料影印叢書　古文書集二』

一、（某を見よ）は、人名データを集めた項目。（某も見よ）は、データを集中した項目と重複するが、本補任の在職時の名前であるため別途立項した項目。

敦明親王（小一条院）

生没年　正暦五年（九九四）―永承六年（一〇五一）

家族　父三条天皇　母藤原済時女（『本朝皇胤紹運録』）。

経歴　寛弘八年十月五日　親王宣下　叙二品（『十三代要略』）。寛弘八年十二月十八日　式部卿補任（『権記』『十三代要略』）。長和二年六月廿二日　叙一品（『小右記』同廿三日条・『十三代要略』）。長和五年正月廿九日　立太子（『日本紀略』『扶桑略記』『栄花物語』巻第十二「玉の村菊」）。永承六年正月八日薨　五十八（『百錬鈔』）。

系図等　諱敦明　長和五正廿九　立坊　寛仁元八九　辞之　即授院号　母皇后娍子　済時女（『本朝皇胤紹運録』）。

敦賢親王

生没年　長暦三年（一〇三九）―承保四年（一〇七七）

家族　父三条院　実者小一条院子　母藤原頼宗女（『本朝皇胤紹運録』）。

経歴　天喜元年十二月　為三条院親王（『十三代要略』）。天喜四年正月　叙四品（『十三代要略』）。康平元年正月十一日　中務卿（『十三代要略』）。康平四年十二月　式部卿補任（『十三代要略』）。承保元年十一月廿一日　叙三品（『十三代要略』）。承保四年正月廿七日　大歌所奏　三品行式部卿（『除目申文之抄』）。承保四年七月十七日　薨去　三十九（『扶桑略記』『十三代要略』）。

系図等　式部卿　実者小一条院子（『本朝皇胤紹運録』）。

敦貞親王

生没年　長和三年（一〇一四）―康平四年（一〇六一）

家族　父小一条院　母藤原顕光女　三条院養子（『十三代要略』『本朝皇胤紹運録』）。

経歴　長和三年十一月六日　誕生（『小右記』『栄華物語』巻八「はつはな」）。寛仁三年三月四日　為三条院親王（『十三代要略』）。長元九年七月四日　叙四品（『土右記』『十三代要略』）。長元九年十一月　中務卿（『十三代要略』）。永承五年十一月　式部卿（『十三代要略』）。康平四年二月八日　薨去（『十三代要略』）。

略』)。

系図等　三品式部卿　兵部卿　実者小一条院子　康平四二八　薨　四十八(『本朝皇胤紹運録』)。

敦儀親王

生没年　正暦三年(九九二)―天喜二年(一〇五四)

家族　父三条天皇　母藤原済時女(『本朝皇胤紹運録』『三井寺灌頂脈譜』『寺門伝記補録』)。

経歴　寛弘八年十月五日　親王宣下(『十三代要略』)。長和二年三月廿三日　元服(『扶桑略記』『百錬鈔』)。長和二年六月廿二日　中務卿　三品(『小右記』同廿三日条・『十三代要略』)。寛仁四年正月　式部卿(『十三代要略』)。万寿四年正月五日　弟中務卿敦平親王超越して二品に叙す(『小右記』)。長元三年八　入道(『十三代要略』)。長元三年九月　三品式部卿敦儀親王出家　大雲寺検校法印文慶出家受戒(『日本紀略』『三井寺灌頂脈譜』『寺門伝記補録』)。天喜二年七月十一日　薨去　年六十三　墓所石蔵本坊(『三井寺灌頂脈譜』『十三代要略』『寺門伝記補録』)。

系図等　式部卿　中務卿　号石蔵式部卿宮　号南泉坊(『本朝皇胤紹運録』)。

敦平親王

生没年　長保元年(九九九)―永承四年(一〇四九)

家族　父三条天皇　母藤原済時女(『本朝皇胤紹運録』)。

経歴　寛弘八年十月五日　親王宣下(『十三代要略』)。長和二年三月廿三日　元服(『扶桑略記』『百錬鈔』)。長和二年六月廿二日　兵部卿　三品(『小右記』同廿三日条・『十三代要略』)。万寿四年正月五日　叙二品(『小右記』)。長元二年十月四日　式部省解二品行卿(『類聚符宣抄』)。長元三年三月七日　止吏務(『日本紀略』)。長元四年三月十四日　止吏務(『日本紀略』『百錬鈔』)。長元四年九月五日　如元可従省務之由宣旨(『日本紀略』)。永承四年三月十九日　薨去　年五十一(『扶桑略記』『十三代要略』)。

系図等　二品式部卿　兵部卿　永承四三十八　薨(『本朝皇

胤紹運録』）。

敦康親王

生没年　長保元年（九九九）—寛仁二年（一〇一八）

家族　父一条天皇　母藤原道隆女（『本朝皇胤紹運録』）。

経歴　寛弘二年三月廿七日　着袴（『日本紀略』）。寛弘七年七月十七日　元服　叙三品（『御堂関白記』）。寛弘八年六月二日　給年官年爵（『御堂関白記』）。寛弘八年六月九日　叙一品　元三品（『御堂関白記』『日本紀略』）。長和五年四月十三日　式部卿宮（『御堂関白記』）。寛仁二年十二月十七日　薨去　今暁出家　年二十（『小右記』『左経記』『日本紀略』『扶桑略記』）。寛仁二年十二月廿五日　式部卿宮葬送（『御堂関白記』『日本紀略』）。

系図等　一品式部卿（『本朝皇胤紹運録』）。

為平親王

生没年　天暦六年（九五二）—寛弘七年（一〇一〇）

家族　父村上天皇　母藤原師輔女　中宮安子（『扶桑略記』『本朝皇胤紹運録』）。

経歴　康保二年正月廿九日　賜年官　無品為平親王（『大』第一　当年給）。永観二年秋　大宰権少監平致忠　式部卿親王臨時給（『大』第一　臨時給）。寛和元年十二月七日　昇殿（『日本紀略』）。永延元年七月廿三日　相撲司別当補任（『日本紀略』）。永延二年九月廿日　斎宮恭子内親王群行　式部卿為平親王娘歳五歳（『小右記』）。長徳三年正月廿四日　長徳二年未給二合申請　一品式部卿（『大』一　春除目　未給）。寛弘七年十月九日　式部卿宮出家（『御堂関白記』）。寛弘七年十一月七日　前式部卿宮薨去　年五十九（『御堂関白記』『権記』『日本紀略』『扶桑略記』・「蓬左文庫本大鏡裏書」）。

系図等　一品式部卿　号染殿式部卿（『本朝皇胤紹運録』）。

恒明親王

生没年　嘉元元年（一三〇三）—観応二年（一三五一）

家族　父亀山天皇　母昭訓門院　藤原実兼女（『園太暦』『本朝皇胤紹運録』）。

経歴　嘉元元年五月九日　誕生（『公衡公記』「昭訓門院御産愚記」）。嘉元元年八月三日　立親王（『実躬卿記』）。文保二年十二月二十日　元服（『続史愚抄』）。文保三年三月九日　中務卿補任（『花園天皇宸記』）。正中元年四月廿七日　式部卿恒明親王第　大炊御門　号常葉井（『続史愚抄』）。嘉暦二年正月五日　叙二品（「房実卿嘉暦二年日記」・『師守記』康永元年正月七日条）。建武元年正月五日　叙一品（『師守記』康永元年正月七日条）。建武元年十二月十七日　中務卿補任（『実隆公記』文明七年九月十八日条）。建武二年十一月廿六日　式部卿補任（『実隆公記』文明七年九月十八日条）。建武三年正月十日　式部卿親王常盤井殿炎上（『太平記』巻第十四「長年帰洛事并内裏炎上事」）。観応二年九月六日　伝聞、入道一品式部卿恒明親王、今朝巳刻薨、生年四十九（『園太暦』）。

系図等　一品式部卿　常盤井宮　母昭訓門院　太政大臣実兼公女（『本朝皇胤紹運録』）。

備考　嘉元元年八月三日　所司補任（『実躬卿記』）。「大炊御門の式部卿の御子の家」（『増鏡』）。

久明親王

生没年　文永十一年（一二七四）―嘉暦元年（一三二六）

家族　父後深草天皇　母女房三品局　三条内大臣藤原公親女（『本朝皇胤紹運録』『実躬卿記』乾元元年七月廿七日）。

経歴　正応二年十月一日　親王宣下（『帝王編年記』）。正応二年十月五日　元服　叙三品（『帝王編年記』は六日、「鎌倉年代記」）。正応二年十月九日　征夷大将軍補任（「鎌倉年代記」『帝王編年記』）。正応二年十月廿五日　鎌倉下着　十六歳（「鎌倉年代記」）。永仁五年十二月十七日　叙一品　式部卿補任（『帝王編年記』）。徳治三年七月八日　可有御上洛之由秋田城介時顕申、翌日入御上野前司時光邸　同月上洛（「鎌倉年代記」・「皇代暦」）。延慶二年三月廿一日　親王巡給宣旨　一品行式部卿（『宣旨類』『伝宣草』）。元亨三年三月四日　入道式部卿宮令旨（『大徳寺文書』十二―三〇六三号）。嘉暦三年

十月十四日　薨去　入道一品式部卿（「鎌倉年代記」・「常楽記」）。

系図等　一品式部卿　征夷大将軍　母従二位房子　公親公女（『本朝皇胤紹運録』）。

麻田光貴

経歴　長和四年四月一日　式部省祭使差文　正六位上行式部少録（『類聚符宣抄』）。長和四年十二月十六日　史（『後二条師通記』所収「左経記」）。寛仁元年八月十一日　右大史（『左経記』）。長元四年六月廿七日　申相模守　史巡（『小右記』）。

阿刀佐友

経歴　長保元年五月十一日　式部少録（『本朝世紀』）。

安倍季重

経歴　元弘二年三月廿二日　式部少丞（『冷泉中納言藤頼定卿記』）。

安倍資国

経歴　正元元年十二月廿八日　式部丞（『洞院家記　御即位部類』「公相卿記」）。文応元年四月廿九日　大嘗会主基行事　式部少丞（『妙槐記』）。

安倍親基

経歴　正応元年九月廿七日　叙爵　式部（『勘仲記』）。

安倍遠依

経歴　正応二年二月廿四日　叙爵　式部（『勘仲記』）。

安倍久広

経歴　弘安十年十二月　少内記久広　左衛門尉補任（磯部信貞訴状『洞院家記』巻第十四）。正応元年三月十五日　少内記（『実躬卿記』『大外記中原師淳朝臣記』）。正応四年十月　右少史補任　この頃、三善改姓（磯部信貞訴状『洞院家記』巻第十四）。

安倍頼元

経歴　保元二年五月十八日　式部録補任（『兵範記』）。保元二月十月廿八日　式部録辞退（『兵範記』）。保元二年十月廿九日　右衛門志補任（『兵範記』）。

石城文信
経歴　長保元年五月十一日　式部少録（『本朝世紀』）。長保二年正月廿二日　右少史申文　式部録　左大臣挙（『権記』）。長保六年九月一日　筑後守（『御堂関白記』）。
備考　菅野改姓（『石清水文書』『後拾遺往生伝』能禅項）。

斎部孝重
経歴　保安元年正月卅日　式部録補任　近則斎部孝重自美作掾任少録（『中右記』・大治二年正月廿六　式部省移『朝野群載』巻第八 別奏）。大治四年五月廿日　左大史孝重（『中右記』）。大治四年十一月七日　叙爵　大原野行幸行事賞　行事史（『中右記』）。保元元年十月廿七日　中宮大属補任（「山槐記除目部類」）。永暦元年正月廿七日　山城守補任（「山槐記除目部類」）。大隅前司（『山槐記』永万元年二月廿六日）。

上野義定
経歴　寛治三年正月十一日　制符　式部少録義貞（『朝野群載』巻第十二 内記）。寛治三年正月廿三日　検非違使志兼任申文（『朝野群載』巻第九　式部録申検非違使）。

宇佐公員
経歴　延慶元年十一月十六日　式部少丞　御即位行幸（『官記』『後伏見天皇宸記』）。

卜部兼有
家族　父卜部兼茂（「卜部氏系図」『伯家部類』）。
経歴　建保四年正月十一日　神祇官庁始并政所始　別当補任　式部大夫（『伯家部類』神祇官事）。

卜部兼経

家族　父卜部兼衡（『尊』）。
経歴　建久七年十二月廿六日　兵部丞補任（『三長記』）。建久九年正月卅日　式部丞補任（『三長記』『明月記』）。建仁二年二月三日　式部（『明月記』）。

卜部兼遠
経歴　元久二年正月七日　兵部少丞（『大外記清原良業記』）。建永元年二月廿八日　式部少丞（『三長記』）。

卜部兼春
経歴　応長二年正月十二日　宿官　下総権守（『魚』巻第五　兼国）。

卜部兼峯
経歴　寛元三年九月十二日　式部少丞補任（『平戸記』）。

卜部兼世
経歴　嘉禄二年十二月十六日　式部大丞転任（『類聚国史紙背文書』「除目聞書」）。

卜部仲道
経歴　治承三年正月十九日　式部少丞補任　兵部（『玉葉』『山槐記』）。治承四年正月廿九日　式部大丞転任（『玉葉』同廿八日条）。治承五年正月五日　従五位下　式部（「警固中節会部類記」所収「山槐記」）。

卜部基明
経歴　嘉禄二年十二月十六日　式部大丞転任（『類聚国史紙背文書』「除目聞書」）。

卜部基忠
経歴　仁安二年二月十七日　兵部少録（『山槐記』）。仁安二年十二月十三日　式部少丞補任（『兵範記』）。仁安三年正月十一日　叙外従五位下　式部　上西門院年給（『兵範記』・「山槐記除目部類」）。治承三年八月十五日　右馬助（『宮寺縁事抄』）。

卜部基朝

経歴　嘉禄二年十二月十七日　式部丞補任（『明月記』）。

卜部基業

経歴　元仁元年十一月七日　式部大夫（『伯家部類』神祇官事　神祇官年中行事）。

卜部基光

経歴　建保四年正月十一日　神祇官庁始并政所始　別当補任　式部大夫（『伯家部類』神祇官事）。

卜部某

建久四年正月廿八日　式部一　外階に叙すべきか議論あり。叙位保留（『玉葉』）。

大江有元

家族　父源有宗、大江匡房養子　母高業女（『中右記』承徳二年二月三日条・『尊』）。

経歴　嘉保元年十二月廿八日　秀才宣旨（『中右記』同廿九日条・『大』第八　課試及第）。承徳二年二月三

日　対策「至有元者此正月宣下、依宣旨次第歟、可尋先例也、（中略）陸奥守源有宗長男、江中納言養為子、仍勤学之聞、先年給学問料、至文章者不知其道」（『中右記』）。康和元年二月三日　図書助補任　縫殿カ　文章得業生（『後二条師通記』）。嘉承二年二月廿七日　省試　式部少輔（『中右記』）。天仁元年十月十日　大嘗会御禊行幸次第司請　従五位上行式部少輔（『中右記』『江記』同廿一日条）。永久二年正月十二日　式部省評定文章得業生正六位上行能登少掾藤原朝臣資光対策文事　正五位下行式部少輔（『朝野群載』巻第十三　紀伝上）。永久四年正月十三日　奨学院年挙従四位下行式部少輔大江朝臣有光（『魚』巻第二　奨学院年挙）。保安三年十二月　文章博士補任　従四位上（「法性寺殿御記」・『二中歴』第二　儒職歴文章博士）。

系図等　「為匡房卿子遂儒業、改姓於大江、後帰本姓云々、文章博士策従四位上」（『尊』）。

大江公資

家族　父大江清言　母成房中将女（『尊』「天文本大江系図」）。

経歴　長元八年五月廿三日　関白家歌合　式部少輔公資朝臣（『栄花物語』巻三十二「歌合」）。長元八年七月十八日　依女事捕渡式部少輔大江公資也（『日本紀略』）。

系図等　遠江守兵部権大輔従四位下（『尊』）。

大江公仲

経歴　延久三年正月　越中掾補任　得業生（「除目申文之抄」）。延久四年正月廿五日　北堂挙　文章得業生正六位上越中大掾（「除目申文之抄」）。承保二年五月十四日　大江通国方略試申文　前文章得業生（『朝野群載』巻第十三　紀伝上）。寛治五年正月五日　正五位下　策労（『叙位尻付抄』）。嘉保元年正月五日　叙従四位下　労（『中右記』）。嘉保元年六月十日　省試　洩判者（『中右記』）。

大江維順

家族　父大江匡房（『尊』）。

経歴　康和五年十二月廿九日　文章得業生補任　給料一（『本朝世紀』・治承二年正月廿日　菅原長守申文『大』第八　課試及第）。康和五年六月五日　献策秀才（『本朝世紀』）。長治元年四月廿九日　望栄爵　式部少丞　前女御源朝臣基子当年未給（『朝野群載』巻第四　朝儀上）。保安四年二月十九日　散位従四位下（『大外記中原師右朝臣記』）。天承元年十二月　弾正大弼補任（『大』第五　兼国）。長承三年正月　兼讃岐介（『大』第五　兼国）。保延二年十月十一日　弾正大弼　藤原頼長前駆を仰せ付けられる（『台記』）。久安四年正月廿八日　兼阿波権介　大学頭兼国　正四位下（『本朝世紀』）。久安五年十月十九日　左府若君政所別当補任　正四位下行大学頭（『兵範記』）。久寿二年正月廿三日　奨学院年挙　正四位下行大学頭大江朝臣維順（『大』第三　三院挙、『魚』巻第二に同文）。

系図等　肥後守大学頭式部権大輔　本名匡時（『尊』）。

備考　康治二年十二月八日　藤原頼長四位家司（『台記』）。

大江維房

家族　父大江信俊（『尊』）。

経歴　正和三年正月廿六日　課試宣旨　文章得業生（『伝宣草』）。正和五年正月十一日　奨学院別当従五位下（正和五年正月十一日　奨学院年挙『魚』巻第二）。

系図等　大学頭（『尊』）。

大江維光

生没年　天永元年（一一一〇）―

家族　父大江維順（『尊』）。

経歴　天養元年十二月卅日　穀倉院学問料宣旨（『本朝世紀』）。久安三年正月廿八日　能登小掾　文章得業生（『本朝世紀』）。久安六年十一月卅日　復任除目　式部少丞（『本朝世紀』）。仁平二年正月五日　叙爵　式部（『兵範記』）。保元元年二月二日　式部少輔補任（『兵範記』）。保元三年正月六日　従五位上　策労（『兵範記』）。仁安二年正月五日　従四位下　策労（『兵範記』）。承安二年三月十九日　尚歯会　前式部少輔年六十三（『古今著聞集』巻六―六十三）。安元二年正月廿七日　散位従四位上（安元二年正月廿七日　奨学院挙『大』第三　三院挙）。

系図等　式部少輔従四位上（『尊』）。

大江定経

家族　父大江清通（『尊』）。

経歴　長和五年正月廿九日　六位蔵人補任　左兵衛尉（『小右記』）。寛仁二年三月七日　蔵人式部丞（『御堂関白記』『左経記』）。治安二年七月十四日　三河守（「諸寺供養類記」）。長元四年二月十七日　昇殿　後一条天皇御乳母子（『小右記』）。長元四年三月廿八日　内蔵権頭補任（『小右記』）。長元九年六月十九日　後院別当補任　美作守（『小右記』）。

系図等　美濃守正四位下（『尊』）。

備考　後一条天皇乳母子（『小右記』長元四年二月十七日条）。

大江重房

家族　父大江信房（『尊』）。

経歴　建長二年正月九日　穀倉院学問料（『公』）。建長七年五月十六日　文章得業生（『公』）。弘長元年正月廿一日　因幡権少掾（『公』）。年月日　蔵人（『公』）。康元二年正月五日　課試（『公』）。康元二年二月廿二日　少内記（『公』）。康元二年四月十一日　叙爵（『公』）。康元二年十二月十五日　民部権少輔（『公』）。弘長三年正月廿八日　兼越中介（『公』）。弘長三年三月二日　従五位上（『公』）。文永二年正月卅日　遷大内記（『公』「妙槐記除目部類」）。文永四年四月九日　止大内記　重服（『公』）。文永六年三月廿七日　正五位下（『公』）。文永六年十二月九日　式部権少輔（『公』）。文永七年正月廿一日　兼摂津権守（「妙槐記除目部類」）。文永九年正月五日　従四位下　策労（『公』）。文永九年七月十一日　去式部権少輔（『公』）。文永十一年十二月廿日　左京権大夫（「勘仲記文永十一年暦記」『公』）。建治三年正月廿九日　兼備前権介（『公』）。建治四年正月六日　従四位上（『公』）。弘安五年八月六日　去左京権大夫（『公』）。弘安七年正月五日　正四位下（『公』）。弘安八年四月五日　大江重房申文　申式部権大輔（『鎌倉遺文』一五五二一号）。弘安十年八月五日　式部権大輔（『公』）。弘安十一年二月十日　兼駿河権守（『公』）。正応三年正月十九日　従三位　元式部権大輔（『公』）。正応五年三月十一日　出家（『公』）。

系図等　従三位式部権大輔式部少輔左京権大夫大内記少内記民部権少輔（『尊』）。

大江資弘

経歴　治承四年正月五日　叙爵　内記（『玉葉』）。

大江澄景

経歴　嘉承元年七月廿九日　少内記大江澄草（景カ）（『永昌記』）。

大江隆兼

生没年　—康和四年（一一〇二）

家族　父大江匡房（『尊』）。

経歴　承保三年　文章得業生補任（「除目申文之抄」）。承暦三年十二月　献策（治承二年正月廿日　菅原長守申文『大』第八　課試及第）。承暦四年正月（治承二年正月廿日　菅原長守申文『大』第八　課試及第）。承暦四年正月十日　蔵人補任　前文章得業生（『水左記』）。寛治元年十月廿二日　大嘗会御禊次第次官　兵部少輔（『御禊御幸服飾部類』）。承徳元年正月卅日　兼加賀権守（『中右記』）。康和四年閏五月四日　卒（康和五年五月四日　大江隆兼一周忌供養願文『江都督納言願文集』）。

系図等　式部少輔従四位下（『尊』）。

大江挙周

生没年　―永承元年（一〇四六）

家族　父大江匡衡　母赤染時用女（『尊』「大江挙周赤染衛門の歌に依て病癒ゆる事」『古今著聞集』巻六―三四）。

経歴　長保二年十二月二日　文章生（『権記』）。長保三年

十二月廿五日　対策　文章得業生播磨権掾（『本朝文粋』巻第三　対冊）。寛弘三年正月　（匡衡）辞式部権大輔以男挙周任少丞（『中古歌仙三十六人伝』）。寛弘三年三月四日　六位蔵人補任（『御堂関白記』）。寛弘五年九月十二日　読書博士　散位従五位下　筑前権守従五位下（『小右記』『御堂関白記』『御産部類記』所収「不知記」、同「代々浴殿読書例」）。寛弘八年八月二日　東宮学士（『権記』）。長和五年二月七日　昇殿　四位還昇（『小右記』『地下家伝』）。寛仁三年二月八日　和泉守（『小右記』）。治安二年正月　従四位上　策労（大治六年正月四日　藤原敦光申文『本朝続文粋』巻第六　奏状）。治安三年九月七日　去一日侍読昇殿（『小右記』）。万寿二年正月　文章博士補任（『二中歴』）。長元元年七月十九日　年号字奏　木工頭挙周朝臣（『左経記』）。長元二年十二月　式部権大輔補任（大治六年正月四日　藤原敦光申文『本朝続文粋』巻第六　奏状）。長元四年七月廿六日　正四位下　侍読労　叙労十二年・権大輔労三年（『小右記』　大

治六年正月四日　藤原敦光申文『本朝続文粋』巻第六　奏状)。長元四年十一月二日　式部権大輔挙周朝臣を召し、朔旦賀の起草を命ず(『左経記』)。長元七年七月十八日　正四位下式部権大輔兼木工頭大江朝臣挙周(『左経記』「土右記」同十九日条・『御産部類記』所収「代々浴殿読書役例」)。永承元年六月卒(『続本朝往生伝』)。

系図等　文章博士木工頭後一条院侍読丹波三河和泉等守式部大輔正四位下(『尊』)。

備考　寛弘五年十月十六日　敦成親王家政所別当補任筑後権守(『御堂関白記』『御産部類記』所収「不知記」)。長元八年五月九日　挙周母　当時第一歌人也(『左経記』)。寛徳元年六月十一日　権中納言家牒　別当式部権大輔大学頭大江朝臣(『朝野群載』巻第二十一　雑文)。

大江忠孝

経歴　長徳二年正月廿五日　弾正少忠復任　文章生(「長徳二年大間書」)。長保二年正月廿二日　申式部丞弾正台奏　弾正忠(『権記』)。長保三年九月十四日　西方有焼亡、式部丞忠孝宅云々(『権記』)。寛弘五年三月十三日　肥後守赴任(『御堂関白記』)。

大江忠房

家族　父大江挙衡(『尊』)。

経歴　応保二年十二月　文章生(承安四年十月十一日大江忠房申文『大』第八　課試及第)。仁安二年正月　越中大掾(承安四年十月十一日　大江忠房申文『大』第八　課試及第)。承安四年五月一日　学問料試　方略宣旨　皇嘉門院前判官代(『玉葉』・承安四年十月十一日　大江忠房申文『大』第八　課試及第)。承安四年五月十二日　方略宣旨(『玉葉』)。承安四年十二月一日　雅楽権助　方略(『玉葉』・『大』第八　課試及第)。安元二年正月卅日　式部少丞補任　本雅楽助(『玉葉』・『大』第八　課試及第)。

系図等　弾正大弼(『尊』)。

大江為清
家族　父大江澄江（『尊』）。
経歴　寛弘八年三月九日　外記為清（『小右記』）。長和元年七月八日　大内記為清（『小右記』）。長和二年八月五日　大内記為清（『御堂関白記』）。
系図等　大内記従五位下（『尊』）。

大江為基
家族　父大江斉光　母桜島忠信女（『尊』・「大江氏系図」）。
経歴　永延二年十月十七日　摂津守（『門葉記』）。永祚元年四月五日　遷図書権頭（『小右記』）。寛弘五年九月廿八日　前式部少輔（『権記』）。
系図等　摂津守文章博士正五位下（『尊』）。

大江周房
家族　父大江匡範（『尊』）。
経歴　正治元年八月廿一日　学生（『猪隈関白記』）。元久二年正月三日　蔵人　文章得業生（『大外記清原良業記』）。建暦二年正月七日　叙従五位上（『野宮内大臣藤公継公記』）。建保五年正月廿七日　宗清願文案草　式部権少輔大江周房（『鎌倉遺文』二二八七号）。承久三年正月五日　叙従四位下　策労（『玉蘂』）。嘉禄元年七月十日　地下　右京権大夫（『広橋家記録』「大納言拝賀着陣部類記」）。嘉禄元年十二月廿六日　文章博士補任（『明月記』）。嘉禄二年十二月八日　宇佐使　文章博士大江周房　去比被聴昇殿（『民経記』）。安貞元年正月六日　叙従四位上（『明月記』）。安貞元年七月十五日　法勝寺盂蘭盆会参入　殿上人　文章博士（『民経記』）。安貞元年十二月十日　改元定　文章博士兼大和権守（『平戸記』）。寛喜元年三月五日　改元定　文章博士兼美作権介（『平戸記』）。
系図等　大学頭文章博士式部少輔従四位上（『尊』）。
備考　寛喜三年正月十日　藤原家実邸祗候（『民経記』）。寛喜三年四月九日　中宮入内　御後　文章博士（『民経記』）。

大江時棟

経歴　寛弘元年十一月七日　権少外記補任　元大学允文章生（『外記補任』）。寛弘二年正月　少外記転任（『外記補任』）。寛弘四年正月　大外記転任（『外記補任』）。寛弘五年正月　叙爵　讃岐介（『外記補任』）。寛弘九年正月廿七日　安房守補任（『外記補任』）。寛仁二年三月十九日　前安房守（『小右記』）。寛仁四年正月十五日　大江時棟申文　散位従五位上（『本朝続文粋』巻第六　奏状）。寛仁四年九月十九日　出羽守補任（『左経記』）。万寿四年五月十五日　前出羽守　先頃内御書所開闔補任宣旨　在関白邸（『小右記』）。長元四年十一月十六日　叙正五位下　大学頭（「小記目録」）。長元五年十二月七日　大学頭（『小右記』）。年未詳十二月十日　河内守時棟請文（『朝野群載』巻第七　摂籙家）。

備考　『今昔物語集』巻第廿八―廿六「安房守文室清忠、落冠裾咲語」。

大江仲俊

経歴　康和二年正月廿一日　内記局奏　正六位上行少内記（『朝野群載』巻第十二　内記）。

大江成氏

経歴　寛喜三年正月廿九日　兵部丞補任（『民経記』）。貞永元年十二月五日　式部丞（『甘露寺本洞院家記』所収「私記」）。

大江成周

経歴　久安三年正月廿八日　少内記補任　本局奏　下名加（『本朝世紀』）。久安三年二月一日　下名　少内記（『本朝世紀』）。仁平二年十二月卅日　改名盛周（『兵範記』『本朝世紀』）。仁平三年十月六日　少内記成周（『本朝世紀』）。保元二年二月二日　民部丞補任（『兵範記』）。保元二年十月廿九日　叙爵　民部（『兵範記』）。

大江成衡

家族　父大江挙周（『尊』）。

経歴　康平六年十一月八日　式部省評定文章得業生正六

位上丹波大掾藤原朝臣　有信対策文事　散位従四位上（『朝野群載』巻第十三　紀伝上）。

系図等　信濃守大学頭従四位上（『尊』）。

大江成棟

経歴　承安四年正月廿一日　少内記補任　局奏（「山槐記除目部類」）。治承四年七月廿一日　少内記・文章生　大内記故障之間、宣命起草（『親経卿記』）。養和元年三月廿四日　申民部丞　少内記（『吉記』）。養和元年十一月廿八日　民部大丞補任（『吉記』）。寿永元年三月十一日　下名　可止信濃権守（『吉記』）。

大江信兼

経歴　嘉禄二年十二月廿七日　当年不堪申文　右大史兼少内記（『祢家抄』）。

大江信房

家族　父大江周房（『尊』）。

経歴　嘉禄元年正月廿四日　大隅守補任（『明月記』）。寛喜三年正月七日　加叙　従五位上（『民経記』『明月記』）。嘉禎元年十月十八日　式部権少輔補任（『明月記』）。延応元年二月廿七日　大内記（岩崎文庫本『改元部類記』所収「大外記中原師光記」）。仁治三年正月五日　叙従四位下　非大内記労可有尻付歟、而不可有之由有殿仰（『民経記』）。康元元年四月十四日　今宮御湯殿始　読書儒者　文章博士（『経俊卿記』）。文応元年九月十五日　御禊行幸供奉五位以上　正四位下（『経俊卿記』）。

大江信政

経歴　久寿二年十月廿二日　式部録補任（『兵範記』）。仁安三年　病により式部少録を辞退（仁安三年八月四日　式部省請奏「陽明文庫本兵範記紙背文書」一一七号）。

大江久俊

経歴　保延五年二月廿三日　式部少録（「台記列見記」）。

康治元年六月十八日　兼修理左宮城主典　式部録（『本朝世紀』）。康治元年九月一日　大嘗会御禊除目　次第司　御前主典　式部録（『本朝世紀』）。久安二年正月廿五日　右少史（『本朝世紀』）。久安二年四月十一日　山城介　同日叙爵　元右少史（『本朝世紀』）。

大江匡周

家族　父大江隆兼（『尊』）。

経歴　永久二年十二月卅日　文章生第一　第二藤原国親に文章得業生を超越される（『中右記』）。永久四年十二月卅日　文章得業生補任官符（『朝野群載』巻第十三　紀伝上）。元永元年十一月廿七日　式部省評定文章得業生正六位上行能登大掾大江朝臣匡周対策文事（『朝野群載』巻第十三　紀伝上）。保安元年四月八日　蔵人補任　大学助（『中右記』）。長承三年正月五日　正五位下　策労（『中右記』）。保延三年正月五日　従四位下　策労（『中右記』）。

大江昌言

家族　父大江維明（『尊』）。

経歴　長徳三年三月廿五日　少内記（『日本紀略』）。

系図等　少内記（『尊』）。

大江匡時

経歴　康和元年十二月廿九日　文章得業生補任　給料一（『本朝世紀』）。康和五年六月五日　献策　秀才（『本朝世紀』）。長治元年四月廿九日　望栄爵　式部少丞　前女御源朝臣基子家当年未給（『朝野群載』巻第四　朝儀上）。天承二年十月五日　中納言殿作文会　散位（『永昌記』）。

大江匡範

生没年　保延六年（一一四〇）―建仁三年（一二〇三）

家族　父大江維光（『尊』『勅撰作者部類』）。

経歴　治承三年十月十八日　御書所衆（『山槐記』）。治承四年正月廿八日　給料宣旨（『玉葉』同廿七日条・「山槐記除目部類」）。寿永元年七月廿四日　蔵人

補任　秀才（『吉記』）。建久九年正月五日　従四位下　策（『明月記』同六日条）。正治元年八月廿一日　散位（『猪隈関白記』）。建仁三年八月十四日卒（『勅撰作者部類』）。

系図等　従四位下左右京大夫太皇太后宮大進（『尊』）。

大江匡衡

生没年　―長和元年（一〇一二）

家族　父大江重光　母一条摂政家女房三河　赤染時用女（『尊』）。

経歴　天延三年十月廿八日　文章得業生（『中古歌仙三十六人伝』）。天延四年正月廿八日　越前大掾（『中古歌仙三十六人伝』）。天元二年五月廿六日　対策（『中古歌仙三十六人伝』）。天元五年正月卅日　左衛門尉補任（『中古歌仙三十六人伝』）。天元五年二月八日　使宣旨（『中古歌仙三十六人伝』）。永観二年正月七日　叙爵（『中古歌仙三十六人伝』）。永観二年二月一日　甲斐権守補任（『中古歌仙三十六人伝』）。永観二年十月卅日　弾正大弼（『中古歌仙三

十六人伝』）。寛和元年正月五日　弾正大弼　左衛門尉藤原斎明に刃傷される（『小右記』）。永祚元年正月七日　叙従五位上（『中古歌仙三十六人伝』）。永祚元年正月廿八日　文章博士補任（『中古歌仙三十六人伝』）。正暦二年正月一日　侍従補任（『中古歌仙三十六人伝』）。正暦三年正月廿日　尾張権守（『中古歌仙三十六人伝』）。正暦四年正月十一日　大江匡衡申文　従五位上行文章博士兼尾張権守　叙位労十年　博士労五年（『本朝文粋』巻第六　奏状中）。長徳元年正月七日　叙正五位下（『中古歌仙三十六人伝』）。長徳元年八月廿八日　式部権少輔補任（『中古歌仙三十六人伝』）。長徳三年正月廿八日　越前権守兼任（『中古歌仙三十六人伝』）。長徳三年三月九日　東宮学士兼任（『中古歌仙三十六人伝』）。長徳三年七月廿日　大江匡衡言上状　正五位下行式部少輔兼東宮学士文章博士越前権守（『本朝文粋』巻第七　奏状下）。長徳四年正月七日　叙従四位下（『中古歌仙三十六人伝』）。長徳四年正月廿五日　式部権大輔転任（『中古歌仙三十

六人伝』）。長徳四年十月廿三日　昇殿（『中古歌仙三十六人伝』）。長保二年五月十一日　式部権大輔（『権記』）。長保二年八月五日　文章博士（『日本紀略』）。長保三年正月廿四日　尾張権守補任（『中古歌仙三十六人伝』）。長保三年二月三日　直物　尾張守を尾張権守に改める（『権記』）。長保五年正月七日　従四位上　策労（『中古歌仙三十六人伝』）。長保五年十一月五日　正四位下　造宮功（『中古歌仙三十六人伝』）。寛弘二年十一月十四日　侍読式部権大輔（『小右記』）。寛弘三年正月　辞式部権大輔以男挙周任少丞（『中古歌仙三十六人伝』）。寛弘四年九月廿日　辞東宮学士（『中古歌仙三十六人伝』）。寛弘五年正月十一日　式部権大輔再任（『中古歌仙三十六人伝』）。寛弘六年三月　文章博士再任（『二中歴』第二　儒職歴・『官職秘鈔』）。寛弘七年十二月　式部大輔転任（『中古歌仙三十六人伝』）。寛弘六年正月　尾張守（大治五年正月　藤原敦光申文『本朝続文粋』巻第六　奏状）。寛弘六年正月十五日　大江匡衡申文　正四位下行式部権大輔兼文章博士　侍読労十二年（『本朝文粋』巻第六　奏状中）。寛弘七年二月六日　一日釈奠　文章博士匡衡朝臣着座（『権記』）。寛弘七年二月　式部大輔補任（大治五年正月　藤原敦光申文『本朝続文粋』巻第六　奏状・『中古歌仙三十六人伝』）。寛弘七年三月卅日　丹波守遷任　高階業遠依病辞退（『御堂関白記』・大治五年正月　藤原敦光申文『本朝続文粋』巻第六　奏状）。寛弘七年十一月廿五日　侍従（『中古歌仙三十六人伝』）。長和元年五月十一日　式部大輔（『小右記』）。長和元年六月一日　丹後守（『小右記』）。長和元年七月十六日　卒去　昨夕、丹後守匡衡卒、当時名儒無比肩、文道滅亡、匡衡帯数官、無謂式部大輔・文章博士・侍従・丹後守等也、丹後守主基国也（『日本紀略』『中右記』『中古歌人三十六人伝』）。

系図等

式部大輔式部少輔弾正大弼東宮学士侍従文章博士尾張丹後等守（『尊』）。

大江匡房

生没年　長久二年（一〇四一）—天永二年（一一一一）

家族　父大江成衡　母橘孝親女（『公』『尊』）。

経歴　天喜四年十二月廿九日　文章得業生（『公』）。天喜五年二月卅日　丹波掾（『公』）。康平元年十二月廿九日　策（『公』）。康平三年二月廿一日　治部少丞（『公』）。康平三年三月廿日　遷式部少丞（『公』）。康平三年七月六日　従五位下　策（『公』）。治暦三年二月六日　東宮学士（『公』『春宮坊官補任』）。治暦四年四月十九日　五位蔵人　後三条天皇受禅日　前坊学士（『公』『職事補任』『春宮坊官補任』）。治暦四年七月八日　中務大輔（『公』『職事補任』）。治暦四年七月十九日　正五位下　御即位　学士労　二階（『本朝世紀』『公』）。治暦五年正月廿七日　左衛門権佐（『公』『職事補任』）。延久元年四月廿八日　兼東宮学士（『公』『春宮坊官補任』）。延久元年十二月十七日　右少弁（『公』『弁』）。延久四年四月廿六日　兼備中介　同日防鴨河使（『公』『弁』）。延久四年十二月八日　新帝五位蔵人　同日東宮学士　先朝蔵人（『公』『職事補任』『春宮坊官補任』）。延久六年正月廿八日　美作守　使佐学士如元　同日従四位下　策（『公』『弁』『職事補任』）。承保二年正月五日　正四位下　前坊学士（『公』）。承暦四年八月廿二日　権左中弁　止美作守（『水左記』『公』）。永保元年八月八日　左中弁（『水左記』『公』）。永保元年八月廿八日　蔵人頭を競望してならず憤怒（『水左記』）。永保三年二月一日　備前権守　式部権大輔兼国（『公』）。応徳元年六月廿三日　左大弁　権大輔学士如元（『公』）。応徳二年二月十五日　兼勘解由長官（『公』）。応徳二年十一月八日　止学士（『公』『春宮坊官補任』）。応徳三年十一月廿日　従三位（『公』）。応徳四年正月廿五日　式部大輔（『公』）。寛治二年正月十九日　正三位　院行幸別当賞（『中右記』『公』）。寛治二年正月廿五日　兼周防権守（『公』）。寛治二年八月廿九日　参議（『公』）。寛治六年正月　兼越前権守（『公』）。寛治八年六月十三日　権中納言（『公』）。寛治八年十二月十一日　従二位（『中右記』『公』）。永長二年三月　兼大宰権帥（『公』）。康和四年正月

五日　正二位　赴任賞　同月得替（『中右記』同七日条・『公』）。長治二年三月十一日　去権中納言遷任大宰権帥（『公』）。嘉承二年三月卅日　或人談云、江帥匡房此両三年不相叶、仍不出仕、只毎人来逢、記録世間雑事之間、或多僻事、或多人上、偏任筆端記世事、尤不便歟、不見不知、暗以記之、狼藉無極云々、大儒所為世以不甘心歟（『中右記』）。天永二年七月廿九日　大蔵卿（『中右記』『公』）。天永二年十一月五日　薨去、戌刻、大蔵卿大江匡房卿薨、年七十一、匡房者故成衡朝臣男、後冷泉院御時給学問料、後三条院為弁廷尉五位蔵人、次美作守、後加権左中弁、堀川院御時任参議中納言、又再任大宰帥辞中納言、任大蔵卿遂昇正二位、但後為帥之間、不赴任過五箇年也、為三代侍読、才智過人、文章勝他、誠是天下明鏡也、但心性委曲、頗有不直事、或人云、申時許出家、次焼老後之間日記了、入夜薨云々（『中右記』『公』）。

備考　二条高倉の文庫（『続古事談』巻二—四一）。相人（『古事談』巻六—五四）。

大江通景

経歴　応徳三年正月廿六日　内御書所祗候宣旨（『朝野群載』巻第五　朝儀下）。寛治元年十二月廿六日　学生　御書所祗候（『朝野群載』巻第五　朝儀下　御書所職員蔵人所侯人補任宣旨）。寛治四年四月廿七日　文章生試（『為房卿記』同五月四日条）。寛治六年四月八日　少内記（『中右記』）。嘉保元年二月廿二日　少外記転任（『嘉保元年大間書』）。永長元年正月廿五日　大外記伴広貞と上日相論（『後二条師通記』）。承徳元年四月廿六日　従五位下　感神院行幸行事賞　外記（『中右記』）。保安元年正月廿八日　伊勢守　外記三　文章生（『中右記』）。

備考　大治五年十二月二日　織部正通景（『中右記』）。長承元年正月七日　白河院主典代通景（『中右記』）。天治元年十月十五日　白河院主典代前伊勢守（「高野御幸記」）。

大江通国

生没年　永承元年（一〇四六）—天永三年（一一一二）

家族　父大江佐国（『中右記』『尊』）。

経歴　承保二年五月十四日　方略試申文　藤原明衡弟子（『朝野群載』巻第十三　紀伝上）。承保二年九月廿四日　方略宣旨（承保四年正月廿七日　式部省勘申『大』第八　課試及第）。承保二年十二月十六日　課試及第（『水左記』）。承保四年　少内記文章得業生（承保四年正月廿七日　式部省勘申『大』第八　課試及第）。承暦四年九月廿八日　源俊房講詩　散位（『水左記』）。永長元年正月廿三日　大蔵少輔補任（『中右記』同日条裏書）。承徳元年正月五日　従四位下　策（『中右記』）。承徳二年正月七日　転大蔵大輔　通国朝臣者儒者也、此役頗不当事歟（『中右記』）。長治元年二月六日　伊豆守　可付兼字（『中右記』）。長治元年七月廿日　大江通国譲状　大蔵大輔（『平安遺文』四九六一号）。天永二年十一月五日　通国雖不抜群起家勤学、近日中風（『永昌記』）。天永二年十二月廿六日　大学頭補任（『中右記』）。天永三年四月十七日　大江通国処分状　大学頭　近江国御香御園譲与男通光（『平安遺文』四九六六号）。天永三年五月廿二日　大学頭通国卒去、年六十七、是故佐国長男也、方略□七、経民部丞、任伊豆也（『中右記』）。

系図等　伊豆守大学頭従四位上（『尊』）。

備考　康和四年十一月八日　右大臣（藤原忠実）家家司（『中右記』）。

大江通直

生没年　—長元二年（一〇二九）

家族　父大江澄江（『尊』）。

経歴　正暦三年十二月十一日　大江通直書状　文章得業生正六位上美作権大掾（『桂』問答博士事）。長徳二年正月廿二日　治部丞補任　前文章得業生（『長徳二年大間書』）。長徳三年　少内記　元治部丞課試遷官無　尻付例（『大』第八　課試及第）。寛弘七年八月　文章博士補任　従四位下（『二中歴』第二　文章博士歴）。長和五年十一月廿一日　文章得業生藤原家経対策　従四位上行文章博士（『桂』雲客勤問答博士例）。寛仁二年十月廿二日　式部権大輔（『小右記』）。治安二年七月廿七日　大学頭（「小記目録」）。万寿二年六月十日　式部省解　従四位上行権大輔兼大学頭備中介（『類聚符宣抄』第一　諸神宮司補任）。長元二年五月廿日　大学頭通直卒（「小記目録」）。

系図等　式部大輔従四位上（『尊』）。

大江通盛

家族　父大江通国（『鎌』三〇三二一号）。

備考　近江国愛智郡香庄相伝系図　大学頭　天永三年四月十七日　譲子息通光（『鎌』三〇三二一号）。

大江以言

生没年　天慶八年（九四五）―寛弘七年（一〇一〇）

家族　父大江仲宣（『尊』）。父大江維繋（「天文本大江系図」）。

経歴　長徳二年十月十日　左遷除目　飛騨権守　藤原伊周に連座（『日本紀略』）。長保三年八月　文章博士補任　従五位上（『二中歴』第二　文章博士歴・寛弘四年二月廿二日　文章博士大江以言申文『本朝文粋』巻第六　奏状中）。寛弘四年二月廿二日　大江以言申文　正五位下行文章博士（『本朝文粋』巻第六　奏状中）。寛弘七年七月廿四日　卒去　従四位下行式部権大輔　年五十六（『日本紀略』）。

系図等　為弓削姓後帰大江姓　文章博士式部大輔従四位下（『尊』）。

備考　起家（長保四年五月廿七日　大江匡衡子息能公の穀倉院学問料を申請『本朝文粋』巻第六　奏状中）。

大江元重

経歴　長承三年三月七日　式部録（『中右記』）。康治二年正月廿七日　下総介　宿官　史（『本朝世紀』）。

大江良貞

経歴　応徳元年十二月廿日　中原師遠課試及第　省官少録（『地下家伝』）。寛治三年正月十一日　制符　式部少録（『朝野群載』巻第十二　内記）。申官史式部少丞大江良貞（『魚魯愚別録』巻第一　為房卿所書目録当家他家大略指南歟」）。

大江能秀
経歴　寛元二年正月廿日　申少内記　局奏（『妙槐記』）。寛元二年八月廿五日　少内記補任（『平戸記』）。寛元四年三月十一日　少内記（『経俊卿記』）。

大中臣有範
経歴　正応元年三月八日　叙爵　式部（『勘仲記』）。

大中臣惟宣
経歴　正安三年三月十六日　御即位叙位　式部（『御即位正安之記』）。

大中臣忠清
経歴　仁安三年正月十一日　式部少丞補任（『兵範記』・「山槐記除目部類」）。仁安三年十一月廿日　叙爵大嘗会叙位　式部（『兵範記』）。

小野義定
経歴　承徳二年十二月八日　式部省勘申　式部少録（『大』第八　課試及第）。康和五年十一月一日　式部少録復任（『本朝世紀』）。

紀有弘（在弘）
家族　父紀景弘（『尊』）。
経歴　文応元年九月八日　式部丞補任（『経俊卿記』）。
系図等　『尊』は在弘　摂津守御蔵大蔵丞右衛門尉（『尊』）。

紀景家
経歴　元応元年四月廿八日　少内記（『改元部類』「不知記　外記記也」）。嘉暦元年四月廿六日　少内記（『実任卿改元定記』）。

紀国康
生没年　―天仁元年（一一〇八）

経歴　天仁元年九月一日　被任大嘗会御禊御前主典人、式部録紀国康去一日已卒去云々、所驚聞也（『中右記』同廿日条）。天仁元年十月十日　紀国康所労による後任人事（『中右記』）。

紀伊賢

家族　父紀在昌（『尊』）。

経歴　正暦元年十二月九日　式部少丞（『本朝世紀』）。

系図等　越前権守従五位下（『尊』）。

紀定弘

経歴　延慶元年十一月十六日　少内記（『官記』）。応長元年正月五日　少内記（『大外記中原師右記』）。

紀斉名

生没年　天徳元年（九五七）—長保元年（九九九）

経歴　長徳二年正月十日　大内記斉名（『小右記』）。長徳三年八月十五日　擬文章生詩瑕瑾申文　従五位下行大内記兼越中権守（『朝野群載』巻第十三　紀伝上）。長保元年十二月十五日　卒　従五位上行式部少輔兼大内記越中権守紀朝臣斉名　本姓田口、改紀姓、当時名儒、尤巧於詩、今当物故、時人惜之、時年四十三（『権記』『小右記』同十六日条）。

備考　起家　田口斉名（長保四年五月廿七日　大江匡衡子息能公の穀倉院学問料を申請『本朝文粋』巻第六　奏状中）。

紀忠弘

経歴　永仁六年十月十三日　少内記（『実躬卿記』）。

紀為定

経歴　延久二年正月　少内記補任　得業生（『除目申文之抄』）。

紀為基

家族　父紀伊輔（『尊』）。

経歴　寛弘元年十一月廿六日　式部少輔（『御堂関白記』）。寛弘八年十月十六日　式部権大輔紀朝臣為基（『権記』)。長和二年六月三日　式部権大輔(『御堂関白記』)。

系図等　式部大輔民部大輔従四位上(『尊』)。

紀朝久

経歴　仁治三年正月十九日　少内記(『民経記』)。仁治三年正月廿日　中務丞　兼少内記、大内記闕之間、少内記詔書(『民経記』)。

紀成忠

経歴　長治元年十二月十五日　式部少録補任(『中右記』)。長治二年正月廿七日　右少史補任　式部録(『永昌記』)。大治五年二月一日　筑後守補任(『中右記』)。

紀教重

経歴　長承元年正月十四日　権中納言源雅兼家令式部少録(『朝野群載』巻第七　権中納言源卿家奉送八省御斎会加奉事)。長承三年閏十二月十五日　右少史　式部録(『中右記』)。保延元年四月一日　叙爵　山城介補任(『中右記』)。

備考　長承元年正月十四日　権中納言源雅兼家令式部少録(『朝野群載』巻第七　権中納言源卿家奉送八省御斎会加奉事)。

紀文雅

経歴　正応二年九月廿七日　式部少丞補任(『勘仲記』)。正応元年十月廿一日　式部少丞(『勘仲記』)。

紀行親

生没年　―貞和元年(一三四五)二月十日(『園太暦』同十一日条)

経歴　元弘二年正月五日　従四位下　策(『花園天皇宸記』)。貞和元年二月十一日　大学頭行親朝臣去七日為強盗被刃傷、而去夕卒去云々(『園太暦』)。

紀行任

経歴　長和五年正月廿四日　少内記(『小右記』)。寛仁元年八月七日　蔵人内記(『小右記』)。

紀行友

経歴　永久二年十二月十三日　式部省奏　申式部少録正六位上大蔵少録紀朝臣行友（『魚』巻第二　諸司奏）。永久三年十二月十日　式部省奏　正六位上大蔵少録紀朝臣行友遷任式部録事）（『魚魯抄符案』巻第二　諸司奏）。

紀頼政

経歴　長元五年七月十五日　式部少録紀頼政（『桂』問答博士）。長元七年十二月十七日　式部省試之事式部録頼政（『左経記』）。長元八年五月廿三日　右少史頼政（『左経記』）。

清原定景

経歴　久安三年七月廿一日　式部録（『本朝世紀』）。

清原友昌

経歴　寛喜二年閏正月四日　叙爵　式部（『明月記』同五日条）。

清原秀昌

経歴　嘉禄二年正月五日　叙爵　式部（『明月記』同六日条）。

清原盛時

経歴　久安三年十二月廿一日　式部少録補任　元刑部丞（『本朝世紀』）。久安三年十二月廿八日　下名　式部少録　元刑部丞　寮奏（『本朝世紀』）。仁平二年八月廿一日　齋王行禊次第御前主典　式部少録（『本朝世紀』）。

清原盛安

経歴　永久三年正月十三日　式部省勘申　式部少録（『魚』巻第二）。永久四年正月　式部省勘申　式部少録（『大』第八　課試及第）。永久四年十二月十八日　式部省勘申　式部少録（『大』第八　課試及第）。元永元年十一月廿三日　式部省勘申　式部少録

（『大』第八　課試及第）。元永二年十一月八日　右少史（『中右記』）。久安五年三月十八日　大隅守史巡（『本朝世紀』）。

巨勢為時

経歴　正暦二年九月七日　大内記為時（『権記』）。正暦五年八月廿八日　大内記　宣命草（『権記』）。

惟宗章国

経歴　治安三年八月　式部録補任（「除目申文之抄」）。

惟宗兼職

経歴　天仁元年八月廿九日　少内記補任（『中右記』）。天永二年正月廿三日　外記補任（『中右記』）。

惟宗国成

経歴　長元二年正月　少内記補任　文章生散位（「除目申文之抄」）。長元四年正月七日　内記（『小右記』）。

惟宗定景

経歴　応保二年正月廿二日　式部少録　式部省勘申（『魚』巻第二）。仁安元年十月十四日　右少史（『兵範記』）。仁安三年正月十一日　皇太后宮権少属（『兵範記』）。養和元年三月廿六日　太皇太后宮権大属（『吉記』）。

惟宗孝言

家族　父惟宗孝近（東京大学史料編纂所蔵『惟宗系図』）。

経歴　永承三年三月　少内記（『建久興福寺供養次第』永承先例）。延久三年正月九日　右大臣家送状　別当大学頭（『平安遺文』補一七三号）。延久三年九月九日　納和歌集等於平等院経蔵記　大学頭孝言（『本朝続文粋』巻第十一　記）。寛治元年十一月十一日　兼備中大掾　掃部頭（『本朝世紀』）。寛治元年十一月十八日　正五位下　御即位叙位　国司備中大掾（『本朝世紀』）。寛治元年十二月廿六日　御書所開闔補任（『中右記』）。嘉保元年七月十三日　伊賀守補任　従四位下（『中右記』）。

備考　寛治二年十二月廿五日　摂関家政所家司　掃部頭（『為房卿記』『寛治二年記』）。嘉保元年三月九日関白藤原師通政所家司補任　掃部頭（『中右記』）。

惟宗貴重

家族　父惟宗広孝（東京大学史料編纂所蔵『惟宗系図』）。

経歴　長徳元年八月　式部録　文章生（「除目申文之抄」『大』第十　当職文章生）。長保元年三月十六日左少史（『本朝世紀』）。長和元年正月十二日　下総守（『小右記』）。寛仁三年正月廿三日　加階（『小右記』）。万寿四年二月十四日　肥前守（『小右記』）。

備考　小野宮実頼家司（『小右記』寛仁三年正月廿三日）。

惟宗友成

経歴　寿永二年十二月十日　少内記補任（『吉記』）。文治元年正月廿日　民部丞補任（『吉記』）。

惟宗成俊

経歴　治安元年八月　少内記補任（「除目申文之抄」）。

惟宗業昌

経歴　治承二年正月廿八日　少内記補任　本局奏（『玉葉』・治承二年正月十四日　内記局奏『大』第七本司奏）。養和元年三月廿四日　中右衛門志　少内記（『吉記』）。元暦元年正月三日　少内記（『愚昧記』）。元暦元年七月十四日　叙爵　御即位叙位民部（『山槐記』）。

惟宗延貞

経歴　年月日未詳　申式部録　宮内少録（『魚魯愚別録』巻第一　為房卿所書目録当家他家大略指南歟）。

惟宗以忠

経歴　建久九年正月卅日　少内記補任　局奏（『三長記』『明月記』）。建仁二年正月廿二日　民部丞転任（『明月記』）。元久元年正月五日　叙爵　民部（『明月記』同六日条）。

惟宗以長
経歴　建保三年正月五日　従五位下　式部（『明月記』同六日条）。

惟宗基言
生没年　―天養二年（一一四五）
家族　父惟宗孝言（東京大学史料編纂所蔵『惟宗系図』）。
経歴　嘉保元年　少内記補任　本局奏（『大』第七　本司奏、「嘉保元年大間書」柳原家記録四六　除目大間書）。康和元年正月廿三日　少外記転任　元権少（『本朝世紀』）。
系図等　天養二年十一月三日　卒（「惟宗系図」）。

惟宗行氏
経歴　仁治三年十月十八日　式部少丞補任（『平戸記』）。仁治三年十月廿七日　大嘗会御禊次第判官（『御禊行幸服飾部類』）。

佐伯仲友
経歴　天養元年九月一日　御前次第主典式部録　服仮（『本朝世紀』）。久安三年正月廿八日　右少史補任　式部第三録（『本朝世紀』）。

菅野兼孝
経歴　承暦三年七月廿五日　権少外記補任　内記（『為房卿記』）。

菅野行俊
経歴　年月日未詳　申内記　本局奏（『魚魯愚別録』巻第一　為房卿所書目録当家他家大略指南歟）。

菅原在章
生没年　承元元年（一二〇七）―文永五年（一二六八）
家族　父菅原淳高（『尊』）。
経歴　貞応三年四月六日　穀倉院学問料（『公』）。元仁二年正月廿日　文章得業生（『公』）。嘉禄二年正月廿三日　越後権少掾（『公』）。嘉禄三年五月四日　献策（『公』）。嘉禄三年五月八日　判（『公』）。安貞

元年正月廿七日　式部丞補任（『明月記』）。安貞二年□月廿六日　叙爵（『公』）。寛喜元年四月十八日　弾正少弼（『明月記』同十九日条・『公』）。寛喜元年二月七日　従五位上　止少弼叙之（『民経記』『公』）。嘉禎四年五月五日　正五位下　策（『公』）。嘉禎四年五月廿二日　民部少輔（『公』）。暦仁元年十二月廿五日　辞少輔以任父淳高任権大輔（『公』）。暦仁二年正月廿四日　少納言（『公』）。仁治元年正月廿一日　兼紀伊権守（『平戸記』）。仁治元年十一月十二日　従四位下　策労　去少納言（『平戸記』『公』）。仁治三年三月七日　修理権大夫　父卿辞民部大輔申任之（『平戸記』『公』）。寛元二年三月十八日　御書所覆勘　修理権大夫（『百錬鈔』）。寛元四年正月五日　従四位上　策労（『葉黄記』『公』）。建長二年九月十六日　大学頭　去権大夫（『公』）。建長四年正月十三日　兼紀伊権介（『公』）。建長四年十二月四日　正四位下（『公』）。建長五年正月十三日　文章博士（『公』『早』「兼国例勘文」）。建長六年五月十三日　兼越後介（『公』『早』「兼国例勘文」）。正嘉三年正月廿一日　兼越中介（『公』『早』「兼国例勘文」）。正元□年　侍読　于時正四位下行文章博士越中介（『砂巌』所収「菅儒侍読臣之年譜」）。文応元年九月八日　従三位　元文章博士（『経俊卿記』『公』）。弘長三年正月廿八日　式部権大輔（『公』『妙槐記除目部類』）。文永元年正月十三日　兼備後権守（『公』）。文永二年三月廿八日　正三位（『公』）。文永五年五月十五日　従二位　式部権大輔叙二品、連枝相並、偏五更労歟、二品早速、可為過分歟（『吉続記』『公』）。文永五年七月廿九日　出家（『民経記』『公』）。

系図等　式部権大輔従二位少納言大学頭弾正少弼侍読亀山文章博士　文永五七廿九出依中風也　同年十二六薨　六十二歳（『尊』）。

菅原在顕

家族　父菅原在氏（『尊』）。

経歴　弘安元年十二月七日　新任大内記（『勘仲記』）。弘安二年八月廿八日　御書所開闔　大内記（『勘仲記』）。

備考　大内記従五位下（『尊』）。

菅原在淳

生没年　徳治元年（一三〇六）―文和三年（一三五四）

家族　父菅原在登（『尊』『公』）。

経歴　徳治二年六月　文章生（『公』）。延慶二年正月　方略宣旨（『公』）。延慶二年正月廿六日　献策（『公』）。延慶二年正月廿八日　判（『公』）。延慶二年四月十四日　叙爵（『公』）。延慶二年九月廿六日　兵部権少輔（『公』）。延慶三年十二月廿八日　辞権少輔（『公』）。応長二年正月五日　従五位上　簡一（『公』）。正和五年八月一日　正五位下（『公』）。文保二年三月廿六日　少納言（『公』）。文保二年十月廿二日　右衛門権佐（『公』）。文保三年正月五日　従四位下（『公』）。元応二年四月十二日　東宮学士（『公』『春宮坊官補任』）。元亨元年六月　大学頭（『公』）。元亨四年正月十三日　武蔵権介（『公』）。正中元年正月十九日　東宮学士（『後称念院関白冬平公記』）。

正中二年四月二日　中宮権大進（『公』）。正中二年五月五日　還任東宮学士（『公』）。正中三年四月十二日　弾正大弼（『公』）。嘉暦二年正月五日　従四位上　策（『公』）。嘉暦二年八月十四日　文章博士（『公』）。嘉暦三年　去介　秩満（『公』）。嘉暦四年正月十三日　民部大輔（『公』）。元徳二年正月十三日　左馬頭（『公』）。建武二年正月十三日　少納言（『公』）。延元元年三月二日　土佐権守（『公』）。建武五年正月五日　正四位下（『公』）。暦応三年七月十九日　文章博士　同日宮内卿（『公』）。暦応四年十二月廿九日　去卿（『公』）。貞和元年三月十九日　従三位　元文章博士（『公』）。貞和四年七月十日　式部権大輔（『公』）。貞和四年七月廿六日　去卿（『公』）。文和三年正月七日　正三位（『公』）。文和三年五月十八日　薨（『公』）。

系図等　正三位治部卿宮内卿文章生大学頭少納言左馬頭民部大輔式部権大輔大弼侍読光明崇光後光厳　文和三五十八薨　四十九歳（『尊』）。

菅原在氏

家族　父菅原為俊（『尊』）。

経歴　仁治三年十月三日　兵部権少輔補任（『平戸記』）。寛元三年正月五日　従五位上　策（『平戸記』）。寛元四年三月十一日　兵部権少輔（「中原師兼記」）。正元六年十一月廿一日　従四位上朔旦叙位（『民経記』）。文永二年五月二日　前大内記在氏死去（『新抄』）。

備考　式部権少輔兵部少輔大内記従四位上（『尊』）。

菅原在賢

家族　父菅原良宗（『尊』）。

経歴　文永十一年十月十八日　御装束判官補任　式部丞兼少内記（「勘仲記文永十一年暦記」）。

系図等　式部丞少内記従五位下（『尊』）。

菅原在兼

生没年　建長元年（一二四九）—元亨元年（一三二一）

家族　父菅原在嗣（『公』『尊』）。

経歴　弘長元年　穀倉院学問料（『公』）。弘長三年　文章得業生（『公』）。文永元年二月廿五日　越中権少掾（『公』）。文永二年七月廿二日　掃部少允（『公』）。文永二年七月廿五日　掃部助（『公』）。文永二年七月廿六日　叙爵（『公』）。文永二年十月八日　献策（『新抄』『公』）。文永二年十月十一日　判（『公』）。文永三年十一月二日　中務少輔（『公』）。文永七年正月五日　従五位上　臨時（『公』）。文永七年六月　昇殿（『公』）。文永八年二月一日　菅原良頼辞大輔以男在兼申任少輔（『公』文永八年菅原良頼項・『公』菅原在兼項）。文永九年七月十一日　因幡権守（『公』）。文永十一年五月十日　辞式部少輔（『公』）。建治二年正月五日　正五位下　策（『公』）。建治二年三月十二日　東宮学士（『春宮坊官補任』）。建治三年十二月八日　東宮学士　受禅（『公』・『魚』巻第四　東宮学士兼国）。弘安二年正月十六日　従四位下　策（『公』）。弘安二年正月廿四日　兼武蔵権介　学士兼国（『公』・『魚』巻第四　東宮学士兼国）。弘安八年正月五日　従四位上　策（『公』）。弘

安十年十月廿一日　止学士　受禅（『公』『春宮坊官補任』）。弘安十年十一月七日　伏見天皇侍読（『伏見天皇宸記』）。弘安十年十二月十日　左京大夫（『伏見天皇宸記』『公』）。正応二年三月二日　御書所別當（『伏見天皇宸記』）。正応二年六月二日　兼東宮学士（『公』『春宮坊官補任』）。正応三年正月十三日　菅原長経の叙従三位を愁訴（『伏見天皇宸記』）。正応三年二月七日　兼大学頭（『公』）。正応三年九月五日　正四位下（『公』）。正応四年三月廿五日　兼紀伊権介（『公』「正応四年除目大間書」）。正応四年四月六日　還任左京大夫（『公』）。正応四年十二月廿一日　兼文章博士　止大学頭（『公』）。永仁元年十二月十三日　辞博士（『勘仲記』『公』）。永仁二年四月卅日　止東宮学士以男在経申任之（『園太暦』貞和三年二月七日条・『公』『春宮坊官補任』）。永仁五年十二月十八日　刑部卿補任（『公』）。永仁六年十二月十八日　右京大夫（『公』）。正安二年閏七月八日　造営無沙汰により、北野造営料国伯耆の国を召し上げられる（『実躬卿記』）。

正安二年十二月卅日　勘解由長官（『公』）。乾元元年正月五日　従三位　新院当年御給（『公』）。延慶元年十一月八日　正三位（『公』）。応長元年閏六月九日　左大弁（『公』）。正和元年二月十三日　従二位（『公』）。正和五年七月廿二日　民部卿（『公』）。正和五年十二月七日　正二位（『公』）。元応元年三月九日　止民部卿（『公』）。元応二年九月九日　式部大輔（『公』）。元応二年十月廿二日　還任民部卿（『公』）。元亨元年三月十一日　参議（『公』）。元亨元年三月六日　辞参議（『公』）。元亨元年六月廿四日　薨去　七十三歳（『公』、「皇代暦」は十九日、『尊』は廿三日）。

系図等

中務少輔刑部卿式部大輔左大弁正二位民部卿大学頭勘解由長官参議文章博士長者　侍読伏見後伏見後二条花園後醍醐　元亨元六廿三卒　七十三歳

本名在緒（『尊』）。

備考

永仁四年八月　関白左大臣（兼忠）家政所下文別当（『鎌倉遺文』一九一二六号）。文保元年六月六日　中殿御会　在輔と座次相論（『花園天皇宸記』）。

菅原在公

生没年　―弘安十年（一二八七）

家族　父菅原公輔　公良卿為子（『公』『尊』）。

経歴　元仁元年十二月一日　文章生（『公』）。元仁二年正月廿三日　越前掾（『公』）。寛喜二年正月廿二日　穀倉院学問料　父朝臣辞所帯申補（『公』）。天福元年正月廿四日　文章得業生（『民経記』『公』）。天福二年正月廿一日　越前権少掾（『公』）。文暦二年三月廿五日　献策（『公』）。文暦二年八月卅日　縫殿権助（『公』）。嘉禎元年十月十九日　叙爵　東一条院合爵（『公』）。仁治元年十二月十二日　従五位上　策労六年（『平戸記』『公』）。仁治三年三月七日　伯耆権守（『平戸記』）。寛元元年閏七月廿七日　式部少輔（『公』）。寛元二年正月廿三日　紀伊権守（『公』）。寛元四年正月五日　正五位下（『葉黄記』『公』）。宝治二年十二月十七日　大内記（『公』）。建長元年正月五日　従四位下　策労（『公』）。建長七年正月五日　従四位上　策（『公』）。弘長二年十二月廿一日　文章博士（『公』）。弘長三年正月廿八日　越前介（『公』）。文永六年十月六日　正四位下（『公』）。文永七年正月廿一日　越中介（『公』『妙槐記除目部類』）。建治二年八月十三日　芸閣作文殿上人　文章博士（『勘仲記』）。弘安四年三月廿六日　式部権大輔（『公』）。弘安八年三月六日　従三位　元式部権大輔（『公』）。弘安十年四月廿六日　従三位菅原在公卿死去云々（『新抄』、『公』は十九日とする）。

系図等　縫殿助従三位式部権大輔文章博士大内記侍読後宇多長者　公良卿為子（『尊』）。

備考　文永二年二月十日　中御門大宮文章博士在公宅炎上（『新抄』）。

菅原在輔

生没年　宝治元年（一二四七）―元応二年（一三二〇）

家族　父菅原在公（『公』『尊』）。

経歴　弘長元年三月廿八日　方略宣旨（『公』）。弘長三年

正月四日　献策（『公』）。弘長三年正月廿八日　大膳亮（『公』）。弘長四年正月五日　叙爵臨時（『公』）。文永七年正月五日　従五位上　策労（『公』）。建治二年正月五日　正五位下　策（『公』）。弘安元年三月十四日　式部権少輔（『公』）。弘安元年十一月廿日　従四位下　策労　朔旦冬至（『公』）。弘安二年正月廿四日　止権少輔（『公』）。弘安七年正月六日　従四位上　策労（『公』）。弘安九年二月　昇殿（『公』）。弘安九年三月九日　判儒（『公』）。正応元年十二月廿日　大学頭（『公』『早』「兼国例勘文」）。正応二年正月十三日　土佐介　大学頭兼国（『公』『早』「兼国例勘文」）。正応三年二月七日　文章博士（『公』）。正応三年九月五日　正四位下（『公』）。正応六年正月十三日　越前権介（『公』）。永仁六年三月廿四日　式部権大輔（『公』）。永仁七年三月廿四日　兼豊前権守（『公』）。正安二年十二月二日　従三位（『公』）。正安三年三月廿四日　右京大夫（『公』）。正安三年十月五日　遷刑部卿（『一代要記』）。乾元元年七月廿一日　止式部大輔（『公』）。

嘉元元年六月六日　止右京大夫　補刑部卿（『公』）。嘉元元年十二月廿九日　式部大輔（『公』）。嘉元三年正月廿三日　駿河権守（『公』）。徳治二年正月五日　正三位　臨時（『公』）。延慶二年九月廿六日　従二位（『公』）。応長元年二月廿七日　侍読補任後初参（『花園天皇宸記』）。正和五年十一月廿三日　正二位（『公』）。元応二年十一月九日　薨去　七十四歳（『公』『尊』）。

系図等　刑部卿正二位左京大夫式部大輔式部権大輔東宮学士長者大学頭侍読後二条花園後醍醐（『尊』）。

備考　永仁四年八月　関白左大臣（兼忠）家政所下文別当（『鎌倉遺文』一九一二六号）。文保元年六月六日　中殿御会　在兼と座次相論（『花園天皇宸記』）。

菅原在高

生没年　平治元年（一一五九）―貞永元年（一二三二）

家族　父菅原在茂　母藤原家基女（『公』『尊』）。

経歴　安元二年正月廿日　穀倉院学問料（『公』）。治承二年正月廿六日　文章得業生（『公』）。治承三年正月

十九日　加賀少掾　文章得業生（『玉葉』同十八日条・『葉黄記』宝治元年四月廿七日条・『公』）。治承三年十月十日　上西門院判官代（『公』）。治承四年正月十六日　献策（『葉黄記』宝治元年四月廿七日条）。治承四年十一月十八日　左衛門尉補任　非蔵人　前文章得業生（『山槐記』『公』）。養和元年五月卅日　蔵人　非蔵人　大業（『吉記』『公』）。養和元年九月廿五日　使宣旨（『公』）。養和元年十一月廿八日　叙爵（『吉記』『公』）。元暦元年三月廿七日　刑部大輔（『公』）。文治三年正月五日　従五位上（『公』）。文治五年九月十六日　正五位下　前上西門院元暦元年大嘗会御給（『公』）。建久三年正月五日　従四位下　策（『公』）。建久三年正月廿九日　還任刑部大輔（『公』）。建久九年正月五日　従四位上　策（『明月記』同六日条・『公』）。正治二年十月廿六日　文章博士（『明月記』同廿七日条・『公』）。建仁元年正月廿九日　兼越後介（『公』）。元久元年正月十三日　大学頭（『公』）。元久二年正月廿九日　兼紀伊権介（『明月記』同卅日条・『公』）。元久二年四月十日　正四位下　淳高治国賞（『明月記』『公』）。建永元年三月一日　侍読（『菅家侍読年譜』）。建永元年四月三日　式部大輔補任（『三長記』『公』）。承元元年正月十三日　兼周防権守（『公』）。承元四年十二月廿日　従三位　元式部大輔（『玉蘂』建暦元年十月九日条・『公』）。承久元年正月五日　正三位（『公』）。承久元年十月五日　兵部卿（『公』）。貞応二年正月廿日　辞侍読申任子息淳高（『園太暦』貞和三年二月七日条）。嘉禄元年正月五日　従二位（『明月記』同六日条・『公』）。嘉禄元年十二月五日　辞兵部卿以男淳高任刑部卿（『公』）。貞永元年七月十日　侍読（『民経記』）。貞永元年九月廿三日　薨去　氏長者卅一年　年七十四（『公』『尊』は廿四日）。

系図等

侍読土御門文章博士長者従二位式部大輔兵部卿刑部大輔左衛門尉　寛喜三九廿四薨　七十四（『尊』）。

備考

正治元年三月十四日　近衛家実行列前駆　雖儒者依為家司也（『猪隈関白記』）。承元元年十月　関白（家実）家政所下文　別当式部大輔兼周防権守（『鎌倉遺文』一七〇三号）。元仁元年八月廿六日　近衛家実菅原在高上東門邸に移る（『岡屋関白記』）。

菅原在嗣

生没年　—延慶元年（一三〇八）

家族　父菅原良頼（『平戸記』寛元二年正月廿八日条・『公』『尊』）。

経歴　寛元二年正月廿三日　能登大掾（『公』）。寛元二年正月廿八日　宗尊親王蔵人補任　文章生（『平戸記』）。寛元四年正月廿九日　蔵人補任（『大外記中原師光朝臣記』）。建長元年正月　文章得業生（『桂』）。建長元年十二月廿日　課試（『公』）。建長二年正月　対策（『桂』）。建長二年正月五日　叙爵　蔵人（『公』）。建長二年正月十三日　筑後権守（『公』）。建長三年正月廿二日　遷民部少輔（『公』）。建長八年正月廿一日　従五位上（『公』）。文応元年八月廿八日　遷式部権少輔（『公』）。弘長二年三月一日　正五位下（『公』）。弘長三年正月廿八日　転式部少輔（『公』「妙槐記除目部類」）。弘長三年十二月廿一日　去少輔（『公』）。文永二年正月五日　従四位下（『公』）。文永八年正月五日　従四位上（『公』）。建治三年二月十四日　文章博士（『公』）。年月日　去博士（『公』）。弘安二年八月廿五日　文章博士（『公』）。弘安六年十一月六日　侍読　正四位下行文章博士（『菅家侍読年譜』）。弘安十年十一月六日　伏見天皇侍読（『伏見天皇宸記』）。正応元年三月八日　従三位　元文章博士（『勘仲記』『公』）。正応二年十月十八日　大蔵卿（『公』）。正応四年三月廿五日　正三位　兼越後権守（『公』「正応四年除目大間書」）。永仁二年四月十三日　従二位（『公』）。永仁四年四月十三日　参議（『公』）。永仁四年五月十五日　兼式部大輔（『公』）。永仁四年十月廿四日　辞参議（『公』）。永仁四年十二月卅日　去式部大輔叙正二位（『公』）。正安二年三月六日　大蔵卿（『公』）。正安三年三月十八日　止大蔵卿（『公』）。延慶元年四月十二日　薨去（『公』『尊』）。

系図等　式部大輔筑後守民部少輔式部権少輔正二位参議大

蔵卿文章生長者文章博士侍読伏見後伏見後二条徳治三四十二卒（『尊』）。

菅原在経

家族　父菅原在兼（『尊』）。

経歴　永仁二年四月卅日　止東宮学士以男在経申任之（『園太暦』貞和三年二月七日条・『公』乾元元年菅原在兼項）。嘉元元年十二月十九日　春宮御書始　東宮学士（『後深草天皇宸記』）。

系図等　出雲守式部少輔兵部少輔大膳大夫右京大夫東宮学士大学頭従四位下（『尊』）。

菅原在任

家族　父菅原在守（『尊』）。

経歴　正応元年二月十日　式部少輔補任（『勘仲記』）。正応元年三月十五日　式部少輔（『実躬卿記』『大外記中原師淳朝臣記』）。

系図等　式部少輔従四位下（『尊』）。

菅原在登

生没年　—観応元年（一三五〇）

家族　父菅原在輔（『公』『尊』）。

経歴　永仁四年十二月廿一日　少納言重職宣旨　従五位下（『師守記』康永元年七月十三日）。徳治三年九月　東宮学士（『魚』巻第五　東宮学士兼国）。応長元年二月五日　文章博士（『園太暦』）。応長二年二月十三日　正四位下（『公』）。文保二年二月廿七日　昇殿　前坊学士（『権中納言藤実任卿記』）。文保二年三月七日　侍読　散位正四位下（『菅家侍読年譜』）。元亨元年四月六日　従三位　元文章博士（『公』）。元亨元年十二月廿九日　式部権大輔（元亨元年十二月廿九日　除目聞書『鎌倉遺文』二七九三六号、『公』は翌年とする）。元亨三年九月八日　兼修理大夫（『公』）。正中二年　甲斐権守初見（『公』）。嘉暦元年十月十日　止修理大夫（『公』）。嘉暦二年九月廿一日　兼修理大夫（『公』）。嘉暦三年三月十六日　転式部大輔（『公』）。元徳元年正月十三日　兼筑前権守（『公』）。元徳元年十二月廿四

日　止修理大夫（『公』）。元徳二年三月廿二日　兼勘解由長官（『公』）。元徳二年十月廿五日　左大弁　止式部大輔（『公』）。元徳二年十二月　止左大弁（『公』）。元弘元年三月十八日　正三位（『公』）。建武三年十一月廿五日　止勘解由長官（『公』）。貞和三年十一月十六日　従二位（『公』）。観応元年三月廿二日　罷従二位復正三位（『公』）。観応元年四月廿日　参議（『公』）。観応元年五月十六日薨去　大覚寺寛尊法親王寵童護吾丸殺害之（『公』『尊』）。

系図等　侍読後醍醐光厳光明　長者　文章博士東宮学士正三位　参議左大弁勘解由長官式部大輔修理大夫大蔵卿民部少輔少納言　観応元五十六薨　大覚寺寛尊法親王寵童護吾丸殺害之（『尊』）。

菅原在長

生没年　―久安五年（一一四九）

家族　父菅原善弘（『尊』）。

経歴　延久三年正月　但馬掾　得業生（「除目申文之抄」）。久安二年二月十一日　列見　式部権少輔（『本朝世紀』）。久安四年正月七日　式部権少輔（『台記』「宇山槐記抄」）。久安五年七月十二日　散位従四位下菅原在長卒（『本朝世紀』）。

系図等　長者大膳亮式部権少輔従四位下（『尊』）。

菅原在成

生没年　永仁六年（一二九八）―文和元年（一三五二）

家族　父菅原在兼　実者在俊男（『公』）、父菅原在経（『尊』）。

経歴　延慶二年三月廿七日　穀倉院学問料（『公』『弁』『桂』）。延慶三年四月八日　文章生（『公』『弁』『桂』）。延慶三年五月廿日　方略宣旨（『公』『弁』『桂』）。延慶三年六月二日　献策（『公』『弁』『桂』）。延慶三年六月三日　判（『公』『弁』）。延慶三年六月廿九日　叙爵（『公』『弁』）。延慶三年十二月廿八日　兵部権少輔（『公』『弁』）。正和二年七月十二日　去権少輔（『公』『弁』）。正和三年四月廿七日　従五位上　去十二日位記（『公』『弁』）。正和五

年二月廿九日　式部権少輔（『公』『弁』）。元応元年六月十四日　去権少輔（『公』『弁』）。元応元年閏七月五日　三河守（『公』『弁』）。元応二年四月十五日　正五位下　賜去月廿四日位記（『公』『弁』）。嘉暦二年正月五日　従四位下（『公』『弁』）。嘉暦三年六月廿九日　大学頭（『公』『弁』）。元徳三年正月五日　従四位上（『公』『弁』）。元徳三年正月十三日　東宮学士　紀伊介（『公』『弁』『春宮坊官補任』）。元徳三年七月十七日　文章博士　去大学頭（『公』『弁』）。元徳三年九月廿日　去学士　践祚（『公』『弁』『春宮坊官補任』）。建武二年正月十三日　式部少輔　去博士（『公』『弁』）。建武三年十一月廿五日　大学頭（『公』『弁』）。建武四年七月廿日　去式部少輔（『公』『弁』）。（中略）貞和元年四月十六日　従三位（『公』）。

系図等　侍読光厳光明崇光後光厳四代文章博士東宮学士勘解由長官大学頭左大弁左京大夫治部卿三河守従三位　文和元十十九薨　五十五歳（『尊』）。

菅原在範

家族　父菅原在宗（『尊』）。

経歴　正応三年十一月　式部少輔補任（『早』「兼国例勘文」）。正応四年三月　兼能登権守（『早』「兼国例勘文」）。

系図等　式部少輔従四位上（『尊』）。

菅原在春

家族　父菅原在定（『尊』）。

経歴　元弘二年正月五日　従四位下　策（『花園天皇宸記』）。

系図等　皇后宮少進正五位下大内記式部権少輔（『尊』）。

菅原在房

家族　父菅原在頼（『民経記』）。

経歴　貞永元年二月廿日　東宮非蔵人菅原在房に学問料を給す（『民経記』）。寛元二年正月五日　従四位下　源経雅　在房罷式部巡年叙之（『平戸記』）。

菅原在匡

生没年　文暦元年（一二三四）—

家族　父菅原在章（『尊』）。

経歴　仁治三年十二月　給穀倉院学問料（『葉黄記』宝治元年四月廿七日条）。寛元二年正月廿八日　宗尊親王侍者補任（『平戸記』）。宝治元年十二月十二日　叙爵（『経俊卿記』）。正元元年十二月廿日　式部少輔辞退（『民経記』）。正元元年十二月廿五日　御即位叙位　従四位下　策（『民経記』）。文永元年正月廿一日　治部卿補任（「妙槐記除目部類」）。文永四年正月廿一日　侍読補任　讃岐守（『新抄』）。文永十一年三月十一日　侍読　従四位上行治部卿兼文章博士（「勘仲記文永十一年暦記」・『砂巌』所収「菅儒侍読臣之年譜」）。建治二年七月廿二日　御書所別当補任（『勘仲記』）。

系図等　侍読亀山後宇多御書所別当文章博士正四位下弾正大弼式部大輔治部卿刑部卿讃岐守為祖父之子（『尊』）。

菅原在宗

生没年　正治元年（一一九九）—弘安三年（一二八〇）

家族　父菅原資高（『公』『尊』）。

経歴　年月日　承明門院判官代（十二月十一日　菅原資高挙状『民経記』寛喜三年正月巻紙背文書・『公』）。元仁元年十二月二日　文章生（『公』）。元仁二年正月廿三日　能登掾（『公』）。安貞三年二月三日　穀倉院学問料（『公』）。年月日未詳　御書所衆（十二月十一日　菅原資高挙状『民経記』寛喜三年正月巻紙背文書）。寛喜四年二月五日　文章得業生（『公』）。天福元年正月廿八日　兼丹後少掾（『民経記』『公』）。文暦元年二月十三日　献策（『公』）。文暦元年二月廿八日　判（『公』）。文暦元年四月二日　式部丞（『公』）。文暦元年十月廿九日　叙爵臨時（『公』）。延応元年九月九日　式部少輔（『公』）。仁治元年正月六日　従五位上　策労（『平戸記』『公』）。仁治元年正月廿一日　兼因幡権守（『平戸記』『公』）。仁治三年三月十八日　式部少輔（『民経記』『甘露寺本洞院家記　御即位部類』）。寛元元

年閏七月廿七日　大内記（『公』）。寛元二年三月十八日　御書所開闔（『百錬鈔』）。寛元三年正月十三日　兼因幡介（『平戸記』）。寛元四年正月五日　正五位下（『葉黄記』『公』）。宝治二年　辞大内記　病（『公』）。建長元年正月五日　従四位下（『公』）。建長五年十月　加判（『公』）。建長七年正月五日　従四位上（『公』）。文応元年十月十日　大学頭（『公』）。弘長二年正月五日　正四位下（『公』）。弘長二年正月十九日　兼周防権介（『公』「妙槐記除目部類」）。文永元年三月十三日　御書所開闔補任（『新抄』）。文永五年　従三位（『公』）。弘安三年六月二日　卒去　八十二歳（『公』『尊』）。

系図等　弘安三六二卒　八十二歳（『尊』）。

菅原在茂

生没年　保安二年（一一二一）―正治二年（一二〇〇）

家族　父菅原在長　実是基子（『台記』『尊』）。

経歴　仁平三年六月廿一日　学問料試　在長朝臣子　実是基子（『台記』『本朝世紀』）。保元四年三月十四日　文章生試　正六位上　院文殿（応保二年正月大学寮注進文章生歴名事『魚』巻第二）。長寛二年正月　文章得業生補任（『師守記』貞治二年閏正月九日条）。長寛三年正月　兼因幡□□　文章得業生兼国（『師守記』貞治二年閏正月九日条）。永万元年正月　献策（承安四年十月一日　大江忠房申文『大』第八　課試及第）。仁安元年十月廿一日　式部丞補任（『兵範記』）。安元元年二月十三日　式部少輔（醍醐寺本『性霊集』巻第六奥書）。治承元年十一月十五日　大学頭補任　上臈七人を超越　菅家長者　従五位上　式部大夫（『玉葉』・「山槐記除目部類」・『魚』巻第五　大学頭兼国）。治承二年正月五日　叙正五位下　策　大学頭（『玉葉』『山槐記』）。治承二年正月廿七日　兼讃岐介　大学頭兼国（『玉葉』・『魚』巻第五　大学頭兼国）。治承四年正月五日　従四位下　策（『玉葉』・「警固中節会部類記」所収「山槐記」）。建久九年正月卅日　兼越後介（『三長記』『明月記』）。正治元年四月廿七日　改元定　正四位下行大学頭兼文章博士越後介（『猪限関白記』『三長記』『師重改元定記』)。正治二年三月卅日　近衛家実連句　文章博士在茂（『猪隈関白記』)。正治二年六月廿九日　去夜大学頭在茂死去云々、日来所労、生年八十、昨日出家（『猪隈関白記』)。

系図等　為在長朝臣子遂業、仍此流入在長流内、但実父者是基也子細左、文章博士長者文章生大学頭正四位下（『尊』)。

備考　承安三年八月廿一日　左大臣藤原経宗家司（『玉葉』)。建久八年二月　関白（基通）家政所下文案別当大学頭兼文章博士（『鎌倉遺文』九〇一号)。

菅原在守

家族　父菅原在章（『尊』)。

経歴　文永四年四月廿五日　大内記在守（『吉続記』『民経記』)。文永四年十一月七日　対策問答博士　讃岐守（『新抄』)。文永七年十二月廿日　大内記補任（「為氏卿記」)。文永九年十二月廿日　兼東宮学士　于時従五位上行大内記因幡介（『砂巌』所収

「菅儒侍読臣之年譜」)。文永十一年正月廿六日侍読　正五位下行大内記兼因幡権介（『砂巌』所収「菅儒侍読臣之年譜」)。文永十一年十月十八日式部少輔（「勘仲記文永十一年暦記」)。建治四年二月廿九日　前式部少輔（『左大史小槻兼文記』)。

系図等　侍読後宇多御書所開闔東宮学士式部少輔大内記従四位下（『尊』)。

菅原在良

経歴　延久三年正月　式部少丞補任（「除目申文之抄」)。

菅原在良

生没年　長久二年（一〇四一）—保安二年（一一二一）

家族　父菅原定義　母藤原実方女（『尊』)。

経歴　承保元年十一月　献策（治承二年正月廿日　菅原長守申文『大』第八　課試及第)。承保二年正月式部丞（治承二年正月廿日　菅原長守申文『大』第八　課試及第)。承暦元年閏十二月六日　式部少輔補任　正月叙爵　同二十八日任肥前権守　今度

預是恩、誠是抽賞之至也、式部少輔者本遷任官也、近代未有此例云々（『水左記』承暦元年閏十二月六日条裏書）。応徳四年二月十六日　祈年穀奉幣願文作者　大内記菅原在良（『本朝世紀』寛治元年八月五日条）。寛治二年十一月廿一日　正五位下策（『江記』）。寛治二年十二月十四日　大内記（『後二条師通記』）。寛治三年正月十一日　制符　正五位下行式部少輔兼大内記（『朝野群載』巻第十二内記）。承徳二年正月　文章博士補任（『魚』巻第五　文章博士兼国・『二中歴』第二　文章博士歴）。康和元年正月廿三日　美作権介（『本朝世紀』『魚』巻第五　文章博士兼国）。康和三年正月七日　従四位上　策労（『中右記』脱漏）。長治元年二月六日　兼摂津守（『中右記』）。天永二年　侍読（『菅家侍読年譜』）。天永二年十二月十二日　昇殿（『中右記』）。天永二年十二月十二日　侍読　于時従四位上文章博士（『中右記』・『砂巌』所収「菅儒侍読之臣年譜」）。天永二年十二月廿六日　式部大輔補任（『中右記』）。元永二年五月廿八日　式部大輔雖為齢八十有余（『御産部類記』所収「代々浴殿読書役例」）。保安元年四月十日　式部大輔兼文章博士（『中右記』）。保安元年十二月　式部省奏　従四位上行大輔兼文章博士（『魚』巻第一）。保安二年十月廿三日　卒（『尊』）。元徳二年十一月廿四日　贈従三位　従四位上（『北野神社文書　筑波大学所蔵文書　上』『尊』）。

系図等　文章博士大内記侍読鳥羽御書所別当長者従四位上式部大輔保安二十廿三卒　八十一歳　元徳二十一廿四贈従三位　北野三位殿社是也　新古新勅等作者（『尊』）。

備考　寛治四年十二月十三日　家司大内記在良（『中右記』）。寛治七年六月廿八日　高陽院作文　非殿上人（『後二条師通記』）。元永元年八月　関白藤原忠実家政所下文　別当（『九条家文書』）。三条壬生の館焼亡（『続古事談』巻四—一〇）。

菅原淳高

生没年　治承元年（一一七七）—建長二年（一二五〇）

家族　父菅原在高（『公』『尊』）。

経歴　寿永元年十二月廿六日　文章生（『公』）。文治四年正月廿三日　越前大掾（『公』）。文治六年　東宮蔵人（『公』）。建久六年五月廿七日　穀倉院学問料（『明月記』『公』）。建久八年十二月十七日　近衛家実作文　散位（『猪隈関白記』）。建久九年三月十二日　蔵人（『公』）。建久九年五月十四日　申文章得業生　祖父在茂挙（『葉黄記』宝治三年四月廿七日条）。建久九年六月八日　文章得業生（『公』）。正治元年正月三日　献策（『公』）。正治元年正月五日　叙爵　蔵人（『明月記』同九日条・『公』）。正治元年三月廿三日　兼尾張権守（『明月記』同廿五日条・『公』）。建仁元年正月　丹後守　範光譲（『公』）。建仁三年正月十三日　得替解任（『公』）。元久二年正月五日　従五位上　策（『明月記』同六日条・『公』）。承元二年十月廿七日　院昇殿（『公』）。承元五年正月五日　正五位下　策（『公』）。承元五年正月十八日　式部少輔（『公』）。建暦二年正月十三日　下総権守（『公』）。建暦二年二月二日　新院昇殿（『公』）。

建保二年正月五日　従四位下　策　式部輔（『明月記』『公』）。建保四年正月十九日　治部大輔（『公』）。建保六年正月五日　従四位上　権中納言藤原親経興福寺供養行事賞譲（『公』）。建保六年十二月十二日　豊前守　治国労（『公』）。承久元年正月廿六日　正四位下（『公』）。承久元年四月廿八日　文章博士（『公』）。承久二年正月廿二日　越中権介（『公』）。承久三年十一月　院昇殿（『公』）。貞応二年正月廿日　侍読補任　父在高辞退替（『園太暦』貞和三年二月七日条・『公』『菅家侍読年譜』）。嘉禄元年四月廿六日　左京権大夫（『公』）。嘉禄元年十二月廿二日　刑部卿補任　父卿罷兵部卿（『明月記』『公』）。寛喜三年正月廿九日　備中権介（『民経記』『公』）。寛喜三年三月廿五日　兼出雲権守（『民経記』・『明月記』同廿六日条・『公』）。寛喜三年十月廿八日　東宮学士（『公』『春宮坊官補任』）。貞永元年十月四日　止学士（『春宮坊官補任』）。貞永元年二月廿七日　従三位　当時父在高卿薨去之間籠居、漏是恩、珍重歟、東宮学士去了、不待坊官賞昇進了（『民経記』『公』）。嘉禎二年六月十三日　正三位（『公卿補任』）。延応元年　式部権大輔（『公』）。延応元年正月廿六日　安芸権守（『公』）。延応元年十一月六日　従二位（『公』）。仁治三年三月七日　辞式部権大輔以男在章申任修理権大夫（『平戸記』同八日条・『公』）。寛元元年十二月廿九日　侍読補任（『百錬鈔』）。寛元四年四月十日　式部大輔（『公』）。建長二年五月廿四日　従二位式部大輔兼刑部卿菅原朝臣淳高薨、年七十四、歳学雖非抜群、又不恥時輩、性頗以正直、余多年師匠也、可哀々々、（『岡屋関白記』『百錬鈔』『公』）。

系図等　侍読後堀河四条後嵯峨　東宮学士長者文章博士左京権大夫刑部卿式部大輔治部大輔従二位　建長二五廿四薨　七十五歳（『尊』）。

備考　安貞元年十月廿三日　藤原経光関白家実邸に参る　申次刑部卿淳高（『民経記』）。

菅原淳中

家族　父菅原是綱　母平義清女（『尊』）。

経歴　永保元年十二月卅日　文章得業生補任（『水左記』）。年月日未詳　申右衛門尉　丹後大掾（『魚魯愚別録』巻第一　為房卿所書目録当他家大略為指南歟）。寛治元年十月廿二日　式部丞（『御禊行幸服飾部類』）。寛治元年十二月十三日　式部大丞　元少丞（『本朝世紀』）。寛治四年正月七日　式部丞三人叙爵　策労（『中右記』）。永長元年正月五日　従五位上　策労（『中右記』）。寛治四年正月五日　従四位下　策（『叙位尻付抄』）。永久二年正月十二日　式部省評定文章得業生正六位上行能登少掾藤原朝臣資光対策文事　散位従四位上（『朝野群載』巻第十三　紀伝上）。永久二年正月十四日　式部省評定文章得業生行能登掾藤原朝臣資光作文事　耆儒　従四位上散位（『朝野群載』巻第十三　紀伝上）。

系図等　本御所所覆勘少内記伊勢守従四位上（『尊』）。

菅原家高

家族　父菅原在経（『尊』）。

経歴　徳治三年三月四日　侍読　散位従五位下（『砂巌』

所収「菅儒侍読臣之年譜」）。延慶元年十一月十六日　御即位行幸　少納言（『後伏見天皇宸記』『官記』）。延慶四年二月三日　正五位下　家高同日位記（『公』元亨三年藤原行氏項）。正和二年十二月廿八日　右兵衛佐補任（『花園天皇宸記』）。正和四年三月一日　侍読（『後伏見天皇宸記』）。正和四年四月　菅原氏義絶状　正五位下行右衛門佐兼文章博士（『鎌倉遺文』二五五〇一号）。元応元年正月七日　叙従四位上　数輩を超越（『花園天皇宸記』）。元応元年三月二日　侍読　勘解由長官（『菅家侍読年譜』）。正中元年正月十九日　大学頭（『後称念院関白冬平公記』）。嘉暦元年七月四日　侍読　従四位上行大学頭兼讃岐権守（『砂巌』所収「菅儒侍読臣之年譜」）。

系図等　侍読花園後醍醐文章博士大学頭正四位下治部少輔少納言勘解由長官左兵衛佐右衛門権佐左京大夫治部卿、実祖父之子、可尋決（『尊』）。

菅原氏長

生没年　承久三年（一二二一）―建治四年（一二七八）

家族　父菅原長成（『尊』）。

経歴　正元元年十二月廿日　式部少輔補任（『民経記』）。正元元年十二月廿八日　式部少輔氏長（『権大納言藤資季卿記』『洞院家記御即位部類』）。正元二年三月　兼伊勢権守（『早』「兼国例勘文」）。

系図等　式部少輔少納言左馬権頭従四位上右京大夫　建治四七十三卒　五十八歳（『尊』）。

菅原修言

経歴　天永四年閏三月十六日　伊勢宣命起草　少内記（『伊勢勅使部類記』伊勢公卿勅使）。

菅原公賢

生没年　大治二年（一一二七）―保元二年（一一五七）

家族　父菅原時登　母菅原淳中女（『尊』）。

経歴　仁平二年二月九日　式部権少輔補任（『兵範記』同八日条裏書・『山槐記』「山槐記除目部類」）。仁平三年正月五日　正五位下　式部権少輔（『兵範記』）。仁平三年八月十九日　斎内親王御禊御前使式部権少輔（『本朝世紀』）。仁平三年九月廿一日　斎宮群行御前次第司長官補任　式部権少輔（『兵範記』）。保元元年正月六日　従四位下　策労（『山槐記』『兵範記』）。保元二年正月廿四日　文章博士補任（『兵範記』）。

系図等　長者文章博士式部権少輔内匠助従四位下　保元二十二廿二卒　五十一歳　始清賢（『尊』）。

備考　久寿二年十月廿六日　女御藤原忻子政所家司　式部権少輔（『兵範記』）。

菅原公輔

家族　父菅原在清（『尊』）。

経歴　建久六年七月十六日　使宣旨　左衛門尉（『三長記』）。元久二年十一月廿九日　正五位下（『明月記』同卅日条）。建永元年四月三日　式部少輔補任（『三長記』）。建暦元年三月一日　文章博士（『三長記』）。建暦元年三月九日　改元定　従四位下文章博士（『猪隈関白記』『玉蘂』）。貞応元年四月十三日　改元定　式部権大輔（『元秘抄』巻第三　進年号勘文人数多少事）。

系図等　文章博士大学頭正四位下右衛門尉式部大輔木工助（『尊』）。

菅原公時

生没年　弘安七年（一二八四）―康永元年（一三四二）

家族　父菅原公業　参議菅原在兼猶子（『公』『尊』）。

経歴　正安三年十二月四日　内非蔵人（『公』）。乾元元年三月四日　蔵人（『公』）。嘉元元年八月五日　文章生（『公』）。嘉元元年十一月一日　方略宣旨（『公』）。嘉元元年十一月五日　献策（『公』）。嘉元元年十二月三日　判（『公』）。嘉元三年三月　式部少丞（『公』）。嘉元三年五月五日　叙爵（『公』）。徳治元年正月四日　宮内権少輔（『公』）。徳治元年十二月卅日　去少輔（『公』）。徳治二年九月十七日　式部権少輔（『公』）。徳治二年九月廿七日　去権少輔（『公』）。延慶二年正月六日　従五位上　同十二日賜位記（『公』）。応長元年正月五日　正五位下

（『公』）。正和元年四月十日　大学頭（『公』『魚』巻第五　大学頭兼国）。正和三年四月十二日　従四位下（『公』）。正和五年正月十三日　讃岐介（『公』）。文保元年四月六日　宮内卿　去大学頭（『公』）。元応元年正月五日　従四位上（『公』）。元応二年三月廿四日　文章博士（『公』）。元応二年五月五日　去博士（『公』）。元亨元年七月廿六日　還任文章博士（『公』）。元亨二年九月六日　記録所寄人（『公』）。正中元年正月十三日　越後権介（『公』）。正中元年六月十三日　去博士（『公』）。嘉暦元年八月六日　東宮学士（『公』『春宮坊官補任』）。嘉暦三年三月十六日　兼武蔵権介（『公』）。元徳二年四月六日　正四位下（『公』）。元徳二年十月廿一日　宮内卿（『公』）。元弘元年九月廿日　止学士　受禅（『公』『春宮坊官補任』）。元弘元年十月五日　大蔵卿　学士賞（『花園天皇宸記』『公』）。正慶元年二月廿六日　従三位（『公』）。正慶元年十月廿一日　右大弁（『公』）。元弘三年六月　還本位（『公』）。建武三年十一月廿五日　勘解由長官（『公』）。建武四年七月廿日　従三位（『公』）。（以下略）。

系図等　参議在兼卿養子長者文章博士侍読光厳光明従三位東宮学士大学頭勘解由長官右大弁式部大輔宮内卿大蔵卿　康永元十廿二薨五十九歳（『尊』）。

備考　薨伝（『光明院宸記』康永元年十月十二日条）。

菅原公長

生没年　元仁元年（一二二四）—文永九年（一二七二）

家族　父菅原公良（『尊』）。

経歴　貞永元年十二月五日　式部丞（『甘露寺本洞院家記　御即位部類』所収「私記」）。仁治三年十二月給穀倉院学問料（『葉黄記』宝治元年四月廿七日条）。寛元四年十一月十日　文章得業生　菅原在匡と座次相論（『葉黄記』宝治元年四月廿七日条）。正嘉元年九月十九日　大内記（『経俊卿記』）。正嘉三年正月十九日　内記局奏　正五位下行大内記菅原朝臣公長（『魚』巻第二　局奏）。正元元年十二月廿日　大内記辞退　依落馬（『民経記』）。弘長元年七月廿一日　式部少輔補任（『仁部記』）。

系図等　文永九年九月九日　卒　四十九歳　覆勘中務大輔式部少輔従四位上文章博士少納言大内記（『尊』）。

菅原公良

生没年　―文応元年（一二六〇）

家族　父菅原為長　公輔養子　母中原師茂女（『明月記』『葉黄記』『公』『尊』）。

経歴　建保元年正月十二日　穀倉院学問料　公輔朝臣無子、為伝彼文書為彼養子（『明月記』・『葉黄記』寛元四年十一月十一日条・『公』）。建保五年正月十一日　文章得業生（『公』）。建保六年正月十三日　越前権大掾（『公』）。建保七年正月六日　献策（『公』）。建保七年正月十日　判（『公』）。建保七年正月廿二日　右衛門少尉　使宣旨（『公』）。建保七年三月廿八日　叙爵　去十九日忠範叙爵宣旨　依訴被召返其宣旨　今日共被下宣旨（『公』）。建保七年十二月十三日　中宮少進（『公』）。貞応元年三月廿五日　止少進　即為院司（『公』）。嘉禄元年正月五日　従五位上　策（『明月記』同六日条・『公』）。寛喜二年二月八日　左京権大夫　公輔与長倫相転而任之（『公』）。寛喜三年正月六日　正五位下　労（『民経記』・『明月記』同七日条・『公』）。寛喜三年二月五日　遷大内記（『民経記』同六日条・『明月記』同六日条・『公』）。天福元年正月廿四日　兼阿波権守（『民経記』『公』）。文暦元年二月廿四日　長門守　為長卿造北野社賜之　去十四日炎上之故也（『公』）。嘉禎二年二月卅日　従四位下（『公』）。延応元年正月廿四日　従四位上（『公』）。仁治二年正月廿一日　加耆儒（『公』）。仁治三年正月五日　正四位下　募猶子公文式部巡年（『民経記』『公』）。寛元元年三月卅日　大学頭（『公』）。寛元二年四月五日　遷文章博士（『平戸記』『公』）。宝治元年三月四日　北堂挙　正四位下行文章博士菅原公良（『大日本史料』所収「狩野文書」）。宝治元年四月廿日　院昇殿（『百錬鈔』）。康元元年十二月廿日　侍読（『菅家侍読年譜』）。建長二年九月十六日　従三位　元文章博士（『公』）。建長三年正月廿七日　式部権大輔（『公』）。正元元年三月廿六日　侍読

(『菅家侍読年譜』)。正元二年正月六日　正三位(『公』)。文応元年七月十七日　薨去(『公』)。

系図等　侍読後深草亀山長者右衛門尉左京権大夫中宮少進正三位式部大輔大内記大学頭文章博士　又為公輔卿子後帰本文応元七七薨(『尊』)。

備考　貞応元年三月廿五日　北白河院判官代補任(『公』)。寛喜三年十月二日　而為故前式部権大輔公良朝臣猶子、相伝文書而称違法之養子着服五ヶ月　出仕、即可草此宣命事之由存知、而人々称不審(『民経記』)。天福元年六月廿日　大内記　大殿御使として密々鎌倉下向(『民経記』)。

菅原清能

生没年　延久五年(一〇七三)—大治五年(一一三〇)

家族　父菅原在良　母源長親女(『中右記』『尊』)。

経歴　永久二年正月十八日　方略宣旨(『中右記』)。永久五年六月十四日　蔵人式部丞清能(永久五年六月十四日『雨言雑秘記』)。元永元年正月六日　叙爵　蔵人(『中右記』)。大治五年五月十八日卒去、

年五十八、在良朝臣二男(『中右記』)。

系図等　文章生雅楽助加賀守正五位下(『尊』)。

菅原是綱

生没年　長元三年(一〇三〇)—嘉承二年(一一〇七)

家族　父菅原定義　母藤相任女(『尊』)。

経歴　天喜五年十一月　献策(治承二年正月廿日　菅原長守申文『大』第八　課試及第)。康平元年正月式部丞(治承二年正月廿日　菅原長守申文『大』第八　課試及第)。承保二年五月十四日　大江通国方略試申文　正五位下行武蔵守(『朝野群載』巻第十三　紀伝上)。寛治元年十一月十八日　大嘗会叙位　従四位下　策(『本朝世紀』『叙位尻付抄』)。寛治二年　大学頭(承保三年正月廿一日　大学寮解引用先例『朝野群載』巻第八　別奏)。寛治六年三月廿八日　吉祥院聖廟作文　菅氏長者大学頭是綱(『中右記』)。嘉保元年六月十日　省試　判者(『中右記』)。嘉保二年四月五日　大学頭是綱常陸介補任　知房辞退之替　武蔵国済数十年公文、仍

被任了（『中右記』）。康和元年正月廿七日　常陸介（『後二条師通記』）。嘉承二年二月廿七日　省試耆儒（『中右記』）。嘉承二年三月廿一日　去一日菅原是綱卒去、年及八十云々、故定義朝臣男也、為儒者経式部丞、又為武蔵常陸国司、去任之後及数年（『中右記』）。

系図等　大学頭長者式部丞正四位下相模権守常陸介武蔵守
嘉承二年卒　七十八（『尊』）

菅原是基

家族　父菅原輔方（『尊』）。

経歴　大治二年十月十三日　少内記（『中右記』）。大治五年二月十八日　文章生内記（『中右記』）。長承三年四月九日　少内記（『中右記』）。保延三年正月卅日　式部丞補任（『中右記』）。保延五年二月廿三日　式部大丞上臈（「台記列見記」）。

系図等　豊前権守少内記（『尊』）。

菅原貞衡

生没年　承徳元年（一〇九七）―仁安三年（一一六八）

家族　父菅原清能　母高階為信女（『山槐記』『尊』）。

経歴　康治元年正月十四日　穀倉院学問料宣旨（『本朝世紀』）。久安二年十二月廿一日　大学権助補任文章得業生（『本朝世紀』）。久安五年八月廿二日式部少丞補任（『本朝世紀』）。仁平元年八月四日散位（『本朝世紀』）。保元元年正月六日　従五位上　策労（『山槐記』『兵範記』）。永暦元年八月十七日　延暦寺訴により解官（『百錬鈔』）。応保元年八月十二日　治部権少輔補任（『山槐記』）。仁安元年十一月廿一日　藤原範光問答博士に弾正大弼菅原貞衡を申請（『綸旨抄』）。仁安二年三月廿九日弾正大弼従四位下行（脱字）菅原貞衡死去　年七十二　氏長者也（『山槐記』『尊』）。

系図等　長者治部少輔弾正大弼（『尊』）。

備考　菅原貞衡の錦小路壬生宅炎上（『山槐記』応保元年十二月十九日条）。

菅原定正

家族　父菅原公賢（『尊』）。

経歴　保元元年十二月廿九日　学問料宣旨（『兵範記』）。永暦元年二月一日　文章得業生補任（『魚』巻第二　課試及第）。応保元年四月十九日　蔵人（『山槐記』）。応保二年正月廿一日　献策（治承二年正月廿日　菅原長守申文『大』第八　課試及第・『魚』巻第二　課試及第）。応保二年正月廿七日　式部丞補任　蔵人　前秀才（「山槐記除目部類」）。仁安二年六月廿五日　式部権少輔（『山槐記』）。仁安三年正月六日　従五位上　策（『兵範記』）。仁安三年正月七日　式部少輔（『兵範記』）。

系図等　皇嘉門院皇后宮権大進式部少輔従五位上（『尊』）。

菅原定宗

家族　父菅原淳中（『尊』）。

経歴　久安三年正月十四日　穀倉院学問料宣旨（『本朝世紀』）。久安六年十二月十九日　申式部丞　前文章得業生正六位上越中大掾（久安六年十二月十九日　菅原定宗申文「京都大学附属図書館所蔵兵範記紙背文書」一号）。仁平二年正月廿八日　式部少丞補任（『兵範記』「山槐記除目部類」）。仁安三年十二月十日　菅原定宗申文　散位正五位下（「陽明文庫本兵範記紙背文書」一五〇号）。嘉応元年正月六日　叙従四位下（『兵範記』）。

系図等　秀才長者大炊助従四位下木工権頭（『尊』）。

菅原定義

生没年　長和元年（一〇一二）―康平七年（一〇六四）

家族　父菅原孝標　母藤原倫寧女（『尊』）。

経歴　長徳二年三月十九日　式部丞（『小右記』）。万寿四年正月七日　大内記（『小右記』）。長元二年正月九日　内記　策労を父孝標に譲ろうとしたが聴されず（『小右記』）。長元四年八月三日　弾正少弼（『小右記』）。長元八年七月廿日　問答博士従五位上行弾正少弼（『桂』問答博士事）。永承元年十二月十九日　大内記（『東宮冠礼部類記』『東宮元服祝文』）。天喜二年十月　文章博士補任　従四位上（康和六年正月廿六日　藤原敦基申文『本朝続文粋』巻第

六　奏状・『二中歴』第二　文章博士歴）。康平五年十一月　大学頭兼任（康和六年正月廿六日　藤原敦基申文『本朝続文粋』巻第六　奏状）。康平六年十一月八日　式部省評定文章得業生正六位上丹波大掾藤原朝臣有信対策文事　従四位下行大学頭兼文章博士（『朝野群載』巻第十三　紀伝上）。康平七年十二月廿六日　卒　年五十三（『尊』）。

系図等　長者式部少輔民部少輔弾正少弼少内記大学頭文章博士従四位上大内記和泉守康平七十二廿六卒五十三　寿永三三廿六　贈従三位　法皇北野御幸賞　乾元元十二十贈正二位　元徳二十一廿四贈従一位　行幸賞　北野新一位社是也（『尊』）。

菅原季任

経歴　正和五年正月十二日　転任勘文　式部大丞（『魚』巻第五　転任勘文）。

菅原季長

生没年　文永二年（一二六五）―正和二年（一三一三）

家族　父菅原長経　母河野辺入道女（『公』『尊』）。

経歴　建治四年二月十二日　方略宣旨（『公』）。弘安四年二月十日　叙爵（『公』）。弘安九年六月三日　宮内少輔（『公』）。弘安十一年二月廿二日　従五位上（『公』）。正応二年八月七日　大内記（『公』）。正応二年八月廿一日　辞退（『公』）。正応三年三月六日　正五位下（『公』）。正応三年十一月廿二日　少納言（『公』）。正応四年三月廿五日　兼紀伊権守（『公』「正応四年除目大間書」）。正応五年十月廿八日　辞少納言（『公』）。永仁元年正月五日　従四位下（『公』）。永仁三年十二月廿九日　従四位上（『公』）。永仁四年正月一日　止位記（『公』）。永仁四年三月九日　従四位上（『公』）。永仁四年七月二日　修理権大夫（『公』）。永仁五年十二月九日　止権大夫（『公』）。永仁六年十二月十四日　宮内卿（『公』）。永仁七年三月廿八日　止卿（『公』）。正安元年六月六日　正四位下（『公』）。嘉元三年正月廿三日　従三位　元宮内卿（『公』）。嘉元三年十一月十六日　止位記　文章博士淳範敦嗣依為上﨟申子

細　此外数輩上首在（『公』）。延慶元年二月七日従三位（『公』）。延慶三年正月五日　正三位（『公』）。延慶三年十月二日　大蔵卿（『公』）。応長元年閏六月廿九日　止大蔵卿（『公』）。正和元年五月廿八日　従二位（『公』）。

系図等　文章生宮内権少輔少納言大内記宮内卿修理権大夫大蔵卿従二位（『尊』）。

菅原資高

経歴　寛弘七年九月十一日　内記（『一条天皇宸記』「柱史抄」）。

菅原資高

家族　父菅原良盛（『尊』）。

経歴　正治元年三月廿四日　大舎人助　文章得業生（『明月記』同廿五日条）。元久二年正月五日　従五位上（『明月記』同六日条）。建保二年正月七日　従四位下（『明月記』）。生年月日未詳　弾正大弼菅原資高挙状（『民経記』寛喜三年正月記紙背文書）。嘉禄二年七月廿四日　文章博士補任（『民経記』『明月記』同廿五日条）。安貞二年十二月十九日　文章博士申請藤原信光課試事　正四位下行文章博士美作権介菅原朝臣（『民経記』寛喜元年五月記紙背文書）。

系図等　文章博士弾正大弼正四位下（『尊』）。

備考　安貞元年四月十四日　二条教実任大臣拝賀行列地下前駆（『民経記』）。天福元年十二月　前関白（道家）家政所下文案　別当（『鎌倉遺文』四五八二号）。

菅原資信

家族　菅原義資父（『小右記』寛仁元年九月八日条）。

経歴　寛弘八年十月十九日　少内記（『権記』）。長和元年四月廿七日　内記（『小右記』）。長和三年十二月廿六日　内記　城外（『小右記』）。長元四年九月廿二日　式部丞資信（『小右記』）。寛仁元年九月八日　散位従五位下（『小右記』）。

菅原資宗

生没年　宝治二年（一二四八）―乾元元年（一三〇二）

家族　父菅原在宗（『公』『尊』）。

経歴　正嘉三年二月廿日　穀倉院学問料（『公』）。弘長元年三月廿八日　文章得業生（『公』）。弘長三年正月四日　献策（『公』）。弘長三年正月六日　叙爵　臨時（『公』）。文永五年十二月十六日　大内記（『公』）。文永六年正月五日　従五位上　臨時（『公』）。文永七年正月廿一日　出雲介（『公』「妙槐記除目部類」）。文永七年十二月廿日　止大内記（『公』）。文永十二年正月六日　正五位下　策（『公』）。建治元年四月七日　少納言　同日新院昇殿（『公』）。弘安元年二月八日　兼摂津権守（『公』）。弘安元年五月十一日　従四位下　止少納言（『公』）。弘安元年五月廿二日　昇殿　日吉臨時祭使（『公』）。弘安七年正月六日　従四位上　策労（『公』）。弘安十一年四月七日　文章博士（『勘仲記』『公』）。正応二年正月十三日　兼越中介（『公』）。正応二年閏十月四日　兼東宮学士（『公』）。正応三年七月廿一日　正四位下（『公』）。正応四年十二月廿一日　遷大学頭（『公』）。永仁元年正月十三日　土佐介（『公』）。永仁四年五月十五日　遷式部権大輔（『公』）。永仁六年三月十四日　止大輔　豊前権守（『公』）。永仁六年七月廿一日　止学士（『公』）。正安二年閏十月十一日　従三位（『公』）。正安三年十月四日　右京大夫補任（『一代要記』）。正安三年十月五日　式部大輔補任（『一代要記』）。乾元元年　当年四月可有改元之間、二月三日日宣旨、大輔資宗奉之献勘文了、而改元延引、彼卿又薨了（『元秘抄』巻第三　進年号勘文人数多少事）。乾元元年六月卅日　薨去（『公』）。

菅原輔正

生没年　延長三年（九二五）―寛弘六年（一〇〇九）

家族　父菅原在躬　母菅原景行女（『公』『尊』）。

経歴　天暦　給料（『公』）。天暦四年　文章得業生（『公』）。天暦五年正月卅日　播磨権少掾（『公』）。天暦八年十月廿七日　課試（『公』）。天暦九年正月　判（『公』）。天暦九年閏九月　刑部少丞（『公』）。天暦十一年正月廿七日　式部少丞（『公』）。天徳二年閏

七月廿二日　式部大丞（『公』）。天徳四年正月七日　従五位下　策（『公』）。天徳四年二月十九日　但馬権守（『公』）。天徳四年四月廿二日　民部少輔（『公』）。応和元年十月十三日　式部少輔（『公』）。応和三年正月廿八日　左衛門権佐（『公』）。応和四年四月一日　侍従（『公』）。康保二年正月十七日　止侍従（『公』）。康保三年正月七日　従五位上　策（『公』）。康保三年正月廿七日　権右少弁（『公』）。康保四年九月一日　東宮昇殿（『公』）。康保五年二月五日　右少弁（『公』）。安和元年十二月十八日　大学頭（『公』）。安和二年六月廿三日　左少弁（『公』）。安和二年八月十三日　東宮学士（『公』）。安和二年九月二日　昇殿（『公』）。天禄元年八月五日　文章博士（『公』）。天禄元年十一月廿日　正五位下　東宮学士（『公』）。天禄二年正月廿九日　越前介（『公』）。天禄二年十二月十五日　右中弁（『公』）。天禄三年正月七日　従四位下　弁労（『公』）。天禄三年閏二月廿九日　美作権守（『公』）。天禄四年七月廿二日　権左中弁　学士博士如元（『公』）。

貞元二年八月二日　従四位上　造宮行事（『公』）。貞元二年十二月十日　周防権守（『公』）。貞元三年十月十七日　左中弁（『公』）。天元二年十月十七日　昇殿（『公』）。天元四年正月廿九日　大宰大弐（『公』）。天元四年二月十七日（『公』）。天元五年正月七日　正四位下　弁労（『小右記』『公』）。天元五年三月五日　兼式部権大輔（『小右記』『公』）。永観二年八月廿七日　昇殿（『公』）。寛和二年六月廿二日　止昇殿　譲位（『公』）。正暦二年四月廿六日　丹波権介（『公』）。正暦二年五月廿一日　昇殿（『公』）。正暦二年五月二日　式部大輔（『公』）。正暦三年二月九日　従三位　持朱雀院御骨賞　式部大輔如元（『日本紀略』『公』）。長徳二年四月三日　参議（『公』）。長徳五年閏三月五日　太皇太后権大夫（『公』）。長徳五年十二月七日　止太皇太后権大夫　崩御（『公』）。長保二年正月十七日　近江守（『公』）。長保五年正月卅日　備中権守（『公』）。長保五年十一月五日　正三位　臨時（『公』）。寛弘五年二月七日　参議を辞し子息為理を因幡守に申任（『公』）。寛弘六年十二月廿四日　薨去　年八十五（『日本紀略』『公』）。

系図等　侍読円融花山　侍従右衛門権佐大宰大弐但馬守正三位東宮学士民部少輔刑部大丞参議式部大輔大学頭春宮権大夫右中弁文章博士次侍従浴殿立坊学士近江守越前介丹波権介播磨少掾寛弘六十二廿六卒八十三元北野宰相殿是也　贈正一位（『尊』）。

菅原高嗣

生没年　―永徳元年（一三八一）

家族　父菅原家高（『公』『尊』）。

経歴　嘉暦三年五月八日　叙爵（『公』）。年月日　従五位上（『公』）。元弘四年正月十三日　式部権少輔　越後介　権少輔兼国（『公』）。元弘四年正月廿三日　東宮学士（『公』）。建武四年三月廿九日　右兵衛権佐（『公』）。（中略）延文三年八月十二日　従三位（『公』）。

系図等　東宮学士宮内卿文章博士右兵衛佐尾張守左京大夫治部卿正二位勘解由長官侍読後光厳後円融式部大輔大学頭（『尊』）。

菅原高長

生没年　承元元年（一二〇七）―弘安七年（一二八四）

家族　父菅原為長　母法印弁暁女（『公』『尊』）。

経歴　承久二年七月　宿直内御書所（『公』）。貞応三年正月廿六日　蔵人（『公』）。元仁元年十二月二日　文章生（『公』）。元仁二年正月廿日　穀倉院学問料（『公』）。嘉禄三年二月六日　文章得業生（『公』『桂』は三月）。安貞二年正月四日　献策（『公』『桂』）。安貞二年正月五日　叙爵　蔵人一臈（『公』）。安貞二年二月一日　甲斐権守（『公』）。天福元年十二月十五日　兵部少輔（『公』）。文暦元年二月廿一日　従五位上　労（『公』）。仁治元年正月六日　正五位下　策（『平戸記』『公』）。仁治元年正月廿二日　阿波介（『公』）。仁治三年三月七日　兼大内記　為長卿息也（『平戸記』『公』）。仁治三年十月三日　長門守（『平戸記』『公』）。寛元元年七月八日　従四位下（『公』）。宝治二年四月八日　従四位上（『公』）。

建長六年九月六日　大学頭（『公』）。康元元年正月廿一日　正四位下（『公』）。文応元年十月十日　文章博士（『公』）。弘長二年十二月廿一日　従三位元文章博士（『公』）。文永四年十一月八日　正三位（『公』）。文永八年二月一日　式部大輔（『吉続記』『公』）。文永八年七月二日　従二位（『公』）。文永九年七月十一日　豊前権守（『公』）。建治元年十月八日　辞式部大輔（『公』）。弘安七年十一月廿七日　薨去（『公』）。

系図等　長者長門守大内記大学頭兵部少輔　弘安七十一卅卒　七十八歳　為長貞子（『尊』）。

備考　安貞元年四月十三日　二条教実任大臣拝賀　前駆殿上人（『民経記』）。

菅原高能

生没年　—正応元年（一二八八）

家族　父菅原義高（『尊』）。

経歴　嘉禎三年九月廿日　穀倉院学問料（『公』）。年月日　文章得業生（『公』）。仁治二年正月十日　課試

（『公』）。仁治二年四月七日　叙爵　左近将監如元（『公』）。寛元元年七月八日　遷弾正少弼（『公』）。宝治元年正月五日　従五位上　策（『公』）。宝治二年十二月十七日　遷式部少輔（『公』）。建長五年正月五日　正五位下　策（『公』）。建長八年正月六日　従四位下　策（『公』）。弘長二年正月五日　従四位上（『公』）。文永九年七月十一日　大学頭（『公』『魚』巻第五　大学頭兼国）。文永十年三月廿五日　兼周防介　大学頭（『公』『魚』巻第五　文章博士兼国）。建治元年十月八日　正四位下（『公』）。弘安十年六月廿三日　遷式部権大輔（『勘仲記』『公』）。弘安十年八月五日　辞任権大輔（『公』）。正応元年正月五日　従三位（『公』）。正応元年三月十四日　薨去（『公』『尊』は弘安十一年）。

系図等　長者大学頭式部権大輔弾正少弼従三位　弘安十一三十四卒（『尊』）。

備考　弘安十年四月廿日　菅原高能下文（「青蓮院蔵　吉祥院天満宮文書」九号）。

菅原忠貞

家族　父菅原為紀　母菅原雅規女（『尊』）。

経歴　長徳四年十二月廿九日　式部大輔申忠貞学問料事（『権記』）。長和四年十二月廿五日　因幡守延任（『小右記』）。長和五年二月五日　大内記（『改元部類記』所収「権記」「左経記」）。東宮大進（『小右記』）。治安元年二月二日　大内記（『改元部類記』所収「権記」「左経記」）。万寿元年七月十三日　年号勘申　式部少輔大内記（『改元勘文部類』）。万寿二年六月十日　式部省解　正五位下行少輔兼大内記美作権介（『類聚符宣抄』第一　諸神宮司補任）。長元四年八月廿三日　兵部権大夫忠貞（『小右記』）。長元五年八月　文章博士補任（『二中歴』第二　文章博士歴）。長暦元年四月十九日　改元　従四位上兵部大輔兼文章博士（『元秘抄』巻第二　年号勘文書様引用先例）。

系図等　長者少内記兵部権少輔能登守信濃守従四位上文章博士刑部大輔式部少輔（『尊』）。

備考　藤原実資、忠貞に菅原道真自筆草書一巻を与える（『小右記』万寿二年九月十五日条）。

菅原為長

生没年　保元三年（一一五八）―寛元四年（一二四六）

家族　父菅原長守（『公』『尊』）。

経歴　寿永二年正月廿六日　穀倉院学問料（『公』『桂』）。元暦二年正月廿日　文章得業生（『公』『桂』は四月）。文治二年二月廿日　越前掾（『公』『桂』）。文治三年正月十六日　献策（『公』『桂』）。文治三年正月廿三日　大舎人助（『公』）。文治三年五月四日　右衛門少尉　使宣旨（『公』）。文治三年十二月廿九日　叙爵（『公』）。建久元年十月廿六日　兵部少輔（『公』）。建久四年正月廿一日　従五位上　策（『公』）。建久六年二月二日　遠江権介（『公』）。建久六年十二月九日　式部少輔（『公』）。正治元年正月五日　正五位下　策（『明月記』同九日条・『公』）。正治元年三月廿三日　越後権守（『明月記』同廿五日条・『公』）。正治二年十月廿六日　大内記（『明月記』『公』）。建仁二年九月十一日　大内記為長依妻死去籠居（『猪隈関白記』）。建仁二年正月廿

一日　阿波介（『公』）。建仁三年十月廿三日　侍読補任　父長守辞退替（『園太暦』貞和三年二月七日条）。元久元年正月十三日　文章博士（『公』）。元久元年四月十二日　従四位下　中弁遂以不許叙之、末代之人、歳学無益也（『明月記』同十三日条・『公』）。元久元年十二月十三日　侍読（『公』『菅家侍読年譜』）。承元二年正月五日　従四位上　八条院御給（『公』）。承元四年正月五日　正四位下　臨時（『公』）。建暦元年十月九日　叙従三位　兼式部権大輔　新院当今二代侍読、正四位下尤理運也、但公卿絶十三代、尤高運人也、然而天神定御計歟（『玉蘂』）。建暦元年十二月十七日　式部権大輔（『公』）。建暦二年正月十三日　備後権守（『公』）。建保二年正月十三日　辞式部権大輔申任男長貞大内記（『公』）。建保三年四月十一日　大蔵卿（『公』）。建保五年正月廿八日　長門権守（『公』）。承久三年正月十三日　正三位（『公』）。貞応元年正月廿四日　豊前権守（『公』）。安貞二年二月一日　兼甲斐権守（『公』）。寛喜元年十一月五日　侍読補任（『明月記』『公』）。貞永元年七月十日　侍読（『民経記』）。文暦元年二月十七日　北野社造営料国として長門国を給わる（『百錬鈔』）。嘉禎元年正月廿三日　参議　式部大輔如元（『公』）。嘉禎元年六月十七日　勘解由長官（『明月記』同十八日条・『公』）。嘉禎二年二月廿九日　播磨権守（『公』）。嘉禎三年十二月廿五日　辞参議叙従二位　任大蔵卿　式部大輔・勘解由長官・播磨権守如元（『公』）。延応元年正月廿四日　越後権守（『公』）。延応元年四月廿三日　辞勘解由長官以外孫俊国叙正五位下（『公』）。仁治元年十一月十二日　正二位　朔旦　臨時　年八十三　末代此年派未聞事歟（『平戸記』『公』）。仁治三年七月十日　侍読（『菅家侍読年譜』）。寛元四年三月廿八日　今夜前参議正二位大蔵卿背基部大輔菅為長卿薨去年八十九　今世之宏歳也、為朝可惜（『岡屋関白記』『葉黄記』『百錬鈔』『公』）。

系図等　続古続拾等作者　寛元四三廿八薨（『尊』）。

備考　承元二年閏四月十五日　京都大火　文章博士為長邸焼失（『明月記』）。嘉禄二年十月十二日　菅原

為長九条道家の勘気に触れ土佐国幡多荘を召さる（『明月記』）。寛喜三年十月廿一日　為長卿為関白殿権臣、為御侍読老儒卿也（『民経記』）。寛元二年七月十八日　火事　為長高辻坊城邸は余焔を免れる（『平戸記』）。

菅原為紀

生没年　天徳元年（九五七）—長保四年（一〇〇二）

家族　父菅原輔正（『尊』）。

経歴　永延二年十月三日　大学頭補任（『小右記』）。長徳二年四月一日　権左少弁（『小右記』）。長徳二年十月九日　右中弁（『小右記』）。長徳二年十二月十四日　右中弁（『小右記』）。

系図等　山城権守右中弁刑部大輔民部大輔大学頭従四位下長保四十一十六頓死　四十六歳（『尊』）。

菅原為則

経歴　長承二年八月二日　少内記（『中右記』）。

菅原為視

生没年　正応四年（一二九一）—康安二年（一三六二）

家族　父菅原季長（『公』『尊』）。

経歴　乾元二年八月五日　文章生（『公』）。嘉元二年三月　蔵人　式部少丞（『公』）。嘉元四年三月廿三日　方略宣旨（『公』）。嘉元四年三月十八日　対策及第（『公』）。徳治二年正月五日　叙爵　蔵人（『公』）。徳治二年正月廿九日　紀伊権守（『公』）。延慶元年十一月八日　兵部権大輔（『公』）。延慶三年三月廿八日　従五位上（『公』）。延慶三年十一月三日　罷職（『公』）。応長二年正月七日　正五位下　臨時（『公』）。正和三年三月　昇殿（『公』）。正和四年八月廿日　右兵衛権佐（『公』）。正和四年十月　後伏見院院司（『公』）。正和五年正月五日　従四位下　策労　去権佐（『公』）。元亨四年正月五日　従四位上　策労（『公』）。元弘二年三月十八日　正四位下（『公』）。元弘三年六月　還本位（『公』）。建武四年十月八日　更正四位下（『公』）。（中略）康永二年十二月廿二日　従三位（『園太暦』『公』）。

系図等　長者右兵衛佐文章生弾正少弼従二位　康安二年九月廿九日　卒　七十二歳（『尊』）。

菅原時登

生没年　延久二年（一〇七〇）―保延五年（一一三九）

家族　父菅原在良　母源長親女（『尊』）。

経歴　康和三年七月五日　菅原在良申子息時登学問料事　給料宣旨（『中右記』『綸旨抄』）。嘉承元年五月廿日　秀才宣旨（『中右記』）。天永元年正月六日　対策　問答博士申文　文章得業生正六位上（『朝野群載』巻第十三　紀伝上）。天永二年十二月十六日　内匠助補任　秀才（『中右記』）。元永元年十一月廿七日　大江匡周対策問答博士　散位従五位下（『朝野群載』巻第十三　紀伝上）。大治二年四月九日　式部少輔（『中右記』）。年月日未詳　文章博士在良朝臣以所帯職譲男時登（『魚魯愚別録』巻第一　職事撰申文事）。天承元年三月廿二日　従四位下　式部少輔　年六十二（『長秋記』）。長承元年二月十五日　文章博士（『中右記』）。長承三年八月廿七日　園城寺講堂呪願文起草（「園城寺伝記」）。保延三年十月十五日　大学頭（『中右記』）。

系図等　長者博士従四位上大学頭式部少輔内匠頭左衛門尉　保延五年十二月九日　卒　七十（『尊』）。

菅原長員

生没年　文永十年（一二七三）―観応三年（一三五二）

家族　父菅原宗長（『公』『尊』）。

経歴　永仁六年十月十三日　大内記長憲（『実躬卿記』）。応長二年正月五日　正四位下（『公』）。元亨元年正月五日　元前大学頭　長国（『花園天皇宸記』同六日条・『公』）。元亨二年十二月廿五日　左京大夫（『公』）。正中二年十二月卅日　止大夫（『公』）。元徳二年正月十三日　正三位（『公』）。元徳二年正月廿六日　侍読（「菅儒侍読年譜」）。元徳二年十月廿一日　式部大輔（『公』）。元弘元年正月十三日　長門権守（『公』）。康永元年七月　辞式部大輔（『公』）。

系図等　侍読後醍醐　左京大夫文章生大内記中務少輔文章博士大学頭式部大輔従二位　観応三六二十薨　本

名長国又長憲　八十歳（『尊』）。

菅原長貞

生没年　―嘉禄二年（一二二六）

家族　父菅原為長　母中原師茂女（『尊』）。

経歴　承元元年正月十八日　給穀倉院学問料（『葉黄記』宝治元年四月廿七日条）。建暦元年三月十二日　文章得業生補任（『葉黄記』宝治元年四月廿七日条）。建保元年正月十日　献策（『明月記』『葉黄記』宝治元年四月廿七日条）。建保二年正月十三日　菅原為長辞式部権大輔申任男長貞大内記（『公』）。建保四年十二月七日　宇佐使発遣　大内記（『仁和寺日次記』）。建保六年十一月廿六日　兼東宮学士　于時従五位上行大内記（『砂巌』所収「菅儒侍読臣之年譜」）。承久二年七月卅日　東宮学士長員（『順徳天皇宸記』）。嘉禄二年正月五日　従四位下　策（『明月記』同六日条）。嘉禄二年四月十九日　文章博士補任（『明月記』）。嘉禄二年七月十五日　今日、未刻、大蔵卿為長卿子息文章博士長貞閉眼云々（『民経記』『明月記』）。嘉禄二年七月十六日　文章博士長貞朝臣日来所労、昨日終命、父卿心中悲而有余事歟云々、云器量、云官途、惜而可惜、世上之無常痛哉悲哉（『明月記』）。

系図等　大内記従四位下東宮学士越前権大掾長門守早世（『尊』）。

備考　嘉禄二年四月廿六日　（宣陽門院）殊奉公之院司也（『明月記』）。

菅原長輔

生没年　―正応三年（一二九〇）

家族　父菅原公長（『尊』）。

経歴　弘安二年八月廿八日　御書所作之覆勘中務大輔（『勘仲記』）。正応元年二月十日　文章博士補任（『勘仲記』）。正応元年四月廿五日　改元定　文章博士（『元秘抄』巻第三　進年号勘文人数多少事）。

系図等　御書所覆勘博士中大輔　正応三二四卒（『尊』）。

菅原長継

経歴　正慶元年十月廿一日　大嘗会御禊次第次官式部権少輔（『御禊行幸服飾部類』）。

菅原長綱
生没年　―明徳三年（一三九二）
家族　父菅原茂長（『公』『尊』）。
経歴　年月日　文章生（『公』）。元徳年月日　蔵人（『公』）。元徳二年七月十日　聴禁色（『公』）。元徳二年三月五日　少内記（『公』）。元徳二年三月廿二日　東宮権少進（『公』）。年月日　弾正忠（『公』）。元徳二年十月五日　兼左衛門尉（『公』）。元弘三年十二月七日　中宮権少進（『公』）。建武元年九月四日　兼西市正（『公』）。建武元年九月十四日　式部丞（『公』）。建武元年十二月卅日　大内記（『公』）。建武三年三月二日　采女正（『公』）。暦応二年二月従五位下（『公』）。（中略）延文三年八月十二日　従三位（『公』）。
系図等　長者侍読後光厳後円融後小松大学頭采女正文章博士東宮学士少内記右衛門佐兵部卿西市正大蔵卿刑部卿少納言東市正式部大輔参議正二位右大弁　明徳三六十五薨（『尊』）。

菅原長経
生没年　仁治三年（一二四二）―正和四年（一三一五）
家族　父菅原高長（『公』『尊』）。
経歴　康元二年二月八日　文章得業生（『公』）。正嘉二年正月廿三日　因幡大掾（『公』）。正嘉三年二月十五日　策（『公』）。正嘉三年四月十七日　式部少丞（『公』）。正嘉三年四月廿八日　叙爵（『公』）。正元二年四月八日　上総介（『公』）。弘長元年七月廿一日　去上総介（『公』）。弘長二年十月十三日　還任上総介（『公』）。弘長四年正月七日　従五位上　簡一（『公』）。文永六年四月十日　去上総介（『公』）。文永六年十二月七日　正五位下（『公』）。建治四年正月六日　従四位下（『公』）。弘安七年正月五日　従四位上（『公』）。弘安九年九月二日　刑部卿（『公』）。弘安十年正月十三日　去卿（『公』）。弘安十一年二月八日　正四位下（『公』）。正応三年

正月十三日　従三位（『公』）。永仁二年四月廿三日　正三位（『公』）。永仁五年四月十日　従二位（『公』）。延慶二年九月一日　正二位（『公』）。応長元年五月十日　参議（『公』）。応長元年五月廿六日　辞参議（『公』）。正和四年十一月廿八日　薨去　七十四歳（『公』『尊』）。

系図等　長者参議正二位刑部卿上総介因幡大掾　本名長継　正和四十一廿八薨　七十四歳（『尊』）。

菅原長俊

生没年　寛元元年（一二四三）—正中二年（一三二五）

家族　父菅原氏長（『尊』）。

経歴　年未詳年十二月十三日　後醍醐天皇綸旨　大内記（『鎌倉遺文』二九一三一号）。正中二年六月十五日卒（「常楽記」）。

系図等　長門守中務大輔修理権大夫刑部卿正四位下（『尊』）。

菅原長成

生没年　元久元年（一二〇四）—弘安四年（一二八一）

家族　父菅原為長　母弁暁法印女（『公』『尊』）。

経歴　承久三年二月十日　左近将監叙留宣旨（『綸旨抄』『宣旨類』）。安貞元年正月五日　従五位上（『明月記』六日条）。寛喜三年四月十四日　少納言補任大夫将監から民部大輔に遷任（『民経記』）。天福元年正月七日　正五位下　策（『明月記』）。嘉禎元年四月十七日　兼長門守（『明月記』）。寛元二年七月十六日　大学頭補任（『平戸記』）。建長元年三月十八日　改元定　正四位下行文章博士（『岡屋関白記』『民経記』『権大納言藤資季卿記』）。建長三年十二月九日　侍読　正四位下文章博士（『砂巌』所収「菅儒侍読臣之年譜」）。建長五年正月十三日従三位　元文章博士　侍読如元（『公』）。正元元年正月廿一日　正三位（『公』）。弘長元年二月廿九日　式部大輔（『公』）。弘長元年九月廿六日　従二位　新院当年御給（『公』）。弘長二年正月十九日兼豊前権守（『公』）。弘長三年十二月　辞式部大輔（『公』）。文永七年正月五日　正二位　新院当年御給（『公』）。文永七年正月廿一日　兼武蔵権介

(『公』「妙槐記除目部類」)。文永八年四月七日　参議(『公』)。文永八年十月十三日　辞参議以男清長申任右京大夫(『公』)。弘安四年十二月十五日　卒去(『公』『一代要記』)。

系図等　長者侍読後深草亀山文章博士大学頭参議正二位少納言左将監式部大輔長門守(『尊』)。

備考　文応元年八月十六日　菅原長成袖判下文(「青蓮院蔵吉祥院天満宮文書」六号)。

菅原長憲(→菅原長員を見よ)

菅原長守

生没年　大治四年(一一二九)―建仁三年(一二〇三)

家族　父菅原宣忠(『尊』)。

経歴　保元二年　御書所(治承二年正月廿日　菅原長守申文『大』)。保元三年　文殿(治承二年正月廿日　菅原長守申文『大』)。承安四年三月廿二日　菅給料長守(『玉葉』)。安元二年正月廿日　文章得業生補任宣旨(『玉葉』同十九日条・『綸旨抄』)。治承二年正月　申式部少丞　前文章得業生正六位上行加賀少掾(治承二年正月廿日　菅原長守申文『大』)。治承二年正月廿八日　縫殿助補任　文章得業生(『玉葉』)。文治元年正月廿七日　菅式部大夫(『玉葉』)。文治元年八月十四日　大内記(『山槐記』『参議定長卿記』)。文治五年正月廿日　献策　正五位下行大内記安芸権介菅原長守問(『公』承久元年藤原範季項)。建久二年五月十五日　大内記(『玉葉』)。建久八年十二月十七日　近衛家実作文会文人　散位(『猪隈関白記』)。建久九年正月五日従四位上　策(『明月記』同六日条)。建久十年四月　僧円智勧進帳　文章博士(『鎌倉遺文』一〇五三号)。正治元年四月廿七日　改元定　従四位上行文章博士越後権介(『猪隈関白記』『三長記』)。正治二年十月廿六日　大学頭補任(『明月記』同廿七日条)。建仁元年十二月廿二日　御読書始　尚復補任　大学頭(『猪隈関白記』『一代要記』)。建仁元年十二月廿七日　侍読　于時従四位上行大学頭(『砂巌』所収「菅儒侍読臣之年譜」・『高辻家譜』)。建仁

二年八月廿日　御書所作文　侍読大学頭（『猪隈関白記』）。建仁三年十月廿三日　辞退侍読申任子息為長（『園太暦』貞和三年二月七日条）。建仁三年十一月十三日　卒（『高辻家譜』『諸家大系図』）。

菅原長躬

家族　父菅原清長（『尊』）。

経歴　文永二年十二月　文章得業生補任（『魚』巻第五　正和五年正月十二日　清原良枝兼国勘申）。文永四年二月　加賀少掾　文章得業生兼国（『魚』巻第五　正和五年正月十二日　清原良枝兼国勘申）。正応二年三月二日　御書所覆勘補任　昇殿（『伏見天皇宸記』）。正応四年正月六日　叙従四位上（『勘仲記』）。

系図等　皇后宮少進出雲守正四位下（『尊』）。

備考　菅原清長邸、件屋進玄輝門院、女院此間為御所（『実躬卿記』乾元元年三月廿一日）。

菅原宣資

家族　父菅原輔正（『尊』）。

経歴　寛治四年四月廿七日　文章生試（『為房卿記』同五月四日条）。嘉保元年二月廿二日　少内記補任　当職文章生（『大』第八　当職文章生、「嘉保元年大間書」柳原家記録四六　除目大間書）。嘉保元年九月八日　少内記（『中右記』）。永長元年十月十一日　少内記（『中右記』）。承徳元年正月卅日　少内記復任（『中右記』）。承徳元年十一月廿一日　少内記（『師守記』文和元年九月廿五日条）。

系図等　文章博士大内記遠江権守（『尊』）。

菅原宣義

生没年　―寛仁元年（一〇一七）

家族　父菅原惟熙（『尊』）。

経歴　長徳二年正月廿五日　式部少丞（『長徳二年大間書』）。長保二年二月廿五日　大内記宣義（『権記』）。寛弘四年九月九日　式部権少輔（『寛弘四年九月九日記』）。寛弘五年正月七日　大内記　加階（『御堂関白記』）。寛弘五年正月廿八日　東宮学士補任

(『二中歴』第二　儒職歴　学士侍読)。寛弘五年十月　兼東宮学士　于時正五位下行式部権少輔兼大内記(『菅家侍読年譜』)。寛弘六年十一月廿五日正五位下行東宮学士兼大内記菅原朝臣宣義(『御堂関白記』同廿六日条・『御産部類記』所収「代々浴殿読書役例」)。寛弘七年二月十六日　右少弁元大内記　東宮学士如元(『弁』)。寛弘八年正月七日　従四位下　弁(『弁』)。寛弘八年　侍読　于時従四位下、御即位叙位　叙正四位下(『砂巌』所収「菅儒侍読臣之年譜」)。寛弘八年六月十三日　譲位　東宮学士(『権記』)。寛弘八年六月廿五日　伊予介　前学士(『権記』)。長和元年十二月廿五日文章博士(『小右記』『御堂関白記』)。寛仁元年四月廿四日　或人云、宣義朝臣去廿二日卒(『左経記』脱漏)。

系図等　文章生侍従正四位下兵部権大輔大内記左少弁博士長者侍読三条院東宮学士治部丞式部権大輔(『尊』)。

備考　長和五年五月廿四日　文章博士菅原宣義宅倒壊救出(『御堂関白記』)。

菅原房長

生没年　永仁四年(一二九六)―康永四年(一三四五)

家族　父菅原長経(『公』『尊』)。

経歴　正安二年二月廿五日　穀倉院学問料(『公』『桂』)。嘉元四年二月十日　文章得業生転任　式部丞補任(『公』『桂』)。嘉元四年二月廿二日　罷秀才蒙方略宣旨(『公』)。年月日　非蔵人(『公』)。嘉元四年三月十八日　対策及第(『公』『桂』)。嘉元四年九月八日　叙爵(『公』)。延慶三年二月八日　従五位上(『公』)。応長元年四月七日　民部権少輔(『公』)。応長元年七月廿五日　正五位下　臨時　去権少輔(『公』)。正和三年二月一日　右馬頭(『公』)。正和三年四月八日　従四位下(『公』)。正和三年十二月卅日　左馬権頭(『公』)。正和六年九月　去頭(『公』)。元応元年六月十四日　式部権少輔　于時在基(『公』)。元応三年三月七日　従四位上　策労(『公』)。建武四年十月八日　正四位下　暦応二年十二月卅日　右京大夫(『公』)。暦応四年五月廿六

日　止職（『公』）。康永二年十一月六日　従三位元右馬頭（『公』）。康永四年七月廿日　頓死　年五十（『師守記』『尊』）。

系図等　右馬頭従三位右京大夫民部権少輔　改在基　又房長（『尊』菅原種長項）。

菅原茂長

生没年　弘安六年（一二八三）―康永二年（一三四三）

家族　父菅原長経（『公』『尊』）。

経歴　正応三年三月廿八日　文章生　七歳（『桂』）。正応四年二月七日　穀倉院学問料（『桂』）。正応六年二月十三日　秀才（『桂』）。永仁二年　因幡権少掾（『桂』）。永仁三年二月十二日　対策（『桂』）。永仁三年二月十九日　叙爵（『桂』）。正和二年二月六日　治部卿（『花園天皇宸記』）。

系図等　文章生兵部少輔木工頭中務大輔因幡権少掾　本名俊長　康永二二二頓死　六十一歳　出車中頓死云々（『尊』）。

備考　正中元年四月廿七日　茂長養育の旧院皇子　入恒定親王室出家（『花園天皇宸記』）。

菅原師長

家族　父菅原輔元（『尊』）。

経歴　長徳四年秋　治部丞　元摂津権大掾（『大』第八課試及第）。長保二年正月廿二日　申式部丞　治部丞（『権記』）。寛弘八年十月五日　式部少輔補任（『権記』）。寛弘八年十月十日　式部少輔は深き朝恩、御前次第使は所望に非ず（『権記』）。長和二年八月廿六日　斎宮御禊次第司　御前長官　式部少輔従五位上菅原朝臣師長（『小右記』）。万寿元年三月一日　式部少輔師長宅焼失（『小右記』）。

系図等　長者式部治部少輔少内記勘解由次官左京権大夫従四位下（『尊』）。

菅原良盛

家族　父菅原公賢（『尊』）。

経歴　仁安元年八月廿七日　式部少丞補任（「山槐記除目部類」）。

系図等　筑前権守従五位下（『尊』）。

菅原良頼

生没年　建仁二年（一二〇二）—弘安元年（一二七八）

家族　父菅原淳高　母藤原範綱女（『公』『尊』）。

経歴　安貞元年正月六日　叙従五位上（『明月記』）。寛喜三年十一月九日　治部大輔従五位上菅原朝臣良頼（『民経記』）。天福元年十二月廿二日　式部権少輔補任（『明月記』同廿三日条）。嘉禎元年十月十八日　式部少輔転任（『明月記』）。仁治元年閏十月廿八日　従四位上　止右京権大夫叙之（『平戸記』）。仁治三年三月十五日　正四位下　御即位叙位（『民経記』）。宝治元年三月廿日　前豊前守　院昇殿（『葉黄記』）。建長六年九月六日　従三位　元文章博士（『公』）。正元元年十一月廿日　正三位臨時（『民経記』『公』）。弘長三年正月廿八日　従二位（『公』「妙槐記除目部類」）。弘長三年十二月廿一日　式部大輔（『公』）。文永元年正月十三日　兼長門権守（『公』）。文永八年二月一日　辞大輔以男在兼申任少輔（『公』）。弘安元年八月廿四日　卒去七十七（『公』『一代要記』）。

系図等　侍読後深草文章生大学頭博士従二位皇后宮少進治部大輔右京権大夫式部権少輔式部大輔豊前守　建治四九廿八薨　八十四歳（『尊』）。

備考　嘉禎元年三月八日・十九日　近衛兼経政所別当補任（『摂政詔宣下類聚』）。嘉禎三年十二月廿四日殿上人（『経俊卿記』）。

平家政

経歴　正安三年四月五日　式部大丞補任　東大寺功（『実躬卿記』）。

平家村

家族　父三浦義村（「三浦系図」）。

経歴　仁治二年六月七日　式部丞補任　仁治二年七月廿五日　叙爵（『吾妻鏡』同八月十一日条）。宝治元年六月五日　存亡不審　駿河式部大夫（『吾妻鏡』）。

平清定

家族　父中原師元　平清盛為子（『玉葉』『尊』）。

経歴　安元元年正月廿日　式部丞平清定　以二合申任諸司助、遷任当職也（『玉葉』）。

系図等　式部丞三河権守従五位下為平相国清盛公子改姓任木工助（『尊』）。

平邦光

経歴　長保五年三月七日　少内記（『本朝世紀』）。

平維貞

生没年　弘安八年（一二八五）―嘉暦二年（一三二七）

家族　父北条宗宣　母北条時茂女（「鎌倉年代記」『尊』）。

経歴　正安三年七月十五日　式部少丞（「鎌倉年代記」）。正安三年八月廿日　叙爵（「鎌倉年代記」）。乾元二年五月十八日　右馬助（「鎌倉年代記」）。嘉元二年七月十日　引付衆（「鎌倉年代記」）。嘉元三年五月六日　小侍所別当（「鎌倉年代記」）。徳治元年八月四日　評定衆（「鎌倉年代記」）。徳治二年十二月六日　引付頭人（「鎌倉年代記」）。徳治三年七月十九日　従五位上（「鎌倉年代記」）。正和三年閏三月廿五日　正五位下（「鎌倉年代記」）。正和三年十月廿一日　陸奥守（「鎌倉年代記」）。正和四年九月二日　六波羅探題（「鎌倉年代記」）。元亨四年　下向（「鎌倉年代記」）。元亨四年十月卅日　加評定衆（「鎌倉年代記」）。正中三年四月廿四日　連署（「鎌倉年代記」）。嘉暦二年七月　従四位下（「鎌倉年代記」）。嘉暦二年　越訴奉行（「鎌倉年代記」）。嘉暦二年□月十日　修理権大夫（「鎌倉年代記」）。嘉暦二年九月七日　卒去　四十三（「鎌倉年代記」）。

系図等　正和四九十八　上洛六波羅南　正中三三　補執事　玉続千作者　武蔵陸奥等守修理大夫従四位下（『尊』）。

平惟継

生没年　文永三年（一二六六）―康永二年（一三四三）

家族　父平高兼（『公』『尊』）。

経歴　建武二年段階、正二位前権中納言。建武二年正月

十三日　文章博士（『公』）。建武三年三月二日　大宰権帥（『公』）。建武三年十一月五日　止帥（『公』）。建武四年三月　止博士（『公』）。暦応五年正月廿一日　出家　康永二年四月廿八日　薨　七十八歳（『尊』）。

系図等　文章博士大蔵卿大宰権帥修理大夫権中納言正二位　暦応五正廿一出家康永二四十八薨去　七十八歳（『尊』）。

平惟仲

生没年　天慶七年（九四四）―寛弘二年（一〇〇五）

家族　父平珍材　母備中国青河郡司女（『公』『尊』）。

経歴　康保三年　東宮昇殿（『公』）。康保四年正月　文章生（『公』）。康保四年五月　昇殿（『公』）。康保四年十月十一日　蔵人（『公』）。康保五年六月　刑部少丞（『公』）。安和元年十二月　右衛門少尉　使宣旨（『公』）。安和二年八月　冷泉院判官代（『公』）。天禄三年正月七日　従五位下　院分（『公』）。天延三年正月廿六日　相模介　院分（『公』）。天元三年

三月十九日　従五位上　治国（『公』）。天元四年十月廿六日　肥後守（『公』）。寛和三年正月七日　正五位下　一品内親王御給（『公』）。寛和三年二月六日　昇殿（『公』）。永延元年七月十一日　右少弁（『公』）。永延元年九月四日　大学頭（『公』）。永延元年十月十四日　正五位上　摂政家行幸家司賞（『公』）。永延元年十一月　右中弁　左少弁保信を超越（『公』）。永延二年正月九日　五位蔵人（『公』）。永延二年十月四日　近江権介　受領　止蔵人大学頭（『公』）。永延三年正月七日　従四位下　弁労（『公』）。永延三年正月廿九日　従四位上　治国（『公』）。永延三年四月五日　左中弁　近江介如元　権左中弁忠輔を超越　同日正四位下　造淀浮橋賞　同日昇殿（『公』）。永祚二年正月廿九日　内蔵頭（『公』）。永祚二年七月　右大弁　頭介如元（『公』）。正暦二年正月廿六日　蔵人頭（『公』）。正暦二年三月　蔵人頭辞退（『公』）。正暦三年六月　近江介辞退（『公』）。正暦三年八月廿八日　参議（『公』）。正暦四年正月十三日　近江権守

（『公』）。正暦四年十一月十三日　従三位　男道行造豊楽院功譲　朔旦　公任・誠信を超越（『公』）。正暦五年九月八日　左大弁（『公』）。長徳元年十月十八日　勘解由長官（『公』）。長徳二年七月廿日権中納言（『公』）。長徳四年正月十五日　中納言（『公』）。長保元年正月卅日　中宮大夫（『公』）。長保元年七月八日　中宮大夫辞任（『公』）。長保二年正月廿三日　正三位（『公』）。長保三年正月廿四日　大宰権帥（『公』）。長保五年正月七日　従二位　東三条院御賀賞（『公』）。寛弘元年十二月廿八日　止帥宇佐訴（『日本紀略』『御堂関白記』『権記』）。寛弘二年三月十四日　大宰府にて薨去（『日本紀略』『御堂関白記』『権記』）。

系図等　寛弘二五廿四於大宰府薨　六十二歳　内蔵頭大学頭勘解由長官参議左大弁中宮大夫大宰権帥中納言従二位（『尊』）。

平維度

家族　父庄田貞継（『尊』）。

経歴　承安三年六月十二日　六波羅二位（平時子）持仏堂供養　式部大夫（『吉記』）。文治三年四月廿九日　伊勢国穂積庄預所　式部大夫維度（『吾妻鏡』）。

平貞重

家族　父平貞房（『尊』）。

経歴　承安元年十二月八日　式部丞補任（『兵範記』）。

系図等　式部少輔　通称庄田（『尊』）。

平定親

生没年　―康平六年（一〇六三）

家族　父平理義（『尊』）。

経歴　長和四年十二月四日　文章生（『小右記』）。長和五年二月八日　所雑色補任　文章生（『小右記』）。寛仁三年正月九日　蔵人補任（『小右記』同十日条）。寛仁三年十月　献策（治承二年十二月廿日　菅原長守申文『大』第八　課試及第）。寛仁四年閏十二月廿七日　式部少丞（『左経記』）。長元五年二月三日　右少弁　元伯耆守（『弁』）。長元六年正月十六

日　侍従（『弁』）。長元六年四月二日　東宮学士（『弁』）。長元七年正月五日　正五位下（『弁』）。長元七年七月十八日　東宮学士（『御産部類記』所収「平金記」）。長元八年十月十六日　左少弁（『弁』）。長元九年正月廿九日　兼土佐権守（『弁』）。長元九年四月十七日　停東宮学士（『弁』）。長暦二年正月十四日　蔵人（『弁』）。長暦二年正月廿九日　兼左衛門権佐（『弁』）。長暦三年十二月十八日　右中弁（『弁』）。長久元年六月八日　従四位上　前坊学士（『弁』）。長久二年正月廿五日　文章博士（『弁』）。長久三年正月廿九日　備後介（『弁』）。長久三年十月廿七日　権左中弁（『弁』）。長久四年九月十九日　左中弁（『弁』）。寛徳二年正月十六日　東宮学士（『弁』）。永承二年正月廿八日　兼備前権介（『弁』）。永承四年十二月廿九日　正四位下　春日行幸行事賞（『弁』）。永承四年二月五日　兼伊予介（『弁』）。永承五年十月七日　率分勾当（『弁』）。永承六年正月廿七日　摂津守（『弁』）。永承七年十月十九日　昇殿（『弁』）。天喜二年十二月十九日

式部大輔（『弁』）。天喜五年二月卅日　兼伊予介（『弁』）。康平元年四月五日　右大弁（『弁』）。康平元年十一月八日　摂津守（『弁』）。康平四年十月　右大弁辞退　病（『弁』）。

系図等　康平六三々卒　東宮学士文章博士右大弁摂津伯耆守式部大輔正四位下後朱雀院侍読（『尊』）。

平貞房

生没年　文永九年（一二七二）―延慶二年（一三〇九）

家族　父北条宗宣（「鎌倉年代記」『尊』）。

経歴　正応二年十二月廿九日　式部大丞（「鎌倉年代記」）。正応三年三月七日　叙爵（「鎌倉年代記」）。永仁三年十二月廿九日　刑部少輔（「鎌倉年代記」）。正安三年八月廿三日　引付衆（「鎌倉年代記」）。徳治元年七月十九日　越前守（「鎌倉年代記」）。徳治二年十二月十三日　評定衆（「鎌倉年代記」）。延慶元年十二月七日　従五位上（「鎌倉年代記」）。延慶元年十二月　六波羅探題（「鎌倉年代記」）。延慶二年十二月二日　於京都卒　三十八（「鎌倉年代記」）。

系図等　延慶元十一廿六入洛　六波羅　同二十二六於京都
卒　玉続千作者　越後守従五位下（『尊』）。

平実重

経歴　久安六年十二月廿日　叙爵　元式部丞（『本朝世紀』）。

平繁雅

生没年　―寛喜二年（一二三〇）二月八日（『明月記』）

家族　父平実繁（『尊』「桓武平氏諸流系図」『中条町史』）。妻北白河院乳母（『明月記』嘉禄二年四月十九日条）。

経歴　元暦元年二月卅日　式部大夫繁雅所領信濃国東条荘内狩野郷没収（『吾妻鏡』）。文治元年十月廿四日　行列　御後五位六位　平式部大夫繁政（『吾妻鏡』）。元久二年十一月廿九日　河内守補任（『明月記』）。

系図等　河内守従五位下　出家（『尊』）。持明院（「桓武平氏諸流系図」『中条町史』）。

備考　北白河院御後見（『明月記』寛喜二年二月八日条）。

平重光

経歴　養和元年九月廿三日　式部丞補任（『吉記』）。養和元年十一月廿八日　叙爵（『吉記』）。

平祐俊

家族　父平師範（『尊』）。

経歴　承保二年八月卅日　式部省評定擬文章生試詩事丁科及第（『朝野群載』巻第十三　紀伝上）。承保三年八月廿九日　文章生補任　御書所（「除目申文之抄」）。承暦四年正月七日　内記祐俊（『水左記』）。康和元年三月　散位（「扶桑古文集」）。康和四年正月廿一日　奨学院挙　散位従五位下（「除目申文之抄」）。

系図等　従五位下伊豆守（『尊』）。

平高有

生没年　―元弘三年（一三三三）

家族　父北条貞有（『常楽記』）。
経歴　元弘三年五月廿二日　越前前司貞有禅門真性、同子息式部丞高有、同候人図書助藤原（『常楽記』）。

平高朝
生没年　―元弘三年（一三三三）
家族　父大仏維貞（『太平記』）。
経歴　元弘三年五月廿二日　陸奥式部大夫高朝自害（『太平記』巻第十　高時并一門以下於東勝寺自害事）。

平高房
家族　父北条時賢（「正宗寺本北条系図」）。
系図等　式部大夫（「正宗寺本北条系図」）。
備考　建武二年九月二日　墨御園式部大夫高房跡（太政官符案　神宮文庫本御鎮座伝記紙背文書）。

平高盛
家族　父会津葦名遠江守盛員（「異本塔寺八幡宮長帳」）。
経歴　建武二年八月十七日　相州片瀬川にて討死　式部大夫（「異本塔寺八幡宮長帳」）。

平孝順
経歴　正暦五年四月廿三日　式部大丞（『本朝世紀』）。

平胤家
家族　父矢木常家（「千葉支族系図」・「相馬系図」）。
経歴　宝治二年正月三日　矢木式部大夫（『吾妻鏡』）。年月日未詳　下総国香取社遷宮用途注文　矢木郷地頭式部大夫胤家（『鎌倉遺文』九二五七号）。

平為時
家族　父北条重時　母苅田義季女（「野津本北条系図」）。
経歴　仁治三年十月十八日　式部丞補任（『平戸記』）。仁治三年十一月十二日　叙爵　式部（『平戸記』）。

平経方
家族　父平範国　母章任朝臣女（『尊』）。
経歴　治暦四年七月十九日　叙爵　式部（『本朝世紀』）。

系図等　民部大輔春宮亮従五位上（『尊』）。

平時章

生没年　建保三年（一二一五）—文永九年（一二七二）

家族　父北条朝時　母大友能直女（『関』『尊』）。

経歴　暦仁元年閏二月十五日　大炊助（『関』）。暦仁元年閏二月廿七日　式部少丞（『関』）。暦仁元年九月一日　式部大丞　同日叙爵（『関』）。寛元三年四月八日　尾張守（『平戸記』）。寛元四年二月廿一日去守（『関』）。宝治元年七月　評定衆補任（『関』）。弘長三年十一月　出家（『関』）。文永九年二月十一日　誤誅（「鎌倉年代記」『関』）。

系図等　尾張守民部大輔従五位下　文永九二廿一合戦被誅（『尊』）。

平時輔

生没年　宝治二年（一二四八）—文永九年（一二七二）

家族　父北条時頼　母将軍家女房讃岐（『尊』）。

経歴　文永元年十月　六波羅探題（「鎌倉年代記」）。文永二年四月廿一日　式部丞補任　同日叙爵（「鎌倉年代記」）。文永四年十二月廿六日　相模式部大夫（『鎌倉幕府法』追加法四三三—四三四号）。文永七年八月廿九日　相模式部大夫（『鎌倉幕府法』追加法四四五号）。文永九年二月十五日　誅殺　二十五（「鎌倉年代記」）。

系図等　文永元十九上洛　同九二十五被誅　式部丞従五位下（『尊』）。

平時秀

生没年　—宝治元年（一二四七）

家族　父上総権介平秀胤　母北条時房女（『千葉大系図』）。

経歴　仁治二年八月十五日　上総式部丞（『吾妻鏡』）。仁治二年十一月四日　上総式部大夫（『吾妻鏡』）。仁治三年正月十三日　上総式部丞（「鎌倉年代記」）。宝治元年六月七日　上総権介秀胤嫡男　自害（『吾妻鏡』）。

系図等　与秀胤自殺（『千葉大系図』）。

平時広

生没年　貞応元年（一二二二）―建治元年（一二七五）

家族　父北条時房（『関』・「野津本北条系図」）。

経歴　寛元三年九月十二日　式部少丞（『関』）。宝治元年正月五日　叙爵（『関』）。宝治元年三月六日　武蔵権守（『関』）。正嘉二年正月十三日　越前守（『関』）。正元二年四月十七日　去守（『関』）。文永二年三月九日　従五位上（『関』）。建治元年六月廿五日　卒去（『関』）。

平時房

生没年　安元元年（一一七五）―仁治元年（一二四〇）

家族　父北条時政（『関』『尊』）。

経歴　元久二年三月十八日　主殿権助（『関』）。元久二年四月十日　式部少丞（『関』）。元久二年八月九日　叙爵　同日遠江守　父時政出家替（『関』）。元久二年九月廿一日　駿河守（『吾妻鏡』同二月廿二日条・『関』）。承元元年正月十四日　武蔵守（『関』）。建保五年十二月十二日　相模守（『関』）。建保六年

十月十一日　従五位上（『関』）。寛喜三年十二月卅日　正五位下（『関』）。文暦元年正月廿六日　従四位下（『関』）。嘉禎二年三月四日　修理権大夫（『関』）。嘉禎二年正月五日　従四位上　従一位藤原朝臣当年給（『関』）。嘉禎二年十一月廿九日　辞相模守（『関』）。暦仁元年閏二月廿七日　正四位下（『関』）。仁治元年正月廿四日　卒去　六十六歳（『関』『尊』）。

系図等　承久三六十五六波羅上洛　貞応三六十九下向　同月補執事　同二正廿四卒　六十八歳　相模守修理権大夫正四位下（『尊』）。

平時通

経歴　年月日未詳　叙位歴名　叙爵　式部丞（『鎌倉遺文』二二〇七七号）。

平朝時

生没年　建久六年（一一九五）―寛元四年（一二四六）

家族　父北条義時　母比企朝宗女（『吾妻鏡』『関』『尊』）。

経歴　承久二年十二月十五日　式部少丞（『関』）。貞応元年正月廿四日　式部大丞（『関』）。元仁元年正月廿三日　叙爵　同日周防権守（『関』）。嘉禄元年九月十七日　越後守（『関』）。貞永元年八月廿一日　従五位上（『関』）。嘉禎二年七月廿日　遠江守（『関』）。暦仁元年七月廿日　正五位下（『関』）。仁治二年四月廿三日　従四位下（『関』）。仁治三年五月十日出家（『関』）。寛元三年四月六日　卒去　五十二歳（『関』『尊』）。

系図等　仁治三出家　寛元三四六卒　五十二歳　周防越後等守遠江守従四位下（『尊』）

平朝直

生没年　建永元年（一二〇六）―文永元年（一二六四）

家族　父北条時房　母足立遠元女（『関』『尊』）。

経歴　天福元年正月廿八日　木工権頭（『関』）。天福元年二月十八日　式部少丞（『関』）。文暦元年正月十一日　式部大丞（『関』）。文暦元年正月廿六日　叙爵　同日宿官相模権守（『関』）。嘉禎三年九月十五日　備前守（『関』）。暦仁元年三月十八日　従五位上（『関』）。暦仁元年四月六日　武蔵守（『関』）。仁治二年七月十七日　正五位下（『関』）。寛元元年七月八日　遠江守（『関』）。寛元四年四月十五日武蔵守（『関』）。康元元年七月廿日　辞守（『関』）。文永元年五月三日　卒去（『関』）。

系図等　文永元五一卒　五十九歳　武蔵守正五位下（『尊』）。

平直氏

経歴　正応元年三月十五日　少内記（『実躬卿記』『大外記中原師淳記』）。正応元年十月廿一日　少内記（『勘仲記』）。

平永昌

経歴　長保二年正月廿二日　申式部丞　左衛門尉（『権記』）。

平信継

家族　父平信広（『尊』・『民経記』寛喜元年六月廿日条）。

経歴　寛喜元年六月廿日　蔵人式部丞（『民経記』）。
系図等　兵部少輔従五位上（『尊』）。

平徳時
備考　式部大夫（『金沢文庫古文書』六八八三号）。

平度房
経歴　治承二年正月廿八日　式部少丞補任（『玉葉』）。

平政長
生没年　建長二年（一二五〇）—正安三年（一三〇一）
家族　父北条政村（『尊』『関』）。
経歴　文永七年十二月廿日　式部大丞補任（「為氏卿記」）。弘安元年三月十六日　引付衆補任　相模式部大夫（『関』）。弘安七年正月　評定衆（『関』）。弘安七年八月　駿河守補任（『関』）。
系図等　正安三七十四卒　五十二歳　歌人　駿河守正五位下（『尊』）。

平政村
生没年　元久二年（一二〇五）—文永十年（一二七三）
家族　父北条義時　母藤原朝光女。
経歴　建保元年十二月廿八日　元服（『吾妻鏡』）。寛喜二年正月十三日　常陸大掾（『関』）。寛喜二年閏正月廿四日　式部少丞（『関』「鎌倉年代記」）。寛喜二年十月十五日　叙爵（『関』「鎌倉年代記」）。嘉禎二年三月四日　右馬助（『関』）。嘉禎二年四月十四日　右馬権頭（『関』）。嘉禎三年九月十五日　従五位上（『関』）。暦仁元年八月廿八日　正五位下（『関』）。仁治元年閏四月五日　辞右馬権頭（『関』）。寛元二年六月廿二日　従四位下（『平戸記』『関』）。康元元年三月　連署（『関』）。康元元年四月五日　陸奥守（『関』）。正嘉元年五月七日　賜越後国務（『関』）。正嘉元年六月十二日　相模守（『関』）。文永元年八月　執権（『関』）。文永元年十二月廿一日　従四位上（『関』）。文永二年三月廿八日　左京権大夫（『関』）。文永三年三月廿二日　正四位下（『関』）。文永五年三月　連署（『関』）。文永十年五

月十八日　出家　同廿七日卒去（『吉続記』『関』）。

系図等　建長八三十四補執事　文永十五十八出家　同二十一卒　六十九歳　相模守陸奥守従四位上　左京権大夫（『尊』）。

平雅康

家族　父平生昌（『尊』）。

経歴　寛弘三年二月八日　東宮昇殿　文章生（『御堂関白記』）。寛弘八年八月十一日　勘解由判官（『小右記』）。寛弘八年九月九日　蔵人（『小右記』）。長和元年四月十六日　蔵人（『小右記』）。長和二年正月廿八日　蔵人式部丞（『小右記』）。長和三年十一月廿七日　蔵人式部丞（『小右記』）。

備考　安芸守正五位下　千作者（『尊』）。

平理義

家族　父平親信（『尊』）。

経歴　正暦四年三月廿九日　式部丞（『小右記』）。正暦四年七月廿六日　蔵人式部丞（『権記』）。正暦四年八月七日　式部少丞（『本朝世紀』）。寛弘五年九月十一日　敦成親王誕生　鳴弦役　前三河守平理義（『御産部類記』所収「不知記」）。長和三年十一月十五日　叙従四位下（『小右記』）。寛仁四年十一月一日　筑前守理義（『小右記』）。長保二年正月廿二日　申新叙（『権記』）。長元四年正月六日　叙従四位上（『小右記』）。

系図等　筑前守従五位下（『尊』）。

平政頼

家族　弘安五年八月七日　式部丞補任　武士歟（『勘仲記』）。

平光時

家族　父平朝時　母大友能直女（『尊』「大友系図」）。

経歴　嘉禎三年正月二日　遠江式部丞（『吾妻鏡』）。嘉禎三年四月十九日　遠江式部大夫（『吾妻鏡』）。暦仁元年十一月廿九日　周防守（『吾妻鏡』）。暦仁元年四月七日　遠江式部大夫（『玉蘂』）。寛元元年八

月十五日　越後守（『吾妻鏡』）。寛元二年六月廿二日　正五位下（『平戸記』）。寛元四年六月十三日入道越後守法名蓮智（『吾妻鏡』）。

系図等　従五位下越後守（『尊』）。

備考　弘長二年に西大寺叡尊より菩薩戒をうける（「関東往還記」）。

平宗宣

生没年　正元元年（一二五九）―正和元年（一三一二）

家族　父北条宣時　母北条時広女（「鎌倉年代記」『尊』）。

経歴　弘安五年五月廿八日　雅楽允（「鎌倉年代記」）。弘安五年三月十三日　式部少丞（「鎌倉年代記」）。弘安五年八月六日　叙爵　式部（『勘仲記』「鎌倉年代記」）。弘安五年九月六日　引付衆（「鎌倉年代記」）。弘安十年十月　評定衆（「鎌倉年代記」）。正応元年十月七日　上野介（「鎌倉年代記」）。永仁元年五月　越訴奉行（「鎌倉年代記」）。永仁元年七月　小侍所別当（「鎌倉年代記」）。永仁二年八月三日　従五位上（「鎌倉年代記」）。永仁四年正月　引付頭

人（「鎌倉年代記」）。永仁四年十月　寄合衆　京下奉行（「鎌倉年代記」）。永仁五年七月十日　六波羅探題南方（「鎌倉年代記」）。正安二年十月一日　正五位下（「鎌倉年代記」）。正安三年九月廿七日　陸奥守（「鎌倉年代記」）。乾元元年八月　官途奉行（「鎌倉年代記」）。嘉元元年八月廿七日　復越訴奉行（「鎌倉年代記」）。嘉元三年七月十九日　連署（「鎌倉年代記」）。徳治三年七月十九日　従四位下（「鎌倉年代記」）。応長元年十月三日　執権（「鎌倉年代記」）。正和元年五月廿日　出家　順昭（「鎌倉年代記」）。正和元年六月十二日　卒　五十四（「鎌倉年代記」「常楽記」）。

系図等　永仁五七廿七上洛　六波羅　正安四正十七下向　嘉元元七廿七補執事　正和元五廿五出家　順昭　同六十二卒　五十四歳　新後玉続千作者　上総介　陸奥守　従四位下（『尊』）。

平盛房

経歴　康和元年正月廿三日　式部大丞　元少丞（『本朝

世紀』)。

平泰時

生没年　寿永二年(一一八三)—仁治三年(一二四二)

家族　父北条義時(「鎌倉年代記」『関』『尊』)。

経歴　建暦元年九月八日　修理亮(『関』)。建保四年三月廿八日　式部少丞(『関』「鎌倉年代記」)。建保四年十二月卅日　叙爵(『関』「鎌倉年代記」)。承久元年正月五日　従五位上(『関』)。承久元年正月廿二日　駿河守(『関』)。承久元年十一月十三日　武蔵守(『関』)。貞永元年四月十一日　正五位下(『関』)。嘉禎二年三月四日　従四位下(『関』)。嘉禎二年十二月十八日　左京権大夫(『関』)。暦仁元年三月十八日　従四位上(『関』)。暦仁元年四月六日　辞武蔵守(『関』)。暦仁元年九月八日　辞権大夫(『関』)。延応元年九月九日　正四位下(『関』)。仁治三年五月九日　出家(『平戸記』同十三日条・『百錬鈔』『吾妻鏡』『関』)。仁治三年六月五日　卒去(『平戸記』『民経記』『百錬鈔』『吾妻鏡』『関』)。

系図等　歌人　承久三六十四　上洛　六波羅北方始　貞応三六十七　下向　元仁元十二十七　補執事　仁治三五九　出家観阿　同年六十五卒　六十歳　武蔵守左京権大夫正四位下(『尊』)。

平泰村

生没年　元暦元年(一一八四)—宝治元年(一二四七)

家族　父三浦義村(『尊』)。

経歴　嘉禎三年九月十五日　掃部権助(『関』)。嘉禎三年十月廿七日　式部少丞(『関』)。　嘉禎三年十一月廿九日　叙爵(『関』)。嘉禎三年十二月廿五日　若狭守(『関』)。延応元年四月十三日　従五位上(『関』)。寛元二年三月六日　正五位下(『関』)。宝治元年六月五日　自害(『吾妻鏡』『関』)。

系図等　若狭守(『尊』)。

平泰茂

経歴　正元元年十一月廿一日　叙爵式部(『民経記』)。

平行遠
家族　美濃国青墓長者大炊父（『吾妻鏡』建久元年十月廿九日）。
経歴　内記大夫（『吾妻鏡』建久元年十月廿九日）。

平能貞
経歴　仁治三年十月三日　少内記辞退（『平戸記』）。寛元二年六月廿二日　民部少丞補任（『平戸記』）。寛元三年正月五日　叙爵（『平戸記』）。寛元三年正月十三日　近江権守補任（『平戸記』）。寛元三年正月十七日　改下野権守（『平戸記』）。

平頼村
経歴　弘安九年正月十八日　大内記藤原尚範挙状　申少内記（『鎌倉遺文』一五七七八号）。弘安九年三月廿六日　少内記（『勘仲記』）。

高階在平
経歴　寛弘五年九月十一日　縫殿助（『御産部類記』所収「不知記」）。寛弘八年八月十一日　蔵人補任　縫殿助（『御堂関白記』『小右記』『権記』）。長和元年正月四日　式部丞（『御堂関白記』）。長和元年四月十七日　蔵人式部丞在平（『小右記』）。長和元年十一月十一日　式部丞在平、為業敏被打凌事（「小記目録」）。

高階忠遠
経歴　元永元年二月九日　式部大夫　藤原忠通諸大夫（「法成寺殿御記」）。

高階成章
生没年　正暦元年（九九〇）―康平元年（一〇五八）
家族　父高階業遠　母修理大夫業平女（『公』『尊』）。
経歴　長和五年正月廿九日　蔵人　太子登極日（『公』）。長和五年十一月廿六日　式部少丞（『公』）。長和六年正月七日　叙爵　蔵人　筑後権守（『公』）。寛仁三年正月廿三日　紀伊守（『公』）。治安三年二月十二日　去任（『公』）。万寿三年四月廿七日　従五位

上　治国（『公』）。万寿四年三月十七日　東宮大進（『公』）。長元九年四月　止進　登極（『公』）。長元九年七月七日　正五位下　馨子内親王御給　即位（『公』）。長暦元年八月十七日　東宮権大進（『公』）。長久三年正月七日　従四位下　東宮去長久四年未給（『公』）。長久三年正月廿九日　主殿頭（『公』）。長久五年正月　阿波守（『公』）。永承三年十一月　止守（『公』）。永承四年十二月　伊予守（『公』）。永承五年十一月十三日　従四位上（『公』）。永承六年正月廿七日　正四位下　造貞観殿功（『公』）。天喜二年十二月廿二日　大宰大弐（『公』）。天喜三年七月十九日　従三位　赴任賞（『公』）。康平元年正月七日　正三位　造常寧殿功（『公』）。康平元年　大宰府にて薨去（「平定家朝臣記」『公』）。

系図等　大宰大弐正三位　号欲大弐　後拾作者（『尊』）。

高階業兼

経歴　天承元年十二月六日　兵部丞（『内侍所御神楽部類』所収「或記」）。天承元年十二月廿四日　式部少丞補任　兵部一（『贈左府時信朝臣記』）。長承三年正月五日　叙爵　式部（『中右記』）。

高階成忠

生没年　延長四年（九二六）―長徳四年（九九八）

家族　父高階良臣（『尊』）。

経歴　寛和二年七月廿三日　叙従三位　前坊学士　元従四位上（『公』寛和二年条）。永延元年七月十二日　式部大輔補任（『公』）。正暦二年七月十日　従二位　去大輔二階（『扶桑略記』『公』）。正暦三年九月十七日　真人を朝臣に改める（『日本紀略』『扶桑略記』）。正暦三年十月十一日　出家　法名道観　七十（『日本紀略』『公』）。長徳四年七月廿五日　薨去　七十三歳（『日本紀略』『尊』『栄華物語』）。

系図等　侍読一条　大和守東宮学士宮内卿式部大輔従二位　正暦二九改真人為朝臣　同年十一出家　道観　長徳四七薨　七十三歳（『尊』）。

備考　摂政藤原道隆北方貴子の父（『栄華物語』）。長徳二年八月十日　右大臣藤原道長を呪咀（『百錬鈔』）。

生没年　―長久元年（一〇四〇）
家族　父高階明順（『尊』）。
経歴　寛弘七年正月九日　還昇　式部丞高階成順（『権記』）。寛弘八年六月廿五日　一条院判官代　式部大丞（『権記』『小右記』）。寛弘八年七月九日　蔵人式部丞（『小右記』）。長和五年五月十八日　五位（『小右記』）。寛仁三年七月十三日　加階（『小右記』）。万寿三年三月廿三日　大宰府解　正五位下行大宰少弐兼筑前守（『類聚符宣抄』）。万寿四年二月八日　筑前守（『小右記』）。万寿四年九月二日　在鎮西（『小右記』）。若くして蔵人に任じて、式部の労によりて筑前の守になりたりなり（『今昔物語集』巻十五―三十五「高階成信入道往生の語」）。長久元年八月十四日　往生（「拾遺往生伝」）。
系図等　筑前守正五位下　法乗蓮（『尊』）。
備考　寛弘八年八月十一日　判官代式部大丞高階成順（『権記』）。

高階信順

高階業綱

経歴　久寿二年十月廿三日　叙爵　御即位叙位　元式部（『山槐記』）。

高階業敏

家族　父高階業遠（『小右記』『尊』）。
経歴　寛弘八年六月十三日　藏人補任　修理亮（『権記』）。長和元年四月一日　蔵人業敏（『小右記』）。長和元年四月廿一日　蔵人式部丞業敏（『小右記』）。長和五年四月廿八日　長門守高階業敏　有家死闕　正月除目業敏任肥前、而以業敏被任長門（『小右記』）。寛仁二年十二月七日　長門守解却（『小右記』『左経記』）。長元四年八月十五日　越中守（『小右記』）。長久元年正月廿五日　常陸介補任（『春記』）。永承七年十一月十日　美濃守（『平安遺文』六九六号）。
系図等　美濃守正四位下（『尊』）。

高階成順

生没年　―長保三年（一〇〇一）
家族　父高階良臣（『尊』）。
経歴　天元四年五月一日　対策　文章得業生（『小右記』『日本紀略』）。永祚二年十月十日　太政官牒　従五位上守左少弁兼東宮学士（『東大寺文書』「東南院文書」一九九号）。正暦三年十月十四日　検非違使別当宣　右少弁兼右衛門権佐東宮学士周防権守（『政事要略』巻第六十一　糾弾雑事）。正暦四年十一月十五日　五位蔵人（『職事補任』）。正暦五年七月廿一日　太政官牒　左少弁正五位下兼行右衛門権佐東宮学士（『東大寺文書』「東南院文書」三九号）。長徳元年五月七日　従四位下（『職事補任』）。長徳元年九月　右兵衛佐辞退（『勘仲記』正応元年九月四日条引用先例）。長徳元年九月廿六日　官符紛失注文　同日東大寺俗別当補任　従四位下行右中弁兼東宮学士（『東大寺文書』「東南院文書」二〇一号）。長徳二年　権左中弁補任（『弁』）。長徳二年十月十日　左遷除目　伊豆権守（『日本紀略』）。長徳四年十月廿三日　左中弁（『弁』）。長保三年六月廿八日　出家（『弁』）。長保三年六月廿九日　卒（『権記』『弁』）。
系図等　東宮学士左権佐左中弁従四位上（『尊』）。

高階宗広
経歴　元永三年　式部省請奏　高橋宗広を式部省垣一町造築の功により式部少録に申請（『朝野群載』巻第八　別奏）。保安二年　式部少録　元刑部少録式部省奏（『大』第七　本司奏）。

高階泰能
経歴　寿永二年十二月十日　式部少丞補任　本条藤原（『吉記』）。元暦元年八月十日　大嘗会主基行事式部大丞（『山槐記』）。元暦元年十一月十七日　叙爵　式部（『吉記』）。

高橋重職
経歴　正嘉三年正月十九日　内記局奏　少内記補任　掃部允高橋朝臣重職（『魚』巻第二　局奏）。正元元

年八月廿八日　少内記（『正元元年東宮御元服部類記』「外記記」）。

高橋守職
経歴　年未詳八月八日　少内記　左衛門少尉兼任宣旨（『伝宣草』）。

橘章定
経歴　延久五年三月十五日　典薬助（『臨放記』第一）。永保二年三月十三日　兵部少丞（『臨放記』第一）。寛治二年三月廿三日　兵部丞（『石清水文書』五「宮寺縁事抄」）。寛治四年春　式部少丞補任（『江記』寛治五年正月廿八日条）。寛治六年正月五日　叙爵（『後二条師通記』）。
備考　寛治五年三月廿三日　歌人（『後二条師通記』）。

橘章盛
経歴　久安六年十二月　陪従労により諸司亮并八省丞を申す（「京都大学附属図書館所蔵『兵範記』紙背文

書」三号）。久寿二年十月廿二日　兵部丞補任（『兵範記』）。保元元年十一月廿八日　式部丞補任　兵部丞（「山槐記除目部類」）。保元三年十二月十七日　叙爵御即位　式部（『兵範記』）。保元三年十二月廿八日　式部大丞（『保元三年番記録』）。

橘清季
経歴　元暦元年七月十日　貴船使　式部丞（『山槐記』）。

橘清仲
生没年　―仁平三年（一一五三）
経歴　永久二年正月七日　兵部丞（『中右記』）。永久五年十一月廿一日　式部省試　監試（『朝野群載』巻第十三　紀伝上）。元永元年十一月廿三日　式部省勘申　式部大丞（『大』第八　課試及第）。仁平二年正月廿八日　豊前守補任　式部巡（『山槐記』「山槐記除目部類」）。仁平三年八月　豊前国河尻辺にて卒（『本朝世紀』同九月三日条）。

橘定家
経歴　治承四年二月廿日　兵部少丞補任（『山槐記』）。養和元年三月廿四日　申式部丞　兵部丞（『吉記』）。養和元年三月廿九日　式部少丞補任　元兵部丞（『吉記』）。寿永元年九月五日　式部丞（『吉記』）。

橘定元
経歴　大治五年正月廿八日　式部丞補任（『中右記』）。

橘季通
家族　父橘則光（『尊』『今昔物語集』）。
経歴　長元四年十月十七日　中宮少進（『左経記』）。長元七年十二月十七日　式部省試の事　式部丞季通（『左経記』）。長元八年三月十一日　補蔵人　式部大丞　中宮令挙給（『左経記』）。長元八年十月四日　式部省解　正六位上行少丞兼中宮少進（『類聚符宣抄』第一　神社修造）。
系図等　駿河守従五位上（『尊』）。
備考　心太く力ありし（『今昔物語集』巻第二三―一六「駿河前司橘季通構へて逃れし語」）。

橘資通
経歴　長元四年六月廿七日　式部丞資通（『左経記』）。長元四年十月十七日　式部丞資通（『左経記』）。

橘済通
家族　父橘為義（『尊』）。
経歴　万寿元年十月四日　蔵人兵部丞（『小右記』）。万寿二年十二月十四日　蔵人式部丞橘済通（『小右記』）。
系図等　従五位下（『尊』）。

橘孝親
家族　父橘内成　大江匡房外祖父（『尊』）。
経歴　寛仁三年十月十六日　天文習学宣旨　不覚者也（『小右記』）。寛仁四年六月十四日　内記（『左経記』）。寛仁四年十一月十七日　少内記（『小右記』）。万寿二年三月廿三日　出雲守（『小右記』）。万寿三年七月十七日　大内記孝親（『左経記』）。長元二年

七月一日　前出雲守（『小右記』）。長暦二年七月十二日　文章博士補任（『二中歴』第二　文章博士歴）。長久元年十月廿二日　改元定　文章博士（『春記』）。

橘為賢

経歴　長和三年十二月廿六日　内記（『小右記』）。寛仁元年十月廿六日　少内記橘為賢（『立坊部類記』）。寛仁二年十月廿五日　将監（『小右記』）。

橘為仲

生没年　―応徳二年（一〇八五）

家族　父橘義通（『尊』）。

経歴　永承二年十二月一日　正六位上蔵人式部丞　上日百七十四　夜百六十一（『朝野群載』巻第五　朝儀下　蔵人所勘申殿上冬等第事）。応徳二年十月廿一日　太皇大后宮亮為仲朝臣卒去（『為房卿記』）。

系図等　陸奥守左衛門権佐太皇太后宮亮正四位下（『尊』）。

橘説家

経歴　寛治二年十一月廿一日　式部丞（『江記』）。康和四年正月廿一日　大監物従五位下（康和四年正月廿一日　学館院年挙「除目申文之抄」）。

橘俊孝

経歴　寛弘八年正月七日　兵部丞俊孝（『小右記』）。長和二年八月廿六日　斎宮行禊次第司　御前判官式部大丞（『小右記』）。万寿元年正月七日　兵部少輔（『小右記』）。長元二年七月十七日　出雲国司奏上従五位上行守橘朝臣俊孝（『古事談』巻一―四一）。長元五年九月廿七日　出雲守　佐渡国配流（『日本紀略』『扶桑略記』）。

備考　藤原実資家人、酒狂不善者（『小右記』長元元年七月廿六日条）。

橘俊実

経歴　永保三年正月廿九日　申式部丞　兵部少丞（『魚』巻第七　顕官挙）。

橘知教
経歴　仁治元年正月廿一日　式部丞補任（『平戸記』）。

橘知弘
経歴　文永十一年三月廿六日　式部丞（『妙槐記』「文永十一年後宇多院御即位記」）。

橘長継
経歴　文永四年十一月十日　式部少丞補任（『民経記』）。

橘仲俊
経歴　承保三年八月廿九日　文章生補任（「除目申文之抄」）。年月日未詳　木工少允　文章生（「除目申文之抄」）。寛治元年正月　叙爵　式部（『叙位尻付抄』）。

橘仲俊
経歴　仁安元年十月廿一日　兵部丞補任（『兵範記』）。仁安二年十二月一日　式部丞闕により転任を申す（仁安二年十二月一日　文章生大中臣惟親申文「陽明文庫本兵範記紙背文書」一九号）。掃部助橘仲俊、陪従之後以三箇□□労、被任兵部丞畢（仁安二年十二月十日　中務丞藤原博泰申文「陽明文庫本兵範記紙背文書」四七号）。仁安三年正月十一日　式部少丞補任　兵部丞（『兵範記』・「山槐記除目部類」）。仁安三年九月七日　大嘗会御禊判官（『兵範記』）。仁安三年十二月十三日　叙爵（『兵範記』・「山槐記除目部類」）。

橘成任
家族　父橘則隆（『尊』）。
経歴　治安三年十二月廿六日　蔵人成任（『小右記』）。万寿元年正月廿六日　蔵人（『小右記』）。万寿元年七月廿一日　蔵人式部丞（『小右記』）。
系図等　陸奥守常陸守正五位下（『尊』）。

橘業基
経歴　弘安八年　申式部丞　式部大輔藤原茂範挙（『鎌

倉遺文』一五四六五号）。

橘則長

家族　父橘則光（『尊』）。

経歴　治安元年八月　図書助　文章生散位（「除目申文之抄」）。治安三年二月　式部丞補任（『枕草子』）。治安三年五月七日　式部丞（『小右記』）。

系図等　歌人後拾已下作者越中守正五位下（『尊』）。

橘則季

家族　父橘則長（『尊』）。

経歴　康平五年正月廿日　蔵人式部丞（『康平記』）。

橘致綱

家族　藤原忠兼外祖父（『尊』）。

経歴　承暦三年三月四日　高階為章蔵人補任　式部丞橘致綱叙爵替（『為房卿記』）。

橘以蔭

経歴　文永十一年三月廿六日　式部丞（『妙槐記』「文永十一年後宇多院御即位記」）。

橘則隆

家族　父橘敏政（『尊』）。

経歴　長保元年九月廿日　蔵人（『権記』）。長保二年四月五日　蔵人式部丞則隆（『権記』）。寛仁二年十月十六日　中宮亮補任（『小右記』）。寛弘五年十月十六日　敦成親王家司補任　前美作介（『御産部類記』所収「不知記」）。寛弘五年十二月廿九日　主税少属勘申前美作介従五位下橘朝臣則隆解由事（『朝野群載』巻第廿六　諸国公文中　越勘続文）。寛弘八年八月十一日　昇殿　春宮大進（『小右記』）。長和三年正月廿七日　美作守（『小右記』）。寛仁元年十月四日　刑部権大輔（『左経記』『小右記』）。寛仁元年十一月十五日　但馬守補任（『御堂関白記』『小右記』『左経記』）。寛仁二年十月十六日　中宮亮兼任（『御堂関白記』『小右記』）。

系図等　長者陸奥守刑部大輔中宮亮正四位下（『尊』）。

橘以忠

家族　父橘以長（『尊』）。

経歴　正治元年三月廿三日　式部少丞補任　蔵人（『明月記』同廿五日条）。延応二年四月六日　美作守補任（『平戸記』）。仁治三年四月十五日　宮内大輔補任（『平戸記』）。寛元二年正月廿三日　叙従四位上（『平戸記』）。

備考　作者竹園之時、無双之奉公之者也（『平戸記』仁治三年四月十五日条）。

橘以綱

家族　父橘成任（『尊』）。

経歴　延久元年　式部少丞　元中務丞　雖蔵人遷官之者無尻付例（『大』第八　蔵人）。

系図等　長者鎮守府将軍陸奥相模等守主計頭従四位上（『尊』）。

橘以良

家族　父橘以経（『尊』）。

経歴　建保六年正月廿一日　蔵人式部丞（『中納言藤定高卿記』）。寛喜三年三月廿五日　叙従五位上　罷式部巡年序之（『民経記』・『明月記』同廿六日条）。天福元年三月九日　阿波守補任　差大小殿名替（『明月記』）。嘉禎元年十一月廿日　叙正五位下　近江守（『明月記』）。仁治三年正月五日　叙従四位下　東一条院去年未給（『民経記』）。寛元二年六月廿二日　左馬権頭補任（『平戸記』）。寛元三年十二月八日　叙従四位上（『平戸記』）。

備考　長者阿波尾張等守左京大夫但馬権守皇后宮大進（『尊』）。

橘元輔

経歴　嘉保元年五月六日　宮内丞（『中右記』）。嘉承二年二月十七日　兵部丞（『中右記』）。天仁元年三月五日　式部丞（『中右記』）。天仁元年八月廿九日　式部大丞転任（『中右記』）。天永二年十二月十六日　筑後権守（『中右記』）。

備考　康和五年十一月廿八日　藤原忠実東三条邸神楽

歌　兵部丞元輔（『殿暦』）。長治二年閏二月十七日　今様　兵部丞（『殿暦』）。嘉承二年三月六日　箏　兵部丞（『殿暦』）。天仁元年十一月十八日　藤原忠実神楽習礼　式部丞（『殿暦』）。天永二年正月三日　藤原忠実前駆　式部大夫（『殿暦』）。長承二年正月三日　関白家政所家司（『中右記』）。

橘盛忠

経歴　保安四年二月十九日　少内記（『大外記中原師元朝臣記』）。

橘行資

家族　父橘為政（『尊』）。

経歴　長徳二年正月十日　六位蔵人補任　大炊助如元蔵人所雑色（『小右記』）。長徳四年二月十五日　式部丞行資（『権記』）。長徳四年七月十四日　叙爵　蔵人式部丞　明年巡至預叙位者也（『権記』）。

系図等　従四位上伊予守（『尊』）。

橘行順

経歴　寛弘八年二月一日　申式部丞　兵部丞第一（『小右記』）。寛弘八年八月十六日　大嘗会悠紀行事　式部少丞（『小右記』）。

橘義清

家族　父橘義通（『尊』）。

経歴　長元六年十二月廿一日　蔵人補任　文章生（『扶桑略記』）。長元八年五月十六日　式部少丞（『賀陽院水閣歌合』）。長元九年五月廿五日　式部丞（『左経記』『類聚雑例』）。

系図等　長元六十二々補蔵人　春宮大進　正五位下（『尊』）。

橘義通

生没年　—治暦三年（一〇六七）

家族　父橘為義（『尊』）。

経歴　寛弘五年正月廿九日　蔵人所雑色補任（『御堂関白記』）。寛弘五年十月十六日　六位蔵人補任（『御堂関白記』）。寛弘八年正月八日　蔵人（『小右記』）。

寛弘八年三月廿八日　蔵人右衛門尉（『小右記』）。寛弘八年十二月十七日　蔵人左衛門尉（『小右記』）。長和元年四月十九日　禁色宣旨　蔵人兵部丞（『小右記』同廿日条）。長和二年四月十日　蔵人式部丞（『小右記』）。治安元年七月廿五日　東宮大進（『小右記』）。治安三年十一月四日　備後守（『小右記』）。治安三年十一月廿五日　宇佐使　備後守（『小右記』）。治暦三年二月十七日　卒去（「和歌作者部類」）。

系図等　筑前守正四位下後拾作者（『尊』）。

津守清国

生没年　永仁二年（一二九四）—正和三年（一三一四）

家族　父津守国藤（『津守氏古系図』）。

経歴　永仁五年五月十六日　式部少丞　年五歳（『津守氏古系図』）。永仁五年六月廿三日　叙爵（『津守氏古系図』）。正和三年十一月三日　卒（『津守氏古系図』）。

津守棟国

生没年　建長五年（一二五三）—

家族　父津守国助　母大江家村女（『津守古系図』）。

経歴　文永三年十月廿六日　主殿権助　年十四（『津守氏古系図』）。文永五年二月晦日　式部少丞（『津守氏古系図』）。文永六年正月五日　叙爵（『津守氏古系図』）。文永六年三月廿七日　相模権守（『津守氏古系図』）。弘安十年十一月十一日　従五位上（『津守氏古系図』）。正応三年九月二日　土佐守（『津守氏古系図』）。永仁二年八月十七日　正五位下（『津守氏古系図』）。正安二年閏七月十四日　従四位下御祈功（『津守氏古系図』）。正和五年八月四日　補主殿所長官（『津守氏古系図』）。嘉暦二年十一月十八日　補座摩社神主（『津守氏古系図』）。

津守致孝

経歴　寛弘八年九月十五日　式部少録在任・大嘗会御禊主典補任（『権記』）。長和三年十二月廿四日　式部録（『小右記』）。長和四年五月十六日　右少史初見

（『小右記』）。寛仁元年十一月九日　正親正（『小右記』）。

伴敦保

経歴　康治元年十月十日　式部少丞補任　元兵部丞（『本朝世紀』）。

伴季随

経歴　弾正少疏（永延元年八月四日「弾正少疏伴季随書状」）。長保元年五月十一日　式部少録（『本朝世紀』）。長保二年正月廿二日　申官史　式部録（『権記』）。寛弘元年二月十四日　右少史（『権記』）。

伴信重

経歴　長和二年正月十三日　式部録（『御堂関白記』）。万寿二年六月十日　式部省解　正六位上行少録（『類聚符宣抄』第一　諸神宮司補任）。

豊原友時

経歴　元永二年四月六日　式部録補任（『中右記』）。

中原章永

経歴　永久五年正月廿六日　式部省移　近例　近則刑部録中原章永造築当省垣伍段遷拝少録（『朝野群載』巻第八　別奏）。永久元年十二月　式部少録（式部省移『朝野群載』巻第八　別奏）。永久二年十月廿日　右少史（『東寺長者補任』永久元年寛助項）。

中原教業

経歴　寛元三年十一月三日　式部少丞補任（『平戸記』）。寛元四年三月八日　叙爵　御即位叙位　式部（『平戸記』）。院文殿作文　依為周業之遺跡入其選（『葉黄記』）。

中原景盛

経歴　申官史　少内記（『経俊卿記』建長八年四月巻紙背文書　少内記中原景盛申文）。建長八年九月十日　少内記景盛（『経俊卿記』）。

中原国貞
経歴　建久九年正月卅日　式部少録補任（『三長記』『明月記』）。

中原国任
経歴　正応元年三月六日　式部少丞補任（『勘仲記』）。正応元年八月廿五日　叙爵　式部（『勘仲記』）。

中原国秀
経歴　仁治三年四月九日　少内記補任（『平戸記』）。

中原国保
経歴　仁安三年八月四日　中原国保を式部録に推挙（仁安三年八月四日　式部省奏「陽明文庫本兵範記紙背文書」一一七号）。仁安三年十月十八日　式部少録補任（『兵範記』）。安元二年正月廿日　式部省勘申　修理左宮城主典正六位上行式部少録中原朝臣国保（『大』第八　課試及第）。安元二年十二月廿九日　右少史（『玉葉』）。筑後守（『洞院家記』第十四）。

中原惟経
経歴　元久二年正月四日　少内記（「大外記清原良業記」）。承元二年正月十九日　申民部丞　少内記　自内記遷任民部丞、雖近例不可然事也、仍撰留之（『砂巌』所収「実宣卿記」）。

中原真行
経歴　延久五年四月九日　算道課試及第　得業生中原実行（「除目申文之抄」）。年月日未詳　申八省録　算道挙（『魚魯愚別録』巻第一　為房卿所書目録当他家大略為指南歟）。天仁元年十月八日　式部録実行（『中右記』）。天仁元年十月十日　大嘗会御禊行幸次第司請　修理左宮城主典正六位上行式部少録中原真行を大嘗会御禊御前主典に申請（『中右記』）。天永元年十月十四日　主典式部録真行（『中右記』）。天永三年十月十九日　六位史（『中右記』）。

中原季貞
経歴　嘉保元年正月五日　叙爵　内記（『中右記』）。

中原末正
経歴　久安三年三月十三日　式部録（『本朝世紀』）。

中原季正
経歴　仁平三年八月十九日　斎内親王行禊御契使　御前主典　式部少録（『本朝世紀』）。

中原資成
経歴　康和四年正月廿三日　右少史補任　式部録（『中右記』）。

中原資弘
経歴　嘉応元年二月廿四日　少内記（『兵範記』）。治承二年正月十四日　内記局奏　正六位上行少内記中原朝臣資弘（『大』第七　本司奏）。

中原隆忠
経歴　康和五年四月卅日　少内記解官　文章生（『本朝世紀』）。

中原忠遠
経歴　承保二年八月卅日　式部省評定擬文章生試詩事丁科及第（『朝野群載』巻第十三　紀伝上）。寛治元年十二月十三日　少内記　局奏（『本朝世紀』）。永長元年正月五日　叙爵　内記（『中右記』）。元永元年六月十六日　内記大夫（『大学頭藤原敦光朝臣記』）。

中原忠広
経歴　建長二年十月十三日　少内記（『岡屋関白記』）。

中原為長
経歴　養和元年三月廿四日　申少内記（『吉記』）。

中原親守
経歴　正応元年九月廿七日　叙爵　式部（『勘仲記』）。

中原親能
生没年　康治二年（一一四三）―承元二年（一二〇八）
家族　父中原広季（「中原氏系図」）。
経歴　斎院次官（『吾妻鏡』元暦元年二月五日条）。美濃権守（『吾妻鏡』文治三年二月十六日条）。式部大夫（『吾妻鏡』文治四年七月廿八日条）。建久元年九月五日　掃部頭（『吾妻鏡』）。承元二年十二月十八日　卒　正五位下行掃部頭藤原朝臣親能法師法名寂忍　年六十六（『吾妻鏡』）。
備考　源兼定乳母夫（『玉葉』）。三幡乳母夫（『吾妻鏡』）。

中原経長
経歴　仁安二年五月十七日　少内記（『兵範記』）。承安二年春　民部丞　少内記中原経長（承安二年春除目申文目録『魚魯愚別録』巻第一）。承安四年正月廿一日　民部丞補任　少内記（「山槐記除目部類」）。
治承三年二月廿九日　散位（『山槐記』）。

中原俊式
経歴　大治五年七月　遷右少史　先式部第二者、去月以式部録被成史了、相次又被録、希代例也（『中右記』大治五年八月廿三日条）。長承三年三月十九日皇后宮少属補任　右大史（『中右記』）。長承三年五月十五日　叙爵（『中右記』）。長承三年八月五日皇后宮大夫属（『中右記』）。

中原友景
経歴　建久九年正月五日　叙爵　内記（『明月記』同六日条）。

中原知重
経歴　仁安元年十月廿一日　式部録補任（『兵範記』）。仁安三年九月八日　大嘗会御禊御前次第主典（『兵範記』）。寿永元年十二月十五日　式部録（『観音院恒例結縁灌頂記』）。

中原倫俊

経歴　保安元年十一月廿五日　式部少録補任（『中右記』同日条）。大治二年正月十八日　被挙史　式部録洩撰（『中右記』）。大治五年六月廿三日　右少史（『中右記』）。大治五年十二月廿一日　右少史（『中右記』）。

中原倫光

経歴　建久六年三月十二日　式部少録（「東大寺続要録」供養編）。

中原尚業

経歴　寛元四年三月十一日　式部丞（『顕朝卿記』『甘露寺本洞院家記』所収「公基卿記」）。

中原業兼

経歴　建仁三年七月八日　権少外記　九月卅日給少内記兼字（『外記補任』）。元久元年正月四日　少内記（「大外記清原良業記」）。元久元年正月十三日　少外記（『外記補任』）。元久三年十月十三日　遷民部大丞　少外記如元（『外記補任』）。承元元年正月五日　叙爵（『明月記』）。

中原成経

経歴　貞永元年十月四日　少内記（『岡屋関白記』）。

中原成俊

経歴　貞永元年十二月五日　少内記（『岡屋関白記』）。嘉禎元年十二月九日　少内記成俊（『玉蘂』）。

中原成行

経歴　寛元二年正月五日　叙爵　式部（『平戸記』）。寛元二年正月廿三日　能登権守補任（『平戸記』）。宝治元年三月廿日　院文殿作文　散位（『葉黄記』）。

中原信康

経歴　安元二年正月卅日　左京少進補任　算挙（『玉葉』）。

文治元年十二月六日　少内記　伊予守源義経右筆（『吾妻鏡』）。文治元年十二月十七日　解官（『玉葉』同十八日条・『吾妻鏡』同廿九日条・『源平盛衰記』）。

備考　文治元年十二月六日　源義経右筆（『吾妻鏡』）。

中原範兼

経歴　院主典代任外記例　大治三十二廿四任権少外記元式部録新院主典代（『外記補任』）。

中原則季

経歴　年月日未詳　申式部録　修理少属（『魚魯愚別録』巻第一　為房卿所書目録当家他家大略指南歟）。

中原秀実

経歴　永仁二年正月六日　叙爵　式部（『勘仲記』）。

中原広俊

生没年　康平五年（一〇六二）—

経歴　承徳二年三月十二日　少内記補任　文章生（『中右記』）。康和二年正月廿一日　内記局奏　正六位上行少内記（『朝野群載』巻第十二　内記）。康和二年三月十五日　少内記（『石清水文書』五　宮寺縁事抄　臨時祭　四上）。康和五年二月卅日　宿官肥後介　外記（『本朝世紀』）。天承元年三月廿二日　前日向守　七十歳（『古今著聞集』巻五—十四）。

中原宗遠

経歴　保延元年四月一日　式部録補任（『中右記』）。

中原以業

経歴　文治五年五月四日　文章生内記（『玉葉』）。建久元年五月七日　文章生内記（『玉葉』）。建久元年十二月十一日　史（『玉葉』）。建久二年九月十一日　内記（『玉葉』）。

中原茂平

経歴　寛喜三年正月六日　従五位下　内記（『民経記』・

『明月記』同七日条）。

中原盛種

経歴　文保二年三月十日　蔵人式部少丞（『日野中納言資朝卿記』）。

中原盛藤

経歴　弘安九年三月廿七日　式部丞（『勘仲記』）。

中原守光

経歴　保延五年二月廿三日　式部少録（「台記列見記」）。

中原盛行

経歴　仁治三年十月三日　少内記補任（『平戸記』）。

中原師任

生没年　永観元年（九八三）―康平五年（一〇六二）

家族　父中原致時（『尊』）。

経歴　長保六年十月三日　天文修学宣旨（『地下家伝』）。長和三年十月廿四日　文章生補任（『小右記』）。長和三年　内御書所衆補任（『地下家伝』）。長和四年　式部録補任（『地下家伝』）。長和五年九月十五日　大嘗会御禊御前次第主典（『地下家伝』）。寛仁三年六月十日　天文習学宣旨問答（『小右記』）。寛仁三年七月三日　式部録（『小右記』）。治安元年正月廿日　権少外記補任（『地下家伝』）。治安元年十月十五日　外記（『小右記』）。万寿元年十二月廿八日　叙爵　外記　松尾北野行幸行事賞（『小右記』）。長元五年十月廿七日　主税権助補任　天文功（『地下家伝』）。長久元年正月五日　従五位上（『地下家伝』）。長久二年正月廿三日　大外記補任（『地下家伝』）。長久二年八月廿七日　正五位下（『地下家伝』）。永承三年正月廿八日　遷安芸守（『地下家伝』）。天喜元年十一月廿八日　主計頭補任（『地下家伝』）。

系図等　天文密奏大外記従四位下（『尊』）。

備考　永承二年十二月九日　関白左大臣家政所別当補任（『地下家伝』）。

中原保清

経歴　承暦四年五月廿二日　少内記保清（『水左記』）。申外記（『魚魯愚別録』巻第一　為房卿所書目録当他家大略指南歟）。

中原康業

経歴　建久九年正月十一日　少内記（『三長記』）。建久九年正月□　少内記中原康景（『御譲位記』）。

中原康能

経歴　承安二年春　申史　式部録中原康能（承安二年春除目申文目録『魚魯愚別録』巻第一）。

中原職成

家族　父中原職仲（『民経記』）。

経歴　正元元年十二月十六日　式部少丞補任（『民経記』）。

能登守成

経歴　年月日　文章生（『外記補任』）。年月日　越前掾（『外記補任』）。長徳元年八月　式部少録補任（「除目申文之抄」『外記補任』）。長徳二年正月　権少外記（『外記補任』）。長徳四年七月十二日　少外記同年大外記（『外記補任』）。長保元年正月七日　外従五位下（『外記補任』）。長保五年正月　日向守（『外記補任』）。

林相門

生没年　―長徳四年（九九八）

経歴　天元三年正月　右京少属（『外記補任』）。天延二年九月　式部少録（『外記補任』）。永祚二年八月卅日　民部少録（『外記補任』）。長徳元年正月　権少外記（『外記補任』）。長徳二年正月　少外記転任（『外記補任』）。長徳二年十二月　改姓紀姓（『外記補任』）。長徳四年七月　死去（『外記補任』）。

藤原章祐

家族　父藤原通経（『尊』）。

経歴　長元九年七月二日　蔵人（『平記』）。長暦三年十月十九日　式部丞（『左経記』）。

藤原顕高

生没年　―元弘三年（一三三三）

家族　父安達時顕（『尊』）。

経歴　元弘三年五月廿二日　城式部大夫顕高自害（『太平記』巻第十　高時并一門以下於東勝寺自害事）。

系図等　城式部大夫（『神奈川県史』二八一八号）。式部大夫、元弘三五鎌倉滅亡之時同時自害（『尊』）。

藤原監綱

経歴　寛治元年十一月八日　叙爵　式部（『本朝世紀』）。

藤原章綱

家族　父藤原有信（『尊』）。

経歴　仁安三年正月十一日　兵部少丞補任（『兵範記』）。仁安三年十二月十六日　式部丞補任　兵部丞（『兵範記』）。嘉応元年八月十五日　斎宮御禊次第司御前判官式部大丞（『兵範記』）。治承元年六月六日　鹿ケ谷事件により捕縛（『玉葉』）。治承元年　鹿ケ谷事件連坐により播磨国明石に配流　式部大夫（『延慶本平家物語』巻第一末「式部大夫章綱事」）。寿永二年十一月廿八日　兵庫頭解官（『吉記』）。文治元年十二月六日　兵庫頭解官申請　義経行家同意の凶臣（『吾妻鏡』）。

系図等　従四位下若狭守兵庫頭　本章綱　建久三三一三出家法名観真（『尊』）。

備考　後白河院近臣（『玉葉』治承元年六月六日条）。

藤原明業

家族　父藤原明衡　母遠江守藤原明信女　実者遠江守菅原明任子也　母源為保女　養子也（『尊』）。

経歴　承暦元年十一月二日　式部丞（『水左記』）。承暦元年閏十二月一日　式部丞（『水左記』）。承暦元年閏十二月四日　式部丞（『水左記』）。寛治六年四月廿八日　式部大夫明業（『中右記』）。

系図等　従五位下相模守（『尊』）。

藤原顕業

生没年　寛治四年（一〇九〇）―久安四年（一一四八）

家族　父藤原俊信　母菅原是綱女（『尊』）。

経歴　嘉承元年五月廿日　穀倉院学問料（『公』）。天永二年十二月卅日　文章得業生（『中右記』『公』）。天永三年正月廿六日　越前大掾（『公』）。永久三年十月十二日　昇殿（『公』）。永久三年十一月廿一日　献策（『公』）。永久三年十二月十八日　木工助（『公』）。永久四年七月廿一日　蔵人（『公』）。永久五年正月十九日　左衛門少尉（『公』）。元永元年正月十八日　使宣旨（『中右記』同十九日条・『公』）。元永二年正月五日　叙爵　蔵人（『公』）。元永二年正月廿四日　越前権守　宿官（『公』）。元永二年十一月廿七日　宮内少輔（『公』）。保安三年十二月廿二日　勘解由次官（『公』）。天治二年正月六日　従五位上　策（『公』）。天治二年正月廿八日　丹後権介（『公』）。大治五年十月九日　鳥羽院判官代（『公』）。大治六年正月五日　正五位下　策（『公』）。天承元年十二月廿五日　権右少弁（『公』『弁』）。長承元年十二月廿五日　左少弁（『弁』）。長承三年三月三日　右中弁（『公』『弁』）。長承三年四月二日　従四位下　策（『公』）。長承三年十一月廿六日　文章博士（『中右記』『公』『弁』）。保延元年正月廿八日　越中権介（『公』『弁』）。保延三年十月六日　左中弁（『公』『弁』）。保延四年正月五日　従四位上　中弁労（『公』『弁』）。保延四年五月　氏院別当（『公』）。保延四年十月十四日　正四位下　行幸石清水賀茂行事賞（『公』『弁』）。保延五年正月廿四日　備中権介　装束使労（『公』）。保延五年八月十七日　兼東宮学士（『公』『春宮坊官補任』）。永治元年十二月二日　左大弁（『公』『弁』）。永治元年十二月七日　止学士　受禅（『公』『弁』『春宮坊官補任』）。永治元年十二月十三日　参議　坊学士労（『公』）。永治元年十二月十六日　御即位叙位　従三位　前坊学士（「御即位叙位部類記頼業記」『公』）。永治元年　文章博士同年終出（『弁』）。康治元年正月廿三日　周防権守（『台記』『公』『弁』）。天養元年十二月十八日　式部大輔（『公』『弁』）。久安二年正月廿三日　周防権守　大弁労（『本朝世紀』『公』）。久安三年十二月　侍読（『弁』）。久安四年正月五日　正三位　大弁労（『弁』）。久安四年五月十二日　出家（『台記』）。久安四年五月十四日　薨去　参議正三位行左大弁兼式部大輔（『本朝世紀』『公』）。

系図等　式部大輔東宮学士参議左大弁　久安四五十三薨五十九（『尊』）。

備考　大治五年十月九日　鳥羽院判官代（『公』）。保延二年二月十一日　鳥羽院庁牒案　別当右中弁兼文章博士（『平安遺文』二三三九号）。

藤原章信

家族　父藤原知章　母相模介源季女（『尊』）。

経歴　寛弘五年九月十一日　藏人所雑色文章生（『不知記』）。寛弘八年六月廿五日　藏人文章生（『権記』）。長和二年正月廿日　式部丞（『御堂関白記』）。寛仁元年八月廿四日　式部丞（『左経記』）。寛仁四年正月卅日　左少弁補任　左衛門権春宮権大進如元（『弁』）。寛仁四年二月五日　五位藏人補任（『弁』）。寛仁四年十一月廿九日　右中弁補任（『弁』）。治安元年三月八日　内蔵権頭兼任（『弁』）。治安三年二月十二日　和泉守兼任（『弁』）。治安三年三月十三日　従四位下　春日行幸行事賞（『弁』）。万寿二年正月廿九日　権左中弁（『弁』）。長元二年正月廿四日　伊予権守　受領（『弁』）。

系図等　三事　宮内卿（『尊』）。

藤原明範

生没年　寛喜元年（一二二九）―嘉元元年（一三〇三）

家族　父藤原経範（『尊』）。

経歴　寛元元年八月卅日　文章生試　関白殿分（『民経記』）。宝治元年三月廿日　文殿作文　文章得業生（『葉黄記』）。建長三年正月廿二日　因幡大掾（『公』）。建長三年十二月九日　課試（『公』）。建長四年正月十三日　左近将監（『公』）。建長四年三月廿七日　叙爵　将監如元（『公』）。正嘉二年正月五日　従五位上（『公』）。正元元年二月廿一日　宮内少輔　去将監（『公』）。文応二年二月五日　遷大内記（『公』）。弘長二年十二月廿六日　正五位下（『公』）。弘長三年正月廿八日　兼因幡権介（『公』）。文永二年正月五日　従四位下　策　去大内記（『公』）。文永五年十一月九日　右京権大夫（『公』）。文永八年正月五日　従四位上　策（『公』）。文永九年七月十一日　兼大和権守（『公』）。建治二年七月廿二日　御書所覆勘補任（『勘仲記』）。弘安三年三月十二日　正四位下（『公』）。弘安六年四月五日　遷文章博士（『勘仲記』同六日条・『公』）。弘安七年正月十三日　兼越後権介（『公』）。弘安七年三月廿日　御書所別当　文章博士（『勘仲記』）。弘安八年七月十日　遷式部権大輔（『公』）。弘安十年六月十日　遷大学頭（『勘仲記』『公』）。弘安十一年二月十日　兼土佐介（『公』）。正応元年六月一日　従三位　元大学頭（『公』）。正応五年八月十四日　正三位（『公』）。永仁三年三月四日　従二位（『公』）。永仁四年十二月卅日　式部大輔（『公』）。正安元年十二月十七日　兼左京大夫（『公』）。正安二年　辞式部大輔（『公』）。正安三年七月十三日　兼式部大輔　同年のみ（『公』）。嘉元元年　薨去（『公』）。

系図等　大内記式部大輔刑部卿右京権大夫侍読従二位　正安三九四薨　七十五（『一代要記』『尊』）。

藤原明衡

生没年　―治暦二年（一〇六六）

家族　父藤原敦信　母良峯英材女（『本朝続文粋』巻第六・『尊』）。

経歴　長元五年七月八日　対策　文章得業生正六位上行備中掾（『桂』問答博士）。長元五年十二月　献策（『魚』巻第二　課試及第）。長元六年四月　右衛門権少尉補任　即使宣旨（『魚』巻第二　課試及第）。長元七年十一月廿五日　式部省試　左衛門尉明衡（『左経記』）。天喜四年二月　式部少輔補任（康和六年正月廿六日　藤原敦基申文『本朝続文粋』巻第六　奏状）。康平五年十一月　文章博士補任　従四位下（康和六年正月廿六日　藤原敦基申文『本朝続文粋』巻第六　奏状・『二中歴』第二　文章博士歴）。康平六年十月廿六日　藤原有信対策問答博士　正五位下行式部少輔兼文章博士（『朝野群載』巻第十三　紀伝上）。康平六年十一月　東宮学士補任（康和六年正月廿六日　藤原敦基申文『本朝続文粋』巻第六　奏状）。治暦二年九月　大学頭（『兵範記』久寿元年三月廿二日）。治暦元年八月二日　文章博士（『元秘抄』巻第二　勘文料紙懸紙封并人々及外記来告事）。

系図等　右京大夫出雲守東宮学士大学頭式部少輔文章博士歌人（『尊』）。

備考　忌日は十月十八日（『玉葉』養和元年十月十四日条）。

藤原敦家

生没年　長元六年（一〇三三）―寛治四年（一〇九〇）

家族　父藤原兼経　母藤原隆家女（『尊』）。

経歴　延久二年秋　式部丞補任　前文章得業生（『魚』巻第四　顕官挙）。治暦四年四月十六日　藏人頭（「職事補任」）。

系図等　正四位下伊予守左馬頭左中将寛治四七十三参詣金峯山還向之間大学寺辺頓死　五十八　管弦得名楽道之名匠（『尊』）。

藤原敦季

生没年　―承元元年（一二〇七）

家族　父藤原敦任　母兵部大夫義貞女（『尊』）。

経歴　治承三年正月十九日　能登大掾補任　文章得業生（『葉黄記』宝治元年四月廿七日条）。治承四年正月十六日　献策（『葉黄記』宝治元年四月廿七日条）。養和元年三月廿四日　申式部丞　民部大丞（『吉記』）。養和元年三月廿六日　式部少丞補任　元民部丞　世以称善政（『吉記』）。

系図等　太皇大后宮大進従四位上　承元元六一卒（『尊』）。

藤原敦佐

家族　父藤原範明　母清原治隆女（『尊』）。

経歴　保元元年八月廿七日　給料宣旨　鳥羽院藏人一臈

（『兵範記』）。保元三年八月廿三日　東宮蔵人補任　大業（『兵範記』）。保元三年十一月廿六日　大舎人権助　前文章得業生（「保元三年秋除目大間」）。治承二年八月二日　式部大夫（『御産部類記』所収「山槐記」）。治承五年正月五日　従四位上　策（「警固中節会部類記」所収「山槐記」）。

系図等　越後権守（『尊』）。

藤原敦親

家族　父藤原敦雅（『尊』）。

経歴　仁平三年正月廿二日　兵部丞補任（「山槐記除目部類」）。久寿二年十二月廿五日　式部丞補任　蔵人（『山槐記』『兵範記』・『右中弁藤為親朝臣記』同廿六日条）。保元二年正月廿四日　叙爵　式部（『山槐記』『兵範記』）。治承三年二月廿九日　散位（『山槐記』）。

系図等　従五位下　甲斐権守（『尊』）。

備考　光明院法印乳母子（『玉葉』元暦元年七月廿四日条）。

藤原敦周

生没年　元永二年（一一一九）—寿永二年（一一八三）

家族　父藤原茂明　母中原広俊女（『尊』）。

経歴　康治元年正月十四日　穀倉院学問料宣旨（『本朝世紀』）。康治二年五月廿六日　文章得業生補任　給料（『本朝世紀』）・久安四年正月廿八日　式部少丞　元掃部助　大業　蔵人（『本朝世紀』）。久安五年六月四日　叙爵　蔵人（『本朝世紀』）。久寿二年正月六日　従五位上　策労（『兵範記』）。平治元年正月廿一日　散位（『山槐記』）。長寛元年十二月　大内記補任（『大』第五　兼国）。永万元年正月　因幡権介兼任（『大』第五　兼国）。仁安二年二月八日　藤原光範大内記補任　敦周去年四品替（『公』建久四年藤原光範項）。仁安三年正月十一日　弾正大弼補任（『兵範記』）。承安四年正月廿一日　文章博士補任　是又可聖目、但兼任大弼殊恩也（「山槐記除目部類」・『玉葉』同廿二日条・『魚』巻第五　文章博士兼国）。安元元年正月　備前権介　文章博士兼国（『魚』巻第五　文章博士兼国）。治承四年四月廿一日　正四位下　辞弾正大弼（『吉記』・『山槐記』・『明月記』同廿二日条）。養和元年三月廿六日　兼越前介（『山槐記』）。寿永元年六月廿七日　文章博士（『吉記』）。

系図等　正四位下弾正大弼文章博士寿永二三三出家　六十五（『尊』）。

備考　『古事談』第六―四二「藤原忠通、申文の書様を以て藤原敦周を試る事」。

藤原敦嗣

経歴　嘉元三年十一月十六日　止位記　文章博士淳範敦嗣依為上﨟申子細　此外数輩上首在（『公』嘉元三年菅原季長項）。

藤原敦継

生没年　―正和元年（一三一二）

家族　父藤原兼倫　実前遠江守則俊男（『公』『尊』）。

経歴　文永七年四月九日　穀倉院学問料（『公』）。建治元年正月廿二日　文章得業生（『公』）。建治二年正月廿三日　丹波大掾　文章得業生（『公』）。建治三年五月十日　献策（『公』）。年月日　叙爵（『公』）。弘安六年正月五日　従五位上　策労（『公』）。弘安十年十月十二日　大内記（『公』）。正応元年九月廿七日　式部少輔（『勘仲記』『公』）。正応二年正月五日　正五位下（『公』）。正応二年正月十三日　兼安芸権介（『公』）。正応二年三月二日　大内記　兼御書所開闔（『伏見天皇宸記』）。正応二年七月廿二日　解却式部少輔（『公』）。正応二年八月七日　辞大内記（『公』）。正応五年二月廿七日　従四位下（『実躬卿記』『公』）。永仁三年十月一日　昇殿　日吉臨時祭使（『公』）。永仁四年三月廿三日　従四位上　賜去九日位記（『公』）。永仁六年四月九日　文章博士（『公』）。正安元年三月廿四日　越中介（『公』）。正安元年四月十二日　正四位下（『公』）。延慶三年正月五日　従三位　元文章博士（『公』）。正和元年　卒去（『公』）。

藤原敦綱

家族　父藤原令明（『尊』）。

経歴　仁平三年六月廿一日　学問料試　高陽院非蔵人故令明男（『台記』「宇槐記抄」『本朝世紀』）。保元元年二月二日　穀倉院学問料（『兵範記』）。保元元年八月六日　秀才宣旨（『兵範記』）。保元三年八月廿三日　蔵人補任　大舎人助（『山槐記』『兵範記』）。保元三年十一月九日　叙爵　蔵人大舎人助　皇嘉門院未給（『兵範記』）。仁安元年九月廿六日　式部権少輔（『兵範記』）。仁安元年十月廿七日　大嘗会御禊次第司御前次官　式部権少輔（『兵範記』）。仁安三年八月四日　式部省請奏　従五位上式部権少輔（「陽明文庫本兵範記紙背文書」一一七号）。安元二年四月十三日　散位（『吉記』）。文治元年正月廿日　肥後守補任　任中（『吉記』）。文治二年七月十九日　大宰少弐補任　肥後国司　宇佐参宮（『玉葉』）。建久元年三月廿七日　式部権大輔　服仮敦経朝臣頓死之故也（『玉葉』）。建久六年二月　肥後国司庁宣　式部権大輔兼肥後守（『花押かがみ』一四九〇号）。建仁元年二月十三日　式部権大輔（『元秘抄』巻第三　進年号勘文人数多少事）。

系図等　式部少輔大舎人助河内守（『尊』）。

備考　治承元年七月十一日　関白（基房）家政所家司（『玉葉』）。治承三年十一月廿八日　関白（基通）家政所家司補任　散位（『山槐記』）。建久八年二月　関白（基通）家政所下文案　別当式部権大輔肥後守兼大宰少弐（『鎌倉遺文』九〇一号）。

藤原敦経

生没年　―建久元年（一一九〇）

家族　父藤原茂明　母中原広俊女（『尊』）。

経歴　仁平三年六月廿一日　学問料試　院非蔵人　美福門院蔵人　茂明男（『台記』「宇槐記抄」『本朝世紀』）。永暦元年七月　文章得業生補任（『魚』巻第二　課試及第）。応保二年正月廿日　献策（治承二年正月廿日　菅原長守申文『大』第八　課試及第）。応保二年正月廿七日　大膳亮（治承二年正月廿日　菅原長守申文『大』第八　課試及第）。応保二年十月

廿八日　式部丞補任　蔵人元大膳権亮（「山槐記除目部類」）。承安四年四月　式部少輔（『魚』巻第五　式部少輔兼国）。安元元年正月　兼陸奥権守（『魚』巻第五　式部少輔兼国）。建久元年三月廿七日　藤原敦綱服　藤原敦経頓死之故（『玉葉』）。

系図等　従四位下式部少輔文章博士歌人（『尊』）。

藤原敦倫

家族　父藤原敦経（『尊』）。

経歴　文治三年二月八日　御書所衆（『玉葉』）。建久六年十一月廿八日　賀茂祭舞人　散位（『三長記』）。建久六年十二月八日　蔵人（『三長記』）。正治元年八月廿一日　近衛家実作文　三河権守（『猪隈関白記』）。元久元年四月十三日　皇后宮権大進補任（『三長記』『明月記』）。承元元年正月五日　正五位下　殷富門院（『明月記』同六日条）。建暦元年正月廿九日　上皇報答起草　大内記敦倫（『猪隈関白記』）。建暦二年十月十一日　大内記（『玉蘂』）。

系図等　従四位下大内記文章博士（『尊』）。

備考　承元元年八月九日　近衛家実政所家司補任　散位（『猪隈関白記』）。

藤原敦憲

家族　父藤原憲房　母藤原兼輔女（『尊』）。

経歴　治暦四年十一月廿一日　大嘗会叙位　従五位下式部（『本朝世紀』）。

系図等　従五位上筑前信濃等守（『尊』）。

藤原淳範

生没年　―正和四年（一三一五）

家族　父藤原経範　母平有範女（『尊』『公』）。

経歴　建長五年十二月一日　文章生（『公』）。建長六年三月十三日　越前掾（『公』）。文永元年八月廿九日　蔵人（『公』）。文永二年二月　内御書所衆（『公』）。文永四年十月十三日　方略宣旨（『新抄』同廿九日条・『公』）。文永四年十一月七日　献策（『新抄』『公』）。文永四年十二月廿三日　皇后宮権少進（『公』）。文永四年十二月十九日　式部少丞（『公』）。

文永五年正月五日　叙爵　蔵人（『公』）。文永五年正月廿九日　下総権守　蔵人（『公』）。文永十一年六月一日　大内記（『公』）。文永十一年十一月十日　従五位上　大嘗会叙位（『公』）。建治元年十二月十四日　辞大内記（『公』）。弘安二年二月七日　正五位下　賜在綱朝臣同日位記（『公』）。弘安四年四月六日　式部少輔（『公』）。弘安六年正月五日　従四位下　策労（『公』）。正応二年正月五日　従四位上（『公』）。正応二年十一月廿五日　判儒（『公』）。□年六月　御書所覆勘（『公』）。永仁元年十二月十三日　文章博士（『勘仲記』『早』「兼国例勘文」）。永仁四年四月十三日　正四位下（『公』『早』「兼国例勘文」）。嘉元元年正月廿八日　越前権介（『吉田内大臣定房卿記』『公』）。延慶二年二月十九日　従三位　元文章博士（『公』）。応長元年十二月廿六日　正三位（『公』）。正和元年四月十日　宮内卿（『公』）。正和二年三月九日　止宮内卿（『公』）。正和四年九月七日　卒去（『公』）。

系図等　宮内卿従三位大内記（『尊』）。

藤原敦光

生没年　康平六年（一〇六三）―天養元年（一一四四）

家族　父藤原明衡　敦基養子　舎弟也（『尊』『中右記』嘉保元年六月五日条）。

経歴　寛治四年十二月卅日　秀才宣旨（『中右記』）。嘉保元年六月五日　献策（『中右記』・保延元年六月藤原敦光申文『本朝続文粋』巻第六　奏状）。永長元年三月十三日　図書助（『中右記』）。承徳二年式部丞　策労（天承二年正月廿日　藤原敦光参議申文子『朝野群載』巻第九　功労・保延元年六月藤原敦光申文『本朝続文粋』巻第六　奏状）。康和元年正月六日　叙爵　式部（『本朝世紀』）。康和四年十一月廿五日　大内記（『殿暦』『中右記』）。嘉承二年正月　文章博士　従五位上（『大』第五　兼国・『二中歴』第二　文章博士歴）。嘉承三年正月兼越中介（『大』第五　兼国）。天永元年正月十六日　菅原時登対策問答博士　従五位上行文章博士兼大内記越中介（『朝野群載』巻第十三　紀伝上）。

天永二年九月廿五日　宣旨　正五位下文章博士大内記越中介（『朝野群載』巻第八　別奏）。永久元年三月七日　大学寮牒　正五位下行大学頭兼文章博士周防権介（『朝野群載』巻第廿一　雑文上）。永久二年正月十二日　式部省評定文章得業生正六位上行能登少掾藤原朝臣資光対策文事　問答博士従四位下行大学頭兼文章博士周防権介（『朝野群載』巻第十三　紀伝上）。永久四年十二月卅日　大学寮注進　従四位下行大学頭兼文章博士伊予権介藤原朝臣敦光（『大』第十　当職文章生）。元永三年正月　従四位上　叙労十二年（大治六年正月四日　藤原敦光申文『本朝続文粋』巻第六　奏状）。保安三年十二月　式部大輔補任（大治六年正月十九日　藤原敦光申文『本朝続文粋』巻第六　奏状）。天治元年四月二日　直物　但馬権守補任　従四位上（『永昌記』）。大治三年　新叙（天承二年正月廿日　藤原敦光参議申文『朝野群載』巻第九　功労・保延元年六月　藤原敦光申文『本朝続文粋』巻第六　奏状）。大治六年正月十九日　藤原敦光申文

正四位下行式部大輔（『本朝続文粋』巻第六　奏状）。天承二年正月廿日　藤原敦光参議申文　正四位下行式部大輔（『朝野群載』巻第九　功労）。天養元年四月廿日　式部大輔敦光出家　八十二（『台記』「清原重憲記」『本朝世紀』『尊』）。天養元年十月廿八日　式部大輔入道敦光　以去二十八日入滅（『台記』「清原重憲記」『本朝世紀』『元亨釈書』）。

系図等　少納言文章博士正四位下大学頭右京大夫式部大輔（『尊』）。

備考　永久四年七月廿一日　春日使　藤原師通家司（『殿暦』）。元永元年八月　関白藤原忠実政所下文　別当　大学頭兼文章博士（『九条家文書』）。元永二年二月九日　藤原忠通政所家司（『忠通公記』）。長承二年六月廿七日　右金吾某政所家司補任（『長秋記』）。康治元年十一月八日　摂政（忠通）家政所下文案　別当式部大輔（『平安遺文』二四八七号）。

藤原敦宗

生没年　長久三年（一〇四二）―天永二年（一一一一）

家族　父藤原実政　母藤原国成女（『尊』）。

経歴　延久二年正月　丹後掾補任（「除目申文之抄」）。延久二年七月　献策（治承二年正月廿日　菅原長守申文『大』第八　課試及第）。延久二年十二月　式部丞　前文章得業生（治承二年正月廿日　菅原長守申文『大』第八　課試及第・雖蔵人課試労給官尻付例）。承保二年五月十四日　大江通国方略試中文　刑部少輔従五位下（『朝野群載』巻第十三紀伝上）。永保三年十二月　文章博士補任　正五位下（『二中歴』第二　文章博士歴）。応徳元年八月廿五日　左少弁　左衛門権介文章博士如元（『弁』）。応徳三年二月三日　摂津守　博士如元（『弁』）。応徳三年二月廿七日　修理左宮城使（『弁』）。寛治元年十二月廿四日　尚復　去廿二日昇殿（『中右記』「江記」『本朝世紀』）。寛治元年十二月廿六日　御書所始　覆勘（『中右記』）。寛治二年十二月廿四日　解官除籍　父実政卿縁坐（『中右記』『弁』）。嘉保元年六月五日　非常赦に洩る（『中右記』）。嘉保元年八月八日　釈奠　敦宗参来、満座属目、数年籠居之人、初依参歟（『中右記』）。嘉保二年十二月廿二日　摂津前司　本位に復す（『中右記』）。承徳二年三月十二日　式部少輔補任　同条敦定（『中右記』）。康和元年正月六日　従四位下　策　式部少輔（『本朝世紀』）。康和四年七月廿一日　大学頭（『中右記』）。康和五年十一月一日　東宮学士　兼大学頭（『中右記』『本朝世紀』）。嘉承二年　正四位下　坊学士（『叙位尻付抄』）。嘉承二年二月廿七日　省試　式部権大輔（『中右記』）。天仁元年八月廿九日　式部権大輔を辞し、子息有成を式部少丞に申任（『中右記』）。天仁元年十月十四日　丹波守補任　敦宗者殿上人、年已余六旬、為侍読之上、又以旧吏也、被抽賞尤道理也（『中右記』）。天永二年九月十八日　一昨日夜丹波守敦宗朝臣卒去、年七十、敦宗者故実政大弐長男也、後三条院御時蔵人、并大業五位間経少弁廷尉佐、為当時師読兼式部権大輔大学頭丹波守、在智頗勝傍輩、可謂名儒歟、天永二九十五卒（『中右記』『尊』）。

系図等　丹波摂津等守右権佐左少弁正四位下東宮学士式部

大輔文章博士大学頭　天永二九十五卒　七十一（『尊』）。

備考　長治元年四月廿七日　東宮殿上始　和歌会序者学士（『中右記』）。天仁元年十一月五日　丹波守非殿上人（『殿暦』）。天仁二年八月十七日　摂政藤原忠実家司（『殿暦』）。

藤原敦基

生没年　永承元年（一〇四六）―嘉承元年（一一〇六）

家族　父藤原明衡　母平実重女（『尊』）。

経歴　康平二年　勧学院学問料（康平四年十一月十五日　勧学院学堂奏文章得業生献策事『朝野群載』巻第十三　紀伝上）。康平四年十一月十五日　申文章得業生（康平四年十一月十五日　勧学院学堂奏文章得業生献策事『朝野群載』巻第十三　紀伝上）。延久元年四月十八日　少内記（『土右記』）。延久三年　式部大丞　元少内記　課試遷官無尻付例（『大』第八　蔵人・課試及第）。承保二年五月十四日　大江通国方略試申文　散位従五位下（『朝野群載』巻第十三　紀伝上）。承保二年十二月十八日以降　大内記（『法勝寺金堂造営記』）。応徳三年十二月十八日　従四位下　策（『御即位叙位部類』所収「通俊卿記」）。寛治元年十二月廿六日　御書所別当補任　右京権大夫従四位下（『朝野群載』巻第五　朝儀下　補御書所人事）。寛治二年十二月廿五日　文章博士補任（『中右記』・『二中歴』第二　文章博士歴）。承徳元年正月卅日　兼伊予権介　従四位上（『中右記』）。康和元年閏九月廿一日　上野介復任（『本朝世紀』）。康和四年七月廿一日　大学頭（『中右記』『尊勝寺供養記』）。康和六年正月廿六日　藤原敦基申文　前上野介正四位下（『本朝続文粋』巻第六　奏状）。嘉承元年七月　上野前司藤原敦基朝臣卒去　年六十一　正下四位、故明衡長男也、後冷泉院御時給学問料、後三条院御時歴蔵人等□丞、式部巡任上野、秩満之後已歴数年卒去也、天下属文之人莫非弟子（『中右記』）。

系図等　前上野介右京大夫大内記式部大輔文章博士正四位下　嘉承元七卒　六十二（『尊』）。

備考　承暦元年閏十二月十日　姉小路南富小路東出京極大内記敦基家（『水左記』）。寛治三年二月廿日　藤原師実政所家司（『後二条師通記』）。寛治三年九月十五日　斎宮群行　勅別当周防守敦基（『中宮記』）。永長元年十二月三日　摂関家（師通）政所家司（『後二条師通記』）。康和四年七月五日　右大臣（忠実）家司　上野介敦基（『中右記』）。『古事談』巻六―四一。藤原敦基亭（左京三条四坊十三町『拾介抄』）。

系図等　従五位下伊賀守（『尊』）。

藤原敦保

家族　父藤原清孝（『尊』）。

経歴　久安二年正月五日　叙爵　式部（『本朝世紀』）。久安二年正月廿三日　相模権守　式部労（『本朝世紀』）。

系図等　従五位下相模守（『尊』）。

藤原有家

家族　父藤原光輔　或云文正子光輔弟（『尊』）。

経歴　長徳二年正月廿五日　式部少丞（『長徳二年大間書』）。

系図等　従五位下伊賀守（『尊』）。

藤原有清

家族　父藤原良綱（『尊』）。

経歴　康和五年二月卅日　式部少丞　元兵部少丞（『本朝世紀』）。嘉承二年二月二日　式部大夫　今年叙位預者（『殿暦』）。

系図等　従五位下大学助式部丞（『尊』）。

藤原有隆

家族　父藤原実綱　母橘資成女（『尊』）。

経歴　保安四年十月十五日　大嘗会御前次第司式部丞（『御禊行幸服飾部類』）。

系図等　勘解由判官式部丞（『尊』）。

藤原有綱

生没年　―永保二年（一〇八二）

家族　父藤原実綱　母源道成女（『尊』）。

経歴　天喜元年正月廿二日　献策（『尊』『魚』巻第二課試及第）。天喜元年正月　右衛門少尉補任　使宣旨（『魚』巻第二　課試及第）。承保二年五月十四日　大江通国方略試申文　従四位下行大学頭（『朝野群載』巻第十三　紀伝上）。承保三年九月三日　大学頭兼中宮亮（『平安遺文』一一三二号）。承暦二年六月　文章博士補任　従四位上（『二中歴』第二　文章博士歴）。承暦三年七月九日　従四位上行大学頭兼東宮学士（「代々浴殿読書例」『御産部類記』）。永保元年二月十日　改元定　文章博士兼中宮亮（『水左記』『元秘抄』巻第三　進年号勘文人数多少事）。

系図等　使五蔵策大学頭文章博士中宮亮正四位下　永保二年三月三日卒（『尊』）。

藤原有俊

生没年　長元九年（一〇三六）—康和四年（一一〇二）

家族　父藤原実綱　母源道成女（『尊』）。

経歴　天喜四年　穀倉院学問料（『朝野群載』巻第十三紀伝上）。康平二年　申文章得業生（『朝野群載』巻第十三　紀伝上）。康平四年十一月十五日　勧学院学堂奏　文章得業生正六位上（『朝野群載』巻第十三　紀伝上）。康平六年二月　治部丞補任　得業生（「除目申文之抄」）。承保二年五月十四日　大江通国方略試宣旨　散位従五位上（『朝野群載』巻第十三　紀伝上）。寛治四年正月五日　従四位上策（『叙位尻付抄』）。寛治六年正月十日　安芸守有俊（『中右記』）。寛治八年二月廿二日　安芸守重任（『中右記』）。永長元年正月五日　従四位上　策労（『中右記』）。康和四年正月五日　卒去　年六十七（『中右記』同六日条）。

系図等　正四位下安芸守左衛門権佐（『尊』）。

備考　関白後二条師通家司（『中右記』嘉保三年九月廿六日条）。

藤原有仲

家族　父藤原家盛（『平戸記』）。

経歴　仁治三年十一月十六日　従四位上藤原家盛　罷男

有仲式部巡年叙（『平戸記』）。

藤原有成

家族　父藤原敦宗　母摂津守資宗女（『尊』）。

経歴　嘉承二年七月十九日　蔵人補任（『中右記』）。天仁元年八月廿九日　式部少丞補任　蔵人　父式部権大輔敦宗辞申大輔申任也（『中右記』）。天仁元年十一月廿一日　蔵人式部丞（『江記』）。天永二年正月廿三日　和泉守（『中右記』）。天永三年十一月六日　皇后宮大進（『中右記』）。元永元年八月廿九日　止大進（『中右記』）。大治五年四月三日　叙従五位上（『中右記』）。

系図等　従四位下和泉日向守皇后宮大進（『尊』）。

藤原有信

生没年　長久元年（一〇四〇）―康和元年（一〇九九）

家族　父藤原実綱　母源道成女（『尊』）。

経歴　天喜三年　文章生補任（康平六年十一月一日　策試申文『朝野群載』巻第十三　紀伝上）。康平四年　文章得業生補任（康平六年十一月一日　策試申文『朝野群載』巻第十三　紀伝上）。康平六年正月　申策試（康平六年十一月一日　策試申文『朝野群載』巻第十三　紀伝上）。康平六年二月　丹波掾補任　得業生（「除目申文之抄」）。康平六年十月廿六日　対策　文章得業生（『朝野群載』巻第十三　紀伝上）。康平六年十一月八日　式部省評定文章得業生正六位上丹波大掾藤原朝臣有信対策文事（『朝野群載』巻第十三　紀伝上）。治暦元年正月廿三日　蔵人補任（『水左記』）。承保二年五月十四日　大江通国方略試申文　散位従五位上（『朝野群載』巻第十三　紀伝上）。承暦四年九月廿八日　源俊房講詩　東宮学士有信（『水左記』）。寛治元年十二月十三日　兵部権大輔補任　東宮学士（『本朝世紀』）。寛治四年六月五日　右衛門権佐　使宣旨（『為房卿記』『尊』）。寛治五年正月廿二日　左衛門権佐（『中右記』）。寛治六年十一月八日　右少弁　権佐如元（『尊』）。寛治七年四月　兼中宮大進（『尊』）。嘉保元年六月十日　省試判者　上﨟三人信綱・藤原友房・大江公仲を超越（『中右記』）。嘉保元年六月十三日　転左少弁（『中右記』）。嘉保二年五月廿八日　兼美作権介（『尊』）。承徳元年正月卅日　兼和泉守（『中右記』）。承徳二年十二月十七日　右中弁（『尊』）。康和元年正月六日　叙従四位下　策　右中弁（『本朝世紀』『弁』）。康和元年七月十一日　卒　六十（『中右記』『弁』）。

系図等　美作権介従四位下兵部少輔和泉守中宮大進右衛門権佐東宮学士右中弁歌人　承徳三九十薨　六十一（『尊』）。

備考　寛治五年十月九日　四宮篤子内親王家別当補任（『為房卿記』）。嘉保元年三月九日　関白藤原師通政所家司補任（『中右記』）。嘉保元年六月八日　右少弁　彼有信一家之上、又為文章之師匠（『中右記』）。承徳元年十二月十三日　有信朝臣五条亭焼亡（『中右記』）。

藤原有教

経歴　保安元年正月廿八日　式部丞補任（『中右記』）。

藤原有範

家族　父藤原藤範（『公』『尊』）。

経歴　年月日文章生（『公』）。正和三年十二月　文章得業生（『魚』巻第四　文章得業生兼国）。正和五年十二月四日　叙爵（『公』）。年月日　右兵衛佐（『公』）。文保二年三月廿二日　従五位上（『公』）。正中三年正月五日　正五位下（『公』）。元徳二年正月五日　従四位下（『公』）。元弘四年正月十三日　大学頭（『公』）。建武三年十一月十四日　東宮学士　立坊（『公』）。建武四年三月廿九日　少納言（『公』）。（中略）延文二年十一月十三日　従三位（『公』）。

系図等　文章博士正三位大内記治部卿（『尊』）。

備考　室町幕府禅律方奉行・足利直義公家被官（『太平記』巻第三十「離殿京都退去事、付殷紂王事」）。

藤原有正（親信）

生没年　建治三年（一二七七）—正中二年（一三二五）

家族　父藤原親顕　母藤原茂範女（『尊』）。

経歴　正安三年十一月十八日　大内記（『吉続記』）。正安三年十二月一日　大内記（『吉続記』）。嘉元元年八月五日　大内記（『後称念院関白冬平公記』）。徳治元年十二月十三日　大内記（『後称念院関白冬平公記』）。正中元年十月廿九日　権右少弁補任文章博士如元（『弁』）。正中二年正月廿九日　右少弁（『弁』）。正中二年十月廿四日　卒　四十九歳（『弁』）。

系図等　権右中弁文章博士正五位下大内記甲斐守　本名親信（『尊』）。

藤原有光

生没年　康和元年（一〇九九）―治承元年（一一七七）

家族　父藤原敦光　母源親長女（『尊』）。藤原有信男（『中右記』）。

経歴　嘉保元年六月八日　省試　右少弁有信男（『中右記』）。保安三年十二月廿九日　給料（『永昌記』）。保延三年正月五日　叙爵　蔵人式部（『中右記』）。保延三年正月卅日　宿官　美濃権守　蔵人（『中右記』）。康治二年正月六日　従五位上　策（『本朝世紀』）。久安五年十月廿二日　正五位下　策労（『兵範記』『本朝世紀』）。仁平二年正月五日　従四位下　策労（『兵範記』）。保元三年正月六日　従四位上　策（『兵範記』）。応保元年四月廿七日　美濃権守（『山槐記』）。応保二年十月廿八日　大学頭補任（「山槐記除目部類」）。治承元年正月二日　昨晦日大学頭有光、所帯の職を光経に譲ることを院に奏上、天気快然（『玉葉』）。

系図等　若狭守摂津守大学頭正四位下　治承元十一一出家　同四薨去　七十九（『尊』）。

備考　久寿二年六月八日　左府（藤原頼長）北政所葬送家司（『兵範記』）。長寛二年六月　関白左大臣（基実）家政所下文案　別当大学頭兼讃岐介（『平安遺文』三二八四号）。仁安三年正月二日　摂関家（基房）政所家司　大学頭（『兵範記』）。

藤原有盛

生没年　永久二年（一一一四）―仁平三年（一一五三）

家族　父藤原行盛　母筑前前司敦憲女（『尊』）。

経歴　保安三年十二月廿九日　給料（『永昌記』）。大治四年七月八日　蔵人式部丞（『永昌記』）。大治四年七月十五日　女院蔵人（『中右記』）。大治四年八月廿三日　蔵人補任　故院一臈蔵人式部丞（『中右記』）。

系図等　正五位下薩摩守　仁平三三十卒　四十（『尊』）。

藤原有盛

経歴　久安三年十二月廿八日　兵部丞補任　修理亮（『本朝世紀』）。久安六年十二月廿日　式部少丞補任　元兵部丞（『本朝世紀』）。仁平二年八月廿一日　式部大丞（『本朝世紀』）。仁平三年正月五日　叙爵　式部（『兵範記』）。仁平三年正月廿二日　武蔵権守補任　式部（「山槐記除目部類」）。

藤原家綱

経歴　治暦元年九月廿八日　蔵人式部丞（『文永七年宸筆御八講記』）。

藤原家経

生没年　正暦三年（九九二）―康平元年（一〇五八）

家族　父藤原広業　母安倍信行女（『尊』）。

経歴　長和五年十一月廿一日　対策　文章得業生（『桂雲客勤問答例』）。寛仁元年八月九日　東宮蔵人補任　右衛門尉家経　大業者（『左経記』）。寛仁二年正月十日　昇殿　蔵人右衛門尉（『左経記』）。寛仁四年二月五日　還昇　六位時侍読労（『左経記』）。寛仁四年十月十七日　刑部少輔補任（『左経記』）。万寿二年正月廿九日　右少弁　元弾正大弼　従五位下　三十四歳（『弁』）。万寿三年正月七日　従五位上（『弁』）。万寿三年十月廿六日　兼文章博士（『弁』）。万寿四年正月廿七日　備後介（『弁』）。長元元年二月十九日　兼右衛門権佐（『弁』）。長元三年正月五日　正五位下　弁（『弁』）。長元五年二月八日　転信濃守（『弁』）。

系図等　讃岐守正四位下備中介式部権大輔文章博士信濃守左少弁左衛門権佐弾正少弼木工頭　天喜二五十一出家　天喜六五十八卒（『尊』）。

藤原家倫

家族　父藤原兼倫　母藤原実平女（『公』『尊』）。

経歴　正和四年三月八日　東宮蔵人（『公』）。乾元元年四月十七日　式部少丞（『実躬卿記』『公』）。乾元元年十一月四日　式部大丞（『公』）。嘉元元年十二月十九日　春宮御書始　尚復（『後深草天皇宸記』）。嘉元四年三月廿八日　穀倉院学問料（『公』）。徳治三年二月十四日　文章得業生（『公』）。延慶元年十二月卅日　方略宣旨（『公』）。延慶二年正月三日　献策（『公』）。延慶二年正月六日　判（『公』）。延慶二年正月十二日　叙爵（『公』）。延慶二年三月廿三日　兵部少輔（『公』）。延慶三年二月八日　従五位上（『公』）。応長元年閏六月廿九日　去兵部少輔（『公』）。正和三年閏三月廿五日　式部少輔（『公』）。正和四年七月廿六日　右京権大夫　去式部少輔（『公』）。正和五年二月廿九日　従四位下策労（『公』）。正和五年十一月十八日　去権大夫（『公』）。文保元年三月廿七日　少納言（『公』）。元亨元年十二月廿五日　中務少輔（『公』）。元亨三年九月廿八日　去少輔（『公』）。正中二年十二月十八日　文章博士（『公』）。嘉暦元年二月十九日　美濃権介（『公』）。嘉暦二年正月七日　従四位上　策（『公』）。嘉暦二年八月四日　去博士（『公』）。元弘元年十一月八日　東宮学士補任（『花園天皇宸記』『公』）。元弘元年十二月一日　辞学士　本宮事依也（『公』）。建武四年三月廿九日　還任文章博士（『公』）。（中略）康永二年従三位（『公』）。

系図等　式部大輔文章博士従二位（『尊』）。

備考　陽徳門院殿上人（『実躬卿記』乾元元年七月廿三日）。

藤原家朝

経歴　嘉元元年十二月十九日　春宮御書始　尚復蔵人式部少丞藤原家朝（『後深草天皇宸記』）。

藤原家信

家族　父藤原憲光（『尊』）。

経歴　仁安二年十二月十日　申式部丞　式部丞藤原為貞叙爵の替（仁安二年十二月十日　内匠助藤原家信申文「陽明文庫本兵範記紙背文書」三七号）。嘉応元年正月十一日　兵部丞補任（『兵範記』）。承安元年十二月八日　叙爵　式部（『兵範記』）。

系図等　従五位下（『尊』）。

藤原家光

生没年　建久九年（一一九八）―嘉禎二年（一二三六）

家族　父藤原資実　母平棟範女（『公』『尊』）。

経歴　元久二年四月五日　文章生（『公』『弁』『尊』）。承元二年二月　院非蔵人（『公』『弁』『尊』）。承元三年正月十三日　文章得業生（『公』『弁』『尊』）。承元四年正月十四日　越中権大掾（『公』『弁』『尊』）。建暦元年三月四日　対策（『公』『弁』『尊』）。建暦元年四月一日　右衛門尉（『公』『弁』『尊』）。建暦二年正月六日　蔵人（『公』『弁』『尊』）。建暦二年四月九日　使宣旨（『公』『弁』『尊』）。建保元年正月十六日　叙爵（『公』『弁』『尊』）。建保元年四月

七日　宮内権大輔（『公』『弁』）。建保三年正月六日　従五位上（『公』『弁』『尊』）。建保五年正月廿八日　大隅守　蔵人巡　大輔如元（『公』『弁』）。建保六年十二月十六日　東宮学士　立坊（『公』『弁』『尊』『春宮坊官補任』）。承久元年正月廿二日　止守（『公』『弁』）。承久元年閏二月廿五日　五位蔵人（『公』『弁』）。承久二年正月廿六日　正五位下（『公』『弁』『尊』）。承久三年四月廿日　止学士　践祚　更任蔵人（『公』『弁』『尊』『春宮坊官補任』）。承久三年八月　昇殿（『公』『弁』）。承久三年閏十月十八日　右少弁（『公』『弁』『尊』）。貞応元年四月十三日　左少弁（『公』『尊』）。貞応元年十二月廿一日　権右中弁（『公』『尊』）。貞応元年十二月廿六日　従四位下（『公』『尊』）。貞応三年十月十六日　右中弁（『公』『尊』）。貞応三年十月廿六日　従四位上（『公』『尊』）。貞応三年十月廿九日　右宮城使（『公』『尊』）。嘉禄元年七月六日　蔵人頭左中弁（『公』）。嘉禄元年十二月廿二日　参議左大弁（『公』）。嘉禄二年正月廿三日　兼丹波権

守（『公』）。嘉禄二年正月廿七日　造東大寺長官（『公』）。嘉禄二年四月十九日　正四位下　臨時（『公』）。嘉禄二年十一月四日　従三位　臨時（『公』）。寛喜二年正月廿四日　周防権守（『公』）。寛喜三年正月六日　正三位　弁労（『明月記』同七日条・『公』）。寛喜三年四月廿六日　権中納言（『公』）。貞永元年七月十日　侍読　新権中納言（『民経記』）。嘉禎元年四月十六日　辞権中納言　病（『明月記』『公』）。嘉禎二年二月卅日　出家　十二月十四日薨去（『公』）。

備考　家光妻（日野忠綱女）中宮乳母となる（『明月記』寛喜二年七月廿三日条）。

藤原氏□

経歴　延慶元年十一月十六日　式部権少輔（「官記」）。

藤原景氏

経歴　城式部大夫景氏（『太平記』巻第十「鎌倉合戦事」）。

藤原景高

経歴　建永元年四月十六日　勧学院学生見参　学生（『猪隈関白記』）。承元二年十二月十八日　少内記（『猪隈関白記』）。

藤原勝仲

経歴　嘉応二年四月七日　式部丞補任（『兵範記』）。

藤原廉兼

経歴　保安二年正月十三日　内記局奏　正六位上行少内記藤原朝臣廉兼（『大』第七　本司奏）。

藤原懐実

経歴　文治四年十月十四日　式部丞補任　蔵人（「山槐記除目部類」）。

藤原兼定

経歴　永久四年正月廿九日　宿官　能登権守（『大』第五　宿官）。

藤原兼定

経歴　永久三年正月十三日　式部大録　式部省勘申（『魚』巻第二）。

藤原懐尹

家族　父藤原令尹（『尊』）。
経歴　寛弘八年九月十五日　大嘗会御契御前判官補任　式部丞（『権記』）。
系図等　正五位下越前守（『尊』）。

藤原兼親

経歴　康治二年正月廿七日　式部少丞　元皇后宮権少進（『本朝世紀』）。

藤原懐経

経歴　久安六年八月卅日　式部丞補任（『本朝世紀』）。仁平元年二月廿一日　式部少丞（『本朝世紀』）。

藤原懐遠

家族　父藤原忠興（『尊』）。
経歴　長治二年十月三日　縫殿助（『中右記』）。大治四年正月五日　叙爵　式部（『中右記』同六日条）。
系図等　豊前権守少内記従五位下（『尊』）。

藤原兼倫

生没年　安貞元年（一二二七）―正安元年（一二九九）
家族　父藤原光兼（『尊』）。
経歴　寛元四年正月廿九日　蔵人補任（『大外記中原師光朝臣記』）。宝治二年正月六日　叙爵　蔵人（『公』）。宝治二年六月廿三日　壱岐守（『公』）。建長二年正月十三日　去守（『公』）。建長二年九月十六日　弾正少弼（『公』）。建長六年正月七日　罷少弼　叙従五位上（『公』）。正嘉元年十一月十日　民部大輔（『公』）。正元元年十一月廿一日　正五位下　策（『民経記』『公』）。正元元年十二月廿日　大内記（『民経記』『公』）。文応二年二月五日　遷宮内少輔（『公』）。弘長二年正月十九日　遷式部少輔（『公』

「妙槐記除目部類」)。弘長三年正月六日　従四位下　臨時（『公』）。文永八年正月七日　従四位上（『公』）。文永九年十二月廿日　内蔵権頭（『公』）。建治元年十二月十四日　東宮学士（『公』『春宮坊官補任』）。建治二年十二月卅日　正四位下　止権頭（『公』）。弘安八年八月十一日　兼文章博士（『実躬卿記』『公』）。弘安十年正月十三日　辞博士（『公』）。弘安十年十一月六日　伏見天皇侍読　坊時学士（『伏見天皇宸記』）。正応元年正月五日　従三位（『公』）。正応三年二月八日　式部権大輔（『公』）。正応四年三月十五日　正三位　兼駿河権守（『公』「正応四年除目大間書」）。正応五年四月十三日　式部大輔（『実躬卿記』同五月廿三日条・『公』）。永仁二年四月十三日　従二位（『公』）。永仁四年　正二位（『公』）。正安元年八月　薨去　七十三（『一代要記』『公』）。

系図等　正二位東宮学士文章博士（『尊』）。

藤原兼衡

家族　父藤原為道（『尊』）。

経歴　康和元年正月廿四日　伊勢宣命作者　大内記（『伊勢勅使部類記』伊勢公卿勅使）。康和二年正月廿一日　内記局奏　従五位上行大内記藤原朝臣兼衡（『朝野群載』巻第十二　内記）。天永二年十一月五日　老儒兼衡出自名家、久経文道者、夏度已都盧（『永昌記』）。

系図等　従四位下大内記式部少輔（『尊』）。

藤原兼光

生没年　久安元年（一一四五）―建久七年（一一九六）

家族　父民部卿藤原資長　母木工頭源季光（『尊』）。

経歴　保元元年八月廿七日　勧学院学問料（『兵範記』『公』）。保元三年四月九日　文章得業生（『公』）。保元四年正月廿九日　但馬掾（『公』）。永暦元年正月廿日　献策（『公』）。永暦元年正月廿一日　及第（『公』）。永暦元年正月廿二日　修理亮　前文章得業生（『公』）。永暦元年六月廿日　右衛門少尉　元修理亮蔵人（『公』）。永暦元年七月廿七日　使宣旨

（『公』）。永暦元年九月十五日　叙爵（『公』）。応保三年正月廿四日　治部少輔（『公』）。長寛二年十一月廿一日　昇殿（『公』）。永万二年正月十二日　従五位上　策（『公』）。仁安元年十二月二日　東宮学士（『公』『春宮坊官補任』）。仁安二年正月廿八日　正五位下　朝覲行幸賞（『兵範記』『公』）。仁安三年正月十一日　備中権介　学士労（『公』）。仁安三年二月十九日　止学士　践祚（『公』『春宮坊官補任』）。仁安三年三月十七日　蔵人（『公』）。嘉応二年正月十八日　右少弁　蔵人備中介如元（『公』『弁』）。承安二年正月　止備中介（『弁』）。承安二年二月廿三日　左少弁（『公』『弁』）。治承三年十月九日　権右中弁　従四位下　少弁労（『玉葉』『公』『弁』）。治承三年十月廿一日　兼造東大寺長官（『公』『弁』）。治承三年十一月十七日　右中弁（『公』『弁』）。治承五年正月五日　従四位上　右中弁　仁安三年大嘗会国司賞（『公』『弁』「警固中節会部類記所収山槐記」）。治承五年六月十五日　造興福寺長官（『公』『弁』）。養和元年十二月四日

左中弁　長官如元（『公』）。寿永元年三月　氏院別当（『弁』）。寿永元年三月八日　近江権介　装束使労（『公』『弁』）。寿永元年十一月廿三日　正四位下　大嘗会国司賞（『公』『弁』）。寿永二年七月三日　蔵人頭（『公』『弁』）。寿永二年八月廿四日　更任蔵人頭（『公』『弁』）。寿永二年十二月十日　参議　右大弁（『公』『弁』）。元暦元年三月廿七日　近江権守（『公』『弁』ただし遠江）。元暦元年七月廿四日　従三位　去承安二年松尾行幸行事賞（『公』『弁』）。元暦元年九月八日　左大弁（『公』『弁』）。文治元年十二月廿四日　勘解由長官（『公』『弁』）。文治二年三月　氏院別当（『公』『弁』）。文治二年三月十六日　去氏院別当（『弁』）。文治二年六月廿八日　止造興福寺長官（『弁』）。文治二年十二月一日　侍読（『弁』）。文治二年十二月十五日　権中納言（『公』『弁』）。文治五年正月六日　正三位（『公』）。建久元年七月十八日　右兵衛督（『公』）。建久二年十二月廿八日　検非違使別当（『公』）。建久四年四月十四日　遷左兵衛督（『公』）。建久四年

十二月九日右衛門督（『公』）。建久五年八月十一日　辞督別当（『公』）。建久六年三月十二日　従二位　東大寺供養行事賞（『公』）。建久七年四月十二日　出家　同廿三日薨去（『公』）。

系図等　二代侍読高倉後鳥羽　東宮学士文章博士修理亮検別当左大弁参議正二位右兵衛督治部少輔大宰権帥勘解由長官左衛門督権中納言　弁官之時加傳奏于時五位蔵人　号姉小路　建久七四廿二出家　玄寂　同廿三薨五十二（『尊』）。

藤原公明

経歴　承徳元年正月卅日　式部少丞補任（『中右記』）。康和二年正月廿七日　宿官　因幡権守（『魚』巻第五　兼国）。

藤原公賢

生没年　正応四年（一二九一）―延文五年（一三六〇）

家族　父藤原実泰　母藤原公雄女（『公』『尊』）。

経歴　正応四年九月　従五位下（『公』『尊』）。永仁二年正月六日　従五位上（『公』）。永仁四年正月七日　正五位下　東二条院当年御給（『公』）。永仁五年十二月十七日　侍従（『公』）。永仁六年正月四日　従四位下　玄輝門院当年御給（『公』）。永仁六年四月　左少将（『公』）。永仁七年三月廿四日　従四位上（『公』）。正安二年正月十二日　正四位下　朝覲行幸東宮権大夫藤原朝臣院司賞譲（『公』）。嘉元三年正月廿二日　陸奥権介（『公』）。徳治元年十二月廿二日　左中弁左少将如元（『公』）。徳治二年三月二日　修理左宮城使（『公』）。徳治三年閏八月八日　母喪（『公』）。徳治三年九月七日　止弁（『公』）。延慶元年九月廿日　従三位　元左少将超越清雅朝臣叙之（『公』）。延慶元年十二月十日　左中将補任（『公』）。延慶二年九月廿六日　左大弁補任（『公』）。延慶二年十月十五日　参議補任　左大弁左中将如元（『公』）。延慶三年正月五日　正三位　院当年御給（『公』）。延慶三年三月九日　権中納言補任（『公』）。延慶元年八月二日　左兵衛督（『公』）。応長元年四月十五日　従二位（『公』）。

応長元年五月廿六日　右衛門督転任（『公』）。応長二年十二月十二日　左衛門督転任（『公』）。正和三年正月二日　正二位　朝覲行幸　院御給（『公』）。文保二年三月九日　東宮大夫補任（『公』）。文保二年八月十三日　左衛門督を公敏に譲る（『公』）。文保二年八月廿四日　権大納言補任（『公』）。正中元年　大納言補任か。正中三年三月廿日　止東宮大夫（『公』）。正中三年十一月四日　右大将兼任（『公』）。元徳二年三月五日　内大臣補任右大将如元（『公』）。元徳二年三月廿二日　辞右大将（『公』）。元弘元年二月一日　内大臣辞任（『公』）。正慶二年六月十二日　内大臣還任（『公』）。建武元年十二月十七日　式部卿　前内大臣（『公』『玉英記抄』）。建武二年正月五日　従一位　元徳元年春日行幸行事賞（『公』）。建武二年二月十六日　右大臣　式部卿如元（『公』）。建武二年三月五日　東宮傅（『公』）。建武三年十月十日　止傅　本宮北国没落（『公』）。建武四年六月九日　辞右大臣（『公』）。康永二年四月十日　左大臣（『公』）。貞和二年六月十一日

左大臣辞退（『公』）。貞和四年十月十日　太政大臣（『公』）。貞和六年三月十八日　太政大臣上表（『公』）。延文四年四月十五日　出家　法名空元（『公』）。

系図等　左兵衛督左衛門督二代後院別当牛車輦車式部卿参議左大弁左大臣右大将右大臣太政大臣従一位内大臣　俗躰之時受衣受戒戒名崇元　延文四四十五出家法名空元六十九歳　擬隠遁着黒衣　同五四六薨七十歳　号中園入道殿（『尊』）。

藤原公経

家族　父藤原重尹　中納言重尹為子　母源光忠女（『本朝世紀』『尊』）。

経歴　康和元年七月廿三日　文章生。長久三年正月　勘解由判官。永承六年正月廿七日　遷式部少丞。天喜二年正月五日　叙爵　式部労。天喜二年二月廿三日　加賀権守。天喜二年十一月廿九日　中務権少輔。康平二年正月二日　従五位上　少輔労。延久元年十二月　少納言。延久五年正月　正五位

下　少納言労。承保二年正月五日　従四位下。応徳二年十二月十六日　主殿頭。寛治三年正月廿四日　越中介。永長元年四月　河内守。承徳元年正月五日　従四位上。康和元年七月廿三日　卒去（以上『本朝世紀』康和元年七月三日条所載卒伝）。

系図等　中納言重尹為子　河内守従四位下　少納言主殿頭　母伊勢守源光忠女（『尊』）。

藤原公基

経歴　長久元年正月廿五日　式部丞補任　蔵人（『春記』）。長久元年十月　蔵人所牒　蔵人式部丞（『朝野群載』巻第廿　大宰府）。長久元年十一月十五日　蔵人式部丞公基　二﨟（『春記』）。

藤原公基

家族　父藤原章綱（『尊』）。

経歴　保延五年十二月十日　少内記（『上卿故実』引用「槐記」）。康治元年十二月廿一日　兵部少丞補任元少内記（『本朝世紀』）。久安二年正月廿六日　兵部丞（『本朝世紀』）。久安二年十二月廿四日　下名　式部丞　元兵部丞（『本朝世紀』）。久安三年正月廿八日　式部大丞　元少丞（『本朝世紀』）。久安四年二月一日　式部丞（『本朝世紀』）。

系図等　従五位上少内記加賀権守（『尊』）。

藤原清藤

経歴　嘉暦二年正月五日　式部丞（『師守記』康永元年正月七日条）。元徳元年四月五日　後醍醐天皇綸旨施行状案（『大日本古文書　東大寺文書』十巻十一号）。

藤原邦兼

家族　父藤原頼保（『尊』）。

経歴　仁安三年九月四日　式部少丞補任（『兵範記』）。嘉応元年正月六月　叙爵（『兵範記』）。

系図等　従五位下皇后宮進（『尊』）。

藤原国資

生没年　治暦三年（一〇六七）―大治三年（一一二八）

家族　父藤原有俊　母橘俊通女（『尊』）。

経歴　寛治五年十二月廿四日　献策（『中右記』）。寛治六年正月十日　蔵人補任　前文章得業生（『中右記』・『為房卿記』同十二日条・治承二年正月廿日　菅原長守申文『大』第八　課試及第）。寛治六年　式部少丞（治承二年正月廿日　菅原長守申文『大』第八　課試及第、『魚』巻第二　課試及第）。寛治六年三月廿五日　蔵人式部丞（『中右記』）。寛治六年十一月三日　叙爵　蔵人式部丞　大業（『中右記』）。康和五年二月卅日　遠江守補任　従五位上（『本朝世紀』）。

系図等　正四位下肥後守式部少輔　大治三六廿九出家　同七月八日卒　六十二（『尊』）。

藤原国俊

家族　父津守惟保（『津守氏古系図』）。

経歴　正治元年六月廿三日　少内記補任（『明月記』『津守氏古系図』）。元久二年正月廿九日　民部大丞転任（『明月記』同卅日条）。元久二年四月十日　叙爵　民部（『明月記』）。

系図等　藤原改姓　橘知仲家人成也（『津守氏古系図』）。

備考　建暦二年八月六日「口宣部類」書写　散位（『続群書類従』所収「口宣部類」奥書）。

藤原国長

経歴　嘉応元年正月十一日　式部少丞補任（『兵範記』）。

藤原国成

家族　父藤原則友　母藤原景舒女（『尊』）。

経歴　長和五年四月五日　御書所開闔補任　刑部丞（『左経記』）。寛仁元年正月九日　蔵人補任　式部丞（『御堂関白記』）。長元三年九月八日　因幡守　国成得富号者也（『小右記』）。長元五年七月八日　藤原明衡対策　問答博士正五位下行勘解由次官（『桂』問答博士）。長元七年十月六日　右少弁　大学頭如元（『弁』）。長元九年二月廿七日　従四位下（『弁』）。長元九年五月十七日　侍読　散位（『師守記』貞治三年七月廿六日条）。長久二年　東宮学士補任　義忠卒替（『二中歴』第二　儒職歴）。長暦元年四月　文章博士補任（『二中歴』第二　文章博士歴）。長久元年十一月十日　文章博士兼美濃守（『元秘抄』巻第三　進年号勘文人数多少事）。永承三年三月二日　造興福寺呪願草　式部権大輔（『造興福寺記』）。永承六年十一月　式部大輔補任（大治五年正月　藤原敦光申文『本朝文粋』巻第六　奏状）。永承七年正月　丹波守兼任（大治五年正月　藤原敦光申文『本朝文粋』巻第六　奏状）。天喜元年正月　美作守兼任（大治五年正月　藤原敦光申文『本朝文粋』巻第六　奏状）。

系図等　正四位上美作守式部大輔（『尊』）。

藤原邦行

家族　父藤原邦俊（『尊』）。

経歴　弘安六年九月十二日　大内記（『公衡公記』）。弘安六年九月十五日　大内記（『公衡公記』）。弘安七年三月廿日　御書所開闔　大内記（『勘仲記』）。正応元年六月十日　宮内少輔補任（『勘仲記』）。乾元元年十二月卅日　入道相国使者前大学頭邦行（『吉続記』）。

系図等　宮内少輔大内記民部大輔大学頭正四位下　出家行悟　自西園寺追出路次致殺害（『尊』）。

藤原国能

生没年　―保延元年（一一三五）

家族　父藤原国資　母藤原家綱女（『中右記』『尊』）。

経歴　元永元年三月七日　秀才（『中右記』）。元永二年二月十一日　六位藏人補任（『中右記』）。元永二年二月廿四日　左衛門少尉補任（『中右記』）。保安元年四月八日　叙爵（『中右記』）。長承元年正月廿二日　式部少輔補任（『中右記』）。保延元年六月十一日　式部少輔国能卒去（『中右記』）。天治の比、参議真夏卿の後胤に正五位下式部少輔藤原国能　本名国親といふ人あり、前筑前守知房かむすめをとしころあひくして侍りけるか（『石山寺縁起』巻第五―一）。

系図等　左衛門権佐正五位下式部少輔　永久二十二卅秀才　自石山観音賜宝珠人　本名国親（『尊』）。

藤原惟明

経歴　天永二年正月廿三日　式部巡一　不成受領、依国不足歟（『中右記』）。天永三年正月廿七日　信濃守補任　式部（『中右記』）。

藤原惟貞

経歴　永観二年十二月八日　内御書所開闔補任　散位（『小右記』）。寛和二年十二月廿五日　対策　散位文章得業生（「桂」雲客勤問答例）。永祚元年正月七日　内記惟貞（『小右記』「小記目録」）。正暦元年十月廿七日　内記（『小右記』）。正暦三年十二月八日　藤原為文対策の問答博士　勘解由次官従五位下（『桂』問答博士）。寛仁三年十一月十六日　殿上人　尾張守惟貞（『小右記』）。治安三年八月十七日　前尾張守（『小右記』）。

備考　長和四年四月　前遠江守惟貞　中宮乳母中務を誘拐（『御堂関白記』『権記』）。

藤原伊祐

生没年　―長和三年（一〇一四）

家族　父藤原為頼　母上毛野公房女（『尊』）。

経歴　永延二年八月十九日　蔵人主殿助（『小右記』）。正暦元年八月十五日　式部丞（『小右記』）。正暦元年十月廿三日　大宰唐物招印使　式部大丞（『本朝世紀』）。寛弘二年二月廿五日　阿波守伊祐赴任（『小右記』）。長和三年正月廿六日　頼祐朝臣申云、父讃岐守太不覚、所憑已少（『小右記』）。長和三年三月廿五日　讃岐守伊祐不弁禊祭料、其身卒（『小右記』）。

系図等　従四位下信濃守伊豆守讃岐守（『尊』）。

備考　中務卿具平親王の子頼成を養子とする（『本朝皇胤紹運録』）。

藤原惟任

家族　父藤原寧親　母安芸守貞安女（『尊』）。

経歴　寛弘五年三月廿七日　蔵人補任　左兵衛尉（『御堂関白記』）。寛弘八年六月廿五日　一条院判官代式部少丞（『権記』）。治安三年四月廿三日　信濃守明日赴任（『小右記』）。長久元年六月八日　阿波守補任（『春記』）。

系図等　因幡丹後信濃周防等守正四位下左兵衛佐（『尊』）。

藤原定佐

家族　父藤原兼清（『尊』）。

経歴　長保五年三月廿三日　六位蔵人（『権記』）。寛弘二年正月七日　兵部丞（『小右記』）。寛弘三年五月十日　蔵人式部少丞　藤原広業の面を打つ（『御堂関白記』『日本紀略』『百錬鈔』「扶桑略記」「十三代要略」）。寛弘三年五月十一日　除籍（『御堂関白記』『権記』）。寛弘三年六月十三日　蔵人式部丞如旧（『御堂関白記』『権記』『日本紀略』）。寛弘三年十一月十四日　蔵人式部丞勘当（『御堂関白記』）。寛弘五年九月十一日　敦成親王誕生　鳴弦役　三河権守（『御産部類記』所収「不知記」）。長和元年十月廿七日　五位（『御堂関白記』）。長和五年正月十一日　淡路前司（『小右記』）。

系図等　従五位下淡路守（『尊』）。

藤原定輔

家族　父藤原説孝　母藤原元尹女（『尊』）。

経歴　寛弘五年五月五日　内御使　式部蔵人（『栄花物語』巻第八「はつ花」）。寛仁四年五月廿六日　上野前司　平維衡と闘乱（『左経記』）。

系図等　正四位下讃岐陸奥上野廷佐播磨等守（『尊』）。

藤原貞親

家族　父藤原致康（『尊』）。

経歴　応保元年四月十三日　少内記補任　貞親（『山槐記』）。仁安元年十月廿日　少内記定親（『兵範記』）。仁安二年十二月　民部丞を申す　正六位上行少内記（仁安二年十二月四日　少内記藤原貞親申文「陽明文庫本兵範記紙背文書」七六号）。仁安三年四月六日　民部丞を申す　就中当職之後已八箇年　正六位上行藤原朝臣貞親（仁安三年四月六日　少内記藤原貞親申文「陽明文庫本兵範記紙背文書」一一三号）。仁安三年八月九日　内記局請奏（「陽明文庫本兵範記紙背文書」一二四号）。嘉応元年十月廿四日　少内記定親（『兵範記』）。治承三年二月廿九日　散位藤原朝臣貞親（『山槐記』）。

系図等　後別従五位下散位内匠允少内記（『尊』）。

藤原定仲

経歴　嘉保元年二月廿二日　式部少丞補任（「嘉保元年大間書」柳原家記録四六　除目大間書）。嘉保元年十二月二日　一臈式部丞定仲（『中右記』）。嘉保二年正月三日　式部丞（『中右記』）。

藤原定房

経歴　長保四年十月十二日　式部丞（『文永七年宸筆御八講記』）。

藤原定茂

経歴　正嘉三年正月十九日　内記局奏　正六位上行少内記藤原朝臣定茂（『魚』巻第二　局奏）。

藤原実重

家族　父藤原実義　母菅原是綱女（『尊』）。

経歴　康治元年正月五日　従五位上　策（『本朝世紀』）。久安六年十二月十七日　申大学頭文章博士　散位正五位下（久安六年十二月十七日　藤原実重申文「京都大学附属図書館所蔵兵範記紙背文書」八号）。

系図等　大内記式部少輔従四位下越中権守（『尊』）。

藤原実綱

生没年　長和二年（一〇一三）―永保二年（一〇八二）

家族　父藤原資業　母藤原師長女（『尊』）。

経歴　長和二年正月　誕生（『尊』）。万寿□年　文章得業生（『尊』）。長元元年十月廿五日　対策（『小右記』同廿六日条）。長元二年正月　大学助補任　文章得業生（「除目申文之抄」『尊』『魚』巻第二　課試及第）。長元四年二月十七日　藏人補任　大学助（『小右記』)。長元八年二月八日　昇殿(『左経記』)。長暦元年八月十七日　東宮学士補任(『尊』『二中歴』第二　儒職歴　学士侍読)。寛徳二年四月五日　正五位下　御即位　学士労(『尊』)。寛徳二年　大学頭補任(康和二年七月廿三日　前常陸介菅原是綱大学頭申文『朝野群載』巻第九　功労、『尊』は三年十月)。寛徳三年二月廿五日　五位蔵人(『尊』)。永承二年六月　但馬守補任(康和二年七月廿三日　前常陸介菅原是綱大学頭申文『朝野群載』巻第九　功労)。永承二年十二月　大学頭還任(康和二年七月廿三日　前常陸介菅原是綱大学頭申文『朝野群載』巻第九　功労・『尊』)。永承四年正月　従四位下(『尊』)。永承五年正月　正四位下(『尊』)。永承六年　文章博士補任(『尊』)。天喜六年正月　美作守補任(大治五年正月　藤原敦光申文『本朝続文粋』巻第六　奏状、『尊』は康平二年)。康平五年　式部権大輔(『尊』)。康平六年正月　式部大輔補任(大治五年正月　藤原敦光申文『本朝続文粋』巻第六　奏状・『尊』)。康平六年十一月八日　式部省評定文章得業生正六位上丹波大掾藤原朝臣有信対策文事　正四位下行大輔兼美作守(『朝野群載』巻第十三　紀伝上)。治暦三年　伊予守補任(『尊』)。承保三年正月　備中守補任(大治五年正月　藤原敦光申文『本朝続文粋』巻第六　奏状)。

系図等　但馬美濃伊予等守宮内大輔左衛門権佐大内記正四位下大学助大学頭備前守文章博士式部大輔歌人日野観音堂本願　永保二三廿三卒　七十一(『尊』)。

備考　康平二年十二月　家司大学頭実綱(『中右記』天永三年十一月十六日条引用先例)。承保三年九月三日　関白左大臣家(師実)政所下文　別当式部大輔兼備中守(『平安遺文』一一三二号)。承暦三年四月廿八日　全子内親王政所家司補任　正四位下行式部大輔(『為房卿記』)。

藤原実俊

経歴　永保元年七月十八日　蔵人式部丞(『為房卿記』)。

藤原実教

経歴　仁安三年正月十五日　式部大丞補任（『山槐記除目部類』）。

藤原実範

経歴　仁安二年十二月十三日　式部少丞補任（『兵範記』）。仁安三年正月十五日　式部大丞（『兵範記』）。仁安三年三月十五日　叙爵　御即位叙位　式部（『兵範記』）。

藤原実範

家族　父藤原能通　母藤原元尹女駿河（『尊』）。

経歴　治安三年十二月卅日　文章得業生補任宣旨（『類聚符宣抄』第九　文章得業生試）。万寿三年十一月廿一日　対策　文章得業生（『桂』雲客勤問答例）。万寿四年二月四日　蔵人補任　前文章得業生（『小右記』）。長元元年二月廿三日　六位蔵人補任　所雑色（『左経記』）。長元二年　和歌序　蔵人式部丞（『本朝続文粋』巻第十　和歌序）。長元七年十一月廿五日　式部省試　散位実範（『左経記』）。長久元年十一月三日　右兵衛佐実範（『春記』）。天喜元年正月　文章博士補任　従四位上（『大』第五兼国・『魚』巻第五　文章博士兼国・『二中歴』第二　文章博士歴）。天喜三年正月　伊予権守（『大』第五　兼国・『魚』巻第五　文章博士兼国）。康平四年十一月十五日　勧学院学堂奏　従四位上行文章博士讃岐介（『朝野群載』巻第十三　紀伝上）。康平五年十月　大学頭文章博士を辞す（『本朝続文粋』巻第五　状）。

系図等　文章博士大学頭従四位上（『尊』）。

藤原実房

家族　父藤原方正（『尊』）。

経歴　長保四年十月廿四日　式部丞（『本朝世紀』）。長保五年正月七日　下名　式部実房（『権記』）。

系図等　従五位上能登守（『尊』）。

藤原実政

生没年　治安三年（一〇二三）―寛治七年（一〇九三）

家族　父藤原資業　母源重文女（『公』『尊』）。

経歴　長元八年　穀倉院学問料（『公』『尊』）。長暦元年十二月　文章得業生（『公』『尊』）。長暦二年正月　美作権大掾（『公』『尊』）。長久元年十二月廿一日　対策（『公』・治承二年正月廿日　菅原長守申文『大』第八　課試及第・『尊』）。長久二年正月十二日　蔵人（『公』『尊』）。長久四年正月　式部少丞（『公』・治承二年正月廿日　菅原長守申文『大』第八　課試及第・『尊』）。長久五年正月五日　叙爵　策（『公』『尊』）。長久五年十二月十四日　宮内権大輔（『公』『尊』）。永承五年二月　大内記（『公』『尊』）。永承五年十一月十三日　従五位上　朔旦（『公』『尊』）。永承五年十一月廿五日　遷東宮学士（『公』『尊』『春宮坊官補任』）。永承七年二月廿六日　兼美濃権介（『公』『尊』）。天喜四年正月五日　正五位下　策（『公』『尊』）。天喜六年正月　加賀権守（『公』『尊』）。康平四年正月五日　従四位下　策（『公』『尊』）。康平七年三月四日　甲斐守　式部巡（『公』『古事談』）。治暦三年正月　従四位上　策（『公』『尊』）。治暦四年四月十九日　止学士　践祚（『公』『春宮坊官補任』、『尊』は四十）。治暦四年七月十九日　正四位下　学士・前甲斐守（『本朝世紀』『公』『尊』）。治暦五年正月廿七日　備中守　侍読労（『公』『尊』）。延久元年二月　文章博士（『公』）。延久元年四月廿八日　兼東宮学士（『公』『尊』）。延久四年七月廿四日　近江守（『公』『尊』）。延久四年十二月二日　左中弁　文章博士・近江守如元（『公』『尊』『弁』）。延久五年四月廿日　正四位上　行幸一院院司賞（『公』『弁』『尊』）。承保二年閏四月廿三日　修理左宮城使（『公』『弁』『尊』）。承保二年六月十三日　右大弁（『公』『弁』『尊』は十二）。承保三年正月廿日　氏院別当（『公』『弁』『尊』）。承保四年正月　辞博士（『弁』）。承保四年正月廿九日　蔵人頭　止守（『公』『弁』『尊』）。承暦元年十二月十三日　兼右京大夫（『公』『弁』『尊』）。承暦二年正月廿日　兼但馬権守（『公』『弁』『尊』）。承暦二年三月　止博士（『公』『尊』）。承暦四年八月十四日　参議　弁大夫権守如元（『公』『尊』）。承暦四年八

月廿二日　左大弁（『水左記』『公』『弁』『尊』）。承暦四年十一月三日　従三位　前坊学士労（『水左記』『一代要記』『公』『弁』『尊』）。承暦四年十二月三日　勘解由長官（『尊』）。永保二年正月廿一日　兼讃岐権守（『尊』）。永保二年三月廿七日　式部大輔　罷大夫（『公』『弁』『尊』）。永保四年六月廿三日　遷任大宰大弐（『公』『一代要記』『尊』）。応徳二年十二月廿六日　従二位　赴任賞（『公』『一代要記』）。寛治二年十一月卅日　伊豆国配流（『中右記』『師記』『公』『尊』）。寛治七年二月十八日薨去（『中右記』『尊』）。

系図等　近江備中甲斐等守　二代侍読後三条白河東宮学士右京大夫文章博士大宰大弐勘解由長官式部大輔従二位左大弁　寛治二年大宰府務之間依正八幡宮訴配流伊豆国、同三年赴配所於途所出家、然而猶被追下、同七年二月十八日於配所薨　七十五（『尊』）。

備考　承保三年九月三日　関白左大臣家（師実）政所下文　別当右大弁兼文章博士近江守（『平安遺文』一一三二号）。実政四条坊門第（『為房卿記』永保二年三月廿五日条）。

藤原実世

生没年　延慶元年（一三〇八）—延文三年（一三五八）

家族　父藤原公賢（『公』）。

経歴　正和二年九月六日　叙爵（『公』）。正和三年九月廿一日　従五位上（『公』）。正和六年正月五日　正五位下（『公』）。文保二年正月二日　元服（『公』）。文保二年正月廿二日　侍従（『公』）。文保二年十一月廿一日　従四位下（『公』）。元亨二年正月二日　従四位上（『公』）。元亨二年六月七日　右少将（『公』）。正中二年正月廿日　禁色（『公』）。嘉暦二年七月廿三日　止四位位記補任藏人（『公』）。嘉暦二年八月一日　弾正少弼　去少将（『公』）。嘉暦二年十一月十五日　権左中弁　藏人少弼如元（『公』）。嘉暦三年正月五日　正五位上（『公』）。嘉暦三年六月十三日　従四位下（『公』）。嘉暦三年九月廿三日　従四位上（『公』）。嘉暦三年十一月廿七日　参議　元権左中弁（『公』）。元徳元年正月七日　正四位下

（『公』）。元徳元年二月二日　兼右大弁（『公』）。元徳元年九月廿四日　正四位上　超親光朝臣（『公』）。元徳元年十一月九日　従三位（『公』）。元徳二年正月十三日　兼美作権守　造東大寺長官（『公』）。元徳二年三月一日　転左大弁（『公』）。元徳二年三月廿二日　権中納言（『公』）。元徳二年三月廿七日　正三位　父内大臣公賢延暦寺講堂供養行事賞（『公』）。元徳二年七月七日　兼右衛門督（『公』）。元徳二年十月五日　転左衛門督（『公』）。元徳二年十二月十四日　検非違使別当補任（『公』）。元弘元年八月廿五日　武家に出対（『増鏡』『公』）。元弘三年五月十七日　復本職（『公』）。元弘三年九月廿三日　兼修理大夫（『公』）。建武元年正月廿三日　兼春宮権大夫（『公』）。建武元年十月九日　止大夫（『公』）。建武元年十二月十七日　兼大学頭（『公』）。延元元年三月一日　正二位　勲功賞（『公』）。延元元年五月廿五日　兼尾張守　止大夫（『公』）。延元元年十二月　解官（『公』）。延元四年　権大納言（『南朝公卿補任』）。貞和二年　右大将（『南朝公卿補任』）。貞和四年十一月　従一位（『南朝公卿補任』）。貞和五年二月廿三日　権大納言右大将辞任（『南朝公卿補任』）。観応三年二月　大納言右大将還任（『南朝公卿補任』）。文和二年七月　右大将補任（『南朝公卿補任』）。文和四年三月七日　左大臣転任（『公』）。延文二年正月廿日　東宮傅（『南朝公卿補任』）。延文三年八月十九日　薨去　水腫所（『公』『南朝公卿補任』）。

藤原実義

生没年　治暦三年（一〇六七）―嘉承元年（一一〇六）

家族　父藤原有綱　母藤原永職女（『中右記』嘉承元年九月十二日条）。

経歴　応徳三年八月十二日　御書所別当補任　越前大掾（『朝野群載』巻第五　補所々別当）。応徳三年十一月三日　白河院判官代補任（『大御記』）。寛治二年正月十九日　叙爵　院判官代（『中右記』）。嘉保元年正月五日　従五位上　策（『中右記』）。長治二年三月十六日　文章博士補任　従四位下（『中右記』

『殿暦』・『二中歴』第二 文章博士歴）。嘉承元年九月十一日 朔日暁、文章博士実義卒去 年四十、実義者故有綱朝臣男、母常陸守永職女也、上皇御時給学問料、秀才之後補侍中、上皇脱履之刻補院判官代、漸至四品、受病十余日、遂以死去、一家之間、殊所悲歎聞也（『中右記』嘉承元年九月十二日条）。

系図等 越中守大内記従四位上勘解由次官文章博士 母図書助丹波経基女 応徳三九十四卒（『尊』）。

藤原重兼

経歴 康和三年十一月十六日 式部少丞補任（『中右記』）。康和五年二月卅日 式部大丞 元少丞（『本朝世紀』）。康和五年十一月一日 式部大丞復任（『本朝世紀』）。

藤原重真

経歴 保安二年正月十三日 少内記（保安二年正月十三日 内記局奏『大』第八 課試及第）。保安五年正月 少内記 惟宗に改姓して右兵衛尉に補任（儀部信貞訴状『洞院家記』第一四）。大治四年正月廿四日 少外記転任 惟宗重真（『中右記』）。大治四年十月九日 叙爵 外記（『中右記』）。

備考 惟宗改姓（儀部信貞訴状『洞院家記』第一四）。

藤原重範

家族 父藤原茂範（『尊』）。

経歴 弘安二年八月廿八日 御書所衆（『勘仲記』）。正応五年四月十三日 藤原茂範辞大輔申任男重範少輔（『実躬卿記』同五月廿三日条・『公』正応五年藤原茂範項は権少輔）。永仁三年二月十三日 献策 式部権少輔藤原重範問（『公』元徳二年菅原茂長項）。永仁六年十月十一日 大伴時綱位記写（『鎌倉遺文』一九八五〇号）。年月日未詳 御書所覆勘の時昇殿（『伏見天皇宸記』正応二年三月二日条）。

系図等 大学頭従四位下（『尊』）。

藤原重広

経歴　年月日未詳　従五位下叙爵　今日任式部丞（『金沢文庫古文書』五九三七号）。

藤原重基

経歴　寛喜三年二月五日　藤原遠連を左衛門少尉補任　重基式部巡年任之（『民経記』）。

藤原重能

経歴　弘安八年　申式部丞　式部大輔藤原茂範挙（『鎌倉遺文』一五四六五号）。

藤原季綱

家族　父藤原実範　母高階業敏女（『尊』）。

経歴　天喜四年　方略試（『朝野群載』巻第十三　紀伝上）。嘉保二年春　長門守補任　式部（『魚』巻第七　尻付）。承保三年正月廿一日　大学寮解　従四位上行頭兼越後守（『朝野群載』巻第八　別奏）。承徳三年十一月廿日　藤原行家手輿往反山上申文作者　大学頭季綱（『朝野群載』巻第十七　仏事下）。

系図等　三河越前備前等守大学頭右衛門権佐従四位上　或本季兼舎兄（『尊』）。

藤原資懐（→藤原資信も見よ）

経歴　永長元年正月廿三日　諸陵権助（『中右記』同日条裏書）。康和四年二月十一日　式部丞（『中右記』）。

藤原資定

家族　父藤原資隆（『尊』）。

経歴　治承二年正月廿八日　式部大丞転任（『玉葉』）。文治四年四月五日　謀反縁坐により流罪の沙汰が行われる　式部大夫（『玉葉』）。

系図等　八条院判官代散位従五位下（『尊』）。

藤原資定

生没年　貞応元年（一二二二）―

家族　父藤原家光　母藤原忠綱女（『尊』）。

経歴　嘉禄三年二月九日　穀倉院学問料　七歳　父家光挙

（『葉黄記』宝治元年四月廿七日条）。安貞三年正月廿九日　秀才（『葉黄記』宝治元年四月廿七日条）。仁治三年八月九日　中宮権大進補任（『平戸記』）。寛元元年八月十日　正五位下　東宮学士補任（『妙槐記除目部類』）。寛元四年正月廿九日　昇殿　正五位下東宮学士兼右衛門権佐（『葉黄記』）。宝治二年正月廿三日　検非違使右佐補任（『検非違使補任』）。正嘉二年十二月　従三位　出家（『公』）。

系図等　侍読後深草中宮大進東宮学士左権佐右中弁　為経光卿子　従三位廷佐宮内大輔　西宮三位正嘉元十二廿五出家（『尊』）。

備考　摂政近衛兼経家司（『葉黄記』宝治元年正月十九日条）。

藤原輔実

家族　父藤原為綱　母永業女（『尊』）。

経歴　嘉承元年十二月十三日　式部丞（『永昌記』）。天仁元年正月廿四日　殿下仰云、式部省奏ニ一丞不給爵、次第ニ丞給爵也〈一輔実　二知仲〉、何様可被

行哉、被申合内大臣、被申云、先例不知少奏、推而給爵於第一者、仍雖不賜省奏、輔実給爵（『中右記』）。

系図等　世号神泉判官従五位下駿河権守（『尊』）。

藤原資実

生没年　応保二年（一一六二）―貞応二年（一二二三）

家族　父権中納言藤原兼光　母上野介家時女（『公』『尊』）。

経歴　承安二年三月廿四日　学問料　年十一（『公』）。承安四年正月　秀才（『公』）。承安五年正月廿二日　越後大掾（『公』）。治承元年十一月十五日　左衛門少尉（『公』）。治承二年正月　蔵人（『公』）。治承二年十一月廿四日　使宣旨（『公』）。治承三年七月十六日　叙爵（『公』）。寿永元年八月十四日　皇后宮少進（『公』）。寿永元年十月　昇殿（『公』）。寿永二年正月廿二日　転皇后宮権大進（『公』）。元暦元年三月廿三日　昇殿（『公』）。元暦元年七月二日　従五位上　宮入内賞（『公』）。文治三年六月廿八日　停大進　依院号也（『公』）。文治四年正月七

日　正五位下　殷富門院御給（『公』）。文治四年十月十四日　五位蔵人（『公』）。文治四年十二月卅日　宮内大輔（『公』）。建久元年正月廿四日　左衛門権佐（『公』）。建久元年八月十三日　防鴨河使（『公』）。建久元年十月廿七日　右少弁（『公』）。建久元年十二月廿八日　辞左衛門権佐（『公』）。建久三年四月廿九日　辞防鴨河使（『公』）。建久五年九月十七日　左少弁（『公』）。建久六年十二月九日　右中弁　従四位下（『公』）。建久七年二月一日　兼修理右宮城使（『公』）。建久九年二月廿六日　従四位上　御即位　宣陽門院（『公』）。建久九年十一月廿一日　正四位下　大嘗会国司賞（『公』）。建久九年十二月九日　右大弁（『公』）。正治元年十二月九日　蔵人頭（『公』）。正治二年四月十五日　東宮学士補任（『公』）。正治二年十二月十二日　革命勘文　蔵人頭右大弁兼東宮学士藤原朝臣資実（『革命勘文　建仁元年』）。建仁元年七月　記録所勘状案　造東大寺長官正四位下右大弁兼東宮学士遠江権守（『鎌倉遺文』一二三六号）。建仁元年八月十九日　参議　転左大弁（『公』）。建仁元年十二月廿二日　侍読補任（『一代要記』）。建仁二年正月廿九日　従三位（『公』）。建仁二年閏十月廿四日　勘解由長官　同年造東大寺長官（『公』）。建仁三年十二月廿日　正三位（『公』）。元久元年三月六日　権中納言（『公』）。承久二年七月三日　出家（『公』）。貞応二年二月　薨去（『公』）。

備考　建久八年六月廿三日　近衛基通文殿始　別当右中弁（『猪隈関白記』）。建久九年正月十一日　新帝昇殿　補院別当（『公』）。

藤原輔尹

家族　父藤原興方　母藤原尹忠女（『尊』）。

経歴　正暦四年二月廿八日　蔵人式部丞（『権記』）。長徳四年　伊賀守（『権記』寛弘元年十二月十三日条）。寛弘二年六月卅日　左少弁（『御堂関白記』）。寛弘六年三月四日　大和守補任（『権記』）。寛仁四年八月十八日　木工頭（『小右記』）。

系図等　木工頭従四位下権右中弁大和守（『尊』）。

備考　六角町尻宅（『日本紀略』長和元年十二月四日条）。

藤原資朝

生没年　正応三年（一二九〇）―正慶元年（一三三二）

家族　父藤原俊光（『尊』）。

経歴　文保元年二月五日　右少弁補任　元蔵人左衛門佐（『弁』）。文保元年十二月廿二日　転左少弁（『弁』）。文保二年正月廿二日　従四位下（『弁』）。文保二年五月廿八日　兼文章博士（『弁』）。文保二年八月廿四日　記録所寄人（『弁』）。文保二年十月六日　従四位上　同日去弁（『弁』）。文保二年十一月三日　権右中弁　文章博士如元（『弁』）。文保三年三月九日　右中弁（『弁』）。文保三年四月廿一日　修理右宮城使（『弁』）。文保三年八月五日　東宮亮（『公』）。元応二年三月廿四日　蔵人頭補任　去弁博士（『公』『弁』）。元亨元年四月六日　参議　元蔵人頭　左兵衛督賜兼字（『公』）。元亨二年正月六日　正四位上（『公』）。元亨二年正月廿六日　兼山城権守（『公』）。元亨二年六月十七日　止文章博士（『公』）。元亨三年正月五日　従三位（『公』）。元亨三年正月十三日　検非違使別当（『公』）。元亨三年十一月五日　辞検非違使別当（『公』）。正中元年四月七日　権中納言（『公』）。正中元年九月廿三日　正中の変により捕縛（「鎌倉年代記裏書」）。正慶元年四月十四日　日野資朝・北畠具行・平成輔・日野俊基を斬罪に処すべき事を伝える使者が鎌倉より到着（『花園天皇宸記』）。

藤原資名

生没年　弘安十年（一二八七）―暦応元年（一三三八）

家族　父権中納言藤原俊光　母藤原公寛女（『尊』）。

経歴　永仁四年二月七日　叙爵（『公』）。永仁四年三月十三日　左兵衛佐（『公』）。永仁五年三月廿日　従五位上（『公』）。永仁七年正月五日　正五位下（『公』）。嘉元二年十二月廿二日　兼東宮権大進（『公』）。徳治二年十二月二日　止佐（『公』）。延慶二年二月十九日　右衛門権佐　使宣旨（『公』）。延慶二年三月廿三日　蔵人（『公』）。延慶三年四月七日　兼文章博士（『公』）。延慶三年十二月九日　兼右少弁　三事　文章博士如元（『花園天皇宸記』『公』『弁』）。応長元年正月十七日　去蔵人佐（『公』『弁』）。応長元年二月三日　正五位上　右少弁（『園太暦』『公』『弁』）。応長元年三月卅日　兼越中権介（『公』）。応長元年四月廿七日　年号勘申　文章博士（『伏見天皇宸記』）。応長元年五月十五日　辞文章博士（『公』『弁』）。正和元年十月十二日　左少弁　従四位下（『公』）。正和二年八月七日　権右中弁（『公』）。正和二年九月六日　従四位上（『公』）。正和二年十月十七日　太上天皇尊号御辞表起草　儒弁（『花園天皇宸記』）。正和三年正月二日　正四位下　朝覲行幸　院司賞（『花園天皇宸記』『公』）。正和三年九月廿一日　右中弁（『公』）。正和三年十月廿一日　補右宮城使（『公』）。正和三年十一月十九日　右中弁（『公』）。正和三年十二月二日　左宮城使（『公』）。正和四年二月廿一日　右大弁　蔵人頭（『公』）。正和四年三月廿二日　正四位上（『公』）。正和四年四月十日　左大弁（『公』）。正和四年八月廿六日　参議　元蔵人頭（『公』）。正和四年十月十七日　造東大寺長官（『公』）。正和五年五月廿八日　従三位（『公』）。文保元年二月三日　年号勘申　儒卿（『花園天皇宸記』）。文保元年三月廿七日　兼越中権守（『公』）。文保元年四月六日　遷左兵衛督　去弁　同日検非違使別当（『公』）。文保元年四月十六日　転右衛門督（『花園天皇宸記』『公』）。文保元年十二月廿二日　権中納言　督別当如元（『公』）。文保二年四月廿二日　辞督別当（『公』）。文保二年七月七日　辞権中納言　叙正三位（『公』）。元応二年十二月廿九日　後伏見院年預別当補任（『花園天皇宸記』）。元亨元年正月五日　従二位　院当年御給（『花園天皇宸記』同六日条・『公』）。元徳二年十月廿一日　正二位（『公』）。元徳二年十一月七日　治部卿（『公』）。元弘元年十月廿八日　按察使（『公』）。正慶元年十月十六日　権大納言（『公』）。正慶二年五月　出家（『公』）。

系図等

権大納言参議大弁文章博士右衛門督三事検別当院執権　元弘三五十於近州馬場出家　建武五五二薨

去　五十四（『尊』）。

備考　当今（光厳天皇）奉公の寵臣（『太平記』巻第九「主上々皇為五宮被囚給事、付資名卿出家事」）。

藤原資業

生没年　永延二年（九八八）―延久二年（一〇七〇）

家族　父参議藤原有国　母典侍橘徳子　播磨守仲遠女　舅橘道貞今朝死去（『御堂関白記』）。

経歴　長保五年　勧学院学問料（『公』）。長保五年十一月十九日　文章得業生（『公』）。寛弘二年正月十日　昇殿（『御堂関白記』『公』）。寛弘二年十月　対策（『公』・治承二年正月廿日　菅原長守申文『大』第八　課試及第）。寛弘二年十一月　及第（『公』）。寛弘三年正月廿八日　式部少丞（『公』・治承二年正月廿日　菅原長守申文『大』第八　課試及第）。寛弘四年正月廿八日　式部大丞（『公』）。寛弘五年正月十一日　蔵人補任　式部丞（『御堂関白記』『公』）。寛弘五年十月十六日　敦成親王家司　式部大丞（『御産部類記』所収「不知記」）。寛弘五年十二月卅日　蔵人式部丞（『紫式部日記』四「晦日の夜の引きはぎ」）。寛弘六年正月七日　叙爵（『公』）。寛弘六年正月十八日　筑後権守（『公』）。寛弘六年九月　刑部少輔（『公』）。寛弘六年十二月　昇殿（『公』）。寛弘七年正月十六日　大内記（『公』）。寛弘八年二月一日　右少弁（『公』）。寛弘八年六月十三日　兼東宮学士（『公』）。寛弘八年六月廿五日　右少弁東宮学士（『権記』）。寛弘九年正月廿七日　備中権介（『公』『弁』）。長和二年正月七日　従五位上　弁（『公』『弁』）。長和二年十月五日　昇殿（『公』）。長和三年正月十日　五位蔵人（『公』『弁』『職事補任』）。長和四年二月十八日　兼左衛門権佐（『公』『弁』）。長和四年二月廿五日　使宣旨　三事（『公』）。長和五年正月廿九日　止蔵人　三条院判官代（『公』）。長和五年二月八日　五位蔵人（『御堂関白記』『公』『弁』『職事補任』）。長和六年正月七日　正五位下　弁（『公』『弁』）。寛仁元年八月卅日　文章博士（『公』『弁』）。寛仁二年九月廿四日　辞文章博士（『公』『弁』）。寛仁三年十二月廿

一日　左少弁（『公』）。寛仁四年正月卅日　丹波守　去弁　佐労（『公』）。寛仁四年二月五日　従四位上　越階　先坊学士賞　二階段（『左経記』『公』、『職』は二月一日従四位下）。寛仁五年正月廿四日　勘解由長官（『公』）。治安二年正月七日　正四位下　造宮行事（『公』）。治安三年十月五日　兼式部大輔（『公』）。万寿三年三月廿六日　式部省試　大輔資業（『左経記』）。万寿三年十一月廿二日　大原野祭奉幣　式部大輔（『左経記』）。万寿五年二月六日　兼播磨守　止長官　大輔如元（『公』）。長元元年十一月十五日　式部省試　大輔（『左経記』）。長元八年五月十三日　関白家歌合　式部大輔（『栄花物語』巻三十五「歌合」）。長暦三年正月廿六日　伊予守（『公』）。長久二年三月四日　昇殿（『公』）。長久四年正月　辞式部大輔申任男実政丞（『公』）。寛徳元年十一月廿四日　改元定（『春記』）。寛徳二年四月十四日　式部大輔（『公』）。寛徳二年四月廿六日　従三位　造常寧殿功（『公』）。永承元年四月十五日　改元定（『春記』）。永承六年二月十六日　出家（『公』）。延久二年八月廿四日　薨去（『公』）。

系図等　式部大輔文章博士左衛門権佐左中弁大内記勘解由長官従三位東宮学士侍読後一条建立法界寺（『尊』）。

藤原資信

生没年　―保元三年（一一五八）

家族　父藤原顕実　母藤原師仲女（『尊』）。

経歴　嘉保三年正月廿四日　諸陵助（『公』）。康和四年正月廿三日　式部丞（『公』）。康和四年十一月十四日　叙爵（『公』）。康和六年正月　東宮昇殿（『公』）。長治元年七月九日　越後権守（『公』）。長治三年十二月五日　中務大輔（『公』）。嘉承二年七月十九日　太子践祚　昇殿（『公』）。嘉承三年正月廿二日　左衛門佐（『公』）。天仁二年正月七日　従五位上　簡一（『公』）。永久二年正月五日　正五位下（『公』）。永久二年正月廿二日　兵部権少輔（『公』）。元永二年正月廿四日　備後介（『公』）。保安元年二月　兵部大輔（『公』）。保安四年正月廿八日　譲位　止昇殿（『公』）。長承元年二月九日　昇殿

（『公』）。長承二年正月廿九日　五位蔵人（『公』）。長承三年二月廿四日　右少弁（『公』）。保延三年十月六日　権右中弁（『公』）。保延四年正月五日　従四位下（『公』『職事補任』）。保延四年正月廿二日還昇（『公』）。保延六年閏五月　従四位上　臨時（『公』）。永治元年十二月七日　新帝昇殿（『公』）。永治元年十二月二日　左中弁（『公』）。康治元年正月七日　蔵人頭（『本朝世紀』『公』）。康治元年正月廿三日　正四位下　臨時　同日備中介（『公』）。永治二年六月廿八日　左宮城使（『公』）。久安四年十月十五日　右大弁（『公』）。久安五年七月廿八日参議　右大弁如元（『公』）。久安五年十月廿二日勘解由長官　同日辞阿波権守申任男信忠（『公』）。久安六年正月廿九日　兼周防権守（『公』）。久安六年四月廿八日　転左大弁（『公』）。久安六年十月四日　勧学院別当（『公』）。久寿二年正月六日　従三位　労（『公』）。久寿二年正月廿八日　兼越前権守（『公』）。保元元年九月十三日　権中納言（『公』）。保元元年十一月廿八日　正三位　石清水賀茂行幸行事賞　兼治部卿（『公』）。保元二年正月廿四日遷兵部卿（『公』）。保元二年八月十九日　中納言（『公』）。保元三年八月十日　辞中納言　以猶子資忠申任木工頭（『兵範記』『公』）。保元三年十一月八日　出家　同十八日薨去（『公』）。

系図等　正三廷佐右大弁兵部卿中納言　保元三十一十八薨（『尊』）。

藤原資博

家族　父藤原資定（『尊』）。

経歴　安元二年正月卅日　大炊権助補任　右大臣承安二年給　二分所在（『玉葉』）。治承四年四月十九日式部丞補任（『山槐記』・『玉葉』同廿二日条）。治承四年四月廿七日　大嘗会主基行事　式部少丞（『吉記』『山槐記』）。寿永元年三月十一日　叙爵　式部（『吉記』）。

系図等　散位従五位下（『尊』）。

藤原資文

家族　父藤原有綱　母散位敏貞女（『尊』）。
経歴　天永二年正月六日　叙爵　式部（『中右記』）。
系図等　出雲権守従四位下散位（『尊』）。

藤原資昌

家族　父藤原資行（『尊』）。
経歴　文治元年正月廿日　式部丞補任（『吉記』）。
系図等　上西門院蔵人（『尊』）。

藤原資光

生没年　永保三年（一〇八三）―長承元年（一一三二）
家族　父藤原有信　母藤原実政女（『尊』）。
経歴　康和五年十二月廿九日　学問料宣旨　勧学院学頭　年二十九（『中右記』『朝野群載』巻第十三紀伝）。天永元年　文章得業生宣旨（『朝野群載』巻第十三　紀伝）。天永三年十二月廿日　秀才　永実朝臣男　院昇殿（『中右記』）。永久二年正月十日　得業生課試宣旨　文章得業生能登少掾（『朝野群載』巻第十三　紀伝上）。永久二年正月十一日　式部省評定文章得業生正六位上行能登少掾藤原朝臣資光対策文事（『中右記』『朝野群載』巻第十三　紀伝上）。永久三年正月十四日　蔵人補任検非違使大業（『殿暦』）。元永元年正月廿六日　中宮少進補任　従五位下（『中右記』）。保安元年正月五日　式部省奏　従五位下兼行中宮少進（『叙位議次第抄』）。保安四年二月十九日　式部権少輔（『大外記中原師元朝臣記』）。天治元年五月廿九日　式部権少輔・大学頭（『永昌記』『御産部類記』所収「朝隆卿記」）。大治元年二月廿二日　大学頭停任（『永昌記』）。大治二年九月十七日　判官代大学頭（『中右記』『御産部類記』所収「九民記」）。大治二年十二月廿五日　式部少輔（『中右記』）。大治三年正月　五位蔵人　大学頭如元（『職事補任』）。長承元年二月十七日　今朝蔵人大学頭資光卒去、年五十、資光者、故右中弁有光二男、母実政公女也、遂大業、経蔵人、還昇補五位蔵人、此三ケ年依風病籠居、遂以卒去、年来、与予子如父子契、誠以可哀（『中右記』『職事補任』）。

系図等　正五位下中宮大進式部権少輔大学頭（『尊』）。
備考　大治三年十二月　待賢門院牒案　判官代大学頭兼式部少輔（『平安遺文』二二二二号）。

藤原資康

経歴　康和二年　少内記補任（長治二年正月廿四日　太政官処分状『朝野群載』巻第六　太政官）。長治二年正月廿四日　申民部丞（長治二年正月廿四日　太政官処分状『朝野群載』巻第六　太政官）。

藤原資能（→藤原業実を見よ）

家族　父藤原国能　母藤原知家女（『尊』）。
経歴　康治元年十二月卅日　学問料（『本朝世紀』）。久安三年二月廿七日　対策　文章得業生（『本朝世紀』）。保元元年正月廿八日　式部少丞　先帝蔵人　元文章生　近衛院判官代（『山槐記』『兵範記』『大』第八　旧労）。保元元年十一月廿五日　藤原兼光申文　藤原資能叙爵之替（「京都大学附属図書館所蔵兵範記紙背文書」一七号）。保元二年正月廿四日　従五位上資能労（『兵範記』）。改名業実。

藤原隆重

家族　父藤原清綱（『尊』）。
経歴　嘉保元年正月十三日　六位蔵人補任　一院蔵人（『中右記』）。嘉保二年二月十一日　蔵人式部丞（『中右記』）。永長元年正月五日　叙爵　式部（『中右記』）。
系図等　従五位上筑前守（『尊』）。

藤原孝佐

経歴　久安四年正月廿八日　少内記　文章生散位　下名加（『本朝世紀』）。保元二年十二月十七日　内記（『兵範記』）。嘉応二年四月廿一日　左馬権頭　仲房卒替（『除目雑例抄』）。

藤原隆佐

生没年　永延二年（九八八）—延久六年（一〇七四）
家族　父藤原宣孝　母藤原朝成女（『公』『尊』）。
経歴　寛弘元年十月廿九日　文章生（『公』）。年月日　蔵人所雑色（『公』）。寛弘四年正月廿八日　少内記（『公』『大』第十　当職文章生）。寛弘六年正月廿八日　大内記（『公』）。年月日　東宮蔵人（『公』）。長和二年正月十五日　蔵人（『小右記』『御堂関白記』『公』）。長和三年正月廿四日　式部少丞（『公』）。長和三年二月八日　式部大丞（『公』）。長和五年正月廿五日　叙爵　蔵人（『公』）。長和五年二月八日　昇殿（『公』）。長和五年正月廿九日　三条院判官代　譲位日（『小右記』『公』）。長和五年三月二日　東宮昇殿（『御堂関白記』）。寛仁元年正月廿四日　伯耆守　三条院御給（『公』）。寛仁五年　得替（『公』）。治安二年正月卅日　従五位上　治国（『公』）。治安二年四月三日　正五位下　造営廊功（『公』）。万寿三年正月廿九日　越後守（『公』）。長元二年正月廿四日　去任（『公』）。長元四年二月　東宮大進（『公』）。長元五年二月八日　兼左衛門権佐　検非違使（『公』）。長元八年正月五日　従四位下　佐労（『公』）。長元八年十月十六日　従四位上　造興福寺御塔行事（『公』）。長元九年四月　止大進　昇殿　践祚（『公』）。長元九年七月十日　正四位下　御即位　坊官（『公』）。長暦元年八月七日　東宮亮（『公』）。長暦二年正月廿九日　近江守　前大進（『公』）。寛徳二年　止亮　昇殿（『公』）。長暦三年　得替（『公』）。永承四年二月五日　播磨守　坊亮（『公』）。永承六年二月十三日　皇后宮亮（『公』）。天喜二年二月廿三日　讃岐守（『公』）。天喜二年十二月廿九日　伊予守（『公』）。康平二年正月七日　従三位　前坊亮労（『公』）。康平二年二月三日　解伊予守（『公』）。治暦二年六月廿七日　大蔵卿（『公』）。

系図等　伯耆越後伊予讃岐播磨近江等守春宮亮大蔵卿従三位五蔵廷尉（『尊』）。

備考　長和五年正月廿九日　三条院判官代　譲位日（『小右記』『公』）。

藤原孝忠

経歴　嘉応二年四月七日　式部丞補任（『兵範記』）。

藤原挙直

家族　父藤原利博（『尊』）。

経歴　永観二年十月十八日　蔵人補任　大学少允（『小右記』）。永延二年正月　蔵人補任　主殿助（『小右記』）。永祚元年五月　式部丞（『小右記』）。寛弘五年九月十一日　敦成親王誕生　鳴弦役　散位（『御産部類記』所収「不知記」）。

系図等　従五位下信濃三河守（『尊』）。

備考　寛弘元年十月十六日　敦成親王家司補任　散位（『御産部類記』所収「不知記」）。

藤原孝範

生没年　保元三年（一一五八）―天福元年（一二三三）

家族　父藤原利永（『吉記』承安四年三月七日条）　藤原永範猶子、但継正嫡（『尊』）。

経歴　承安四年三月七日　利永入道伴子息孝範　上西門院非蔵人（『吉記』）。治承三年十月十八日　文章生　御書所衆（『山槐記』）。文治三年二月廿七日　御書所作文、文章生藤原孝範　名誉士也（『玉葉』）。元久二年十一月廿九日　正五位下（『明月記』同卅日条）。建永元年四月三日　大内記補任（『三長記』）。建暦元年三月二日　来月九日改元定、文章博士孝範（『猪熊関白記』）。建暦元年三月九日　改元定　文章博士兼出雲権介（『玉蘂』『三長記』）。建暦二年十二月廿六日　御書所作文、式部大輔宗業昇殿、孝範その跡を追うか（『明月記』）。承久二年七月卅日　御書所覆勘、成信死後の替（『順徳院宸記』）。貞応元年四月十三日　大学頭（『五条宰相菅原為長卿記』）。寛喜二年四月十四日　藤原孝範、大学頭を子息経範に譲任（『公』）。寛喜三年四月廿九日　越前守補任（『民経記』）。貞永元年十一月廿五日　出家、法名寂尋（『尊』）。天福元年八月十三日　藤原孝範入道、この五月六日に帰泉（『明月記』）。

系図等　斎院次官越前守大学頭内昇殿文章博士正四位下猶子也、但継正嫡云々（『尊』）。

備考　貞永元年五月廿四日　柱史抄本奥書　中大夫行幹林博士雲州別駕藤原孝範上　披見奥書「正四位下

行越前守藤原朝臣孝範齢七十五」（『柱史抄』奥書）。

藤原隆政

経歴　久安四年正月廿八日　式部大丞　元少丞　前年経政（『本朝世紀』）。

藤原隆光

家族　父藤原宣孝　母藤原顕猷女（『尊』）。

経歴　長保二年正月廿二日　申式部丞　主殿権助（『権記』）。寛弘二年三月廿五日　蔵人式部丞（『小右記』）。寛弘二年九月六日　蔵人式部少丞（『権記』『日本紀略』）。万寿元年正月廿六日　正五位下皇后宮当年御給（『小右記』）。

系図等　主殿頭皇后大進左京大夫長者（『尊』）。

藤原忠興

家族　父藤原成家（『尊』）。

経歴　嘉保元年七月廿六日　進士（『中右記』）。長治二年　弾正少忠　文章生散位（『大』第八　文章生散位）。嘉承二年十月廿二日　兵部丞（『中右記』）。永久二年正月七日　式部丞（『中右記』）。永久四年正月　式部省勘申　式部大丞（『大』第八　課試及第）。

系図等　従五位下相模守（『尊』）。

藤原忠輔

生没年　天慶七年（九四四）—長和二年（一〇一三）

家族　父藤原国光　母藤原有好（孝）女（『公』『尊』）。

経歴　康保元年十二月七日　穀倉院学問料（『葉黄記』宝治元年四月七日条・『公』）。安和元年十二月廿五日　文章得業生（『類聚符宣抄』第九　方略試・『公』）。安和二年閏五月廿五日　播磨権少掾（『公』）。天禄二年八月廿五日　課試（『公』）。天禄二年十月九日　判（『公』）。天禄三年正月廿四日　兵部少丞（『公』）。天延二年正月廿九日　兵部大丞（『公』）。天禄三年十一月十八日　叙爵　朔旦（『公』）。天禄三年十一月廿八日　相模権守（『公』）。永観二年八月廿七日　東宮学士（『公』）。寛和二年

六月　止学士　践祚　即日昇殿（『公』）。寛和二年七月廿六日　東宮学士（『公』）。寛和二年七月廿二日　従四位下（『公』）。寛和二年八月十三日　大学頭（『公』）。永延元年七月十一日　権左中弁補任学士如元（『公』『弁』）。正暦元年正月十九日　兼紀伊権守（『公』『弁』）。正暦四年正月七日　従四位上（『公』『弁』）。正暦四年十一月廿五日　正四位下　臨時（『公』『弁』）。正暦五年正月十三日紀伊権守兼（『公』『弁』）。正暦五年九月八日　左中弁（『公』『弁』）。長徳二年七月十九日　参議左中弁労九年（『公』）。長徳二年八月五日　右大弁（『公』『弁』）。長徳四年十月廿三日　左大弁（『公』『弁』）。長保三年五月　勘解由長官（『公』『弁』）。長保三年十月十日　従三位　臨時（『公』『弁』）。長保四年二月卅日　兼備中守（『公』『弁』）。長保四年十一月　勘解由長官辞任（『公』『弁』）。長保五年十一月五日　正三位（『公』『弁』）。寛弘二年六月　兼播磨守（『弁』）。寛弘二年六月十九日　権中納言　超越有国懐平輔正（『公』『弁』）。寛弘五

年十月卅日　兵部卿（『公』）。長和二年六月四日薨去（『日本紀略』『御堂関白記』『公』『尊』）。

藤原忠継

家族　父島津忠義（「島津系図」）。

経歴　文応二年十二月廿二日　式部丞藤原忠継請文（『鎌倉遺文』八六二一号）。弘長元年七月十二日　式部丞藤原忠継請文（『鎌倉遺文』八六八六号）。

系図等　山田式部少輔（「島津系図」）。

藤原忠友

経歴　承安四年正月廿一日　式部丞補任（「山槐記除目部類」）。安元二年正月卅日　式部大丞転任（『玉葉』）。治承二年正月五日　叙爵　式部（『玉葉』『山槐記』）。治承二年正月廿七日　長門権守補任　式部（『玉葉』）。

藤原忠倫

生没年　―寛元元年（一二四三）

家族　父藤原敦季（『尊』）。
経歴　建保六年正月十三日　式部少輔補任（『明月記』同十四日条）。嘉禄二年正月五日　従四位下　策（『明月記』同六日条）。仁治三年三月七日　紀伊権介兼任（『平戸記』）。寛元元年三月廿九日　大学頭忠倫朝臣頓死（『百錬鈔』）。
系図等　式部少輔内蔵権頭（『尊』）。

藤原忠長
経歴　寛元二年正月廿日　申式部丞　兵部丞（『妙槐記』）。

藤原忠理
家族　父藤原国信（『尊』）。
経歴　康和五年四月卅日　少内記補任（『本朝世紀』）。嘉承二年正月五日　六位内記（『中右記』）。天仁元年正月廿七日　式部大丞藤原忠理　元少丞（『中右記』）。
系図等　従五位下豊後守勘解由次官（『尊』）。

藤原忠光
経歴　元永二年三月十五日　式部丞（『御産部類記』所収「祭資記」）。保安四年二月十五日　叙爵　御即位叙位　式部（『中右記』同十六日条・「御即位叙位部類記朝隆卿記」）。

藤原忠宗
家族　父藤原義忠（『尊』）。
経歴　寛治五年正月廿八日　下総守　式部（『江記』）。
系図等　散位従五位下下総守（『尊』）。

藤原忠康
経歴　元久二年正月七日　式部少丞（『大外記清原良業記』）。

藤原種範
生没年　―元亨元年（一三二一）
家族　父藤原邦行（『尊』）。
経歴　正応五年三月廿九日　従五位上（『実躬卿記』同

卅日条）。嘉元二年五月　大学頭補任（『早』「兼国例勘文」）。嘉元三年正月　紀伊権介　大学頭兼国（『早』「兼国例勘文」）。徳治二年二月七日　正四位下（『公』）。応長元年五月六日　侍読補任後初参（『花園天皇宸記』）。正和元年三月廿日　改元定文章博士（『元秘抄』巻第三　進年号勘文人数多少事）。正和四年八月廿一日　子息行氏の方略宣旨を申請　刑部卿（『伝宣草』）。文保二年正月五日従三位（『公』）。元亨元年四月　従三位藤原朝臣種範卿昨日俄逝去云々、可然之儒也、尤可惜者也（『花園天皇宸記』同十九日条）。

系図等　侍読花園　文章博士大学頭修理大夫大内記治部卿刑部卿従三位　元亨元卒（『尊』）。

藤原為定

家族　父藤原高定（『尊』）。

経歴　承保二年八月十一日　少内記除籍　常陸配流（『扶桑略記』）。

系図等　前少内記常陸国配流（『尊』）。

藤原為貞

経歴　仁安二年閏七月十二日　式部少丞補任（『兵範記』）。仁安二年十二月十三日　叙爵　臨時（『兵範記』・仁安二年十二月十日　内匠助藤原家信申文「陽明文庫本兵範記紙背文書」三七号）。

藤原為時

家族　父藤原雅正（『尊』）。

経歴　永観二年十一月十四日　式部丞（『小右記』）。寛和二年二月十六日　式部大丞（『本朝世紀』）。長徳二年正月廿八日　淡路守補任　越前守に直す　式部巡（『長徳二年大間書』『日本紀略』『今昔物語集』巻二四―三〇「藤原為時詩を作り越前守に任ぜられし語」）。寛弘六年三月四日　左少弁転任（『権記』『弁』）。寛弘八年二月一日　越後守（『弁』）。長和五年四月廿九日　一昨日前越後守為時於三井出家（『小右記』）。

系図等　従五位下豊後守（『尊』）。

藤原為業
経歴　大治四年十月九日　少内記補任　文章生（『中右記』）。保延元年八月十日　少内記（『中右記』）。

藤原為宣
家族　父藤原家実　母因幡守伊綱女（『尊』）。
経歴　寛治五年正月八日　蔵人補任　非蔵人（『中右記』）。寛治七年二月廿二日　蔵人式部丞（『中右記』）。嘉保元年正月五日　叙爵　蔵人式部（『中右記』）。嘉保元年十二月廿六日　中宮職事補任（『中右記』）。康和四年四月廿二日　肥後守（『中右記』）。
系図等　肥後守従五位下　本名実隆（『尊』）。

藤原為範
家族　父藤原邦忠　母平時範女（『中右記』『尊』）。
経歴　大治四年正月十四日　蔵人補任　本院蔵人　父邦忠（『中右記』）。大治四年八月廿八日　典薬寮助正六位上蔵人（『中右記』）。大治五年正月廿八日　式部丞補任（『中右記』）。嘉応元年正月十一日　摂津守（『兵範記』）。嘉応元年三月廿日　従五位上（『兵範記』）。
系図等　摂津守従五位上（『尊』）。

藤原為宗
家族　父藤原為真　母藤原惟輔女（『尊』）。
経歴　久寿二年十一月十日　式部丞補任　蔵人（『山槐記』『兵範記』『右中弁藤為親朝臣記』）。保元元年正月六日　叙爵　蔵人式部丞（『兵範記』）。
系図等　従五位下肥前守（『尊』）。

藤原為盛
経歴　久安二年十月四日　少内記為盛（『本朝世紀』）。久安三年五月廿日　復任徐目　少内記　正六位上（『本朝世紀』）。久安六年七月八日　少内記（『本朝世紀』）。久寿元年八月九日　少内記（『台記』）。

藤原親顕

生没年　正元元年（一二五九）―永仁六年（一二九八）

家族　父藤原親業（『尊』）。

経歴　弘安十年五月七日　大内記（『勘仲記』）。正応二年正月廿三日　伯耆守（『勘仲記』）。

系図等　正五位下伯耆守民部大輔大内記　早世　侍読後宇多　永仁六五十四薨四十（『尊』）。

藤原親佐

経歴　正嘉元年九月八日　式部丞補任（『経俊卿記』）。正嘉元年九月廿二日　叙爵（『経俊卿記』）。

藤原親継

経歴　元久二年正月五日　叙爵　式部（『明月記』同六日条）。

藤原親経

経歴　保元元年二月二日　式部丞補任（『山槐記』「山槐記除目部類」）。

藤原親経

経歴　治安元年七月廿六日　六位　木工允親経（『小右記』）。長元元年九月廿八日　蔵人式部丞親経（『小右記』）。

藤原親経

経歴　久安六年十二月廿三日　下名　式部丞補任（『本朝世紀』）。

藤原親経

生没年　仁平元年（一一五一）―承元四年（一二一〇）

家族　父藤原俊経　母平実親女（『公』『尊』）。

経歴　永万元年三月　勧学院学問料（『公』）。仁安三年三月二日　文章得業生（『公』）。嘉応二年正月十八日　因幡掾（『公』）。嘉応二年二月九日　献策（『公』）。嘉応二年八月廿八日　蔵人（『公』）。嘉応二年十二月五日　大学助（『公』）。承安元年五月廿四日　叙爵（『玉葉』『公』）。承安二年六月廿六日　宮内権少輔（『玉葉』『公』）。治承元年正月廿

四日　従五位上　策労（『公』）。治承二年十二月十五日　兼東宮学士　宮内権少輔（『玉葉』「山槐記除目部類」『公』『春宮坊官補任』）。治承三年十月九日　五位蔵人補任　父俊経辞大弁所申補也（『玉葉』『公』『職事補任』）。治承四年正月廿九日　越前権介（『公』）。治承四年二月廿一日　止学士践祚（『公』『春宮坊官補任』）。治承四年四月廿一日　正五位下　策労（『吉記』『山槐記』『明月記』同廿二日条・『公』）。寿永二年八月十日　五位蔵人（『職事補任』）。文治元年十二月廿九日　右少弁　蔵人上﨟親雅定経を超越（『公』『弁』）。文治三年二月廿八日　記録所勾当（『玉葉』『弁』）。文治三年十二月四日　辞蔵人（『公』『弁』『職事補任』）。文治四年正月十四日　権右中弁（『公』『弁』）。文治五年正月五日　従四位下　策労（『公』『弁』『職事補任』）。文治五年七月十日　右中弁（『公』『弁』）。文治五年十一月一日　従四位上　父俊経卿去久寿元住吉造国司賞（『公』『弁』）。建久元年四月十一日　加判儒（『公』）。建久元年八月十三日　右宮城使（『公』『弁』）。建久元年八月廿六日　侍読（『公』）。建久元年十月廿七日　左中弁（『公』『弁』）。建久元年十二月十四日　正四位下　平野大原野行幸行事賞（『公』『弁』）。建久元年十二月廿二日　装束使（『公』『弁』）。建久三年正月廿九日　転左宮城使（『公』『弁』）。建久四年正月廿九日　備後介　装束使兼国（『公』『弁』）。建久四年二月一日　造興福寺長官（『公』『弁』）。建久四年二月　御書所別当（『公』『弁』）。建久五年十一月廿七日　文章博士（『公』『弁』）。建久六年十二月　右大弁（『公』『弁』）。建久七年正月廿八日　能登権守　大弁労（『公』『弁』）。建久九年正月十九日　昇殿（『公』）。建久九年十二月九日　左京権大夫　蔵人頭　去右大弁博士（『公』）。正治二年三月六日　参議　元蔵人頭左京権大夫（『公』）。建仁元年正月六日　従三位（『公』）。建仁元年正月廿九日　備前権守（『公』）。建仁三年正月五日　正三位（『公』）。元久元年三月六日　左大弁（『公』）。元久元年三月廿九日　造東大寺長官（『公』）。元久元

年四月十二日　兼勘解由長官（『公』）。元久二年正月廿九日　兼周防権守（『公』）。元久二年四月十六日　兼式部大輔（『公』）。建永元年三月廿八日権中納言（『公』）。承元二年七月九日　辞権中納言以男親宗補蔵人（『公』）。承元二年十二月九日　従二位（『公』）。承元四年十一月九日　薨去（『公』）。

系図等　式部大輔宮内少輔文章博士勘解由長官参議左大弁大学助権中納言東宮学士　号六角　承元四十六南山下向之時於藤代宿薨　六十　後鳥羽土御門二代侍読　号六角中納言　献朔旦冬至賀表　新古今和歌集真序作者（『尊』）。

備考　治承三年十月九日　藤原師家政所家司補任（『山槐記』）。寿永二年十二月十五日　新摂政（師家）執事（『玉葉』）。文治二年三月廿八日　摂政九条兼実政所家司（『玉葉』）。建久六年五月廿七日　後院庁下文案　別当（『鎌倉遺文』七九〇号）。建久九年四月　後鳥羽院庁下文案　別当（『民経記』寛喜三年七月巻紙背文書・『鎌倉遺文』九七七号）。建久九年十月　七条院庁下文案　別当（『鎌倉遺文』補三〇三号）。

藤原親任

経歴　万寿二年六月十日　式部省解　正六位上行少丞（『類聚符宣抄』第一　諸神宮司補任）。万寿二年十月十八日　蔵人式部丞（『小右記』）。

藤原親俊

経歴　建久三年五月二日　蔵人少内記（『明月記』）。

藤原親長

家族　父藤原親弘（『尊』）。

経歴　仁平三年三月廿八日　式部丞補任（『兵範記』）。

系図等　従五位下（『尊』）。

藤原親業

家族　父藤原季随（『尊』）。

経歴　長和三年正月十日　蔵人補任（『小右記』）。長和五年正月廿八日　後三条院判官代補任　式部丞藤原親業（『小右記』）。

系図等　出雲守従五位下陳政為子（『尊』）。

藤原親信

経歴　年月日未詳　式部丞補任　典薬助（長治二年四月十九日　源教経申文『朝野群載』巻第九　功労）。康和五年二月卅日　駿河守　式部（『本朝世紀』）。

藤原親信

家族　父藤原親顕（『尊』）。

経歴　正安三年十一月十八日　大内記（『吉続記』）。正安三年十二月一日　大内記（『吉続記』）。嘉元元年八月五日　大内記（『後称念院関白冬平公記』）。徳治元年十二月十三日　大内記（『後称念院関白冬平公記』）。

備考　改名有正（→藤原有正を見よ）。

藤原親平

家族　父藤原親光（『尊』）。

経歴　文治五年正月十八日　式部丞補任（「山槐記除目部類」）。

系図等　式部大夫出家（『尊』）。

藤原周衡

家族　父藤原明業（『尊』）。

経歴　康和四年十一月十五日　吉田祭使　進士周衡（『殿暦』）。天仁元年三月二日　宣命草持参　文章生内記周衡（『中右記』『殿暦』）。永久二年四月廿三日　兵部丞周衡邸に偸盗（『中右記』）。保安元年三月廿九日　式部丞周衡（『中右記』）。

系図等　従五位下駿河権守（『尊』）。

備考　天永二年四月廿一日　石清水臨時祭の宣命起草作者少内記周衡（「宮寺縁事抄」『神道大系　神社編　石清水』）。

藤原庶政

家族　父藤原典雅（『尊』）。

経歴　寛弘六年三月四日　蔵人式部丞広政（『権記』）。

万寿四年十一月廿六日　美濃守補任　頼明死闕因幡前司　関白殿上家司（『扶桑略記』『公』寛仁年藤原道長項・『栄花物語』巻第三十「つるやのはし」）。

系図等　従四位下美濃守（『尊』）。

藤原親政

経歴　治承二年正月廿八日　式部少丞補任（『玉葉』）。

藤原親説

家族　父藤原憲説（『尊』）。

経歴　康元元年四月廿九日　式部丞　非蔵人（『経俊卿記』）。文応元年八月九日　蔵人式部大丞（『権大納言藤原頼親卿記』）。文永四年十二月九日　検非違使左少尉補任　元内舎人式部丞（『民経記』『検非違使補任』）。

藤原経雄

生没年　―元亨三年（一三二三）

家族　父藤原俊国　母小槻季継女（『尊』）。

経歴　文永六年三月廿七日　因幡大掾　文章得業生（『公』）。文永七年二月十日　献策　基長朝臣問（『公』）。文永七年三月廿三日　判（『公』）。文永七年三月七日　大学助（『公』）。文永七年五月三日　叙爵（『公』）。文永七年十二月七日　皇后宮大進（『公』）。文永九年七月十一日　刑部権少輔（『公』）。文永十年十月一日　従五位上　賜之同日位記（『公』）。建治三年正月廿九日　正五位下（『公』）。弘安元年四月廿一日　刑部権大輔（『公』）。弘安九年三月九日　宮内大輔（『公』）。弘安十一年十一月五日　去職（『公』）。永仁六年八月十五日　東宮昇殿（『公』）。永仁六年九月廿五日　東宮学士（『公』『春宮坊官補任』）。正安元年六月六日　右少弁（『公』『弁』）。正安元年九月卅日　従四位下　去弁　学士如元（『公』）。正安二年三月六日　兼相模介（『公』）。正安三年正月六日　従四位上　追加（『公』）。正安三年正月廿一日　昇殿（『公』）。正安四年七月廿一日　権右中弁（『公』）。嘉元元年正月廿八日　右中弁（『公』）。嘉元元年二月六日　右宮城使（『公』）。嘉元元年三月七日　兼備前権守（『公』）。嘉元元年七月五日　正四位下（『公』）。嘉元元年八月廿八日　左中弁　左宮城使（『公』）。嘉元三年四月五日　従三位　元左中弁（『公』）。嘉元三年十二月卅日　右大弁（『公』）。徳治元年三月卅日　兼長門権守（『公』）。徳治元年十二月廿二日　参議　元右大弁（『公』）。徳治二年四月三日　辞参議（『公』）。延慶二年十一月廿七日　正三位（『公』）。元応元年三月十五日　従二位（『公』）。元亨三年　薨去（『公』）。

系図等　宮内大輔刑部権大輔東宮学士大学助左大弁参議侍読後二条元亨三（『尊』）。

藤原経長

経歴　治安三年八月　式部少輔（『栄花物語』巻第十九「御裳着」）。

藤原経業

生没年　貞応二年（一二二三）—正応二年（一二八九）

家族　父藤原信盛（『公』『尊』）。

経歴　嘉禎元年十二月廿七日　穀倉院学問料（『公』『弁』）。嘉禎三年正月廿一日　文章得業生（『公』『弁』）。嘉禎四年正月廿三日　越後権少掾（『公』『弁』）。嘉禎四年三月廿七日　献策（『公』『弁』）。延応元年四月十三日　大膳権亮（『公』『弁』）。延応元年四月廿五日　従五位下（『公』『弁』）。延応元年十一月五日　昇殿（『公』『弁』）。延応元年十一月六日　近江守（『公』『弁』）。仁治元年閏十月廿八日　遷甲斐守　二条良実分国（『公』『弁』）。仁治二年正月五日　従五位上　簡一（『公』『弁』）。仁治三年四月九日　得替（『公』『弁』）。寛元元年九月九日　中宮権大進（『公』『弁』）。寛元二年七月六日　辞権大進（『公』『弁』）。寛元二年十二月十七日　美作守（『公』『弁』）。宝治二年六月十八日　停権大進　院号（『公』『弁』）。宝治二年八月八日　皇后宮権大進　守如元（『葉黄記』『公』『弁』）。建長元年正月五日　正五位下　正親町院御給（『公』『弁』）。

建長二年正月十三日　得替（『公』『弁』）。建長三年三月廿七日　停権大進　院号（『公』『弁』）。建長六年正月十三日　讃岐守　院分（『公』『弁』）。正嘉元年十月十九日　五位蔵人　父信盛卿辞任参議申任之（『公』『弁』）。正嘉元年十月廿二日　治部大輔（『公』『弁』）。正嘉元年十二月二日　中宮権大進（『公』『弁』）。正嘉二年正月十三日　止守（『公』『弁』）。正嘉二年八月四日　辞権大進（『公』『弁』）。正嘉二年八月七日　東宮学士（『公』『弁』『春宮坊官補任』）。正元元年十一月廿六日　止学士　践祚（『公』『弁』『春宮坊官補任』）。弘長元年二月八日　中宮大進（『公』『弁』）。弘長元年二月廿九日　辞大輔（『公』『弁』）。弘長元年八月廿日　皇太后大進　本宮（『公』『弁』）。弘長二年正月　辞蔵人（『公』『弁』）。弘長二年四月八日　還任蔵人（『公』『弁』）。弘長二年六月七日　辞大進（『公』『弁』）。弘長二年十月六日　左京権大夫（『公』『弁』）。弘長三年正月廿八日　左衛門権佐　使宣旨（『公』『弁』）。文永二年十二月廿四日　母卒去

（『新抄』）。文永三年十二月十五日　右少弁（『公』『弁』）。文永五年十二月二日　左少弁　従四位下（『公』）。文永六年五月一日　権右中弁（『公』）。月日　給摂津国　造住吉社　八月廿日男顕経申任（『公』）。文永七年正月五日　従四位上（『公』）。文永七年正月廿一日　左中弁（『公』）。文永七年三月十五日　正四位下　春日行幸行事賞（『公』）。文永七年三月卅日　左宮城使（『公』）。文永八年十一月廿九日　右大弁（『公』）。文永十年十二月十八日　内蔵頭　蔵人頭（『公』）。文永十一年七月十二日　両職解却　住吉社訴（『公』）。建治元年四月　被免勅勘（『公』）。建治元年十月八日　従三位　式部大輔（『公』）。建治二年正月廿三日　兼備後権守（『公』）。建治三年二月十四日　宮内卿（『公』）。建治三年九月十三日　参議　大輔権守如元（『公』）。弘安元年十二月十八日　正三位（『公』）。弘安元年十二月十五日　辞参議（『公』）。弘安四年三月廿六日　辞式部大輔（『公』）。弘安六年三月廿八日　阿波権守（『公』）。弘安七年正月六日　従二

位（『公』）。弘安八年三月六日　遷宮内卿（『公』）。弘安十年正月十三日　加賀権守（『公』）。正応二年十月十八日　出家（『公』）。

系図等　左権佐皇后宮権大進左京大夫内蔵頭東宮学士参議大蔵卿左大弁式部大輔中宮権大進治部大輔大膳権亮甲斐美作等守二代侍読亀山後宇多献朔旦冬至賀表弘安元年　正応二十十八出家　六十三　同十九日薨（『尊』）。

藤原経範

家族　父藤原孝範（『公』『尊』）。

経歴　建久八年五月十六日　文章生（『公』）。建仁二年正月廿一日　加賀少掾（『公』）。建仁二年正月廿八日　宿直内御書所（『公』）。承元二年三月十六日　非蔵人（『公』）。承元四年十一月廿五日　土御門院非蔵人（『御譲位記』『公』）。承元五年正月五日　後鳥羽院判官代（『公』）。建暦三年正月十二日　穀倉院学問料（『公』）。建保三年正月廿三日　文章得業生（『公』）。建保五年正月四日　献策（『公』）。建保五年正月十日　判（『公』）。建保五年正月廿八日　左衛門少尉　使宣旨（『公』）。建保五年十二月廿五日　叙爵　前八条院合爵（『公』）。承久元年五月十二日　七条院昇殿（『公』）。貞応元年十二月廿二日　従五位上　罷検非違使巡叙之（『公』）。嘉禄元年正月十八日　大内記申請（『明月記』）。嘉禄元年正月廿八日　刑部少輔補任、大内記は源遠章を補任（『明月記』『公』）。嘉禄元年四月廿日　嘉陽門院昇殿（『公』）。安貞二年正月五日　正五位下　策労（『公』）。寛喜二年四月十四日　大学頭　父孝範朝臣譲（『明月記』同十五日条・『公』）。寛喜三年正月六日　従四位下　策労（『民経記』・『明月記』同七日条・『公』）。寛喜三年正月廿九日　兼土佐介（『民経記』『公』）。寛喜三年八月五日　大学頭（『民経記』）。貞永元年十二月卅日　列者儒（『公』）。貞永二年十二月廿二日　遷文章博士（『明月記』同廿三日条・『公』）。文暦二年正月廿三日　兼越中介（『公』）。嘉禎三年正月五日　従四位上　策労（『公』）。暦仁□年正月五日　正四位下　嘉陽門院嘉禎二年未給（『公』）。仁治元年正月十一日　昇殿（『公』）。仁治元年十一月廿七日　昇殿上﨟藤原光兼を超越（『平戸記』『百錬鈔』）。寛元元年十二月廿九日　侍読（『百錬鈔』）。寛元二年三月廿八日　御書所別当補任（『百錬鈔』）。宝治元年三月四日　北堂挙　正四位下行文章博士（『大日本史料』所収「狩野文書」）。建長元年正月廿四日　従三位（『公』）。建長二年九月十六日　式部大輔（『公』）。康元元年十二月十五日　出家（『公』）。

系図等　侍読従三位式部大輔文章博士左衛門大尉（『尊』）。

備考　仁治三年三月廿六日　前関白家司　文章博士（『玉蘂』）。宝治元年三月廿日　総州久吉保を給わる（『葉黄記』）。宝治二年十二月廿五日　宗尊親王読書始　侍読（『岡屋関白記』）。

藤原経衡

生没年　寛弘二年（一〇〇五）―延久四年（一〇七二）

家族　父藤原公業　母藤原敦信女（『尊』）。

経歴　長元六年十二月廿一日　蔵人式部丞経衡と左近少将藤原資房が闘乱し、除籍（『日本紀略』『扶桑略記』『左経記』長元七年十月廿一日条）。

系図等　献大嘗会和歌治暦四　和歌十巻抄撰者　正五位下大和守大学頭甲斐守延久四六廿卒　六十八（『尊』）。

藤原経政

家族　父藤原宗成（『本朝世紀』）。

経歴　久安三年正月廿八日　式部少丞補任　元諸陵助故宗成卿子（『本朝世紀』）。

藤原経盛

経歴　仁安二年正月卅日　式部少丞補任（『兵範記』）。仁安二年十二月十三日　式部大丞転任（『兵範記』）。仁安三年正月六日　叙爵（『兵範記』）。

藤原遠明（改名範明）

生没年　嘉保二年（一〇九五）―嘉応元年（一一六九）

家族　父藤原令明　母伴広貞女（『尊』）。

経歴　大治四年七月十五日　女院蔵人（『中右記』）。年月

日未詳　勧学院学頭　学問料申請（『法性寺殿記』紙背文書）。保延五年五月十七日　蔵人検非違使（『台記』「台記補遺」）。久安三年正月五日　従五位上　策労（『本朝世紀』）。仁平二年正月廿八日　大内記補任（『兵範記』『台記』「台記抄」「山槐記除目部類」）。仁平三年正月五日　正五位下　大内記（『兵範記』）。久寿二年六月八日　左府北政所葬送　大内記（『兵範記』）。保元元年正月六日　従四位下　策労（『山槐記』『兵範記』）。

系図等　大膳権大夫大内記　嘉応元十一三卒　七十五　本名遠明（『尊』藤原範明項）。

藤原遠賢

経歴　元久二年正月廿九日　式部大丞転任（『明月記』同卅日条）。

藤原遠宣

経歴　久安二年正月廿三日　式部少丞藤原遠宣　元兵部丞（『本朝世紀』）。久安二年正月廿六日　下名　式部少丞　藤原遠宣　兵部丞（『本朝世紀』）。久安三年五月廿日　復任徐目　式部大丞（『本朝世紀』）。久安四年正月五日　叙爵　式部一（『本朝世紀』）。久安四年正月廿八日　能登権守　式部労（『本朝世紀』）。

藤原時家

家族　父藤原経行　母伊豆守高衡女（『尊』）。

経歴　後冷泉院御時　式部丞補任　玄番助（長治二年四月廿九日　源敦経申文『朝野群載』巻第九　功労・『魚』巻第四　顕官挙）。

系図等　式部丞皇后宮少進（『尊』）。

藤原説長

生没年　—天永三年（一一一二）

家族　父藤原時房　母藤原資良女（『尊』）。

経歴　寛治三年正月廿四日　蔵人補任（『中右記』）。寛治六年二月六日　蔵人式部丞（『中右記』）。康和元年正月廿三日　遠江守　蔵人巡（『本朝世紀』）。天永

三年十二月廿三日　前遠江守藤原説長出家の後卒去（『中右記』）。

系図等　従五位下遠江守（『尊』）。

藤原言範

家族　父藤原具範（『公』『尊』）。

経歴　正和二年九月六日　叙爵（『公』）。正和二年九月廿日　少納言（『公』）。正和三年四月十二日　従五位上（『公』）。正和三年九月廿一日　辞少納言（『公』）。元応二年三月廿四日　正五位下（『公』）。嘉暦三年正月五日　従四位下　策（『公』）。建武元年正月廿三日　東宮学士（『公』）。建武二年正月五日　従四位上　策（『公』）。建武三年十月十日　止学士（『公』）。暦応三年四月一日　正四位下（『公』）。観応元年三月廿九日　従三位（『公』）。

系図等　東宮学士（『尊』）。

藤原時宗

経歴　安元二年正月廿九日　宿官（『大』第五　宿官）。

藤原俊重

経歴　延慶元年十一月十六日　少内記（『官記』）。

藤原俊忠

生没年　―長元三年（一〇三〇）

家族　父藤原高幹（『尊』）。

経歴　治安二年四月三日　式部丞（『小右記』）。治安三年六月廿三日　式部丞（『小右記』）。

系図等　従五位上紀伊守（『尊』）。

藤原俊経

経歴　長元九年七月十四日　叙爵　御即位叙位（『山槐記除目部類』建久三年十一月廿日条）。

藤原俊経

生没年　長和二年（一〇一三）―建久二年（一一九一）

家族　父藤原顕業　母大江有経女（『公』『尊』）。

経歴　長承三年五月八日　勧学院学問料（『公』）。保延三

年八月　文章得業生（『公』）。保延四年正月廿二日　伯耆掾（『公』）。保延五年三月十三日　献策（『公』）。保延五年十二月十六日　典薬助（『公』）。康治元年正月十六日　蔵人（『公』）。康治元年正月廿二日　式部少丞　蔵人文章道大業（『本朝世紀』『公』）。康治元年正月廿七日　式部大丞（『公』）。康治元年五月二日　叙爵　臨時（『本朝世紀』『公』）。久安二年十二月廿一日　治部権少輔（『公』）。久安三年十二月十日　昇殿（『公』）。久安三年十二月十二日　尚復（『公』）。久安四年正月七日　従五位上　策（『公』）。仁平三年四月六日　摂津守　蔵人巡（『公』）。久寿元年正月五日　正五位下　策（『兵範記』『公』）。保元元年十月十三日　記録所寄人補任　治部権少輔兼摂津守（『兵範記』）。保元二年四月廿六日　五位蔵人　去守（『兵範記』『公』『職事補任』）。保元三年八月十一日　去蔵人　譲位（『公』）。保元三年十一月廿六日　兼文章博士（『兵範記』『公』「保元三年秋除目大間」）。永暦元年正月廿一日　権右少弁　去少輔　博士如元（『公』『弁』）。永暦元年十月三日　左少弁（『公』『弁』）。応保二年二月十九日　中宮大進　育子立后日（『公』『弁』）。永万元年八月十七日　右中弁（『公』『弁』）。永万元年九月　氏院別当（『公』『弁』）。仁安元年正月十四日　従四位下　応保元年平野大原野行幸行事賞（『公』『弁』『職事補任』）。仁安元年六月六日　左中弁（『公』『弁』）。仁安元年七月十二日　兼左宮城使（『公』『弁』）。仁安二年正月廿八日　従四位上　行幸院賞　止進　中宮御給（『公』）。仁安三年正月六日　正四位下　長寛元年八幡賀茂行幸行事賞（『公』）。仁安三年十二月　侍読（『公』『弁』）。仁安三年十二月十七日　御書所別当（『公』）。嘉応二年正月十八日　右大弁（『公』）。嘉応二年正月廿六日　給文章博士兼字（『公』）。承安四年三月　辞文章博士　列判儒（『公』）。承安四年四月廿六日　従三位　臨時　嘉応元年石清水行幸行事賞　止博士（『公』『弁』）。安元元年正月廿二日　周防権守　大弁労（『公』『弁』）。安元元年十二月八日　左大弁（『玉葉』『公』『弁』）。安元二年正月卅日　勘解由長官（『公』『弁』）。治承三年十月九日　辞左大弁以男宮内権少輔親経申五位蔵人（『公』『弁』）。治承四年十二月廿二日　式部大輔（『公』）。養和元年三月廿六日　兼備後権守（『吉記』『公』）。寿永二年十二月十日　参議　式部大輔勘解由長官備後権守如元今度不出望。但世以成憐歟（『吉記』『公』）。元暦元年正月六日　正三位（『公』）。文治元年正月廿日　兼阿波守（『公』）。文治元年五月八日　出家（『公』）。

系図等　摂津守典薬助治部権少輔中宮大進勘解由長官文章博士式部大輔正三位左大弁参議　元暦二五出家　七十三　証心　近衛高倉二代侍読　大福寺本願　建久二五廿二薨　七十九　賀朔旦冬至賀表　寿永二（『尊』）。

備考　平治元年五月廿八日　鳥羽院庁下文案　判官代（『平安遺文』二九七九号）。永暦元年五月五日　後白河院庁下文　判官代（『平安遺文』三〇九三号）。応保元年六月　関白左大臣（基実）家政所下文案　別当（『平安遺文』三二五九号）。長寛元年六月禅定前太政大臣（忠通）家政所下文　別当（『平安遺文』補一〇二号）。

藤原俊信

生没年　天喜三年（一〇五五）—長治二年（一一〇五）

家族　父藤原正家　母藤原良任女（『中右記』『尊』）。

経歴　永保三年二月十三日　蔵人（『後二条師通記』）。寛治五年正月五日　従五位上　策（『叙位尻付抄』）。寛治七年十一月十五日　宮内大輔（『中右記』脱漏）。嘉保二年二月八日　関白藤原師通二度上表内覧　大内記（『中右記』）。承徳元年正月五日　正五位下　策（『中右記』）。承徳元年正月卅日　安芸権介　兼　正五位下（『中右記』）。承徳二年五月廿六日　遷右衛門権佐（『中右記』）。康和元年二月十七日　右衛門権佐（『後二条師通記』）。康和元年十二月十四日　右少弁　兼右衛門権佐（『本朝世紀』『弁』）。康和二年十二月　兼文章博士（『弁』）。康和三年二月　周防介　博士労（『弁』）。康和五年八月十九日　兼東宮学士　正五位下　右少弁右衛門権佐文章博士周防介（『顕隆卿記』『為房卿記』『殿暦』『右兵衛佐高階仲章記』『弁』『東宮坊官補任』）。康和五年十一月一日　東宮学士補任（『中右記』）。長治二年二月一日　右少弁右衛門権佐東宮学士文章博士藤原俊信卒去云々、俊信者式部大輔正家二男也、年来不食病者（『中右記』・『殿暦』同二月七日条）。

系図等　正五位下右衛門権佐美濃介東宮学士文章博士右大弁　長治二二一卒　五十一　本名家通（『尊』）。

藤原俊範

生没年　—嘉暦二年（一三二七）

家族　父藤原明範（『公』『尊』）。

経歴　正応二年二月三日　学問料（『公』）。正応二年二月廿五日　東宮蔵人　立坊（『公衡公記』）。正応四年五月八日　文章得業生（『公』）。正応六年二月献策（『公』）。正応六年十月十五日　叙爵　伊範（『公』）。永仁元年十二月十三日　治部少輔　清範（『勘仲記』『公』）。永仁五年七月廿七日　従五位上　辞少輔（『公』）。正安元年十二月十七日　大内記（『公』）。正安三年十月廿四日　止大内記　為範（『公』）。嘉元元年八月廿八日　東宮学士（『公』）。嘉元二年正月五日　正五位下　策労（『公』）。嘉元二年八月廿五日　東宮権大進（『春宮坊官補任』）。嘉元三年正月廿二日　兼相模権介（『公』）。嘉元四年四月五日　左京権大夫　学士如元（『公』）。徳治二年正月五日　従四位下（『公』）。徳治三年四月五日　止大夫（『公』）。徳治三年八月廿六日　止学士　践祚（『公』）。徳治三年九月十七日　左京大夫（『公』）。延慶二年十二月廿六日　大蔵卿　去大夫（『公』）。延慶三年四月廿八日　従四位上（『公』）。延慶三年十月二日　止大蔵卿（『公』）。応長元年七月廿七日　内御書所別当（『公』）。応長元年八月七日　刑部卿（『公』）。応長二年二月十三日　正四位下（『公』）。正和元年十月十二日　右京大夫（『公』）。正和二年正月九日　侍読（『花園天皇宸記』）。正和二年四月十日　止刑部卿（『公』）。正和五年正月五日　従三位　右京大夫如元（『公』）。正

中元年正月六日　正三位（『花園天皇宸記』『公』）。嘉暦二年五月廿日　薨去（『公』）。

系図等　大内記東宮学士従三位　本名清範（『尊』）。

藤原俊憲

生没年　―仁安二年（一一六七）

家族　父藤原通憲　母高階重仲女　藤原顕業養子（『本朝世紀』『公』『尊』）。

経歴　保延六年五月四日　勧学院学問料（『公』）。康治元年七月廿四日　文章得業生（『公』）。康治二年正月廿七日　能登大掾（『公』）。康治三年二月廿六日　献策（『公』）。康治三年二月廿八日　判（『公』）。天養元年十二月十八日　大学権助（『公』）。久安二年十二月廿一日　式部少丞　元大学助（『本朝世紀』『公』）。久安三年正月七日　蔵人　大業（『本朝世紀』『公』）。久安四年正月五日　叙爵　蔵人（『本朝世紀』）。仁平三年閏十二月廿三日　刑部大輔（『公』）。久寿二年十二月廿七日　東宮学士（『兵範記』『公』『春宮坊官補任』）。保元元年九月十七日　右少弁（『公』『弁』）。保元元年十二月十七日　止学士（『春宮坊官補任』）。保元二年正月廿四日　美濃権介　学士労（『公』『弁』）。保元二年三月廿六日　正五位下　臨時（『兵範記』『公』『弁』）。保元二年四月廿六日　兼右衛門権佐　同日使宣旨（『公』『弁』）。保元二年八月廿一日　左少弁（『公』『弁』）。保元二年十月廿三日　五位蔵人補任（『兵範記』『公』『弁』『職事補任』）。保元三年二月廿一日　権右中弁（『兵範記』『公』『弁』）。保元三年三月一日　春日行幸行事賞追可申請（『兵範記』）。保元三年五月六日　従四位下　春日行幸行事賞（『公』『弁』『職事補任』）。保元三年八月十日　右中弁　蔵人頭　従四位上　鳥羽御堂行事（『公』『弁』）。保元三年八月十一日　止学士　践祚　率分勾当（『弁』）。保元三年十一月廿六日　権左中弁（『公』『弁』）。保元三年十二月十七日　正四位下学士　御即位（『兵範記』『公』『弁』）。平治元年四月六日　参議（『公』『弁』）。平治元年十一月十日　近江権守（『公』『弁』）。平治元年十一月廿二日

従三位　大嘗会国司賞（『公』『弁』）。平治元年十二月十日　解官　出雲国配流（『平治物語』『公』）。平治元年十二月卅日　出家（『公』）。永暦元年二月廿二日　本位に復す（『公』『愚管抄』）。

系図等　参議従三位近江権守東宮学士　平治元十二廿解官　同廿三配入越後　卅出家　真寂　改越後赴阿波　同二被召返　仁安二〻ー薨（『尊』）。

備考　保元元年三月　鳥羽院庁下文案　判官代（『平安遺文』二八四三号）。

藤原俊平

経歴　万寿四年正月廿七日　俊平・光清の座次相論　俊平去元年任式部丞、臨時闕爵不着座、光清次年任式部丞　蔵人（『小右記』）。万寿四年三月廿日　加賀守（『小右記』）。

藤原俊光

生没年　文応元年（一二六〇）―嘉暦元年（一三二六）

家族　父藤原資宣　母賀茂神主能継女　後嵯峨院女房讃岐局（『尊』）。

経歴　文永九年六月八日　叙爵（『公』）。文永九年七月十一日　宮内権大輔（『公』）。文永十年十一月八日　従五位上（『公』）。建治二年五月廿六日　兼東宮権大進（『公』）。建治三年正月廿九日　正五位下（『公』）。弘安六年三月廿八日　遷右衛門権佐　使宣旨（『公』）。弘安十年正月十三日　文章博士（『公』『早』「兼国例勘文」）。弘安十年十二月十日　五位蔵人（『伏見天皇宸記』『公』）。弘安十年十二月十四日　聴禁色（『公』）。正応元年八月卅日　中宮大進（『公』）。正応元年十二月十日　文章博士辞退兼越中介（『勘仲記』『公』『蔵人補任』）。正応二年四月廿五日　東宮大進　去中宮大進（『勘仲記』『西園寺太政大臣実兼公記』『公』）。正応二年十月十八日　右少弁（『公』）。正応二年十二月十五日　辞蔵人権佐（『公』）。正応三年正月五日　正五位上（『公』）。正応三年六月八日　左少弁（『公』）。正応三年十一月廿一日　右中弁（『公』）。正応三年十一月廿七日　従四位下（『公』）。正応四年正月三日従四位上（『公』）。正応四年四月十一日　右宮城使（『公』）。正応四年七月廿九日　左中弁　正四位下（『公』）。正応六年六月廿四日　蔵人頭（『公』）。正応六年十二月十三日　右大弁（『公』）。永仁二年三月廿七日　左大弁（『公』）。永仁二年四月十三日造東大寺長官（『公』）。永仁三年四月卅日　正四位上（『公』）。永仁三年六月廿三日　参議　元蔵人頭（『公』）。永仁三年十月廿九日　従三位（『公』）。永仁四年四月十三日　止中宮亮（『公』）。永仁四年八月廿一日　兼修理大夫（『公』）。永仁五年正月廿九日　正三位（『公』）。永仁五年十月十六日　権中納言（『公』）。正安元年正月十三日　止修理大夫（『公』）。正安元年六月六日　兼右兵衛督　検非違使別当（『公』）。正安元年九月卅日　従二位（『公』）。正安二年　転右衛門督（『公』）。正安二年五月廿九日　止別当（『公』）。正安二年九月十日　止督（『公』）。正安三年十月廿四日　辞権中納言（『公』）。延慶二年四月十四日　正二位（『公』）。正和四年閏三月廿五日　治部卿（『花園天皇宸記』『公』）。正和四年十月廿八日　大宰権帥（『公』）。正和四年十二月十五日　止帥（『公』）。正和五年閏十月十九日　按察使（『公』）。文保元年六月廿一日　権大納言（『公』）。文保元年十二月廿二日　辞権大納言（『公』）。元亨元年六月廿五日　知行国三河を辞退（『花園天皇宸記』）。元亨三年六月十六日　兵部卿（『花園天皇宸記』『公』）。嘉暦元年五月十五日　鎌倉にて薨去（『公』）。

系図等　献大嘗会和歌　永仁延慶文保　中宮大進春宮大進検別当三事正二位大宰権帥右衛門督治部卿文章博士兵部卿参議大弁権大納言嘉暦元三為勅使下向同年五廿一於彼境薨　六十七　法名澄寂（『尊』）。

備考　正和二年十一月十六日　花園天皇乳夫（『花園天皇宸記』）。元亨二年三月廿六日　豊仁親王乳夫（『花園天皇宸記』）。

藤原俊光

家族　父藤原資憲　母新院女房阿波（『尊』）。

経歴　保元元年正月七日　蔵人補任　修理亮　東宮尚復

（『兵範記』）。保元元年正月廿八日　式部大丞補任（『山槐記』『兵範記』「山槐記除目部類」）。保元二年八月九日　皇后宮大進（『兵範記』）。

系図等　従四位下皇太后宮大進　本名経光（『尊』）。

藤原俊基

生没年　—正慶元年（一三三二）

家族　父藤原種範（『尊』）。

経歴　元亨三年六月十六日　五位蔵人　大内記如元（『花園天皇宸記』同十七日条、同条人物評あり、『職事補任』）。元亨四年九月十六日　止蔵人（『職事補任』）。正中元年九月十九日　正中の変　少納言（『花園天皇宸記』）。元弘元年五月十五日　鎌倉幕府に捕えられる（『鎌倉年代記』『増鏡』）。正慶元年六月三日　武蔵国葛原岡にて誅さる（『常楽記』『太平記』巻第二「俊基被誅事并助光事」）。

系図等　少納言大内記右中弁従四位下　元亨元年七月依天下事被虜下向関東被誅了（『尊』）。

藤原友実

生没年　康平五年（一〇六二）—承徳元年（一〇九七）

家族　父藤原季綱　母藤原親経女（『尊』）。

経歴　寛治四年正月十六日　秀才（『中右記』）。寛治四年春　式部少丞補任（『江記』寛治五年正月廿八日条）。寛治五年正月六日　式部少丞（『江記』）。寛治五年正月九日　蔵人補任　院蔵人（『中右記』）。嘉保元年六月二日　院昇殿（『中右記』）。承徳元年十一月廿八日　卒去三十六（『中右記』）。

藤原朝輔

経歴　寛治四年正月七日　式部丞三人叙爵　蔵人（『中右記』）。

藤原知言

経歴　承保三年三月十五日　兵部少丞（『臨放記』第一）。承暦元年三月廿日　式部少丞（『臨放記』第一）。

藤原知仲

経歴　寛治四年四月廿七日　文章生試（『為房卿記』同五月四日条）。嘉保元年八月八日　文章生（『中右記』）。天仁元年正月廿四日　式部第二丞（『中右記』）。天仁元年十月十日　大嘗会御禊行幸次第司請　大嘗会御禊御前判官正六位上行式部大丞藤原朝臣知仲（『中右記』）。

藤原具範

生没年　―元亨元年（一三二一）

家族　父藤原広範（『公』『尊』）。

経歴　弘安四年七月十二日　左近将監（『公』）。弘安九年正月十三日　大内記（『公』）。弘安十年正月五日　従五位上　策（『公』）。正応二年八月七日　辞大内記（『公』）。正応三年六月八日　宮内少輔（『公』）。正応五年三月廿九日　右京権大夫尚範（『公』『実躬卿記』）。永仁元年正月五日　従四位下　策（『公』）。永仁四年三月廿六日　従四位上　賜去九日位記季長同日（『公』『吉口伝』）。正安元年六月六日　正四位下追加　長門守（『公』）。徳治二年三月二日

宮内卿（『公』）。延慶元年二月七日　従三位　元宮内卿（『公』）。延慶三年正月五日　正三位（『公』）。延慶三年十月三日　侍読（『花園天皇宸記』）。正和元年五月八日　従二位（『公』）。文保二年二月廿一日　大宰大弐（『公』）。文保二年八月二日　止大弐（『公』）。元亨元年十月廿三日　薨去（『公』「常楽記」）。

系図等　大宰大弐従二位　本名尚範又冬範（『尊』）。

藤原友房

家族　父藤原国成　母源登平女（『尊』）。

経歴　康平四年十一月十五日　勧学院学堂奏　文章得業生正六位上（『朝野群載』巻第十三　紀伝上）。嘉保元年六月十日　省試　浹判者（『中右記』）。承保二年五月十四日　大江通国方略試申文　従五位上行治部少輔（『朝野群載』巻第十三　紀伝上）。

系図等　従四位下大和守（『尊』）。

藤原知通

生没年　康和四年（一一〇二）—永治元年（一一四一）
家族　父藤原尹通　母藤原忠季女（『尊』）。
経歴　保安元年正月十四日　給学問料（『中右記』）。天治三年　献策（治承二年正月廿日　菅原長守申文『大』第八　課試及第）。大治二年正月廿日　式部丞補任（『中右記』）。大治四年八月廿八日　蔵人式部丞知通叙爵事（『中右記』）。
系図等　東宮学士常陸介正五位下　永治元十一廿一卒　四十（『尊』）。

藤原知光

経歴　永祚元年正月十五日　六位蔵人補任（『小右記』）。正暦三年四月九日　蔵人式部丞（『江家次第』第六　平野祭）。
備考　寛弘五年九月十一日　敦成親王家司補任　東宮大進（『御産部類記』所収「不知記」）。

藤原直世

経歴　延元元年四月　武者所結番　大友式部大夫直世（『建武記』）。

藤原仲実

生没年　永承六年（一〇五一）—天仁元年（一一〇八）
家族　父藤原永業　母源為理女（『尊』）。
経歴　承保二年八月卅日　式部省評定擬文章生試詩事丁科（『朝野群載』巻第十三　紀伝上）。承暦三年七月廿五日　式部丞補任　蔵人（『為房卿記』）。寛治六年九月廿八日　従五位上宮内少輔太皇太后宮権大進（『中右記』）。天仁元年二月廿六日　又宮内少輔仲実近曾卒去、件人院御時蔵人、依式部巡、明春可成受領者也（『中右記』）。
系図等　寛治六依日吉社訴左遷安芸権守　正五位下宮内少輔太皇太后大進　嘉承三二廿卒　五十八（『尊』）。

藤原永実

生没年　康平五年（一〇六二）—元永二年（一一一九）
家族　父藤原成季　母大江広経女（『尊』）。
経歴　寛治二年二月廿二日　右馬少允（「白河上皇高野御

幸記』)。寛治四年正月十六日　蔵人補任　殿勾当(『中右記』)。寛治四年十二月卅日　給料宣旨(『中右記』)。寛治五年正月廿八日　兵衛尉兼任　蔵人(『江記』)。康和元年正月十五日　対策　文章得業生(『本朝世紀』)。康和二年正月廿三日　左衛門権少尉補任(『魚』巻第二　課試及第)。嘉保元年正月五日　叙爵　蔵人(『中右記』)。嘉保元年二月廿二日　甲斐権守補任(『嘉保元年大間書』)。嘉保二年十二月廿八日　文章得業生宣旨(『中右記』)。天永三年正月　文章博士補任　従五位上(『二中歴』第二　文章博士歴)。永久二年正月十二日　式部省評定文章得業生正六位上行能登少掾藤原朝臣資光対策文事　従五位上行文章博士兼大内記越中介(『朝野群載』巻第十三　紀伝上)。永久四年正月十三日　北堂挙　正五位下行文章博士兼大内記越中介藤原朝臣永実(『大』第三　四道挙　勧学院年挙も同日、『魚』巻第一に同日付の文書あり)。元永元年十一月廿七日　式部省評定文章得業生正六位上行能登大掾大江朝臣匡周対策文事　正五位下行文章博士兼大内記因幡介(『朝野群載』巻第十三　紀伝上)。元永二年正月廿一日　三品佳子内親王当年給　従四位下行文章博士兼因幡介藤原朝臣永実(『大』第一　当年給)。

系図等　従四位下大内記文章博士　元永二十一十二卒　五十八(『尊』)。

備考　天永三年二月十九日　中納言中将(藤原忠通)家司職事(『中右記』)。永久四年正月廿三日　三品佳子内親王家未給　別当(『大』第一　未給)。永久五年十月十三日　民部卿(藤原宗通)家政所下文　別当(『朝野群載』巻第七　公卿家)。

藤原仲資

経歴　寿永元年十一月七日　式部大丞転任(『魚』巻第四　顕官挙)。

藤原永相

家族　父藤原為資　為資国子(『尊』)。

経歴　延久四年正月廿九日　転任官勘文　式部大丞(『魚』

巻第五　転任勘文）。

系図等　従五位上大蔵大輔（『尊』）。

藤原中尹

家族　父藤原懐忠（『尊』）。

経歴　長徳元年正月十日　六位蔵人補任　大内記藤原中尹（『権記』）。長徳四年九月一日　内記蔵人中尹（『権記』）。寛弘八年三月九日　石清水八幡宮臨時祭舞人右衛門佐（「宮寺縁事抄」『神道大系　神社編　石清水』）。長元四年二月廿四日　備前前司（『小右記』）。

系図等　従四位上備前守皇后宮亮（『尊』）。

藤原長俊

経歴　正応四年正月六日　叙爵　式部（『勘仲記』）。

藤原長倫

生没年　承安三年（一一七三）—

家族　父藤原光輔（『公』『尊』）。

経歴　建久七年五月廿七日　穀倉院学問料（『明月記』『公』）。正治元年二月六日　文章得業生（『公』）。正治二年六月　丹後掾（『公』）。建仁元年正月十日　献策（『公』）。建仁元年正月廿九日　大舎人権助（『公』）。建仁元年三月廿二日　式部少丞（『公』）。建仁三年正月五日　叙爵　式部（『明月記』『公』）。建仁三年正月十三日　越前権守（『公』）。承元三年正月五日　従五位上　策（『公』）。承元三年十月卅日　民部少輔（『公』）。建保三年正月五日　正五位下　策（『明月記』同六日条・『公』）。建保三年正月十三日　越中権介（『公』）。建保四年正月十三日　式部少輔（『公』）。建保五年正月廿八日　兼出雲権介（『公』）。建保六年正月十三日　従四位下　策（『公』）。承久元年四月廿八日　治部大輔　止式部巡任之（『公』）。承久三年四月十六日　遷文章博士（『公』）。承久三年十月一日　院昇殿（『公』）。貞応元年正月六日　従四位上（『公』）。貞応元年正月廿四日　越中介（『公』）。嘉禄元年正月廿八日　正四位下（『明月記』）。嘉禄二年正月廿三日　兼左京権大夫（『明月記』同廿四日条・『公』）。嘉禄二年四月十九日　罷文章博士　以男光兼申任宮内少輔（『明月記』『公』）。寛喜二年二月八日　遷式部権大輔　相博治部大輔（『明月記』同九日条・『公』）。寛喜三年正月十日　式部権大輔（『民経記』）。寛喜三年正月廿九日　兼備後権介（『民経記』）。寛喜三年二月五日　備後権介　可止召名（『民経記』）。寛喜三年十月八日　侍読式部権大輔長倫朝臣　兼東宮学士（『公』「春宮坊官補任」）。貞永元年十二月二日　従三位　前坊学士労　式部権大輔如元（『公』）。天福元年十二月廿二日　辞式部権大輔以男光兼申任大学頭（『明月記』同廿三日条・『公』）。延応元年　正三位（『公』）。仁治三年七月廿七日出家（『公』）。

系図等　正三位式部大輔　仁治三七廿七出家　証阿（『尊』）。

備考　安貞元年正月廿八日　長倫宅に昨夜群盗　近衛南京極東（『明月記』）。寛喜三年七月五日　大殿九条道家家司（『民経記』）。貞永元年五月五日　節供二条教実政所家司（『教実公記』）。貞永元年十月四日　後堀河院殿上人・四条天皇殿上人　止東宮学士（『民経記』「春宮坊官補任」）。宝治元年九月廿日　入道三位、太平御覧を藤原定嗣に送る（『葉黄記』）。摂関家領出雲国末次荘領家（建長二年十一月　九条道家処分状『九条家文書』）。

藤原仲成

経歴　久安六年十一月廿一日　式部丞補任（『本朝世紀』同廿二日条）。

藤原仲教

家族　父藤原能成（『尊』）。

経歴　左近将監より兵部丞転任の例（仁安三年十二月十五日　藤原隆仲申文「陽明文庫本兵範記紙背文書」一七二号）。仁安三年十二月十五日　藤原仲教申文　申式部丞　正六位上行兵部丞（「陽明文庫本兵範記紙背文書」一七〇号）。嘉応元年正月十一日　式部大丞補任（『兵範記』）。寿永二年十二月廿二日　伊賀守補任　式部　季能卿給　以伊賀備後両国、季能卿可造進興福寺之由被仰（『吉記』）。

系図等　田村　伊賀守（『尊』）。

備考　藤原季能知行国国司（『吉記』寿永二年十二月廿二日条）。鎌倉幕府在京人（『吾妻鏡』建久元年十一月八日条）。

藤原永範

生没年　康和五年（一一〇三）―治承四年（一一八〇）

家族　父藤原永実　母中原師平女（『公』『尊』）。

経歴　永久二年十二月卅日　勧学院学問料　年十二（『中右記』『公』）。元永元年十二月卅日　文章得業生（『朝野群載』巻第四　朝儀上・『公』）。元永二年正月廿二日　加賀少掾（『公』）。保安三年二月二日　策試（『公』）。保安三年十二月廿日　大学権助（『朝野群載』巻第四　朝儀上・『公』）。保安五年正月廿二日　左衛門尉　使宣旨（『公』）。保安五年十二月廿日　叙爵　皇后宮合爵（『公』）。大治五年正月六日　従五位上　策（『公』）。長承四年四月一日　大宮少進（『公』）。保延二年正月六日　正五位下　策（『公』）。保延五年正月五日　従四位下　策（『公』）。保延七年正月廿九日　越中介（『公』）。天養二年正月五日　従四位上　策（『公』）。久安三年正月廿八日　伊予権介　文章博士重兼国（『公』）。仁平二年正月廿八日　式部大輔　元文章博士（『兵範記』「山槐記除目部類」『公』）。久寿元年正月廿三日　加賀介（『公』）。久寿二年十一月十七日　昇殿（『公』）。久寿二年十二月十七日　侍読（『公』）。保元二年正月廿四日　石見守　使巡（『兵範記』『公』）。保元二年十月廿二日　正四位下　造陰明門陣屋功（『兵範記』『公』）。平治元年正月廿一日　昇殿（『山槐記』『公』）。永暦二年正月廿三日　去守（『公』）。永暦二年三月六日　侍読（『公』）。長寛二年二月八日　大宰大弐（『公』）。永万二年七月十五日　止大弐（『公』）。仁安元年十月十日　兼東宮学士（『玉葉』「山槐記除目部類」『公』『春宮坊官補任』）。仁安三年二月十九日　止東宮学士　践祚昇殿（『兵範記』『公』『春宮坊官補任』）。仁安三年三月十五日

従三位　御即位叙位　前坊学士　式部大輔如元（『玉葉』『兵範記』『公』）。嘉応元年四月十六日　兼宮内卿（『公』）。嘉応元年九月一日　侍読（『兵範記』）。承安三年正月五日　正三位　坊官賞（『玉葉』同六日条・『公』）。安元元年正月廿三日　兼播磨権守（『公』）。治承四年十月十一日　正三位行宮内卿兼式部大輔永範依病出家　年七十九　去八日辞状云々、真如房上人為戒師（『山槐記』・『明月記』同十三日条）。治承四年十一月九日　今夜子時許、正三位宮内卿式部大輔藤原朝臣永範薨、年七十五臨終正念云々、去月十一日出家、数日臥病、大小便不通云々、為三代法皇・二条院・新院帝師、文道滅亡已在此時（『山槐記』『明月記』同十一日条・『公』）。

系図等　東宮学士宮内卿大宰大弐式部大輔文章博士正三位　治承四十々出家同年十一月々薨（『尊』）。

備考　久安四年八月廿八日　摂政（忠通）家政所下文案（『平安遺文』二六五三号）。保元三年八月十一日　正四位下式部大輔兼石見守　摂関家（基通）政所家司（『兵範記』）。長寛元年六月　関白左大臣（基実）家政所下文案　別当（『平安遺文』三二五九号）。長寛元年六月　禅定前太政大臣（忠通）家政所下文　別当式部大輔（『平安遺文』補一〇二号）。仁安二年四月廿七日　一条北大宮西　式部大輔永範宅（『山槐記』）。承安元年七月廿四日　高倉天皇帝範臣軌を授ける（成簣堂文庫本『帝範臣軌』奥書）。安元二年二月五日　高倉天皇に『貞観政要』を伝授　正三位宮内卿兼式部大輔播磨権守（宮内庁書陵部本『貞観政要』巻第一奥書）。治承二年四月廿六日　藤原永範譲状　宮内卿兼式部大輔（『平安遺文』三八二六号）。治承二年四月廿六日　遠江国質侶荘年貢等注文案宮内卿兼式部大輔（『平安遺文』三八二七号）。

藤原長英

家族　父藤原保綱（『尊』）。

経歴　正和四年八月　式部少輔（『魚』巻第五　式部少輔兼国）。

藤原長衡

家族　父藤原光輔（『尊』）。

経歴　承元元年正月五日　正五位下（『明月記』同六日条）。承元二年七月十七日　式部少輔（『猪隈関白記』）。建保四年正月五日　従四位上　策（『明月記』同六日条）。

系図等　正四位下内蔵権頭（『尊』）。

藤原永藤

家族　父藤原康定（『尊』）。

経歴　元亨元年十二月廿九日　式部大丞補任（元亨元年十二月廿九日　除目聞書『鎌倉遺文』二七九三四号）。

藤原長正

家族　父藤原光経　母律師増基女（『尊』）。

経歴　文治元年正月廿日　式部丞補任　秀才（『吉記』）。正治二年正月五日　叙従四位下　策（『明月記』同六日条）。元久二年四月十日　筑前守　二位大納言家（『明月記』）。

系図等　従四位上筑前守（『尊』）。

藤原長光

生没年　康和五年（一一〇三）—

家族　父藤原敦光　母大中臣輔清女（『尊』）。

経歴　天承元年十二月廿四日　大学助補任　前秀才（『贈左府時信朝臣記』）。康治二年十一月二日　大内記補任（『本朝世紀』）。天養元年四月廿日　新院侍読　昇殿を聴す（『台記』）。久安五年十月廿二日　正五位下　臨時　策労（『兵範記』『本朝世紀』）。仁平二年正月五日　従四位下　大内記　策労（『兵範記』）。仁平二年正月廿八日　文章博士　元大内記（『兵範記』『台記』「台記抄」「山槐記除目部類」）。仁平三年正月廿二日　越後権守兼任（「山槐記除目部類」）。久寿元年正月卅日　院殿上人　文章博士（『兵範記』）。久寿元年十月廿八日　改元定　文章博士兼越後介（『冷泉中納言藤朝隆卿記』）。保元

元年十月十三日　記録所寄人補任（『兵範記』）。保元三年正月六日　従四位上　策（『兵範記』）。永暦元年正月十日　改元定　文章博士兼越中介（『中山中納言顕時卿記』）。長寛元年四月廿一日　鎮守府将軍従四位上行文章博士陸奥守（『長寛勘文』）。仁安元年九月九日　内蔵権頭（『兵範記』）。仁安二年五月廿三日　内蔵権頭（『兵範記』）。安元元年十月十日　今月三日於高野忽出家入道（『玉葉』）。

系図等　鎮守府将軍陸奥守正四位下内蔵頭文章博士　安元元十三出家　七十三　阿念（『尊』）。

備考　保元三年八月十六日　摂関家所宛　文章博士（『兵範記』）。長寛元年六月　関白左大臣（基実）家政所下文案　別当（『平安遺文』三二五九号）。

藤原永職

家族　父藤原信通　母蔵人式部丞貞度女（『尊』）。

経歴　治安三年十月廿八日　蔵人永職（『小右記』）。治安三年十二月廿六日　蔵人永職（『小右記』）。万寿元年三月十日　式部丞（『小右記』）。万寿元年三月十六日　式部丞永職（『小右記』）。長元二年三月十五日　内府被凌辱永職等事（『小右記』）。

系図等　常陸介甲斐守従四位下（『尊』）。

藤原成家

経歴　建保四年正月五日　叙爵　式部（『明月記』同六日条）。

藤原業実（藤原資能も見よ）

家族　父藤原国能　母藤原知家女（『石山寺縁起』は知房女・『尊』）。

経歴　康治元年十二月卅日　勧学院学問料（『石山寺縁起』巻第五）。保元元年正月廿八日　式部少丞資能　先帝蔵人　元文章生　近衛院判官代（『山槐記』『兵範記』『大』第八　旧労）。保元元年十一月廿五日　藤原兼光申文　藤原資能叙爵之替（「京都大学附属図書館所蔵兵範記紙背文書」一七号）。保元二年正月廿四日　従五位上　資能労（『兵範記』）。仁安三年九月四日　式部少輔補任（『兵範記』）。仁安三年九月七日　大嘗会御禊御前次官正五位下（『兵範記』）。嘉応元年正月十一日　兼越後権守（『兵範記』）。承安四年四月　大内記（『大』第五　兼国）。承安四年六月一日　大内記業実申慶（『玉葉』）。安元二年正月廿九日　因幡介　大内記兼国（『玉葉』）。治承二年正月十四日　内記局奏正五位下行大内記兼因幡介藤原朝臣業実（『大』第七　本司奏）。養和元年八月四日　申耆儒　大内記（『玉葉』）。元暦元年四月十六日　改元定　文章博士（『参議定長卿記』）。建久五年正月卅日　薩摩守大江時房　文章博士業実譲（『山槐記除目部類』）。建久五年八月廿八日　春日祭使　文章博士（『玉葉』）。

系図等　従四位上薩摩守式部少輔大内記文章博士　本名資能（『尊』）。

備考　治承四年二月十四日　大内記業実宅焼亡（『山槐記』同十八日条）。母筑前守知房女が観音から如意宝珠を賜って誕生した子（『石山寺縁起』巻第五）。文治二年六月　摂政家（兼実）家政所下文　別当文章博士兼薩摩守（『鎌倉遺文』一一二二号）。文治二年七月廿一日　春日使　文章博士　氏家司（『玉葉』）。藤原信頼乳母子（『平治物語』）。

藤原業貞

経歴　治承四年正月廿八日　少内記補任　本局奏（『玉葉』）。寿永元年三月十一日　少内記藤原業貞（『吉記』）。

藤原成重

経歴　正応二年九月廿七日　式部少丞補任（『勘仲記』）。正応元年十月廿一日　大嘗会御禊次第判官　式部少丞（『勘仲記』）。

藤原成季

家族　父藤原実範　母小野資通女　為能通子（『尊』）。

経歴　天喜元年正月廿二日　献策（『魚』巻第二　課試及第）。天喜五年五月　左衛門権少尉補任（『魚』巻第二　課試及第）。天喜六年　使宣旨（『魚』巻第

二　課試及第）。康平八年四月十四日　伊勢宣命作者　大内記（『伊勢勅使部類記』伊勢公卿勅使）。治暦四年七月廿一日　式部少輔・大内記（『京極関白藤師実公記』『江記逸文集成』『後三条院御即位記』）。式部少輔を兼帯し策労を三年短縮（仁安三年八月六日　藤原光範申文「陽明文庫本兵範記紙背文書」一一八号）。承保二年五月十四日　大江通国方略試申文　正五位下行式部少輔兼大内記周防介（『朝野群載』巻第十三　紀伝上）。承保二年八月卅日　式部省評定擬文章生試詩事　正五位下行式部少輔兼大内記周防守（『朝野群載』巻第十三　紀伝上）。応徳元年十一月　文章博士補任　従四位下（『二中歴』第二　文章博士歴）。寛治二年正月五日　従四位上　策（『叙位尻付抄』）。寛治二年三月十五日　勧学会経供養願文　弟子従四位下行文章博士兼播磨権介（『朝野群載』巻第十三　紀伝上）。寛治六年三月廿八日　吉祥院聖廟作文　上臈文章博士（『中右記』）。寛治八年二月廿二日　兼備前介（『嘉保元年除目大間』）。嘉承二年三月廿一日

従四位下藤原成季出家、故実範男、為儒者経検非違使、為筑前備前国司、秩満之後出家（『中右記』『尊』）。

系図等　筑前肥前守文章博士大学頭大内記（『尊』）。

藤原成佐

生没年　天永二年（一一一一）―仁平元年（一一五一）

家族　父藤原行佐　母賀茂道言女（『尊』）。

経歴　康治二年正月一日　文章得業生（『台記』）。久安元年正月七日　蔵人補任（『台記』）。久安元年三月六日　蔵人式部丞（『台記』）。久安三年正月五日　叙爵　式部丞労　蔵人（『本朝世紀』）。久安三年正月廿八日　甲斐権守　式部（『本朝世紀』）。久安四年正月十六日　申式部権少輔　藤原頼長推挙（『台記』）。久安四年正月廿八日　式部権少輔　元甲斐権守　上臈十二人を超越（『台記』『本朝世紀』）。久安六年十二月廿九日　今朝成佐出家（『台記』）。仁平元年正月二日　去一日夜半入道式部少輔成佐卒、式部少輔兼出雲権守従五位下藤原朝臣成佐

卒　去十二月廿九日出家（『台記』同四日条・『本朝世紀』）。

系図等　宇治左府師匠　従五位下式部権少輔　久安六十二廿九出家　四十　同七正二卒（『尊』）。

備考　久安六年八月十九日　崇徳院昇殿（『台記』）。地獄での才学（『続古事談』巻第二―五六）。

藤原登任

生没年　永延二年（九八八）―

家族　父藤原師長　母播磨守光孝女（『尊』）。

経歴　長和二年正月十五日　蔵人補任（『小右記』）。長和四年四月十三日　蔵人式部丞（『小右記』）。長和五年正月廿九日　三条院判官代補任　式部丞藤原登任（『小右記』）。寛仁二年五月十八日　五位（『小右記』）。万寿元年正月廿六日　従五位上　治国（『小右記』）。康平二年　安倍頼良の反乱を鎮圧できず、陸奥守を交替（「陸奥話記」）。

系図等　従四位下出雲陸奥大和能登等守主殿頭　康平二三十九出家　七十二（『尊』）。

藤原業仲

家族　父藤原実範　実父高階業敏　母平道行女（『尊』）。

経歴　寛治七年正月七日　式部丞（『後二条師通記』）。承徳二年十二月八日　式部省勘申　式部大丞（『大』第八　課試及第）。康和元年正月廿二日　宿官出雲権守（『本朝世紀』）。

系図等　蔵人所雑色勘解由判官従五位下（『尊』）。

藤原成信

生没年　平治元年（一一五九）―承久二年（一二二〇）

家族　父藤原成光　母藤原能兼女（『尊』）。

経歴　八条院判官代御書所衆安成（『山槐記』治承三年十二月五日条）。正治元年正月五日　従五位上　策（『明月記』同九日条）。正治二年十月廿六日　式部少輔補任（『明月記』）。建仁二年八月廿日　御書所作文　序者　式部少輔（『猪隈関白記』）。元久元年二月廿日　改元定　大内記（『猪隈関白記』『改元部類』「不知記」）。元久二年正月五日　正五位下

（『明月記』同六日条）。元久二年正月七日　大内記・式部少輔（『大外記清原良業記』）。建永元年四月三日　大学頭補任（『三長記』）。承久二年七月卅日　藤原孝範を御書所覆勘に補任　成信死闕（『順徳天皇宸記』）。

系図等　大内記文章博士弾正大弼正四位下大学頭修理亮改成信（『尊』藤原安成項）。

藤原業範

家族　父藤原明範（『尊』）。

経歴　建治二年七月廿二日　御書所開闔補任　大内記（『勘仲記』）。弘安元年二月廿九日　大内記（『吉続記』『左大史小槻兼文記』）。

系図等　大内記（『尊』）。

藤原業広

経歴　文永四年三月十五日　叙爵　式部（『民経記』）。

藤原成光

生没年　天永二年（一一一一）—治承四年（一一八〇）

家族　父藤原敦光　母大中臣輔清女（『尊』）。

経歴　保延三年六月廿五日　藤原敦光、成光の学問料を申請（『本朝続文粋』）。康治元年六月十二日　蔵人補任　文章得業生一院蔵人（『本朝世紀』）。久寿二年十月廿二日　式部権少輔補任（『兵範記』）。久寿二年十二月廿八日　河内権守補任（『右中弁藤為親朝臣記』）。保元元年正月六日　正五位下　策労（『山槐記』『兵範記』）。仁安元年十月廿日　文章博士（『兵範記』）。仁安二年二月十一日　藤原忠雅任大臣節会　四位家司　文章博士成光（『山槐記』）。仁安三年十二月十七日　内御書所覆勘補任　文章博士（『兵範記』）。治承三年四月十六日　豊前守成光朝臣　正四位下　前文章博士（『玉葉』）。治承四年正月廿八日　藤原成光を式部権大輔に補任する沙汰あれども成らず（『玉葉』）。治承四年七月十八日　今朝前豊前守成光朝臣卒去、儒士之中、云才学文章、云口伝故実、於当世頗得其名、可惜可哀（『玉葉』『山槐記』）。

系図等　正四位下豊前守右京大夫式部大輔文章博士（『尊』）。
備考　治承元年七月十一日　関白家政所家司（『玉葉』『古事談』巻六―四）。

藤原信兼
経歴　康治元年正月廿三日　式部少丞　元諸陵助（『本朝世紀』）。康治元年二月廿一日　下名　式部少丞　元諸陵助（『本朝世紀』）。康治二年正月六日　叙爵　式部（『本朝世紀』）。康治二年正月廿七日　越後権守　式部（『本朝世紀』）。

藤原信兼
家族　父藤原光兼（『尊』）。
経歴　文永七年正月廿一日　式部大丞（「妙槐記除目部類」）。
系図等　大学助式部丞　於内裏陣中被殺害（『尊』）。

藤原信重
家族　父藤原実義　母菅原是綱女（『尊』）。
経歴　康治元年十月十日　式部少丞補任　元典薬助（『本朝世紀』）。康治二年正月廿七日　式部大丞　元少丞　藤原信重　藤原改姓か（『本朝世紀』）。天養元年六月廿三日　蔵人式部丞　藤原憲親は蔵人の上﨟、信重は式部丞の上﨟、信重を上席とする（『台記』）。久寿元年正月卅日　因幡権守（『兵範記』）。保元元年九月八日　大内記補任（『兵範記』）。保元二年正月廿四日　正五位下　労（『兵範記』）。長寛元年十一月十一日　伊勢宣命作者　大内記（『伊勢勅使部類記』伊勢公卿勅使）。
系図等　従四位上大内記大舎人頭　本名親業（『尊』）。

藤原信忠
経歴　承徳元年正月五日　叙爵　式部（『中右記』承徳元年正月五日条裏書）。承徳元年正月卅日　尾張権守（『中右記』承徳元年正月卅日）。

藤原宣親
経歴　治承三年正月十九日　式部大丞転任（『玉葉』）。治

承四年正月五日　叙爵　式部（『玉葉』）。

藤原信経

家族　父藤原為長　母藤原定方女（『尊』）。

経歴　長徳元年正月　蔵人補任　右兵衛尉（宮内庁書陵部本『枕草子』傍注）。長徳二年正月　兵部丞補任（宮内庁書陵部本『枕草子』傍注）。長徳三年正月廿八日　式部丞補任（宮内庁書陵部本『枕草子』傍注）。長徳四年正月七日　叙爵（宮内庁書陵部本『枕草子』傍注）。長徳四年正月廿五日　河内権守（宮内庁書陵部本『枕草子』傍注）。寛弘六年十月十五日　越後守（『御堂関白記』）。長和二年四月十六日　内蔵権頭補任（『小右記』）。

系図等　従五位下越後守（『尊』）。

藤原信経

生没年　弘長元年（一二六一）―嘉元二年（一三〇四）

家族　父藤原経業（『公』『尊』）。

経歴　弘安六年三月廿九日　勘解由次官補任（『勘仲記』）。

正応二年四月廿五日　東宮学士補任　坊学士兼后宮大進今度始之也、本人頻懇望也、勘解由次官中宮権大進正五位下上着□例被拝云々（『勘仲記』『公衡公記』同日条裏書）。

系図等　東宮学士刑部卿右権佐従二位治部卿勘次官左大弁中宮権大進参議勘長官　嘉元二七十三薨　四十二（『尊』）。

藤原惟規

生没年　―長和三年（一〇一四）

家族　父藤原為時（『尊』『今昔物語集』）。

経歴　寛弘元年正月十一日　少内記（『御堂関白記』）。寛弘四年正月十三日　六位蔵人補任　兵部丞（『御堂関白記』）。寛弘六年　式部丞（『紫式部日記』五十一「日本紀の御局・楽譜御進講」）。長和三年父の任国越後に死す（『今昔物語集』巻三一―二八）。

系図等　散位従五位下（『尊』）。

藤原宣範

家族　父藤原重範（『尊』）。

経歴　文保二年二月十二日　大学頭補任（『洞院大納言藤公敏卿記』）。

系図等　大学頭（『尊』）。

藤原信盛

生没年　建久四年（一一九三）―文永七年（一二七〇）

家族　父藤原盛経　母小槻広房女（『尊』）。

経歴　承元二年七月十日　文章生　去五月廿九日方略宣旨（『公』）。承元二年六月六日　献策（『公』）。承元二年十月廿九日　大膳亮（『公』）。建暦二年七月十日　叙爵　去亮（『公』）。建保二年正月五日　従五位上　七条院御給（『公』）。建保四年三月廿八日　中宮権大進（『公』）。承久二年正月六日　正五位下（『公』）。承久四年三月廿五日　止権大進（『公』）。貞応二年四月廿日　蔵人（『公』）。貞応二年四月廿七日　宮内大輔（『公』）。嘉禄二年正月廿七日　遷右衛門権佐　蔵人如元（『公』）。嘉禄二年十一月四日　左衛門権佐（『民経記』『公』）。安貞二年正月五日　正五位上　策労（『公』）。寛喜三年正月廿九日　兼出羽介（『民経記』・『明月記』同卅日条・『公』）。寛喜三年三月廿五日　遷右少弁（『民経記』『公』）。寛喜三年四月廿九日　左少弁（『民経記』『公』）。貞永元年正月卅日　兼文章博士（『公』）。天福元年正月廿八日　権右中弁（『民経記』『公』）。天福元年二月十八日　賜博士兼字（『公』）。天福元年四月八日　従四位下（『公』）。天福元年十二月廿二日　辞博士（『明月記』同廿三日条・『公』）。文暦元年十二月廿一日　右中弁（『公』）。嘉禎元年正月廿八日　従四位上（『明月記』同廿九日条・『公』）。嘉禎元年閏七月十一日　右宮城使（『公』）。嘉禎二年二月卅日　左中弁（『公』）。嘉禎三年正月五日　正四位下（『公』）。嘉禎三年正月廿四日　右大弁（『公』）。暦仁元年正月廿二日　遠江権守（『公』）。暦仁元年閏二月廿七日　左大弁（『公』）。暦仁元年三月七日　内蔵頭（『公』）。暦仁元年四月十八日　辞弁　蔵人頭（『公』）。延応元年正月

廿四日　止権守（『公』）。延応元年十月廿八日参議（『公』）。仁治元年正月廿二日　伊予権守（『公』）。仁治元年十一月十二日　従三位（『公』）。仁治四年十二月五日　正三位　八幡賀茂行幸行事賞（『公』）。寛元三年正月十三日　兼越中権守（『平戸記』『公』）。宝治二年十二月七日　勘解由長官（『公』）。建長二年正月十三日　伊予権守（『公』）。建長三年正月五日　従二位（『公』）。建長七年十二月十三日　正二位　兼大宰大弐（『公』）。正嘉元年十一月十九日　辞参議（『公』）。文永七年八月薨去（『公』）。

系図等　侍読四条　左右権佐正二位宮内少輔文章博士大弐勘長官内蔵頭三次五蔵参議式部大輔　号大堀池宰相文永七七五薨　七十八（『尊』）。

備考　嘉禄二年六月十九日　従三位藤原長子入内　供奉（『民経記』）。安貞元年四月十日　右大臣藤原教実家司（『民経記』）。寛喜元年六月廿日　鷹司院殿上始　昇殿（『民経記』）。寛喜元年十一月廿日　従三位藤原竴子政所家司補任（『玉蘂』）。貞永元年十月四日　後堀河院殿上人（『民経記』）。天福元年五月　摂政左大臣（教実）家政所下文別当（『鎌倉遺文』四五〇九号）。

藤原範兼

生没年　天仁二年（一一〇九）―永万元年（一一六五）

家族　父藤原能兼　母高階為賢女（『公』『尊』）。

経歴　天治二年九月　院昇殿（『公』）。大治元年四月　新院蔵人（『公』）。大治三年八月一日　穀倉院学問料（『公』）。大治三年十二月廿九日　文章得業生（『公』）。大治四年正月廿一日　越後大掾（『公』）。大治五年正月八日　蔵人（『公』）。大治六年正月十一日　策（『公』）。大治六年正月十二日　判（『公』）。大治六年正月廿二日　左衛門尉　使宣旨（『公』）。天承元年八月七日　叙爵　無品善子内親王給（『公』）。保延三年正月五日　従五位上　策（『中右記』『公』）。康治二年正月六日　正五位下策（『本朝世紀』『公』）。康治三年正月廿四日　式部少輔（『公』）。天養二年正月廿六日　出雲権守

（『公』）。久寿二年十一月廿七日　兼東宮学士（『兵範記』『公』『春宮坊官補任』『魚』巻第四　東宮学士兼国）。保元元年二月二日　大学頭（『兵範記』『公』）。保元二年正月廿四日　兼越前介（『公』『魚』巻第四　東宮学士兼国）。保元二年十二月十七日　従四位下　策（『兵範記』『公』）。保元三年正月六日　従四位上　申請収蔵大学寮廟倉（『兵範記』『公』）。保元三年十二月十七日　正四位下　学士（『兵範記』『公』）。保元四年正月廿九日　佐渡守使巡（『公』）。永暦元年正月廿一日　兼近江守（『公』）。永暦二年正月廿三日　以近江守譲弟範季（『公』）。応保元年正月十三日　大学寮注進　正四位下行大学頭藤原朝臣範兼（『魚』巻第一）。応保元年四月十九日　侍読　大学頭（『山槐記』）。応保二年七月十七日　刑部卿　元大学頭（『公』）。長寛元年正月五日　従三位　刑部卿如元坊官賞（『公』）。永万元年二月十一日　出家　年五十七（『顕広王記』）。永万元年四月廿六日　入滅（『公』）。

系図等　刑部卿従三位式部少輔東宮学士大学頭佐渡近江等守（『尊』）。

備考　久安二年四月廿九日　鳥羽院庁下文案　判官代（『平安遺文』二五七五号）。久寿二年十月廿六日　女御藤原祈子政所家司補任（『兵範記』）。

藤原範国

経歴　元徳三年二月六日　五位蔵人　式部少輔如元（『職事補任』）。元徳三年八月五日　後醍醐天皇綸旨　式部少輔（『鎌倉遺文』三一四八八号）。元弘二年正月五日　従四位下　策（『花園天皇宸記』）。元弘三年七月十一日　式部少輔補任（『師守記』康永三年四月廿四日条）。元弘三年　左衛門権佐（『職事補任』）。建武二年五月廿三日　右少弁（『職事補任』）。

藤原範季

生没年　―元久二年（一二〇五）

家族　父藤原範兼　母高階為時女（『公』『尊』）。

経歴　久安六年十二月卅日　穀倉院学問料（『本朝世紀』

『公』）。仁平二年十二月卅日　文章得業生（『公』『大』第五　兼国）。仁平三年正月廿一日　越後大掾　文章得業生（『公』『大』第五　兼国）。久寿元年四月廿日　献策（『公』）。久寿二年正月廿八日　大膳亮補任　秀才（『兵範記』『公』）。保元元年二月二日　左衛門少尉　使宣旨（『兵範記』『公』）。保元二年二月廿日　蔵人補任　故入道式部少輔能兼三男（『兵範記』『公』）。保元三年正月六日　従五位下　策（『兵範記』『公』）。応保元年正月廿六日　近江守（『公』）。応保元年九月十五日　常陸介（『公』）。応保三年二月　院昇殿（『公』）。長寛二年正月五日　従五位上　策（『公』）。長寛二年四月廿一日　昇殿（『公』）。長寛三年十月七日　上野介（『公』）。嘉応二年正月五日　正五位下　前待賢門院未給（『公』）。承安三年七月七日　辞介　以猶子範光任紀伊守（『公』）。承安五年正月廿五日　式部権少輔（『公』）。安元二年正月卅日　鎮守府将軍兼陸奥守　院分　母服喪内（『公』『除目雑例抄』）。治承三年十一月十七日　陸奥守式部権少輔解官

（『玉葉』『山槐記』『公』）。養和二年三月八日　従四位下　権少輔如元（『公』）。養和二年六月十六日　昇殿（『公』）。寿永二年正月五日　従四位上（『公』）。元暦元年九月十八日　備前守　院分　式部権少輔を範光に譲る（『山槐記』『公』）。元暦二年正月廿日　木工頭　去守（『吉記』『公』）。文治元年十二月十四日　皇太后宮亮（『公』）。文治二年十一月一日　両職解却（『公』）。建久七年正月六日　正四位下　臨時（『公』）。建久八年　侍読（『公』）。建久八年十二月十五日　従三位　侍読労（『公』）。建仁二年閏十月廿四日　正三位（『公』）。建仁三年正月五日　従二位（『公』）。元久二年五月十日　薨去（『明月記』『公』）。

系図等　式部少輔文治侍読従二位木工頭実父能兼為範兼子云々、云友実子贈左大臣従一位依順徳院外祖父元久二卒（『尊』）。

備考　治承二年十月十六日　摂関家政所家司（『玉葉』）。養和元年十二月二日　後白河院庁下文案　判官代（『平安遺文』四〇一二号）。寿永二年八月廿八日

後白河院別当（『玉葉』）。後鳥羽天皇養育（『愚管抄』）。源範頼を猶子として養育（『玉葉』元暦元年九月三日条）。

藤原憲輔

生没年　寛仁元年（一〇一七）―承暦三年（一〇七九）

家族　父藤原頼明　母源高雅女（『尊』）。

経歴　長暦三年正月六日　従五位下　女院御給　蔵人式部丞（『春記』）。長久元年四月十八日　加賀守憲輔（『春記』）。承暦元年八月廿一日　備前守憲輔室非常（『水左記』）。承暦三年七月八日　備前入道憲輔卒　正四位下　七ヶ国吏　年六十三（『為房卿記』）。

系図等　正四位下備前守左権佐宮内卿勧修寺長者（『尊』）。

藤原範資

経歴　建久九年正月五日　叙爵　式部（『明月記』同六日条）。建久九年正月卅日　安芸権守（『明月記』）。

藤原義忠

生没年　寛弘元年（一〇〇四）―長久二年（一〇四一）

家族　父藤原為文（『尊』）。

経歴　長保五年六月十六日　省試　穀倉院学問料を給わる（『権記』）。寛弘八年七月九日　少内記（『権記』）。長和二年正月廿四日　使宣旨　左衛門尉（『御堂関白記』）。長和五年四月五日　御所所覆勘　大内記義忠（『左経記』）。寛仁元年八月九日　東宮学士補任　従五位下（『権記』『左経記』『立坊部類記』所収「外記日記」）。寛仁二年八月十四日　式部少輔補任（『御堂関白記』）。寛仁三年十二月廿一日　兼右少弁　式部少輔東宮学士如元（『小右記』『弁』）。寛仁四年十一月廿九日　左少弁　兼学士（『小右記』『弁』）。寛仁四年十二月廿三日　文章博士去式部少輔（『弁』）。治安元年十一月三日　正五位下　春日行幸行事賞（『小右記』同四日条・『弁』）。万寿二年七月十八日　従四位下行東宮学士（『御産部類記』所収「左経記」）。万寿二年八月三日　正五位下行東宮学士兼阿波守（『左経記』『日本紀略』)。長元九年十一月　大和国栄山寺牒　安堵　大介兼大学頭（『平安遺文』五七二号）。長暦元年東宮学士補任（『二中歴』第二　儒職歴　学士侍読）。長暦二年六月廿五日　右中弁　大学頭　東宮学士　大和守如元（『弁』）。長暦三年十二月十八日　権左中弁（『弁』）。長暦四年七月廿一日　問答博士　正四位下行権左中弁兼大学頭東宮学士大和守（『桂』問答博士事）。長久元年六月卅日　勧学院別当（『弁』）。長久二年十一月十日　権左中弁兼大和守　陥吉野川卒（「扶桑略記」『百錬抄』『弁』）。長久二年十月十九日　藤原義忠贈位詔・藤原義忠贈位記（『朝野群載』巻第廿一　雑文上）。

系図等　正四位下侍読東宮学士大和守権左中弁左大弁　長久二十十一於吉野川没死　三十八　贈参議従三位依侍読也（『尊』）。

備考　治安三年二月十日　故常陸太守昭平親王別当（「除目申文之抄」）。『今昔物語集』巻十―廿「薬師寺食堂焼、不焼金堂語」。

藤原範忠

経歴　仁平元年九月廿八日　式部丞補任（「山槐記除目部類」）。仁平三年三月廿八日　祭除目　叙爵　式部丞　故聡子内親王合爵（『兵範記』『本朝世紀』）。応保二年六月廿三日　呪咀の罪により、周防に流罪、内匠頭（「清獬眼抄」）。

藤原憲親

経歴　天養元年六月廿三日　式部丞（『台記』）。

藤原憲親

経歴　久安三年正月廿八日　民部少丞補任　元少内記二（『本朝世紀』）。

藤原教任

経歴　治安元年三月廿七日　蔵人兵部丞（『小右記』）。治安二年四月三日　式部丞資通叙爵、教任式部丞に転任（『小右記』）。

藤原範時

家族　父藤原範季　母伯父範能法師女　法印　播磨国住人　号野入道（『公』『尊』）

経歴　嘉応三年四月六日　院非蔵人（『公』『弁』）。寿永元年二月三日　穀倉院学問料（『公』『弁』）。元暦元年正月廿九日　文章得業生（『公』『弁』）。文治二年二月卅日　但馬大掾（『公』『弁』）。文治五年正月廿日　献策（『公』『弁』）。文治五年正月廿五日　判（『公』『弁』）。文治五年十一月十三日　修理亮（『公』『弁』）。文治五年十一月十九日　二宮蔵人　親王始日（『公』『弁』）。建久三年七月廿六日　蔵人　大業（『公』『弁』）。建久三年十月廿六日　左衛門少尉（『公』『弁』）。建久三年十二月卅日　使宣旨（『公』『弁』）。建久四年二月一日　叙爵　策労（『公』『弁』）。建久七年正月廿八日　淡路守　範季卿給（『公』『弁』）。正治元年正月五日　従五位上　策労（『明月記』同九日条・『公』）。正治二年四月十五日　東宮学士　立坊日（『公』『弁』『春宮坊官補任』）。建仁三年正月七日　正五位下臨時（『公』『弁』）。建仁三年正月十三日　兼式部権少輔（『明月記』『公』『弁』）。元久元年十月七日　去任国補弟範周（『公』『弁』）。承元四年十一月十五日　止学士　受禅　昇殿（『公』『弁』）。承元四年十二月廿二日　右少弁　坊官賞（『公』）。建暦元年四月十五年正月十八日　左少弁（『公』）。建暦元年九月八日　補耆儒　盛経卿替（『公』）。建暦元年九月八日　権右中弁（『公』）。承元五年十月十二日　右中弁（『公』）。建暦元年十月廿九日　従四位下（『公』）。建暦二年五月廿九日　右宮城使（『公』）。建保二年正月五日　従四位上　建暦二年　八幡賀茂行幸行事賞（『公』）。建保二年十二月一日　左中弁（『公』）。建保三年十二月十五日　正四位下（『公』）。建保六年正月十三日　右大弁（『公』）。承久元年正月廿二日　従三位　元右大弁（『公』）。貞応二年八月　出家（『公』）。

系図等　右大弁従三位学士侍読（『尊』）。

備考　正治二年八月　後鳥羽院庁下文案　判官代（『鎌倉遺文』一一五六号）。建永元年六月廿二日　院殿

上人　東宮学士（『鷹司中納言藤頼平卿記』）。承元二年閏四年十月　某院庁下文　判官代式部権少輔兼東宮学士（『鎌倉遺文』補五二三号）。

藤原範永
生没年　―康平八年（一〇六五）
家族　父藤原仲清　母藤原永頼女（『尊』）。
経歴　寛仁元年八月十八日　蔵人（『小右記』）。寛仁三年三月廿六日　蔵人式部丞（『小右記』）。寛仁三年八月廿八日　蔵人式部大丞（『春宮元服之記』「殿上記」）。治安元年五月廿五日　五位（『小右記』）。万寿二年二月廿日　伯耆守範永（『小右記』）。

藤原範業
家族　父藤原有成（『尊』）。
経歴　久安三年正月十四日　学問料宣旨　氏院挙（『本朝世紀』）。久寿二年十月廿八日　大学助　蔵人補任（『兵範記』）。久寿二年十二月廿五日　式部丞補任　蔵人（『山槐記』『兵範記』・『右中弁藤為親朝臣記』同廿六日条）。保元元年正月六日　叙爵　蔵人式部丞　策労（『山槐記』『兵範記』）。仁安三年正月六日　正五位下　策（『兵範記』）。
系図等　勧学院学頭従四位下　本名範宗（『尊』）。

藤原範宣
経歴　仁安元年十一月十四日　叙爵　式部（『兵範記』）。

藤原範信
家族　父藤原季範（『尊』）。
経歴　保元二年正月廿四日　式部丞補任（『兵範記』）。保元三年十一月廿六日　式部大丞（「保元三年秋除目大間」）。
系図等　従四位下式部丞上野介　出家（『尊』）。

藤原則久
経歴　仁平三年三月廿八日　式部録補任（『兵範記』）。

藤原範尚

経歴　寛喜二年正月五日　叙爵　式部（『明月記』同六日条）。

藤原範政

経歴　正治元年三月廿三日　式部大丞転任（『明月記』同廿五日条）。

藤原範光

家族　父藤原行康（『尊』）。

経歴　仁平二年十一月廿七日　右近将監（『兵範記』）。左近将監から兵部丞転任の先例（仁安三年十二月十五日　藤原隆仲申文「陽明文庫本兵範記紙背文書」一七二号）。保元三年十一月廿六日　式部丞補任　陪従（『兵範記』「保元三年秋大間」）。保元四年正月廿九日　式部大丞（『保元四年大間書』）。

系図等　散位陪従（『尊』）。

藤原範光

家族　父藤原範綱（章綱）（『尊』）。

経歴　寿永元年十二月十五日　式部丞（『観音院恒例結縁灌頂記』）。元暦元年七月十四日　叙爵　式部御即位叙位（『山槐記』『参議定長卿記』）。

系図等　式蔵　下野守従五位下（『尊』）。

藤原範光

生没年　―承元三年（一二〇九）

家族　父藤原範兼　母源俊重女（『公』『尊』）。

経歴　長寛元年二月十九日　給学問料（『公』『弁』）。長寛二年二月二日　文章得業生（『公』『弁』）。仁安元年　献策（『公』『弁』）。仁安元年十二月二日　掃部助（『公』『弁』）。承安元年五月廿九日　蔵人（『公』『弁』）。承安元年十二月八日　式部少丞（『兵範記』『公』『弁』）。承安二年正月五日　叙爵　策労（『公』『弁』）。承安三年七月七日　紀伊守　範季卿辞上野介申任之（『公』『弁』『除目雑例抄』）。安元元年十二月八日　遷下野守　日前国懸社造営之間依母服改任（『公』『弁』）。治承四年正月廿八日　重任（『公』『弁』）。寿永元年三月八日　従五位上（『公』『弁』）。寿永元年十一月廿三日　正五位下（『公』『弁』）。寿永二年八月十六日　遷紀伊守（『公』『弁』）。寿永二年十二月　昇殿（『公』）。元暦元年九月十八日　式部権少輔補任　兼紀伊守也、父範季朝臣譲権少輔也（『山槐記』『公』『弁』）。文治元年六月十日　転少輔（『公』『弁』）。文治二年十一月廿一日　解守（『公』『弁』）。建久六年十二月九日　遷勘解由次官（『公』『弁』）。建久八年三月九日　加書儒（『公』『弁』）。建久八年七月四日　辞官　依病也（『公』『弁』）。建久八年十二月十七日　丹後守（『公』『弁』）。建久九年正月十一日　昇殿（『公』『弁』）。建久九年十二月九日　右少弁　守如元（『公』）。正治元年十一月廿七日　従四位下（『公』）。正治二年正月五日　従四位上　中宮御給（『公』）。正治二年三月六日　権右中弁（『公』）。正治二年四月一日　大蔵卿　守如元　去弁（『公』）。正治二年四月十五日　東宮亮（『公』）。正治二年十二月廿九日　正四位下（『公』）。建仁元年正月廿九日　従三位（『公』）。建仁元年三月十七日　大宰大弐　止東宮亮（『公』）。建仁二年七月廿三日　参議　大弐如元（『公』）。建仁二年十一月十九日　正三位（『公』）。建仁三年正月十三日　右衛門督　能登権守　検非違使別当（『公』）。建仁三年四月廿五日　権中納言（『公』）。建仁三年九月　辞督別当（『公』）。元久元年三月六日　辞権中納言（『公』）。元久二年正月廿九日　民部卿（『公』）。元久二年三月廿六日　従二位（『公』）。建永元年四月三日　東宮大夫（『公』）。承元三年三月十五日　出家（『公』）。

系図等　従二位権中納言右衛門督検別当式部少輔大蔵卿民部卿（『尊』）。

備考　文治二年七月廿七日　摂関家（兼実）政所家司（『玉葉』）。文治二年十月　八条院庁牒　判官代（『鎌倉遺文』一八七号）。

藤原範基

経歴　康治元年七月廿七日　主基行事　式部少丞正六位上藤原朝臣範基（『本朝世紀』）。

藤原憲盛
経歴　永暦元年七月　式部丞（『太皇太后宮大進清輔家歌合』）。

藤原憲頼
家族　父藤原頼方　母大神基正女　養子（『尊』）。
経歴　寿永元年九月四日　式部少丞補任（『吉記』）。寿永元年十一月七日　大丞転任（『魚』巻第四　顕官挙）。

藤原範頼
経歴　治承三年二月六日　兵部丞（『山槐記』）。治承四年正月廿八日　式部少丞補任　本局奏（『玉葉』同二日条・「山槐記除目部類」）。養和元年六月廿六日　式部丞（『吉記』）。

藤原春範
家族　父藤原邦範（『尊』）。
経歴　建治二年八月十三日　芸閣作文　散位（『勘仲記』）。正安二年十二月十一日　以前式部少輔藤原春範本校合之（松平文庫本『千載佳句』奥書）。正和四年三月　文章博士（『魚』巻第五　文章博士兼国・『早』「兼国例勘文」）。正和五年正月十一日　北堂挙　従四位上行文章博士藤原朝臣春範（『魚』巻第二）。正和五年正月　兼備後権介（『早』「兼国例勘文」）。
系図等　従五位上式部少輔（『尊』）。

藤原秀清
経歴　文永七年正月廿一日　式部少丞（「妙槐記除目部類」）。

藤原秀成
家族　父藤原秀能（『民経記』）。
経歴　文永四年三月十五日　式部丞補任懇望（『民経記』）。

藤原秀範

家族　父藤原淳範（『尊』）。
経歴　応長元年二月三日　正五位下（『園太暦』）。正和二年二月六日　少納言（『花園天皇宸記』）。
系図等　式部少輔従四位上文章博士（『尊』）。

藤原英房
家族　父藤原長英（『尊』）。
経歴　元弘四年　式部少輔　奥州式評定衆（『建武年間記』「式評定衆結番」）。年月日未詳　式部少輔（『太平記』巻第十八「春宮還御并一宮御息所事」）。

藤原広兼
経歴　永久五年三月十五日　少内記（『伊勢勅使部類記』伊勢公卿勅使）。元永二年四月十三日　少内記広兼（『中右記』）。保安元年四月十日　少内記（『中右記』『師守記』文和元年九月廿五日条）。

藤原広業
生没年　貞元二年（九七七）—万寿五年（一〇二八）

家族　父藤原有国　母藤原義友女（『公』『尊』）。
経歴　貞元二年　誕生（『公』）。長徳二年正月十日　昇殿（『公』）。長徳二年十二月六日　文章生（『公』）。長徳三年正月八日　蔵人（『公』）。長徳三年十二月廿九日　文章得業生（『公』）。長徳四年十月廿三日　近江権大掾（『公』『大』第十　兼国）。長徳四年十二月廿六日　及第（『公』・治承二年正月廿日　菅原長守申文『大』第八　課試及第は十二月とする）。長保元年正月卅日　式部少丞（『公』・治承二年正月廿日　菅原長守申文『大』第八　課試及第）。長保二年正月廿四日　叙爵　蔵人　筑後権守（『公』）。長保三年八月廿五日　勘解由次官（『公』）。長保四年正月卅日　昇殿（『公』）。長保五年正月八日　五位蔵人（『公』）。長保五年正月卅日　民部権少輔（『公』）。長保六年六月十七日　右少弁（『公』）。寛弘二年正月五日　従五位上　策（『公』）。寛弘四年正月廿日　正五位下　造宮行事（『公』）。寛弘四年九月廿八日　東宮学士（『公』『春宮坊官補任』）。寛弘五年正月廿八日　備後権守（『公』）。寛弘五年

十月卅日　文章博士（『公』）。寛弘六年正月廿八日　左衛門権佐（『公』）。寛弘六年三月廿日　辞文章博士（『公』）。寛弘六年六月　辞右衛門権佐（『公』）。寛弘六年十月一日　侍従（『公』）。寛弘七年二月十六日　伊予介　受領　止弁（『公』『弁』）。寛弘八年正月五日　従四位下　策労（『公』）。寛弘八年正月□日　昇殿（『権記』）。寛弘八年六月十三日　止東宮学士　践祚（『公』『春宮坊官補任』は七年とする）。寛弘八年十月十六日　正四位下二階　前坊学士労（『公』）。寛弘九年正月廿七日左京大夫　介如元（『公』）。寛弘九年十月廿八日式部大輔　介如元（『公』）。長和五年正月二日　播磨守　大輔如元（『公』）。寛仁元年八月九日　東宮学士（『権記』『左経記』『公』『立坊部類記』所収「外記日記」『春宮坊官補任』）。寛仁四年正月五日　正四位上　造営追賞（『公卿補任』）。寛仁四年十一月廿九日　参議　式部大輔如元　大輔労九年（『公』）。寛仁五年正月廿四日　伊予権守（『公』）。治安三年十二月十五日　辞式部大輔（『公』）。万寿元年正月　辞伊予権守（『公』）。万寿元年十二月廿八日　従三位　松尾北野行幸行事賞（『公』）。万寿三年二月七日　伊予権守（『公』）。万寿五年二月十九日　勘解由次官（『公』）。万寿五年四月十三日薨去（『公』）。

系図等　初入儒門　従三位勘解由長官民部少輔文章博士伊予播磨等守式部大輔左大弁参議東宮学士左衛門権佐　万寿五四十二薨　五十二　号藤相公（『尊』）。

藤原広範

家族　父藤原茂範（『公』『尊』）。

経歴　給料（『吾妻鏡』正嘉元年七月十三日条）。文章得業生（『吾妻鏡』正嘉元年八月廿一日条）。弘長二年正月十九日　宮内権大輔（「妙槐記除目部類」）。文永九年七月　式部権少輔補任（『魚』巻第七　式部少輔兼国）。文永十年七月　越後介　式部権少輔兼国（『魚』巻第七　式部少輔兼国）。正応元年六月一日　大学頭　明範辞任替（『勘仲記』）。正応二年十月十八日　治部卿（『勘仲記』）。永仁六年九月

廿五日　東宮学士（『春宮坊官補任』）。正安元年七月八日　従三位　元治部卿（『公』『一代要記』）。正安元年十一月廿七日　去東宮学士（『公』）。乾元元年七月廿一日　式部大輔（『一代要記』『公』）。嘉元元年六月廿日　鎌倉にて出家（『元秘抄』）。

系図等　式部大輔従三位（『尊』）。

藤原弘道

生没年　天暦八年（九五四）―寛弘五年（一〇〇八）

家族　父藤原後生（『公』）。

経歴　安和二年五月十一日　穀倉院学問料（『日本紀略』）。正暦三年十二月十一日　内記（正暦三年十二月十一日　大江通直書状『桂』）。長徳二年正月廿五日　丹後介兼任（『長徳二年大間書』）。長徳二年八月五日　東宮学士補任（『二中歴』第二　学士侍読）。長保元年正月　文章博士補任　従五位下（『魚』巻第五　文章博士兼国・『二中歴』第二　文章博士歴）。長保三年正月　兼但馬権守（『魚』巻第五　文章博士兼国）。寛弘元年四月一日　兼信濃権守（『魚』巻第五　文章博士兼国）。寛弘五年四月廿二日　従四位下文章博士東宮学士藤原弘道卒、時年五十五（『権記』）。

系図等　文章博士東宮学士従四位下寛弘五四廿三卒　五十八（『尊』）。

藤原広光

経歴　建久九年正月卅日　式部丞補任（『三長記』『明月記』）。建久九年三月三日　式部丞（『三長記』『建久九年御即位記』）。

藤原藤範

生没年　―建武四年（一三三七）

家族　父藤原広範（『公』『尊』）。

経歴　永仁元年三月廿日　文章生（『公』）。永仁元年三月廿七日　出雲権大掾（『公』）。永仁元年十二月廿一日　課試（『公』）。永仁三年正月五日　献策（『公』）。永仁三年二月十八日　叙爵（『公』）。永仁三年三月四日　少納言（『公』）。永仁四年正月十六日　辞少納言（『公』）。永仁七年四月十二日　従五位上（『公』）。嘉元三年正月五日　正五位下　策（『公』）。徳治二年三月二日　東宮学士（『公』『春宮坊官補任』）。徳治三年三月四日　遷東宮権大進　元学士（『公』『春宮坊官補任』）。徳治三年八月廿六日　止権大進（『公』）。徳治三年九月廿日　従四位下（『公』）。応長元年十月八日　治部卿（『公』）。正和元年四月十日　止治部卿（『公』）。正和元年七月六日　従四位上（『公』）。正和元年十一月十八日　還任治部卿（『公』）。正和二年二月六日　遷大蔵卿（『花園天皇宸記』『公』）。正和三年閏三月廿五日　正四位下（『公』）。正和五年八月十二日　従三位　元前大蔵卿（『公』）。正和五年閏十月四日　近江守（『公』）。文保二年正月廿日　止近江守（『公』）。文保二年二月十二日　大宰大弐補任（『洞院大納言藤公敏卿記』）。元亨二年か　式部大輔（『公』『花園天皇宸記』）。元亨三年六月十六日　兼民部卿（『花園天皇宸記』『公』）。正中二年正月十九日　正三位（『公』）。嘉暦元年二月十九日　兼長門権守（『公』）。嘉暦三年三月十六日　去式部大輔（『公』）。元弘元年六月十三日　止長門権守（『公』）。正慶元年二月廿六日　従二位（『公』）。正慶二年五月十七日　復正三位（『公』）。建武二年正月十三日　文章博士（『公』）。建武四年七月廿日　止博士　従二位（『公』）。建武四年　薨去（『公』）。

系図等　従二位民部卿大蔵卿（『尊』）。

藤原正家

生没年　万寿二年（一〇二五）―天永二年（一一一一）

家族　父藤原家経　母藤原能通女（『尊』）。

経歴　長久二年　給燈燭料（『朝野群載抄』五　藤原正家重任申文）。永承二年　秀才（『朝野群載抄』五　藤原正家重任申文）。永承三年六月　六位蔵人補任　同年対策及第（『朝野群載抄』五　藤原正家重任申文）。永承四年秋　大膳亮　前文章得業生（『大』第八　課試及第）。天喜四年　大内記補任（『朝野群載抄』五　藤原正家重任申文）。康平元年十一月廿八日　伊勢宣命作者　大内記（『伊勢勅使部類記』伊勢公卿勅使)。康平四年　越中守　蔵人巡(『朝野群載抄』五　藤原正家重任申文)。康平四年十二月八日　右少弁　元越中守(『弁』)。治暦元年三月廿九日　兼文章博士(康和六年正月廿六日藤原敦基申文『本朝続文粋』巻第六　奏状・『弁』『魚』巻第五　文章博士兼国)。治暦元年十二月八日　左少弁(『弁』)。治暦三年十二月　文章博士(『大』第五　兼国)。治暦四年正月七日　正五位下　策(『弁』)。延久元年正月七日　兼伊予権介文章博士兼国(『弁』『大』第五　兼国・『魚』巻第五　文章博士兼国)。延久元年五月十三日　肥前守藤正家(「土右記」)。延久元年十一月十七日　右中弁(『弁』)。延久二年八月廿四日　従四位下　春日行幸行事賞(『弁』)。延久四年正月五日　従四位上　治国(『弁』)。承保二年正月　兼伊予権介(『大』第五　兼国・『弁』)。承保二年十二月八日正四位下　春日行幸行事賞(『弁』)。承保三年六月二日　右宮城使(『弁』)。承保三年十月　辞文章博士(『弁』)。承暦元年十月三日　左中弁(『弁』)。

承暦元年十二月三日　率分勾当(『弁』)。承暦元年十月三日　転左中弁(『水左記』)。承暦二年　蔵人頭補任　弁如元(『職事補任』)。承暦三年　辞文章博士(『弁』)。承暦四年八月廿二日　右大弁　氏院別当(『水左記』『弁』)。応徳元年六月廿二日　遷若狭守(『弁』)。寛治元年十二月十三日　式部権大輔補任　兼若狭守(『本朝世紀』)。寛治元年十二月廿二日　式部権大輔　昇殿　侍読(『中右記』「江記」同廿四日条・『本朝世紀』同廿四日条)。寛治元年十二月廿六日　御書所始別当補任　式部権大輔(『中右記』『朝野群載』巻第五　朝儀下)。嘉保二年十二月　転式部大輔(康和六年正月廿六日藤原敦基申文『本朝続文粋』巻第六　奏状)。康和元年十二月　式部省奏　正四位下行式部大輔藤原朝臣正家(『大』第十　三省奏)。嘉承二年七月廿四日　鳥羽天皇侍読(『中右記』)。天永二年十月十二日　式部大輔正家朝臣卒去、年八十六、正家者故家経朝臣長男、後冷泉院御時、永承之間蔵人、叙爵之後任右少弁、院御時任右大弁、応徳元年棄右大弁任若狭守、堀河院御時侍読至式部大輔、已為儒宗、此人有才智、従少年誦法華経及数万部、或一日之間常転読五十部、心性之敏、以之可知(『中右記』)。

系図等　侍読堀河献大嘗会和歌　天仁元　正四位下大内記左大弁式部大輔若狭越中等守　右大弁文章博士天永二十十二卒　八十六　為所衆平六大輔被刃傷(『尊』)。

備考　承保三年九月三日　関白左大臣家(師実)政所下文　別当(『平安遺文』一一三二号)。承暦元年十二月廿九日　藤原正家四条堀川家焼亡(『水左記』)。寛治二年正月廿一日　内大臣殿政所家司(『中右記』)。嘉承二年十二月　摂政右大臣家政所下文別当式部大輔(『朝野群載』巻第六　摂籙家)。相人(『古事談』巻第六　亭宅諸道)。

藤原正国

家族　父藤原正光(『民経記』仁治三年七月十九日条・『尊』)。

経歴　仁治三年七月十六日　藤原邦範、藤原正国の献策超越を訴える(『民経記』)。仁治三年七月十九日秀才　献策　先朝蔵人旧労　二年献策(『民経記』)。仁治三年十二月廿五日　式部少丞補任(『平戸記』)。宝治元年三月廿日　散位(『葉黄記』)。

系図等　従五位下式部少輔給料(『尊』)。

藤原正経

家族　父藤原経雄(『尊』)。

経歴　元亨四年十月廿九日　五位蔵人　東宮学士如元(『職事補任』『皇代暦』)。正中二年十月廿六日　右少弁　蔵人東宮学士如元(『職事補任』『弁』『皇代暦』)。正中三年三月八日　記録所寄人補任(『弁』)。正中三年四月廿二日　従四位下　去弁任左京権大夫(『弁』)。元弘三年九月十日　権右中弁補任(『師守記』貞治六年四月廿二日条)。建武元年八月　雑訴決断所五番(「雑訴決断所結番交名」)。

系図等　文章博士右中弁東宮学士宮内少輔大内記正四位下(『尊』)。

藤原雅仲
経歴　大治五年正月廿八日　式部丞補任（『中右記』）。

藤原正光
家族　父藤原季光（『尊』）。
備考　建暦二年八月十五日　文章生（『玉蘂』）。年未詳四月八日　内蔵権頭正光書状（『民経記』寛喜三年正月記紙背文書）。寛喜三年正月六日　従四位上策（『民経記』・『明月記』同七日条）。寛喜三年四月九日　中宮入内　侍従代（『民経記』）。仁治二年正月六日　菅原在氏献策　問答博士大学頭（『百錬鈔』）。仁治三年正月五日　正四位下　大学寮修造功（『民経記』）。寛元二年十二月七日　九条頼嗣侍読　筑後守（『吾妻鏡』）。寛元四年四月十九日　院文殿衆補任　前筑後守（『葉黄記』）。宝治元年三月廿日　院文殿作文会　前筑後守　初聴昇殿（『葉黄記』）。
系図等　式部少輔大学頭内蔵頭従四位上（『尊』）。

藤原道名
家族　父藤原資嗣（『尊』）。
経歴　永仁元年八月五日　大内記道名（『勘仲記』）。永仁二年正月八日　大内記（『勘仲記』）。
系図等　正四位下大内記少納言（『尊』）。

藤原通能
経歴　康治元年正月廿三日　式部少丞　元縫殿助（『本朝世紀』）。康治元年二月廿一日　下名　式部少丞　元縫殿助（『本朝世紀』）。康治元年九月一日　大嘗会御禊除目　次第司判官　式部丞（『本朝世紀』）。

藤原光兼
生没年　―文永二年（一二六五）
家族　父藤原長倫猶子　実藤原成信男（『公』『尊』）。
経歴　年月日　宜秋門院判官代（『公』）。建暦元年五月廿四日　勧学院学問料（『公』）。建保三年正月廿二日　文章得業生（『公』）。建保五年正月四日　献策

（『公』）。建保五年正月十日　判（『公』）。建保五年正月廿四日　式部大丞（『公』）。建保五年四月五日　叙爵　罷式部巡年（『公』）。年月日　従五位上（『公』）。嘉禄二年四月十九日　宮内少輔　長倫朝臣罷文章博士申任之（『公』）。安貞二年正月五日　正五位下　策労（『公』）。寛喜二年閏正月四日　大内記（『明月記』同五日条・『公』）。寛喜三年正月六日　従四位下　策労（『民経記』・『明月記』同七日条・『公』）。天福元年十二月廿二日　藤原長倫辞式部権大輔以男光兼申任大学頭（『明月記』同廿三日条・『公』天福元年藤原長倫項）。嘉禎二年正月卅日　讃岐権介（『公』）。嘉禎二年十二月　文章博士（『公』）。嘉禎三年正月五日　正四位下　超越源遠章（『公』）。仁治二年二月一日　兼越中介（『公』）。寛元元年九月九日　東宮学士（『百錬鈔』『公』）。寛元三年正月十三日　武蔵権介（『平戸記』『公』）。寛元四年正月廿九日　昇殿　東宮学士（『葉黄記』）。寛元四年十一月廿三日　従三位　坊官賞坊時学士　大嘗会叙位次（『公』）。建長五年十二月五日　正三位（『公』）。正嘉元年正月廿二日　式部大輔（『公』）。弘長元年三月廿九日　従二位　罷式部大輔叙（『公』）。文永二年　薨去（『公』）。

系図等　猶子従三位（『尊』）。

備考　嘉禎三年三月五日　九条道家政所家司　文章博士（『玉蘂』）。嘉禎三年三月十一日　大殿家司　文章博士（『玉蘂』）。

藤原光国

生没年　―文永七年（一二七〇）

家族　父藤原資実　母平棟子（『公』『尊』）。

経歴　貞応三年四月十三日　勧学院学問料（『公』『弁』『尊』）。嘉禄元年八月一日　文章得業生（『公』『弁』『尊』）。嘉禄二年正月廿三日　因幡権守（『公』『弁』『尊』）。安貞元年正月四日　献策（『公』『弁』『尊』）。安貞元年正月八日　判（『公』『弁』『尊』）。安貞元年正月廿六日　右衛門少尉（『公』『弁』『尊』）。安貞元年三月五日　叙爵（『公』『弁』『尊』）。安貞二年二月八日　佐渡守（『公』『弁』『尊』）。寛喜二年

二月十一日　中宮少進（『公』『弁』『尊』）。寛喜二年十月廿日　中宮権大進（『公』『弁』『尊』）。寛喜四年二月七日　従五位上（『公』『弁』『尊』）。寛喜四年十一月　昇殿（『公』『弁』『尊』）。貞永二年四月五日　止権大進　院号（『公』『弁』『尊』）。嘉禎三年正月五日　正五位下（『公』『弁』『尊』）。寛元元年八月七日　美作守（『公』『弁』『尊』）。寛元元年九月九日　東宮権大進（『公』『弁』『尊』）。寛元三年六月廿六日　五位蔵人（『公』『弁』『尊』）。寛元四年四月十日　民部大輔（『公』『弁』『尊』）。建長四年十二月四日　権左少弁（『公』『尊』）。建長六年正月十三日　右中弁（『公』『尊』）。建長六年正月廿一日　従四位下（『公』『尊』）。建長六年十月六日　右宮城使（『公』『尊』）。建長七年十月廿一日　従四位上（『公』『尊』）。康元元年正月六日　正四位下（『公』『尊』）。正嘉元年十一月十九日　左中弁　勧学院別当（『公』『尊』）。正嘉二年八月七日　東宮学士（『公』『弁』『尊』『春宮坊官補任』）。正嘉二年八月廿日　左宮城使（『公』『尊』）。弘長

元年三月廿七日　左大弁（『公』『尊』）。弘長二年十二月廿一日　蔵人頭　学士賞　去弁（『公』『弁』『尊』）。弘長三年正月廿六日　大蔵卿（『公』『尊』）。文永元年六月二日　従三位　元蔵人頭　大蔵卿如元（『公』『尊』）。文永二年正月卅日　越後権守（『公』『尊』）。文永七年十月十三日　薨去（『公』）。

系図等　従三位大蔵卿右大弁民部大輔東宮大進東宮学士文永七十三薨（『尊』）。

藤原光重

経歴　寛元三年五月八日　少内記補任（『平戸記』）。寛元四年三月十一日　少内記（『大外記中原師兼記』『甘露寺本洞院家記』所収「公基卿記」）。

藤原光輔

家族　父藤原永光　母法印賢円女（『尊』）。

経歴　安元二年四月十三日　散位（『吉記』）。治承三年正月五日　正五位下　策（『玉葉』『山槐記』）。治承四年正月廿八日　式部少輔補任（『玉葉』「山槐記除

目部類」)。養和元年三月廿六日　兼越後権守(『吉記』)。寿永二年四月廿六日　伊勢宣命　大内記光輔(『伊勢勅使部類記』伊勢公卿勅使)。文治元年八月十四日　改元定　文章博士(『山槐記』『参議定長卿記』)。文治二年七月廿一日　大原野使　文章博士　氏家司(『玉葉』)。文治三年二月十九日文章博士・侍読(『玉葉』)。建久七年十二月廿六日　河内守補任(『三長記』)。

系図等　大内記式部少輔文章博士従四位上　本名光能(『尊』)。

備考　治承元年七月十一日　関白(基通)政所家司(『玉葉』)。文治二年十一月十七日　摂政(兼実)家司(『玉葉』)。

藤原光資

経歴　文治三年六月廿六日　蔵人式部丞(『玉葉』)。文治三年六月廿七日　蔵人式部丞(『玉葉』)。

藤原光経

生没年　大治三年(一一二八)―治承三年(一一七九)

家族　父文章博士藤原茂明　母法印賢円女(『兵範記』久寿二年五月廿四日条)。

経歴　久寿二年五月廿四日　昇殿　年二十六(『兵範記』)。保元三年八月五日　秀才宣旨(『山槐記』)。治承三年十月十八日　従四位下行太皇太后宮大進藤原光経卒(『山槐記』)。

系図等　従四位下肥後守文章博士太皇太后大進　治承三十十八卒　五十二(『尊』『玉葉』養和元年十月十四日条)。

藤原光朝

家族　父藤原範朝(『民経記』寛喜三年二月六日条・『尊』)。

経歴　寛喜三年二月五日　式部少輔補任(『明月記』同六日条・『民経記』同六日条)。貞永元年二月七日　式部少輔不仕により解官(『民経記』『甘露寺本洞院家記　御即位部類』所収「私記」)。

系図等　式部少輔正五位下(『尊』)。

藤原光信

経歴　仁治三年三月十八日　式部丞　殿上　蔵人（『大外記中原師兼記』『甘露寺本洞院家記』所収「家記」）。

藤原光範

家族　父藤原永範　母大江行重女（『尊』）。

経歴　仁平三年五月廿七日　給穀倉院学問料（『公』）。仁平三年六月三日　菅原登宣と座次を争う（『本朝世紀』）。仁平三年六月廿一日　学問料試　永範朝臣子（『台記』「宇槐記抄」『本朝世紀』）。久寿元年十月廿七日　妹子内親王蔵人補任（『兵範記』『公』）。久寿元年十二月廿四日　文章得業生（『公』『大』第五　兼国）。久寿二年正月廿八日　越中少掾　文章得業生（『公』『大』第五　兼国）。久寿三年三月廿七日　献策（『公』・治承二年十二月十日　菅原長守申文『大』第八　課試及第・承安四年十月十一日　大江忠房申文『大』第八　課試及第）。保元元年十一月廿八日　式部少丞　前文章得業生（『公』・治承二年正月廿日　菅原長守申文『大』第八　課試及第・承安四年十月十一日　大江忠房申文

『大』第八　課試及第）。保元二年正月廿七日　式部大丞（『公』）。保元二年五月廿四日　蔵人（『公』）。保元二年八月一日　叙爵　妹子内親王給（『山槐記』『公』）。長寛元年八月　八条院昇殿（『公』）。長寛二年正月五日　従五位上　策（『公』）。長寛三年正月廿三日　治部権少輔　元散位大業　行隆任権左少弁替（『公』）。仁安二年二月八日　大内記　元治部少輔　二月十一日　小除目給兼字　敦周去年四品替（『公』）。仁安三年十二月十七日　内御書所開闔補任　大内記（『兵範記』）。嘉応元年正月十一日　因幡権介（『公』）。嘉応二年正月五日　正五位下　策（『公』）。承安三年正月五日　従四位下　七日節会止位記　辞申故（『玉葉』同八日条・『公』）。承安四年四月廿六日　遷文章博士　去大内記　少輔如元（『公』）。承安五年正月五日　従四位下策　去少輔（『公』）。安元元年正月廿二日　美作権介　院昇殿（『公』）。治承元年正月廿四日　従四位上　策　三労叙之（『公』）。治承二年十二月十五日　兼東宮学士　文章博士（『玉葉』・「山槐記除目

部類」『玉葉』文治二年十月廿八日条・『公』『春宮坊官補任』）。治承四年正月廿七日　美濃介（『玉葉』『公』）。治承四年二月廿一日　止学士　践祚昇殿（『公』）。治承四年四月廿一日　正四位下　止学士　前坊学士（『吉記』『山槐記』・『明月記』同廿二日条・『公』『春宮坊官補任』）。文治元年六月十日　式部大輔　藤原俊経出家替（『公』）。文治二年三月卅日　安芸権守（『公』）。文治三年二月八日　昇殿（『玉葉』『公』）。文治三年二月十九日　侍読・御書所別当（『玉葉』『公』）。建久四年正月廿八日　従三位（『公卿補任』）。建久九年十二月九日　正三位　臨時（『公』）。元久二年四月十日　従二位（『明月記』『公』）。元久二年四月十六日　式部大輔を辞し尹範を正四位下に叙す（『明月記』同十七日条）。承元元年四月十日　民部卿（『明月記』『公』）。承元三年二月二日　出家（『公』）。

系図等　東宮学士文章博士大内記民部卿従二位（『尊』）。

備考　治承元年七月十一日　関白(基房)家政所家司(『玉葉』)。建久二年十一月　摂政（兼実）家政所下文（『鎌倉遺文』五六一号）。建久元年三月廿七日　殿上人・御書所別当（『玉葉』）。建仁三年十月　関白（良経）家政所下文案　別当式部大輔兼周防権守（『鎌倉遺文』一三九八号）。

藤原光衡

経歴　永万元年七月十八日　式部少丞補任（『山槐記』「山槐記除目部類」）。

藤原光宗

生没年　治承二年（一一七八）―正嘉元年（一二五七）

家族　父藤原朝光　母二階堂行政女（『尊』）。

経歴　元仁元年三月十八日　伊賀式部丞光宗（『吾妻鏡』）。元仁元年八月十九日　伊賀式部丞光宗（『吾妻鏡』）。嘉禄元年十二月廿二日　式部大夫光宗法師（『吾妻鏡』）。正嘉元年正月廿五日　散位従五位下藤原朝臣光宗法師法名光西年八十卒（『吾妻鏡』）。

系図等　評定衆引付頭従五位下式部丞（『尊』）。

藤原宗国
経歴　康和五年正月六日　叙爵　禎子内親王御給　蔵人式部丞（『本朝世紀』）。
備考　嘉承二年四月廿六日　藤原忠通職事補任　式部大夫（『殿暦』）。

藤原宗継
経歴　仁治元年正月廿九日　式部丞補任（『平戸記』）。

藤原宗仲
生没年　—天永二年（一一一一）
家族　父藤原定成　母上総介成経女（『尊』）。
経歴　承保二年八月卅日　式部省評定擬文章生試詩事丁科及第（『朝野群載』巻第十三　紀伝上）。承保三年八月廿九日　文章生補任　御書所（「除目申文之抄」）。寛治五年三月十六日　宮内丞（『中右記』）。嘉保二年正月十日　六位蔵人補任　文章生　大殿勾当（『中右記』）。永長元年正月廿三日　式部丞補任（『中右記』同日条裏書）。永長元年三月二日　関白藤原師通講詩　蔵人式部丞（『中右記』）。永長元年七月十二日　田楽　笛　蔵人式部丞（『中右記』）。承徳二年十一月十三日　諸大夫宗仲（『中右記』）。
系図等　従五位上甲斐権守　天仁三正五出家　天永二六十六卒（『尊』）。

藤原宗長
経歴　治承四年正月廿八日　豊後守補任　式部（『玉』）。

藤原宗業
家族　父藤原実重　実者阿波権守経尹子（『公』）、藤原宗光子　擬実重子受儒業　母源宗清女（『尊』）。
経歴　保元四年三月十日　文章生　九条院判官代（『公』『尊』）。承安三年五月廿一日　文章生　方略宣旨を召し返される　経尹子　称宗光子（『玉葉』）。養和元年十一月十七日　方略宣旨（『玉葉』）。寿永元年十一月七日　穀倉院学問料（『公』『尊』）。寿永二年正月廿八日　文章得業生（『公』『尊』）。元暦

元年三月廿七日　能登掾　文章得業生（『公』『尊』）。文治元年正月十五日　献策（『公』『尊』）。文治元年正月廿日　右衛門少尉　前文章得業生（『吉記』『公』『尊』）。文治元年四月三日　使宣旨（『公』『尊』）。文治元年十月十七日　叙爵　大宮合爵（『公』『尊』）。建久二年正月五日　従五位上　策（『公』『尊』）。建久三年正月廿七日　大内記（『玉葉』同廿八日条・『公』『尊』）。建久三年七月廿七日　内御書所開闔（『公』『尊』）。建久五年正月卅日　出雲権介　大内記兼国（『公』『尊』）。建久八年正月五日　正五位下　策労（『公』『尊』）。正治二年十月十六日　遷文章博士　元大内記（『明月記』同廿七日条・『公』『尊』）。建仁元年正月六日　従四位下　策労（『公』『尊』）。建仁元年正月廿九日　備前権介（『公』『尊』）。建仁二年二月廿八日　御書所覆勘（『公』『尊』）。承元元年正月五日　従四位上　策（『明月記』同六日条・『公』『尊』）。承元元年正月十三日　越後権介（『公』『尊』）。承元元年七月十九日　宣陽門院昇殿（『公』『尊』）。承元元年九月十二日　院昇殿（『公』『尊』）。承元三年十月卅日　正四位下　坊門院建永二年御給（『公』『尊』）。承元四年十二月廿日　遷式部大輔（『公』『尊』）。建暦二年正月十三日　長門権守（『公』『尊』）。建暦二年十二月廿六日　昇殿（『公』『尊』）。建保元年十月廿六日　昇殿（『公』『尊』）。建保元年十月廿八日　七条院昇殿（『公』『尊』）。建保五年正月六日　従三位（『公』『尊』）。承久元年九月廿九日　出家（『公』）。

系図等　従三位大内記文章博士　承久元年九月　出家　法名定綱　号嵯峨三位入道（『尊』）。

備考　治承四年五月　高倉宮以仁王の学問の師として首実検に呼ばれる（『愚管抄』）。建仁元年七月　記録所勘状案　従四位上行文章博士（『鎌倉遺文』一二三六号）。

藤原宗範

生没年　正治二年（一二〇〇）―寛元二年（一二四四）

家族　父藤原孝範（『尊』）。

経歴　承久二年七月廿三日　御書所作文　地下六位（『順徳天皇宸記』）。承久二年十一月廿七日　八十島使蔵人文章生宗範（『百錬鈔』）。嘉禄二年十二月廿一日　兼左衛門少尉（『類従国史紙背文書』）。貞永元年二月七日　式部少輔　光朝不仕の替（『民経記』）。貞永元年十二月五日　式部少輔補任　頗以早速太以過分　光朝依不仕被改任他人歟（『民経記』・『甘露寺本洞院家記　御即位部類』所収「私記」）。天福元年正月七日　正五位下　策（『明月記』）。天福元年正月廿五日　信濃権守（『民経記』）。嘉禎三年三月五日　大内記（『玉蘂』）。仁治元年閏十月廿八日　備中守補任・叙従四位上（『平戸記』）。寛元二年五月廿六日　備中前司　富小路右府亭にて頓死　年四十五（『百錬鈔』『平戸記』同廿八日条）。

系図等　大内記正四位下（『尊』）。

藤原宗尚

家族　父藤原宗業（『尊』）。

経歴　建保四年正月五日　従五位上　策（『明月記』同六日条）。寛喜二年正月五日　従四位上　策（『明月記』同六日条）。

系図等　東宮学士大学頭従四位上（『尊』）。

藤原宗光

生没年　延久二年（一〇七〇）―康治二年（一一四三）

家族　父藤原有信　母藤原実政女（『尊』）。

経歴　承徳元年十二月廿九日　方略宣旨（『中右記』・承徳二年十二月八日　式部省勘申『大』第八　課試及第）。承徳二年二月三日　課試及第　是雖進士、去十二月晦蒙方略宣旨（『中右記』・承徳二年十二月八日　式部省勘申『大』第八　課試及第）。承徳二年十二月十六日　藤原宗光申文　正六位上行越後掾藤原朝臣宗光　図書権助　方略（『大』第八　課試及第）。康和元年正月廿三日　式部少丞　元図書権助　策（『本朝世紀』）。康和四年二月十一日　式部丞（『中右記』）。長治二年正月十六日　六位蔵人補任　式部丞　院蔵人二臈（『永昌記』『中右記』『殿暦』）。長治二年正月廿日　新蔵人式部丞（『中右記』)。嘉承元年正月五日　叙爵　三﨟式部丞(『中右記』)。永久三年九月九日　尾張権守宗光(『殿暦』)。元永二年正月　大内記(『大』第五　兼国)。保安二年正月十三日　内記局奏　正五位下行大内記藤原朝臣宗光(『大』第七　本司奏)。保安二年正月　兼阿波介(『大』第五　兼国)。長承元年四月廿八日　右衛門権佐(『中右記』)。長承二年五月六日　左衛門権佐転任(『中右記』『長秋記』)。保延三年正月卅日　式部権大輔補任(『中右記』)。康治元年正月三日　従四位上　策(『本朝世紀』)。康治二年十一月廿二日　卒　七十四(『本朝世紀』)。

系図等　右権佐大内記廷佐従四位上式部大輔大学頭右大弁　康治二十廿三薨(『尊』)。

備考　康治元年十一月八日　摂政家(忠通)政所下文案式部権大輔兼大学頭(『平安遺文』二四八七号)。

藤原宗能

家族　僧寛宗父(『長秋記』元永二年四月十四日条)。

経歴　元永二年四月十四日　式部丞(『長秋記』)。

藤原茂明

家族　父藤原敦基　母中原季成女(『尊』)。

経歴　保安三年十二月廿九日　秀才(『永昌記』)。天治元年六月六日　蔵人(『永昌記』)。大治二年正月十九日　下総守　蔵人巡(『中右記』同廿日条・『二中歴』第十　当任歴)。保延元年正月七日　従五位上　策(『中右記』)。康治元年九月一日　大嘗会御禊装束使除目　次第司次官　式部少輔(『本朝世紀』)。康治二年八月廿八日　斎宮御禊　御前次第司式部少輔藤原茂明服喪(『本朝世紀』)。康治二年十二月十八日　式部少輔藤原茂明(『本朝世紀』)。康治三年二月廿六日　献策　文章博士茂明問(『公』平治元年藤原俊憲項)。久寿元年十月廿八日　改元定　文章博士兼讃岐介(『冷泉中納言藤朝隆卿記』)。

系図等　従四位上下総守式部少輔文章博士(『尊』)。

備考　久寿元年八月廿一日　新大将拝賀　前駈四位　左府家司(『兵範記』)。

藤原茂範

家族　父藤原経範（『尊』）。

経歴　建保四年十二月廿八日　文章生（『公』）。承久四年正月廿四日　越後権守（『公』）。貞永元年八月七日　直内御書所（『公』）。貞永元年十一月廿五日　後堀河院蔵人（『公』）。天福二年九月一日　北白河院判官代（『公』）。嘉禎元年九月五日　方略宣旨（『公』）。嘉禎元年十月四日　献策（『公』）。嘉禎元年十月五日　判（『公』）。嘉禎元年十二月廿七日　叙爵　宣陽門院合爵（『公』）。仁治元年十一月十二日　従五位上　策労　朔旦叙位（『平戸記』『公』）。仁治三年三月八日　式部権少輔補任　所望三人也、茂範最末下臈也、頗有名誉之誉、仍各挙申、但父経範朝臣有謀計之巧令発言（『平戸記』『公』）。寛元元年二月二日　越後権守（『公』）。寛元四年正月五日　正五位下　策労（『葉黄記』『公』）。建長元年正月廿四日　大内記（『公』）。建長二年正月五日　従四位下（『公』）。建長二年六月廿七日　院御作文会　被聴昇殿（『岡屋関白記』）。建長七年二月十三日　右京権大夫（『公』）。康元元年正月六日　従四位上（『公』）。正元元年正月廿一日　越後権介（『公』）。文永元年正月十三日　文章博士（『公』）。文永二年正月卅日　越後権介（『公』）。文永二年二月十六日　御書所覆勘（『新抄』）。文永六年十二月七日　正四位下（『公』）。文永九年七月十一日　讃岐権介（『公』）。文永十一年正月五日　従三位　元文章博士讃岐権介　超越上臈博士在公朝臣（『公』）。弘安元年十二月廿五日　式部権大輔（『公』）。弘安二年正月廿四日　兼安芸権守（『公』）。弘安四年三月廿六日　式部大輔（『公』）。弘安六年正月五日　正三位（『公』）。弘安八年正月五日　従二位（『公』）。正応四年三月廿五日　兼備後権守（『公』「正応四年除目大間書」）。正応五年四月十三日　辞大輔申任男重範権少輔（『公』）。永仁二年三月廿九日　出家（『公』）。

系図等　侍読従二位文章博士内昇殿（『尊』）。

藤原基兼

経歴　寛治元年八月廿九日　式部権大輔補任　元中務大輔（『本朝世紀』）。

藤原元忠

経歴　安貞元年七月十二日　本間左衛門尉元忠（『吾妻鏡』）。嘉禎三年正月一日　本間式部丞（『吾妻鏡』）。嘉禎三年四月十九日　本間式部丞元忠（『吾妻鏡』）。暦仁元年正月一日　本間式部丞（『吾妻鏡』）。延応元年四月十四日　山城前司元忠（『吾妻鏡』）。

藤原基綱

家族　父藤原義職（『尊』）。

経歴　嘉承元年三月十二日　河内守補任　式部巡第三（『中右記』・『魚』巻第七　尻付）。嘉承元年十二月十六日　春日詣　五位供奉人（『中右記』）。

系図等　式部少輔左馬助河内守従五位下（『尊』）。

藤原基長

生没年　—正応二年（一二八九）

家族　父藤原保綱　正三位藤原長倫養子（『公』『尊』）。

経歴　年月日　直内御書所（『公』）。嘉禎三年十二月　勧学院学頭（『公』）。延応元年十二月一日　穀倉院学問料（『公』）。仁治三年八月二日　文章得業生（『公』）。仁治四年正月十九日　越前大掾（『公』）。寛元二年正月十三日　蔵人（『公』）。寛元二年三月六日　献策（『公』）。寛元二年四月五日　式部丞（『平戸記』『公』）。寛元二年八月四日　叙爵　宣下（『公』）。寛元四年十月十五日　兵部少輔（『公』）。建長元年正月五日　従五位上　輔労（『公』）。建長元年正月廿四日　甲斐権介（『公』）。建長三年三月廿六日　遷式部少輔（『公』）。建長五年　院昇殿（『公』）。建長六年正月十三日　遷大内記（『公』）。建長六年十月　昇殿　宇佐使（『公』）。建長七年正月五日　正五位下　策（『公』）。康元元年正月廿三日　辞所職（『公』）。正元元年正月六日　従四位下（『公』）。弘長二年十二月二日　中務大輔（『公』）。文永二年正月五日　従四位上　策労（『公』）。文永

五年八月廿五日　東宮学士　立坊日浴殿儒（『公』『春宮坊官補任』）。文永六年十月　昇殿（『公』）。文永七年正月廿一日　武蔵権介（『公』）。文永十一年正月廿六日　止学士　践祚（『公』）。文永十一年四月五日　正四位下　坊学士労（『公』）。文永十一年九月十日　宮内卿（『公』）。弘安二年十二月十二日　刑部卿（『公』）。弘安四年三月廿六日　兼文章博士（『公』）。弘安六年　兼美濃権守（『公』）。弘安六年四月五日　従三位　超菅在公朝臣　元刑部卿美濃守文章博士（『勘仲記』同六日条・『公』）。弘安九年二月五日　正三位（『公』）。正応二年十二月二日　薨去（『公』）。

系図等　従二位宮内卿正応二薨（『尊』）。

藤原基業

家族　父藤原顕業（『玉葉』建久二年十一月十九日条・『尊』）。

経歴　承安四年五月七日　式部大夫（『玉葉』）。

藤原元信

経歴　仁治三年十二月廿五日　式部大丞補任（『平戸記』）。

藤原元範

生没年　―康平八年（一〇六五）

家族　父藤原理明　母源致明女（『尊』）。

経歴　万寿三年　方略宣旨　少内記藤原元範（『大』第八　課試及第）。長元八年七月廿日　藤原公義書状　少輔元範故障（『桂』問答博士事）。長元八年十月四日　式部省解　少輔従五位下（『類聚符宣抄』第一　神社修造）。長暦二年三月三日　式部少輔（『中右記部類』巻第二十八　漢詩）。康平六年十一月八日　式部省評定文章得業生正六位上丹波大掾藤原朝臣有信対策文事　散位従四位上（『朝野群載』巻第十三　紀伝上）。

系図等　従四位下刑部大輔式部少輔　康平八十二廿五卒（『尊』）。

藤原基久

経歴　元久二年正月廿九日　少内記補任（『明月記』同卅日条）。

藤原盛清

家族　父藤原清兼（『尊』）。

経歴　保元三年　兵部少丞（『御即位次第』所収「保元記」）。保元四年正月廿九日　式部少丞（『保元四年大間書』）。永暦元年十一月廿三日　式部丞　歌人　和琴（『山槐記』）。

系図等　縫殿助陪従（『尊』）。

藤原盛輔

家族　父藤原盛実　母高階経成女（『殿暦』天永三年十二月十五日条・『尊』）。

経歴　永長元年八月十五日　郁芳門院蔵人補任（『中右記』）。永長元年十二月廿七日　蔵人補任　母経成朝臣女、故郁芳門院蔵人一臈（『中右記』）。承徳二年二月廿六日　蔵人式部丞（『中右記』）。承徳二年八月廿四日　叙爵　前皇太后未給（『中右記』）。大治二年正月十九日　常陸介　式部巡（『中右記』同廿日条・『二中歴』第十　当任歴）。

系図等　従五位下常陸介（『尊』）。

藤原盛綱

家族　父藤原貞職　母平致経女（『尊』）。

経歴　年月日未詳　申式部丞　兵部丞（『魚魯愚別録』巻第一　為房卿所書目録当家他家大略指南歟）。

系図等　従五位下散位（『尊』）。

備考　此邦綱卿ハ中納言兼輔卿八代之末葉、式部大夫盛綱ガ孫、前右馬助成綱ガ子也（『延慶本平家物語』第一本「五条大納言邦綱之事」）。

藤原盛経

生没年　応保元年（一一六一）—嘉禎元年（一二三五）

家族　父藤原俊経　藤原有盛女（『尊』）。

経歴　治承四年十月四日　文章生（『公』）。治承四年十二月廿一日　式部丞（『公』『弁』）。寿永二年正月六日　従五位下（『公』『弁』）。文治元年四月三日　伊予守（『公』『弁』）。文治二年二月卅日　宮内権少輔　辞任国任之（『公』『弁』）。文治三年十二月四日　従五位上　父卿嘉応元年八幡賀茂行幸行事賞譲（『公』『弁』）。建久五年正月六日　正五位下辞所帯叙之（『公』『弁』）。建久六年二月二日　薩摩守（『公』『弁』）。正治元年十二月九日　治部権少輔（『公』『弁』）。元久元年四月十二日　右少弁（『公』『弁』）。承元元年十月廿九日　権右中弁（『公』）。承元元年十月卅日　従四位下（『公』）。承元二年七月九日　左中弁（『公』）。承元三年正月十三日　右大弁（『公』）。承元三年四月十四日　左大弁（『公』）。承元三年十月卅日　従四位上（『公』）。承元四年十二月十七日　正四位下（『公』）。建暦元年正月五日　従三位　勘解由長官如元（『公』）。安貞二年七月十一日　出家（『公』）。

系図等　侍読後鳥羽　伊予薩摩守不歴職事正三宮内権少輔勘長官治部権少輔左大弁式部丞　安貞二七十一出家　嘉禎元薨　七十五（『尊』）。

藤原守時

経歴　仁平二年十二月卅日　叙爵　前式部丞　皇嘉門院臨時被申（『兵範記』）。

藤原盛憲

家族　父藤原顕憲（『尊』）。

経歴　久寿元年閏二月二日　藤原頼長家司　式部大夫（『兵範記』）。

系図等　昇殿正五位下少納言（『尊』）。

備考　藤原頼長外戚（『平治物語』）。

藤原盛久

経歴　承元二年正月十九日　申式部丞　兵部丞（『砂巌』所収「実宣卿記」）。

藤原盛房

家族　父藤原定成（『尊』）。

経歴　寛治元年十二月十三日　式部少丞　元大膳亮　蔵人（『本朝世紀』）。寛治二年十月八日　蔵人式部丞盛房（『師記』）。
系図等　従五位下肥後守（『尊』）。

藤原守光
生没年　―承安三年（一一七三）
家族　父藤原盛仲（『尊』）。
経歴　永治元年七月十日　少内記（『改元部類』「略記不知作者」）。康治元年九月一日　大嘗会御禊装束使除目　判官　内記（『本朝世紀』）。康治二年九月十七日　復任　少内記守光（『本朝世紀』）。久安四年正月廿八日　右衛門少尉　元少内記　文章生（『本朝世紀』）。
系図等　従五位上内記大監物（『尊』）。
備考　「藤原守光重病を冒して薩摩より釈奠に馳せ参ずる事」（『古今著聞集』巻廿三―十二）。

藤原師綱
経歴　寿永元年三月十九日　式部大夫（「中臣祐重記」）。文治元年九月廿七日～廿八日　正五位上式部権少輔（「中臣祐重記」）。

藤原師信
経歴　長保元年五月十一日　式部大丞（『本朝世紀』）。

藤原諸範
家族　父藤原経範（『尊』）。
経歴　弘長二年正月十九日　刑部大輔補任（「妙槐記除目部類」）。文永二年正月卅日　式部少輔補任（『妙槐記除目部類』）。文永二年二月十九日　式部少輔拝賀（『新抄』）。文永四年四月廿五日　式部少輔（『吉続記』）。
系図等　式部少輔刑部卿正四位下（『尊』）。
備考　弘安三年九月十八日　家説を安達景盛に授ける前式部少輔（東山御文庫　九条家本『文選』巻第二十三奥書）。

藤原保相
家族　父藤原永頼（『尊』）。

経歴　寛仁三年八月廿八日　式部少丞（『春宮元服之記』「殿上記」）。

系図等　三河守（『尊』）。

藤原泰俊

家族　父藤原時経（『尊』）。

経歴　永長元年正月廿三日　少内記補任（『中右記』）。承徳元年四月十四日　勧学院有官別当　少内記（『中右記』）。康和元年十二月十四日　民部少丞　元少内記（『本朝世紀』）。康和三年十二月四日　勧学院政所下文　別当民部大丞（『花押かがみ』三三七号）。嘉承二年正月十一日　勧学院有官別当　民部丞泰俊（『中右記』）。

系図等　従五位下大和守内記（『尊』）。

藤原泰通

家族　父藤原惟孝　母紀文実女（『尊』）。

経歴　長徳四年十一月廿二日　式部丞（『権記』）。長保元年五月十一日　式部大丞（『本朝世紀』）。長保元年十一月七日　式部丞（『権記』）。寛仁二年三月十二日　美濃守泰通妾小式部任国に下向（『左経記』）。

系図等　正四位下民部権少輔東宮大進美作守東宮亮播磨守（『尊』）。

藤原康茂

経歴　天福元年正月廿八日　下総権守　内記局申（『民経記』）。

藤原康職

経歴　正元元年十一月十五日　少内記補任（『民経記』）。

藤原泰盛

経歴　康和元年十二月十四日　少内記　文章生（『本朝世紀』）。康和二年正月廿一日　内記局奏　正六位上行少内記（『朝野群載』巻第十二　内記）。康和五年二月卅日　民部大丞転任　元少（『本朝世紀』）。

藤原安頼

家族　父藤原成季　母大江広経女（『尊』）。

経歴　嘉承元年四月九日　中務丞安頼（『中右記』）。天仁元年十月十日　大嘗会御禊行幸御前次第司　判官正六位上藤原朝臣安頼（『中右記』）。天永二年正月廿三日　式部丞補任（『中右記』）。天永二年三月十五日　式部丞（『中右記』）。

系図等　従五位下出雲権守（『尊』）。

藤原行家

生没年　長元八年（一〇三五）―嘉承二年（一一〇七）

家族　父藤原家経　母中宮大進公業女（『尊』）。

経歴　天喜二年十一月　申穀倉院学問料（『朝野群載』巻第十三　紀伝上）。康平三年四月　献策（『魚』巻第二　諸道課試及第）。康平五年正月　左衛門権少尉補任　即使宣旨（『魚』巻第二　諸道課試及第）。承保二年五月十四日　大江通国方略試申文　正五位下行左衛門権佐兼土佐介（『朝野群載』巻第十三　紀伝上）。承暦三年十一月　文章博士補任　従四位下（『二中歴』第二　文章博士歴）。寛治四年五月四日　去廿七日文章生試　判儒　散位（『為房卿記』）。寛治四年八月十日　美作守補任（『中右記』）。寛治四年十二月十四日　宇佐使　美作守今日昇殿（『中右記』）。寛治七年十二月十八日　讃岐守補任　美作と相博（『中右記』）。承徳元年十月十一日　正四位下　賀陽院行幸勧賞（『中右記』）。承徳三年十一月廿日　藤原行家手輿往反山上申文　正四位下行弾正大弼兼讃岐守（『朝野群載』巻第十七　仏事下）。康和二年十一月廿三日　登山出家　年七十三（『尊』）。嘉承元年二月十九日　今日讃岐入道行家卒去、年七十余、故家経二男、後冷泉院御時献策、後蔵人、経検非違使佐人也（『中右記』）。

備考　寛治七年七月四日　藤原師実御方違　美作守行家七条邸（『中右記』）。嘉保元年三月九日　関白藤原師通政所家司（『中右記』）。藤原忠実乳母夫（『殿暦』天仁元年正月廿九日条）。

藤原行氏

生没年　弘安六年（一二八三）―暦応三年（一三四〇）
家族　父藤原種範（『尊』）。
経歴　永仁四年二月十二日　穀倉院学問料（『公』『尊』）。正安元年五月十九日　文章得業生（『公』『尊』）。正安三年正月十八日　献策（『公』『尊』）。正安三年正月十九日　判（『公』『尊』）。正安三年三月十九日　宮内少丞（『公』『尊』）。正安三年十月廿四日　左近将監　同日叙爵　将監如元（『公』『尊』）。徳治二年正月五日　従五位上　策（『公』『尊』）。徳治三年九月十七日　大内記（『公』『尊』）。応長元年二月三日　正五位下　家高同日位記（『園太暦』『公』）。応長元年三月九日　長門介（『公』）。正和三年正月　昇殿（『公』）。正和四年正月六日　従四位下　策　大内記如元（『公』『尊』）。文保二年二月十二日　辞大内記（『洞院大納言藤公敏卿記』）。文保二年八月二日　大学頭（『公』『尊』）。文保三年正月五日　従四位上（『公』『尊』）。元応二年二月六日　讃岐介（『公』『尊』）。元亨元年六月六日　止大学頭（『公』『尊』）。元亨二年六月十七日　文章博士　元前大学頭（『公』『尊』）。正中二年正月廿七日　備前権介（『公』『尊』）。嘉暦三年正月五日　正四位下　超越菅原在雅藤原遠範菅原是仲菅原公時（『公』『尊』）。嘉暦三年九月廿三日　兼左京大夫（『公』『尊』）。元徳元年九月廿六日　東宮学士（『公』『尊』『春宮坊官補任』）。元弘元年正月五日　従三位　元左京大夫東宮学士（『公』『尊』）。正慶元年六月廿日　侍読（『尊』）。建武元年正月十三日　式部権大輔　丹波権守（『公』『尊』）。建武四年正月　侍読（『尊』）。暦応元年　止式部権大輔（『公』『尊』）。暦応三年二月十九日　正三位（『公』『尊』）。暦応三年二月廿二日　卒去（『公』）。

藤原行方

生没年　―文永四年（一二六七）
家族　父二階堂行村（『尊』）。
経歴　嘉禎二年十一月廿二日　式部少丞　元左衛門尉（『関』）。嘉禎三年正月五日　叙爵（『関』）。嘉禎三年正月廿四日　大和権守（『関』）。仁治元年十二月

十八日　大蔵少輔（『関』）。仁治二年四月七日　従五位上　罷式部巡叙（『関』）。寛元二年四月五日　和泉守（『関』）。文永元年十二月十日　出家（『関』）。文永四年六月八日　卒去（『関』）。

系図等　和泉河内守大蔵少輔従五位下式部丞　出家道昭　文永四四八卒（『尊』）。

藤原行佐

家族　父藤原行実　母源頼綱女（『尊』）。

経歴　天仁二年四月一日　蔵人行佐（『殿暦』）。天仁二年十一月廿九日　宇佐行事　蔵人式部丞行佐（『殿暦』）。天永二年正月十四日　叙爵　蔵人式部丞　皇后宮未給（『中右記』）。元永二年七月十四日　駿河守（『中右記』）。

系図等　従五位下駿河守（『尊』）。

藤原行忠

経歴　正嘉三年正月十九日　内記局奏　正六位上行少内記藤原朝臣行忠（『魚』巻第二　局奏）。

藤原行親

家族　父藤原種範（『伝宣草』）。

経歴　正和四年八月廿一日　父種範方略宣旨を申請　文章生（『伝宣草』）。文保二年二月十二日　大内記補任（『洞院大納言藤公敏卿記』）。

藤原行成

生没年　天禄三年（九七二）—万寿四年（一〇二七）

家族　父藤原義孝　母藤原保光女（『尊』）。

経歴　永観二年正月七日　従五位下　東宮明年御給（『公』『尊』は天元五）。寛和元年十二月廿四日　侍従（『公』『尊』）。寛和二年二月八日　昇殿（『公』）。寛和二年八月十三日　左兵衛権佐（『公』『尊』は二月十三日）。寛和三年正月七日　従五位上　恵子女王御給（『公』『尊』）。永延元年九月　昇殿（『公』）。永祚二年正月廿九日　備後権介（『公』）。正暦二年正月七日　正五位下　佐労　同日昇殿（『公』『尊』）。正暦四年正月九日　従四位下　佐労（『公』）。長徳元年八月廿九日　蔵人頭（『権記』・『公』『尊』は廿八日）。長徳二年正月廿五日　式部権大輔（『公』『尊』は民部権大輔）。長徳二年四月廿四日　権左中弁（『公』『尊』）。長徳二年八月五日　左中弁（『公』『尊』）。長徳三年正月廿八日　備前守（『公』『尊』）。長徳三年四月十一日　従四位上　臨時（『公』）。長徳三年十月十二日　右大弁（『公』『尊』は十三日）。長保元年正月廿九日　備後守（『公』）。長保二年十月十一日　正四位下　書額賞（『公』）。長保三年八月廿三日　参議（『公』）。長保三年十月三日　侍従（『公』）。長保三年十月十日　従三位　東三条院御賀　院司賞（『公』）。長保五年十一月五日　正三位　造営書殿舎額賞（『公』）。長保六年正月廿四日　美作権守（『公』）。寛弘元年八月廿九日　兵部卿（『公』『尊』）。寛弘二年六月十九日　左大弁（『公』『尊』）。寛弘二年十二月十八日　播磨守（『公』）。寛弘四年正月廿日　従二位　造営行事　藤原時光・源俊賢・藤原忠輔・藤原懐平を超越（『公』『尊』）。寛弘四年四月廿八日　皇太后宮権大夫（『公』『尊』）。寛弘五年十月廿九日　辞兵部卿（『公』）。寛弘六年三月廿四日　権中納言（『公』『尊』）。長和二年十二月十九日　正二位　造宮行事賞（『公』『尊』）。寛仁二年六月一日　止大皇太后宮権大夫　崩御（『公』）。寛仁三年十二月廿一日　大宰権帥（『公』）。寛仁四年十一月廿九日　権大納言（『公』）。万寿三年二月七日　按察使（『公』『尊』）。万寿四年十二月四日　薨去　五十六（『公』）。

系図等　参議大弁兵部卿正二位権大納言按察使　万寿四年十二月四日薨　五十六　世号権大納言（『尊』）。

藤原行範

生没年　―延文二年（一三五七）

家族　父藤原氏範（『尊』）。

経歴　文保二年三月□日　式部少輔（『洞院大納言藤公敏卿記』）。

系図等　式部少輔　祇候鎮西宮　法名行悟　延文六二廿二卒（『尊』）。

藤原行光

家族　父藤原種範（『尊』）。

経歴　正中三年二月十九日　叙爵（『公』『尊』）。嘉暦元年十二月廿一日　大内記（『公』『尊』）。嘉暦三年三月廿六日　兼長門介（『公』）。元徳二年正月五日　従五位上　簡一　于時大内記（『公』『尊』）。建武三年正月五日　正五位下（『公』）。暦応二年正月五日　従四位下（『公』『尊』）。（中略）延文三年正月七日　従三位（『公』『尊』）。

系図等　式部大輔従二位大内記大学頭刑部卿文章博士　応安七出家　本名光種又高光（『尊』）。

藤原行盛

生没年　―長承三年（一一三四）

家族　父藤原行家　母藤原実範女（『尊』）。

経歴　寛治五年十二月廿九日　勧学院学問料（『中右記』）。承徳二年三月廿一日　秀才給料宣旨（『中右記』）。康和四年正月十一日　院蔵人　秀才対策（『中右記』『殿暦』同十四日条）。康和四年正月十四日　策　秀才（『殿暦』）。康和四年十二月一日　院判官代　内殿上人（『中右記』）。康和五年六月九日　蔵人補任　元院判官代（『中右記』）。長治元年正月十四日　蔵人補任　縫殿助（『中右記』）。長治元年十二月十五日　式部少丞補任（『中右記』）。長治二年正月廿九日　能登権守　式部宿官（『大』第五　諸衛兼国　宿官）。天永二年十月五日　藤原忠通作文講師　勘解由次官（『中右記』『永昌記』『殿暦』）。永久五年十一月廿三日　式部省評定擬文章生試詩事　正五位下行式部少輔（『朝野群載』巻第十三　紀伝上）。元永元年八月　関白藤原忠実政所下文別当式部少輔（『九条家文書』）。元永元年十一月廿七日　式部省評定文章得業生正六位上行能登大掾大江朝臣匡周対策文事　正五位下行式部少輔兼阿波介（『朝野群載』巻第十三　紀伝上）。保安三年十二月十七日　文章博士補任（『法性寺殿記』）。天治元年四月三日　改元定　左衛門権佐兼文章博士越中介（『永昌記』）。天治三年十一月十七日　叙従四位下（『勘仲記』正応元年九月四日条）。大治四年四月九日　昇殿（『中右記』）。長承二年五月六日　摂津守　元左衛門権佐（『中右記』『長秋記』）。長承三年十一月廿二日　摂津守文章博士行盛朝臣卒去　年六十一（『中右記』）。

系図等　歌人勘解由次官式部大輔正四位下文章博士左衛門権佐摂津守献大嘗会和歌　大往生人也　在拾遺往生伝　書一切経人也（『尊』）。

備考　元永元年八月　関白藤原忠実政所下文　別当（『九条家文書』）。『古今著聞集』巻六「修理大夫顕季人丸影供を行ふ事」。

藤原令明

生没年　承保元年（一〇七四）—康治二年（一一四三）

家族　父藤原敦基　母中原季成女（『尊』）。

経歴　嘉保二年十二月廿八日　給料宣旨（『中右記』）。康和四年十二月廿八日　秀才宣旨（『中右記』）。嘉承元年正月十九日　献策　秀才（『中右記』）。天仁元年十二月廿七日　使宣旨（『中右記』）。天永三年六月二日　検非違使文章生令明（『殿暦』）。天永三年九月廿三日　六位蔵人補任　左衛門尉（『殿暦』『中右記』）。天永三年十一月十五日　叙爵　蔵人（『殿暦』『中右記』）。長承元年正月廿六日　大内記補任（『中右記』）。康治二年八月廿四日　大内記令明（藤原頼長師）俄疾病将死之由其子敦任告送、正五位下行大内記藤原令明卒　頓死（『台記』『本朝世紀』）。年月日未詳　上野介藤原令明申文（『法性寺殿記』紙背文書）。

系図等　上野上総介正五位下大内記文章博士　康治二八廿四卒　七十（『尊』）。

備考　元永二年二月九日　左衛門大夫　藤原忠通職事（『忠通卿記』）。

藤原良重

経歴　建久六年三月十二日　式部大丞（「東大寺続要録」供養編）。

藤原能資

経歴　永暦二年四月廿二日　伊勢宣命起草　少内記（『伊勢勅使部類記』公卿勅使）。仁安元年十一月十一日　少内記（『兵範記』）。仁安二年十二月四日　民部丞を申す　正六位上行少内記（仁安二年十二月四日　少内記藤原能資申文「陽明文庫本兵範記紙背文書」二四号）。仁安三年三月廿三日　民部丞補任　内記（『兵範記』）。

藤原良綱

経歴　弘安元年十二月十六日　式部大夫（「弘安元年楽人注文写」『古書雑記』所収）。

藤原義経

家族　父藤原頼綱（『尊』）。

経歴　大治五年四月三日　兵部丞（『中右記』）。保延四年正月廿二日　式部丞補任（『中右記』）。保延五年二月廿三日　式部大丞下臈（「台記列見記」）。

系図等　安芸守従五位下（『尊』）。

藤原良任

家族　父藤原季随（『尊』）。

経歴　長和五年二月八日　蔵人所雑色補任　右近将監（『小右記』）。寛仁三年正月九日　蔵人補任（『小右記』同十日条）。治安元年三月六日　蔵人式部丞（『小右記』）。長元三年八月廿六日　上野介（『小右記』）。

系図等　正四位下身美濃守常陸上野介（『尊』）。

藤原義憲

家族　父藤原義経（『尊』）。

経歴　仁平二年九月九日　縫殿助（『兵範記』）。久寿元年二月八日　式部丞補任（『兵範記』）。久寿二年十一月廿二日　叙爵　大嘗会叙位　式部（『兵範記』『右中弁藤為親朝臣記』）。

系図等　従五位下右馬助（『尊』）。

藤原慶範

経歴　建武元年二月十九日　式部大丞補任（『師守記』康

永元年二月十九日条）。

藤原令茂

家族　父藤原正倫　母安倍氏（『尊』）。

系図等　康和三年十月　因幡守於任国死　従五位下大内記（『尊』）。

藤原頼明

家族　父藤原説孝　母源信明女（『尊』）。

経歴　長保二年正月廿二日　申式部丞　主殿助（『権記』）。寛弘元年正月五日　式部丞（『御堂関白記』）。寛弘元年正月五日　式部巡爵当藤原頼明、而依内大臣不申不給（『権記』）。寛弘元年正月六日　式部大丞頼明加叙　中宮御給（『権記』『御堂関白記』）。万寿三年十月十三日　美濃守頼明十六日任国赴任（『小右記』）。

系図等　従四位下右少弁美濃守太皇太后宮大進右大弁（『尊』）。

備考　寛弘三年三月廿八日　文二千巻を藤原道長に送る

（『御堂関白記』）。万寿四年三月七日　前帥隆家堀河所領群盗に襲われる、同所居住の美濃守頼明防ぐ（『小右記』）。万寿四年十一月廿六日　美濃守死闕　関白（頼通）殿上家司（『扶桑略記』『公』寛仁三年藤原道長項・『栄花物語』巻三十「つるやのはし」）。

藤原頼方

家族　父藤原時定（『尊』）。

経歴　久安五年十月十二日　式部丞補任（『兵範記』『本朝世紀』は橘姓）。久安六年十二月七日　式部丞藤頼方（『本朝世紀』）。

系図等　従五位下陪従雅楽頭（『尊』）。

藤原頼定

生没年　天治元年（一一二四）―養和元年（一一八一）

家族　父藤原経定　母家女房（『尊』）。

経歴　保延二年正月廿二日　大膳亮　故信通卿元永二年給（『公』）。保延六年十二月十六日　式部少丞

（『公』）。保延七年正月廿九日　式部大丞（『公』）。永治二年正月五日　叙爵（『本朝世紀』『公』）。永治二年正月廿三日　相模権守　式部労（『本朝世紀』『公』）。仁平二年正月五日　従五位上　簡一（『公』）。久寿三年正月廿七日　右兵衛佐（『公』）。保元二年正月廿四日　左少将（『公』）。保元二年十月廿二日　正五位下　白河院大治二年朔旦未給（『公』）。保元三年正月廿七日　遠江権介（『公』）。保元四年正月六日　従四位下　府（『公』）。永暦元年正月廿一日　右中将（『公』）。永暦元年二月廿八日　解官（『公』）。応保三年正月五日　従四位上　高松院去年未給（『公』）。応保三年正月廿四日　右中将還任（『公』）。長寛三年正月廿三日　正四位下　右馬頭定隆朝臣造延勝寺五大堂賞譲（『公』）。仁安四年正月十一日　備後権介　中将重兼国（『公』）。嘉応二年正月五日　蔵人頭（『公卿補任』）。嘉応二年十二月卅日　参議（『公』）。承安元年正月廿八日　兼周防権守（『公』）。承安三年正月十三日　従三位　行幸院賞　院分（『玉葉』『公』）。安元二年正月卅日　兼出雲権守（『玉葉』『公』）。治承二年四月五日　正三位　春日行幸行事賞（『玉葉』『公』）。治承五年三月十八日　薨去（『玉葉』『吉記』『明月記』『公』）。

系図等　正三位参議　本憲定　治承五三十八薨　五十八（『尊』）。

藤原頼季

家族　父藤原章経（『尊』）。

経歴　康治元年正月三日　蔵人補任　式部少丞（『本朝世紀』）。康治元年正月廿七日　使宣旨　蔵人式部（『本朝世紀』）。久安四年正月廿八日　宮内大輔補任（『本朝世紀』）。

系図等　筑前守信濃守従五位下（『尊』）。

藤原頼季

経歴　正治元年三月廿三日　式部少丞補任（『明月記』同廿五日条）。正治二年正月五日　叙爵　式部（『明月記』同六日条）。元久二年十一月廿九日　越中守

（『明月記』同卅日条）。建保四年正月五日　従五位上（『明月記』同六日条）。

藤原頼祐
家族　父藤原伊祐　母佐伯公行女（『尊』）。
経歴　寛弘八年二月　越前掾（「除目申文之抄」）。寛弘八年八月十一日　所雑色　左衛門尉（『小右記』）。長和元年四月八日　蔵人（『小右記』）。長和元年四月廿日　禁色宣旨　蔵人左衛門尉（『小右記』）。長和二年三月十日　蔵人式部丞（『小右記』）。治安三年正月十一日　伊賀守（『小右記』）。長元三年九月十七日　殿上人越後守（『小右記』）。
系図等　従四位上越前守周防守（『尊』）。
備考　万寿元年三月一日　前伊賀守頼祐宅焼失（『小右記』）。

藤原頼隆
経歴　正暦四年十二月十九日　式部丞（『本朝世紀』）。長保二年正月廿二日　申新叙（『権記』）。

藤原頼経
経歴　治承三年正月五日　叙爵　式部（『玉葉』『山槐記』）。

藤原頼任
生没年　—長元三年（一〇三〇）
家族　父藤原時明（『弁』）。
経歴　寛弘三年六月廿三日　内記　補東宮侍者（『権記』）。寛弘三年　少内記（『台記』「台記別記　隆長元服」仁平元年二月十六日条引用先例）。長和二年九月十六日　叙従五位上　中宮権大進（『小右記』）。長和三年十二月廿六日　藤原道長上東門第行幸　内記（『小右記』）。長元二年正月廿四日　右中弁補任（『弁』）。長元三年七月　卒（『弁』）。
備考　万寿元年二月廿七日　美濃守頼任倉に盗賊（『小右記』）。

藤原頼仲
経歴　承久三年正月五日　叙爵　式部（『玉蘂』）。

藤原頼成

家族　父藤原頼方（『尊』）。

経歴　仁安元年十月廿一日　叙爵　式部丞補任（『兵範記』）。

系図等　散位従五位下　被放陪従（『尊』）。

藤原頼宣

経歴　寛仁二年六月十四日　兵部丞（『左経記』）。寛仁二年十月十六日　蔵人式部丞頼宣（『左経記』）。

藤原頼業

経歴　兵部丞（『内侍所御神楽部類』所収「山槐記」）。藤原頼業同時之□□也、而経吏部已叙五位畢（仁安二年十二月十日　中務丞藤原博泰申文「陽明文庫本兵範記紙背文書」四七号）。

藤原頼範

家族　父藤原光範　母清原頼範女（『尊』）。

経歴　治承二年正月廿六日　学問料（『公』）。治承四年正月廿八日　文章得業生（『玉葉』同廿五日条・同廿九日条・「山槐記除目部類」『公』）。養和元年三月廿七日　越前大掾（『公』）。寿永元年三月八日　主殿権助（『公』）。寿永二年正月廿八日　式部少丞（『公』）。寿永二年二月七日　叙爵（『公』）。文治五年正月五日　従五位上　策（『公』）。建久六年正月五日　正五位下　策（『公』）。建久六年十二月十日　民部権大輔（『公』）。建久八年十二月十五日　肥後守（『公』）。正治元年十一月廿八日　宇佐使兼日昇殿（『猪隈関白記』）。建仁元年十二月廿二日　東宮学士（『公』『春宮坊官補任』）。建仁元年十二月廿六日　賜民部権大輔兼字（『公』）。建仁二年十一月廿二日　従四位下　民部権大輔叙留（『猪隈関白記』同廿二日条・『公』は十九日とする）。元久元年正月十三日　従四位上　止民部権大輔（『公』）。承元三年正月五日　正四位下　父光範卿辞民部卿申叙之（『公』）。承元四年十二月十六日　従三位　前坊学士（『公』）。承久元年十月三日　式部大輔（『公』）。承久二年正月廿二日　兼安芸権守（『公』）。承久三年正月五日　正三位　坊官賞（『玉蘂』『公』）。承久三年正月　出家（『公』）。

備考　元久元年正月廿九日　後鳥羽院庁下文案　判官代東宮学士（『鎌倉遺文』一四二一号）。承元二年十二月廿五日　東宮守成親王元服　東宮学士（『猪隈関白記』）。御乳母夫侍読　聴直衣（『禁秘抄考証』）。

藤原頼茂

経歴　承元二年正月十九日　申式部丞　図書助（『砂巌』所収「実宣卿記」）。建暦二年十一月十一日　叙爵式部（『明月記』同十二日条）。

藤原頼泰

家族　父大友親秀（『尊』）。

経歴　仁治三年二月十三日　関東下知状案　大友式部大夫宛（『三柱神社文書』）。弘長二年八月廿九日　尼深妙譲状　大友式部大夫殿（『編年大友史料』）。文

永十一年十一月六日　大友式部大夫頼泰（「勘仲記文永十一年暦記」）。初名泰直。

系図等　鎮西奉行従五位下出羽丹後兵庫頭（『尊』）。

文室如正

経歴　永祚元年正月九日　少内記（『小右記』）。正暦元年七月廿三日　大内記（『本朝世紀』）。長保三年正月　大学頭（治安二年正月廿二日　源頼正申文『魚』巻第四　兼国）。寛弘七年二月　兼周防権守大学頭兼国（治安二年正月廿二日　源頼正申文『魚』巻第四　兼国）。長和元年十月廿日　文室如正式部大輔申文　従四位下行大学頭兼周防権守文室真人如正　如正当職十二年（『本朝文粋』巻第六奏状中）。長和四年十二月四日　四位（『小右記』）。

源敦経

家族　父源基綱（『尊』）。

経歴　永長二年　大炊権助補任　太皇太后宮御給（長治元年四月廿九日　源敦経申文『朝野群載』巻第

九　功労）。長治元年四月廿九日　申式部丞（長治元年四月廿九日　源敦経申文『朝野群載』巻第九　功労）。
系図等　式部丞従四位下安芸守（『尊』）。

源有章

生没年　―康平七年（一〇六四）
家族　父源時中（『尊』）。
経歴　万寿四年正月七日　式部丞（『小右記』）。
系図等　従五位上越後守阿波守　康平七十二自阿波守下国の時没海死（『尊』）。

源有家

家族　父源資定（『尊』）。
経歴　寛治四年三月廿五日　蔵人式部丞（『五壇法記』）。寛治四年六月五日　叙爵　蔵人式部丞　篤子内親王内外官未済被下本宮申文、外記勘例令奏之　院蔵人（『為房卿記』）。
系図等　従五位下三河下野守（『尊』）。

源有綱

家族　父源信綱（『尊』）。
経歴　建久九年正月十一日　式部丞（『御譲位記』）。建久九年正月卅日　転式部大丞（『三長記』）。建久九年二月廿六日　叙爵　式部（『三長記』『明月記』）。
系図等　従五位下式部丞（『尊』）。

源有房

経歴　康和元年正月廿三日　式部少丞　元兵庫助　奏（『本朝世紀』『魚魯愚別録』巻第一　為房卿所書目録当他家大略為指南歟）。康和四年正月十四日　式部丞（『殿暦』）。

源有保

経歴　久寿元年正月廿三日　式部丞補任（『兵範記』）。久寿二年正月六日　叙爵　式部（『兵範記』）。

源家清

経歴　応徳三年十二月十六日　式部丞（『御即位叙位部類記』所収「通俊卿記」）。応徳三年十二月十八日　従五位下　御即位叙位　式部（『御即位叙位部類記』所収「通俊卿記」）。長治二年正月廿七日　巡年　式部一家清不任（『中右記』）。

源家時
家族　父足利頼氏　母上杉重房女（『尊』）。
経歴　建治二年八月二日　関東下知状案　美作国大原保相論　足利式部大夫家時（『鎌倉遺文』一二四三七号）。
系図等　号足利太郎　式部丞式部大夫伊予守従五位下　法名義忍　号報国寺（『尊』）。

源家俊
経歴　年月日未詳　申式部丞　内匠助（『魚魯愚別録』巻第一　為房卿所書目録当家他家大略指南歟）。

源氏経
家族　父大井田経隆（『尊』）。
経歴　建武二年十一月　大井田式部大夫（『太平記』巻第十四「節度使下向事」）。
系図等　弾正少弼（『尊』）。

源懐信
家族　父藤原兼業（『尊』）。
経歴　長和二年三月卅日　雑色（『小右記』）。長和四年七月廿四日　蔵人（『小右記』）。長和四年八月廿七日　中務丞兼任　蔵人（『小右記』）。長和五年正月廿九日　後三条院判官代補任　式部丞源懐信（『小右記』）。治安三年六月十七日　東宮大進（『小右記』）。治安三年十月十九日　東宮大進（『小右記』）。万寿元年十一月卅日　摂津守（『小右記』）。
系図等　正五位下摂津守東宮大進（『尊』）。

源兼宣
家族　父源惟正　母藤原守友女（『尊』）。
経歴　長保三年二月九日　式部丞（『権記』）。長保三年

四月廿六日　蔵人式部丞兼宣去夜出家、赴三井寺（『日本紀略』『権記』同廿七日条）。
系図等　蔵人式部丞（『尊』）。

源清家
経歴　建久九年三月三日　兵部丞（『三長記』『建久九年御即位記』）。元久元年正月五日　叙爵　式部（『明月記』同六日条）。

源清季
経歴　建仁二年正月廿一日　式部丞補任（『明月記』同廿二日条）。

源邦忠
家族　父源季昌　母藤原敦基女（『尊』）。
経歴　大治三年正月　宿官勘文（『魚』巻第五　兼国）。
系図等　従五位下美濃守　本名邦忠（『尊』源信邦項）。

源国政
生没年　―長徳四年（九九八）
家族　父源通理　実者従三位源清延男（『尊』）。
経歴　正暦五年四月廿三日　兵部大丞（『本朝世紀』）。長徳四年七月七日　式部大丞源国政昨夜死去、家人（中欠）由也、甚足悲、故美濃守正四位下通理朝臣男、実者故従三位源清延卿男也（『権記』）。

源伊実
経歴　年月日未詳　申式部丞　諸陵助（『魚魯愚別録』巻第一　為房卿所書目録当家他家大略指南敷）。

源惟時
経歴　正暦四年正月九日　蔵人補任（『小右記』）。正暦四年七月五日　蔵人式部丞（『小右記』）。

源定良
経歴　長和五年正月廿九日　蔵人補任　式部丞定良（『小右記』）。寛仁二年二月一日　五位蔵人補任　式部大夫定良（『左経記』『職事補任』）。寛仁三年九月廿

八日　皇太后宮御使蔵人侍従定良（『小右記』）。治安元年正月廿七日　摂津守補任兼左衛門佐（『職事補任』）。治安三年十一月一日　伊予守（『小右記』）。万寿四年七月廿六日　少将　軽服（『小右記』）。長元四年九月六日　中宮使少将（『小右記』）。長元四年十二月廿二日　斎院別当補任（『左経記』）。

源繁氏

生没年　―延文四年（一三五九）

家族　父細川顕氏（『尊』）。

経歴　建武二年十一月　細河式部大夫繁氏（『太平記』巻第十四「節度使下向事」）。

系図等　式部丞従五位下伊予守（『尊』）。

源重資

家族　父源経成　母藤原泰通女（『公』『尊』）。

経歴　康平六年十一月　諸陵権助（『公』）。康平八年四月廿四日　式部少丞（『公』）。治暦二年正月　式部大丞（『公』）。治暦三年正月五日　叙爵　式部丞

労（『公』）。治暦三年二月六日　越後権守（『公』）。延久元年四月廿八日　右馬助（『公』）。承保二年正月廿八日　右衛門佐（『公』）。承保二年六月十三日　少納言（『公』）。承保四年正月六日　従五位上（『公』）。承暦二年正月廿七日　紀伊権守（『公』）。承保五年正月五日　正五位下　少納言労（『公』）。応徳元年八月廿五日　右少弁（『公』）。応徳三年二月廿七日　修理右宮城使（『公』）。寛治三年正月廿八日　摂津権守（『公』）。寛治六年十一月八日　左少弁（『公』）。寛治八年六月十三日　権右中弁（『公』）。嘉保二年正月五日　従四位下（『公』）。承徳二年正月六日　従四位上　松尾平野行幸行事賞（『公』）。承徳二年正月廿七日　権左中弁（『公』）。康和二年七月三日　正四位下　造住吉社賞（『公』）。康和二年十一月廿四日　蔵人頭（『公』）。康和三年二月九日　越前権守（『公』）。康和三年十一月廿八日　修理左宮城使（『公』）。康和四年七月廿一日　正四位上　院御給（『公』）。長治三年三月十一日　土佐権守（『公』）。嘉承元年十二月廿七日　参議

同日転左大弁（『公』）。嘉承二年　兼勘解由長官（『公』）。嘉承三年十一月廿日　従三位　大嘗会国司（『公』）。天永二年正月廿三日　備前権守（『公』）。天永四年十月十二日　正三位　日吉行幸行事賞（『公』）。永久三年四月廿八日　権中納言（『公』）。永久五年正月十九日　宮内卿（『公』）。永久五年十二月卅日　大宰権帥（『公』）。元永二年八月二日　従二位　赴任賞（『公』）。保安三年八月　出家（『公』）。

系図等　右衛門権佐摂津守大宰帥参議大弁右馬助中納言従二位（『尊』）。

源重俊

経歴　保安元年正月廿七日　蔵人式部丞（「法性寺殿御記」）。

源重成

経歴　長元九年五月十五日　蔵人式部丞（『左経記』「類聚雑例」）。

源重成

生没年　天承元年（一一三一）―平治元年（一一五九）

家族　父源重実　母勾当大夫宗成女　源義朝従兄弟（『尊』『平治物語』上「源氏勢揃への沙汰」）。

経歴　久安二年十二月廿一日　叙爵　式部丞　禎子内親王給（『本朝世紀』）。久安二年十二月廿四日　下名　叙爵　式部丞　禎子内親王給（『本朝世紀』）。平治元年十二月　美濃国児安森で自害　生年廿九（『平治物語』中「義朝奥波賀に落ち着く事」）。

系図等　号佐渡式部大夫　昇殿　従五位下　近江守式部丞　号八島（『尊』）。

備考　久安六年六月廿二日　平忠盛郎従と式部大夫重成郎従闘乱（『台記』）。仁平二年十二月二日　以式部大夫重成自院有被仰事、自殿下有召（『山槐記』）。後白河天皇方　佐渡式部大輔重成七十騎（『保元物語』上「官軍勢汰へ并主上三条殿へ行幸の事」）。

源季隆

経歴　保延元年四月一日　式部丞補任（『中右記』）。

源季忠

家族　父源広綱　母藤原頼季女（『尊』）。

経歴　年月日未詳　中式部丞　諸陵権助（『魚魯愚別録』巻第一　為房卿所書目録当家他家大略指南歟）。寛治四年六月五日　式部少丞補任　諸陵助（『為房卿記』）。寛治五年正月廿八日　式部大丞転任　去夏少丞補任（『江記』）。寛治五年十二月廿九日　叙爵　式部丞　二条院合爵（『中右記』）。元永元年正月十八日　筑前守　式部（『中右記』同十九日条）。大治二年正月五日　叙従五位上　従下一（『中右記』）。

系図等　従四位下筑前守大宮権亮（『尊』）。

源季継

経歴　寛元元年八月十日　式部少丞（「妙槐記除目部類」）。寛元三年正月五日　叙爵　式部（『平戸記』）。

源季範

家族　父源国基（『尊』）。

経歴　長和四年閏六月廿三日　蔵人右衛門尉（『小右記』）。寛仁元年十一月廿三日　三条院判官代蔵人式部丞源季範除服（『小右記』）。万寿二年十月廿三日　相模介季範（『小右記』）。

系図等　相模守従五位下出家（『尊』）。

源資家

経歴　寿永元年九月四日　式部少丞補任（『吉記』）。

源資通

生没年　長元七年（一〇三四）―康平三年（一〇六〇）

家族　父源済政　母源頼光女（『公』『尊』）。

経歴　長和五年正月十二日　大膳亮　祖父大納言時中二合（『公』）。寛仁四年正月九日　六位蔵人（『公』）。治安元年正月廿四日　右衛門少尉（『公』）。治安二年正月七日　式部少丞（『公』）。治安二年四月三日　叙爵　禎子内親王給（『小右記』『公』）。治安

二年九月廿三日　侍従（『公』）。治安三年二月十八日　五位蔵人（『公』）。治安三年十二月十八日　左馬助（『公』）。治安四年正月　左兵衛佐（『公』）。万寿二年正月六日　従五位上　中宮御給（『公』）。万寿三年十月廿六日　民部少輔（『公』）。万寿四年正月七日　正五位下　上東門院御給（『公』）。長元元年二月十九日　左少弁（『公』）。長元三年十一月五日　右中弁（『公』）。長元四年二月十七日　和泉守　蔵人労（『公』）。長元四年十一月十六日　従四位下　弁　朔旦（『公』）。長元七年正月五日　従四位上　行幸上東門院賞　父済政朝臣譲之（『公』）。長元八年十月十六日　権左中弁（『公』）。長元九年二月廿七日　右京大夫（『公』）。長元九年十月十四日　兼摂津守　止大夫（『公』）。長暦元年十一月　正四位下　石清水賀茂行幸行事賞（『公』）。長暦二年六月廿六日　左中弁（『公』）。長暦二年十二月十六日　右大弁　摂津守如元（『公』）。長久四年九月十九日　蔵人頭（『公』）。長久五年正月七日　正四位上　父済政朝臣造仁寿殿功（『公』）。長久五年正月卅日　近江権守（『公』）。長久五年十二月四日　参議　右大弁近江権守如元（『公』）。寛徳二年十月廿三日　左大弁（『公』）。寛徳三年十一月十三日　従三位（『公』）。永承四年二月五日　兼播磨権守（『公』）。永承五年九月十七日　兼大宰大弐　去左大弁（『公』）。永承五年正月十一日　正三位　赴任賞（『公』）。天喜二年十一月廿八日　去太宰大弐（『公』）。天喜四年二月三日　兼美作権守（『公』）。天喜五年正月五日　従二位　造宮行事賞（『公』）。天喜六年正月卅日　兵部卿（『公』）。天喜六年十一月八日　勘解由長官　止兵部卿（『公』）。康平三年八月十七日　出家（『公』）。

系図等　大宰大弐兵部卿左大弁参議従二位　康平三八廿三薨　六十六（『尊』）。

源済政

生没年　―長久二年（一〇四一）

家族　父藤原時中　母藤原安親女（『尊』）。

経歴　長徳二年正月廿五日　式部大丞（『長徳二年大間

書』）。長徳三年正月七日　叙爵（宮内庁書陵部本『枕草子』傍注）。長徳三年正月廿八日　阿波権守補任（宮内庁書陵部本『枕草子』傍注）。長保二年正月廿七日　五位蔵人補任　従五位下阿波権守（『職事補任』）。長保四年二月卅日　従四位下（『職事補任』）。寛弘元年三月廿八日　昇殿（『御堂関白記』）。寛弘二年正月十三日　少将（『小右記』）。寛弘二年正月廿日　受領功課　信濃済政（『小右記』）。長和元年五月十九日　修理権大夫（『小右記』）。長和二年九月十六日　正四位下　北方譲藤原道長上東門第行幸（『小右記』）。長和三年三月五日　讃岐守補任（『小右記』）。万寿二年九月七日　近江守（『小右記』）。長暦元年八月十日　播磨守補任（「行親朝臣記」）。

系図等　贈従三位　笛郢曲和琴箏鞠　近江播磨丹波等守本名頼時（『尊』）。

源済頼

経歴　長保元年五月十一日　式部少丞（『本朝世紀』）。

源孝道

家族　父源元亮　源頼光為子　母経基王女（『尊』）。

経歴　長保元年八月廿七日　大和国司解　大学頭兼大和守従五位上（『平安遺文』三八五号）。寛弘四年四月廿八日　越前守補任（『御堂関白記』）。寛弘七年三月卅日　越前国司孝道死闕の補任（『御堂関白記』）。

系図等　為満仲子　越前守正五位下左衛門権佐（『尊』）。

源孝行

家族　父源光行（『尊』）。

経歴　嘉禄元年四月二日　孝行　光行入道子　式部　中将家人（『明月記』）。寛喜元年七月廿一日　式部大夫（『民経記』）。仁治元年正月十二日　筑後守　式部巡（『平戸記』）。

系図等　文章生民部丞筑前守蔵人所雑色従五位下　仁治元正廿二出家（『尊』）。

源忠隆
経歴　寛弘元年三月十八日　式部丞忠隆（『権記』）。寛弘五年九月十一日　敦成親王誕生　鳴弦役　相模権守（『御産部類紀』所収「不知記」）。

源忠時
家族　父源俊房　母藤原重房女（『尊』）。
経歴　康和五年正月六日　叙爵　式部（『本朝世紀』）。康和五年二月卅日　出雲権守（『本朝世紀』）。
系図等　従五位下出雲守（『尊』）。

源忠政
生没年　康平五年（一〇六二）―元永二年（一一一九）
家族　父源政長　母藤原憲房女（『尊』）。
経歴　長治二年九月十三日　和泉権守（『殿暦』）。永久二年四月十三日　斎院御禊前駈　摂津守（『中右記』）。元永二年八月廿二日　今朝摂津入道卒去、年五十八云々、忠政ハ故政長長男也、好管弦道、習琵琶横笛者也、往年歴式部丞、依巡任摂津国也（『中右記』）。

源忠光
経歴　仁安三年正月十五日　兵部丞（『兵範記』）。仁安三年十二月十三日　式部丞補任（『兵範記』「山槐記除目部類」）。

源胤季
経歴　正応二年二月廿四日　叙爵　式部（『勘仲記』）。

源為善
生没年　―長久三年（一〇四二）
家族　父源国盛（『尊』）。
経歴　長和五年正月廿九日　六位蔵人補任　玄蕃助如元（『小右記』）。長和五年三月廿七日　蔵人式部丞（『左経記』）。寛仁二年十月十六日　中宮権大進補任（『小右記』）。長久三年十月一日　卒去（「勅撰作者部類記」）。
系図等　従四位上備前守（『尊』）。

源親時
経歴　申少内記　中務丞（『経俊卿記』建長八年四月巻紙背文書　中務丞源親時申文）。

源親範
生没年　―寛徳二年（一〇四五）
家族　祖父源道済　父源懐圓（『尊』）。
経歴　寛徳元年十一月廿四日　改元定　大内記（『春記』）。寛徳二年七月卅日　卒（『勅撰作者部類記』）。
系図等　大内記従五位下　為道済子（『尊』）。

源親行
家族　父源光行（『吾妻鏡』承久三年八月二日条・『尊』）。
経歴　元仁元年閏七月廿三日　式部大夫（『吾妻鏡』）。文応元年八月八日　河内守（『鎌倉遺文』八五四五号）。弘長三年八月十一日　河内前司（『吾妻鏡』）。
系図等　式部丞従五位下（『尊』）。
備考　河内本源氏物語（『金沢文庫古文書』識語五八五号）。

源至光
家族　父源博雅（『尊』）。
経歴　長徳二年正月十日　蔵人少内記（『小右記』）。長徳二年八月九日　少内記（『小右記』）。
系図等　伯耆守従五位下（『尊』）。

源経任
経歴　万寿二年八月六日　蔵人（『小右記』）。万寿二年十一月廿四日　内記蔵人（『小右記』）。万寿三年七月九日　蔵人式部丞（『小右記』）。万寿三年十月十九日　蔵人式部大丞（『左経記』）。万寿四年三月十五日　蔵人式部丞（『小右記』）。

源経時
家族　父源範基（『尊』）。
経歴　久安五年十月廿二日　兵部丞補任（『兵範記』『本朝世紀』）。仁平三年八月十九日　斎内親王行禊御

契使　御前判官　式部少丞（『本朝世紀』）。仁平三年九月廿一日　斎宮群行御前判官　式部丞源経時（『兵範記』）。久寿二年十月廿三日　叙爵　式部御即位叙位（『兵範記』）。

系図等　従五位下陪従式部丞　改経仲（『尊』）。

源経長

生没年　―延久三年（一〇七一）

家族　父源道方　母源国盛女（『尊』）。

経歴　寛仁四年十一月廿九日　雅楽助　従一位源倫子給（『公』）。治安二年四月三日　蔵人（『小右記』『公』）。治安三年三月廿九日　式部少丞（『公』）。万寿元年正月七日　従五位下　皇太后宮御給（『公』）。万寿元年九月十八日　左馬助（『公』）。万寿二年正月卅日　少納言（『公』）。万寿四年正月五日　従五位上　少納言労（『公』）。長元二年正月五日　正五位蔵人（『公』）。長元三年十一月五日　左少弁（『公』）。長元五年七月廿日　防鴨河使（『公』）。長元六年正月七日　正五位下　弁労（『公』）。長元六年四月二日　斎院長官（『公』）。長元八年正月卅日　和泉守　蔵人巡（『公』）。長元八年十月十六日　右中弁（『公』）。長元九年正月七日　従四位下　弁（『公』）。長元九年二月廿七日　従四位上　去年中宮行啓斎院賞追申之（『公』）。長元九年四月十八日　止斎院長官　斎院退出日（『公』）。長元九年十二月廿二日　東大寺俗別当　防鴨河使従四位上行右中弁兼和泉守（『東大寺別当次第』）。長暦二年六月廿五日　権左中弁　止和泉守（『公』）。長暦二年十二月廿一日　正四位下　春日行幸行事賞（『公』）。長暦三年十二月十六日　左中弁（『公』）。長久二年正月廿三日　左京大夫　兼伊予権守（『公』）。長久三年正月廿九日　蔵人頭（『公』）。長久三年二月十七日　東大寺俗別当　正四位下行左京大夫兼左中弁周防権守（『東大寺別当次第』）。長久三年十月廿七日　宮内卿（『公』）。長久四年九月十九日　参議　宮内卿左京大夫如元（『公』）。長久五年正月卅日　美作権守（『公』）。長久五年十二月十四日　従三位（『公』）。寛徳二年十月廿三

日　止左京大夫　兼右大弁（『公』）。永承二年四月廿三日　正三位　石清水賀茂行幸行事賞（『公』）。永承二年十一月十三日　勘解由長官（『公』）。永承四年二月五日　近江権守（『公』）。永承五年九月十七日　左大弁（『公』）。永承五年十月十三日　従二位　上東門院院司賞（『公』）。康平元年四月廿五日　権中納言　宮内卿如元（『公』）。康平六年十一月九日　正二位　旧年石清水行幸行事（『公』）。康平八年十二月八日　皇后宮権大夫（『公』）。治暦二年十二月八日　皇后宮大夫（『公』）。治暦四年四月十七日　中宮大夫（『公』）。治暦五年八月廿二日　権大納言　兼皇太后宮大夫（『公』）。延久三年四月九日　依病辞職（『公』）。延久三年六月六日薨去（『公』）。

源経雅

経歴　寛元二年正月五日　叙爵　在房罷式部巡年叙之（『平戸記』）。

源遠章

家族　父源仲章（『尊』）。

経歴　嘉禄二年正月廿四日　大内記補任　頭弁範輔妻弟（『明月記』・『公』藤原経範項）。安貞元年正月六日　叙正五位下（『明月記』）。寛喜二年正月五日従四位下　策（『明月記』同六日条）。嘉禎三年正月五日　正四位下　越遠章朝臣（『公』藤原光兼項）。

系図等　従四位上大内記（『尊』）。

源時家

生没年　延慶元年（一三〇八）―延文元年（一三五六）

家族　父斯波家貞（『尊』）。

経歴　建武二年十一月　足利式部大夫時家（『太平記』巻第十四　節度使下向事）。

系図等　奥州管領童名千代鶴丸尾張彦三郎左京大夫伊予守　本名時家　式部丞従五位下　出家円承　延文元六十三卒　四十九（『尊』源家兼項）。

源時賢

経歴　天治二年十二月廿一日　蔵人（『中右記』）。大治二年正月五日　叙爵　蔵人式部（『中右記』）。

源俊兼

生没年　康平三年（一〇六〇）―天永三年（一一一二）

家族　父源清長　母高階章行女（『尊』）。

経歴　寛治二年二月廿二日　式部大丞（「白河上皇高野御幸記」）。寛治四年正月七日　式部丞三人叙爵本省奏（『中右記』）。

系図等　昇殿中宮称進美濃能登守土佐守正五位下治部丞式部丞　天永三四廿四卒　五十三（『尊』）。

源俊賢

経歴　康和元年正月廿三日　駿河守　式部巡（『本朝世紀』）。

源俊重

家族　父源俊頼　母藤原清綱女（『尊』）。

経歴　康和四年三月廿日　御賀宴　笛　式部丞俊重（『中右記』）。康和四年八月十日　臨時除目　式部丞源俊重叙爵（『殿暦』）。

系図等　能書式部大夫伊勢守従五位上（『尊』）。

備考　康和二年二月五日　管弦（『殿暦』）。

源俊高

経歴　大治四年十月九日　式部録補任　文章生（『中右記』）。

源俊長

経歴　大治四年正月廿四日　式部少丞補任（『中右記』・『長秋記』同二月十七日条）。

源俊光

家族　父源顕親　母源重資女（『尊』）。

経歴　治承四年正月廿八日　壱岐守補任　式部　正四位下（『玉葉』「山槐記除目部類」）。治承四年二月十九日　壱岐守辞退　去正月以式部巡任也、而嫌任国辞申也（『山槐記』）。

系図等　宮内少輔侍従少納言正四位下（『尊』）。

源知邦

経歴　寛元三年正月十三日　式部少丞補任（『平戸記』）。寛元三年九月十二日　式部大丞転任（『平戸記』）。寛元三年十一月三日　叙爵　式部（『平戸記』）。

源朝棟

家族　父源守隆（『尊』）。

経歴　万寿二年六月十日　式部省解　正六位上行大丞（『類聚符宣抄』第一　諸神宮司補任）。

源仲章

生没年　―承久元年（一二一九）

家族　父源光遠（『尊』）。

経歴　建久二年七月五日　申方略宣旨　蔵人　起家（『玉葉』）。建久二年十一月五日　使宣旨（『都玉記』）。建久九年正月五日　従五位上　策（『明月記』同六日条）。元久元年正月五日　正五位下　策（『明月記』同六日条）。建永元年正月十二日　将軍源実朝侍読（『吾妻鏡』）。承元元年正月五日　従四位下（『明月記』同六日条）。建保二年七月十日　大学頭源仲章書状（『鎌倉遺文』補六五二号）。建保六年二月十八日　文章博士　侍読昇殿を聴される（『吾妻鏡』建保五年三月十六日条・『禁秘抄考証』）。承久元年正月廿七日　卒去（『吾妻鏡』）。

系図等　昇殿文章博士弾正大弼（『尊』）。

備考　建保四年四月廿二日　将軍家政所下文案　別当大学頭（『鎌倉遺文』二二二七号）。

源仲家

経歴　建久九年正月卅日　式部大丞転任（『三長記』『明月記』）。承元元年正月十四日　隠岐守補任　蔵人丞　去年不任　今年任（『明月記』）。

備考　（年未詳）三月三日　禁色宣旨　蔵人式部丞源仲家（『宣旨類』）。

源仲忠

家族　父源信忠（『尊』）。

経歴　正元元年十二月十五日　叙爵　御即位叙位　式部（『民経記』）。

系図等　右馬助民部少輔式部丞院判官代（『尊』）。

源永光

生没年　―寛弘六年（一〇〇九）

家族　父源保光（『尊』）。

経歴　長保元年五月十一日　兵部大丞（『本朝世紀』）。長保五年二月廿八日　式部大丞源永光（『本朝世紀』）。寛弘二年正月七日　式部丞（『小右記』）。寛弘五年九月十一日　敦成親王誕生　鳴弦役肥前権守（『御産部類記』所収「不知記」）。寛弘六年十月廿日　永光朝臣卒（『権記』）。

系図等　従五位下（『尊』）。

源仲頼

家族　父源仲舒（『尊』）。

経歴　康治元年十二月廿一日　式部少丞補任　元兵部丞（『本朝世紀』）。久寿元年正月卅日　但馬権守補任（『本朝世紀』）。

系図等　従五位上信濃守能登守（『尊』）。

源成憲

経歴　元久二年正月廿九日　式部少丞転任（『明月記』同卅日条）。

源成中

経歴　永保三年正月廿九日　申式部丞　兵部少丞（『魚』巻第七　顕官挙）。

源信綱

経歴　仁平三年閏十二月廿三日　兵部丞補任（『兵範記』）。保元元年十一月廿八日　式部丞補任　兵部丞（「山槐記除目部類」）。保元三年正月六日　叙爵　式部（『兵範記』）。正治元年三月廿四日　信綱止式部巡　子息宗信任左兵衛少尉（『明月記』同廿五日条）。

源信房
経歴　長久二年二月十六日　御馬御覧　蔵人式部丞（『春記』）。康平二年三月五日　加賀守　石清水臨時祭使（「宮事縁事抄」）。治暦二年二月十四日　若狭守補任（『水左記』）。

源信行
経歴　寛喜三年正月六日　叙爵　式部（『民経記』・『明月記』同七日条）。寛喜三年正月廿九日　武蔵権守補任（『民経記』）。

源則孝
家族　父源時中　母平氏命婦（『尊』）。
経歴　長保二年二月三日　少内記則孝（『権記』）。長保三年八月十一日　少内記（『権記』）。長保三年十二月廿九日　少内記　藤原行成家侍所別当如元（『権記』）。
系図等　従五位下（『尊』）。
備考　長保三年十二月廿九日　少内記　藤原行成家侍所別当如元（『権記』）。

源則成
家族　父源道成　母平親信女（『尊』）。
経歴　治安三年正月十一日　蔵人補任　文章生　所雑色（『小右記』）。万寿元年正月七日　蔵人（『小右記』）。万寿元年二月十一日　検非違使申慶（『小右記』）。万寿元年十二月十九日　式部丞（『小右記』）。
系図等　従五位下弾正大弼（『尊』）。

源範基
経歴　康治元年正月廿三日　式部大丞　元兵部丞（『本朝世紀』）。康治元年九月一日　大嘗会御禊除目次第司　御前判官　式部丞（『本朝世紀』）。康治元年十一月十四日　叙爵　大嘗会叙位（『本朝世紀』）。久安三年八月十七日　散位（『本朝世紀』）。

源広綱
生没年　永承三年（一〇四八）―天仁元年（一一〇八）

家族　父源師房　実者藤原成国子（『尊』）。

経歴　応徳二年十二月五日　中務省解　従五位上行権少輔（『朝野群載』巻第八　別奏）。寛治七年二月十四日　前中務少輔（『中右記』）。嘉保二年十一月二日　正五位下　前中務少輔　大殿御給（『中右記』同日条裏書）。天仁元年正月廿四日　摂津守補任　式部一　従四位下　君達也、被成最下国、尤不便也（『中右記』）。天仁元年十一月卅日　昨日摂津守源広綱卒去、年六十一、年来飲水之病也、件人称故土御門右府子也、依式部巡今春任摂津守也（『中右記』）。

系図等　従四位下摂津守実者藤原成国子（『尊』）。

源雅隆

生没年　―保延元年（一一三五）

家族　父源顕房　或雅兼子（『尊』）。

経歴　寛治五年正月廿八日　式部少丞補任　元典薬助（『江記』）。寛治七年正月五日　叙爵　式部丞（『後二条師通記』）。元永二年正月廿四日　和泉守　式部（『中右記』）。保延元年六月四日　関白仰云、昨日和泉前司雅隆朝臣卒去（『中右記』）。保延元年六月六日　関白殿依御仮不参御、依神今食以前也、是和泉前司雅隆一日卒去也、仍御仮之中也（『中右記』）。

系図等　従五位下和泉守　依春日神人殺害停任（『尊』）。

備考　保安元年九月二日　三条高倉和泉守雅隆宅焼亡（『中右記』）。

源雅光

家族　父源広綱　母源頼季女（『尊』）。

経歴　永久元年十二月　式部省移　正六位上（式部）大丞（『朝野群載』巻第八　別奏）。

系図等　従五位下越中守（『尊』）。

源雅光

生没年　寛治三年（一〇八九）―大治二年（一一二七）

家族　父源顕房　母八幡別当清円女（『尊』）。

経歴　康和五年二月卅日　式部少丞補任　元大学助　故

右大臣藤原顕房息（『本朝世紀』）。嘉承元年正月五日　叙爵　式部丞（『中右記』）。大治二年十月四日　昨夕治部大輔雅光卒、年三十九（『中右記』）。

系図等　従五位上治部大輔歌人（『尊』）。

源雅職

家族　父源清実（『尊』）。

経歴　保安元年正月五日　式部省奏大丞源雅職叙爵事（『叙位議次第抄』）。

系図等　装束師正四位下甲斐守（『尊』）。

源雅頼

生没年　大治四年（一一二九）―建久三年（一一九二）

家族　父源雅兼　母藤原能俊女（『公』『尊』）。

経歴　天承元年十二月廿四日　修理亮　雅兼卿二合（『公』）。天承元年十二月廿七日　遷大膳亮（『公』）。天承二年正月廿二日　式部少丞（『中右記』『公』）。長承二年三月四日　叙爵　一品禎子内親王給（『公』）。長承四年正月廿八日　治部大輔（『公』）。保延七年

正月七日　従五位上　大輔労（『公』）。久安五年三月廿日　正五位下　延勝寺供養　皇太后宮御給（『公』）。久寿二年八月廿三日　蔵人（『公』）。久寿三年九月十七日　左少弁（『公』）。保元二年八月廿一日　権右中弁（『公』）。保元二年十月廿二日　従四位下　造宮行事（『公』）。保元三年八月十日　左中弁（『公』）。保元四年正月六日　従四位上　父卿去天永三年平野大原野行幸行事賞（『公』）。保元四年正月廿九日　伊勢権守（『公』）。永暦元年四月三日　正四位下　父卿天永三年平野大原野行幸行事賞（『公』）。永暦元年十月　右大弁　蔵人頭（『公』）。応保三年正月廿四日　遠江権守（『公』）。長寛二年正月廿一日　参議　右大弁・遠江権守如元（『公』）。長寛三年八月十七日　左大弁（『公』）。長寛三年十月二日　勘解由長官（『公』）。仁安二年正月卅日　備中権守（『公』）。仁安二年二月十一日　従三位　鳥羽院天養二年未給（『公』）。仁安三年三月十一日　正三位　自閑院遷幸大内　本家賞（『公』）。仁安四年十二月卅日　権中納言（『公』）。治承三年十

一月十八日　以男侍従兼忠申任右少弁（『公』）。養和元年正月五日　従二位　臨時（『公』）。寿永二年二月十一日　正二位　行幸院賞　別当（『公』）。文治三年七月五日　出家（『公』）。

系図等　左大弁正二位権中納言本名雅仲　猪熊源中納言文治三七出家　建久三八三薨　六十四（『尊』）。

源道成

家族　父源則成（『尊』）。

経歴　寛弘元年正月五日　式部丞（『御堂関白記』）。

系図等　備後因幡守右衛門佐東宮少進右馬権頭正四位下（『尊』）。

源道済

生没年　―寛仁三年（一〇一九）

家族　父源方国（『尊』）。

経歴　長徳四年正月廿五日　宮内少丞補任　文章生（『尊』『中古歌仙三十六人伝』）。長保二年正月廿二日　申式部丞　宮内丞（『権記』）。長保三年正月卅日　蔵人補任　元所雑色（『尊』『中古歌仙三十六人伝』）。長保五年正月卅日　式部少丞補任（『尊』『中古歌仙三十六人伝』）。寛弘元年正月廿四日　式部大丞転任（『尊』『中古歌仙三十六人伝』）。寛弘三年正月七日　叙爵　式部（『尊』『中古歌仙三十六人伝』）。寛弘三年正月廿八日　下総権守（『尊』『中古歌仙三十六人伝』）。長和四年二月十四日　筑前守　元蔵人式部丞　兼大宰少弐（『尊』『中古歌仙三十六人伝』）。長和四年三月廿一日　従五位上　楞厳院修理功（『中古歌仙三十六人伝』）。寛仁二年七月廿一日　正五位下　造宮賞（『尊』『中古歌仙三十六人伝』）。寛仁三年　卒（『中古歌仙三十六人伝』）。

系図等　筑前守正五位下（『尊』）。

源通能

生没年　―承安四年（一一七四）

家族　父源師能　母源能俊女（『尊』）。

経歴　久寿元年十二月廿八日　少納言補任　式部大夫

養父左中弁師能辞職申任（『台記』）。保元三年十二月廿九日　少納言辞退（『兵範記』）。承安四年十二月廿八日　去廿四日少将入道通能卒去（『玉葉』）。

系図等　右少将正四位下（『尊』）。

源光清

生没年　―長元四年（一〇三一）

経歴　寛弘八年二月一日　申式部丞　兵部丞第二（『小右記』）。寛弘八年八月十六日　大嘗会主基行事　兵部大丞（『小右記』）。長和二年正月十八日　省試監試判官（『御堂関白記』）。長和二年正月廿日　式部丞（『御堂関白記』）。寛仁二年三月十九日　斎院長官（『小右記』）。長元二年七月十六日　伊賀守（『小右記』）。長元四年正月十三日　配流の途上で追剥にあう（『小右記』）。長元四年二月十三日　駿河国解文カ　甲斐国調庸使に射殺される（『小右記』）。

源光輔

家族　父源光遠（『尊』）。

経歴　文治元年八月廿八日　式部大丞源光輔　院蔵人（「東大寺続要録」供養編）。

系図等　兵庫頭正四位下（『尊』）。

源光遠

家族　父源仲親（『尊』）。

経歴　仁安三年四月廿八日　式部丞　大嘗会主基行事（『兵範記』）。仁安三年九月四日　式部丞辞退（『兵範記』）。建久三年三月廿六日　主税頭（『吾妻鏡』）。

系図等　蔵人所雑色　後白河院判官代　伊豆河内守　同院細工所　皇后宮大進主殿頭正五位下（『尊』）。

備考　主殿頭　法性寺造営（『古今著聞集』巻廿七「近江守仲兼、東寺辺にして僧形の変化に出会の事」）。

源光俊

経歴　仁平二年正月廿八日　式部少丞補任（「山槐記除目部類」）。久寿元年正月五日　叙爵　式部（『兵範記』）。

源光成
経歴　大治五年正月廿八日　式部丞補任（『中右記』）。長承元年四月廿一日　斎院御禊次第司　右馬助（『中右記』）。保延三年正月五日　従五位上　馬助（『中右記』）。

源光宗
家族　父源時光（『尊』）。
経歴　寛喜三年正月廿九日　式部丞補任　平野北野行幸功（『民経記』）。寛喜三年二月十三日　皇子読書始　鳴弦役　式部少丞（『民経記』）。
系図等　蔵人伊豆守従五位下（『尊』）。

源宗綱
経歴　治承三年正月十九日　式部少丞補任　兵部一（『玉葉』『山槐記』）。治承四年正月廿九日　式部大丞転任（『玉葉』同廿八日条）。治承四年四月廿一日　叙爵　式部（『吉記』『山槐記』）。

源宗俊
経歴　応徳三年十二月十六日　式部第一丞　不給爵（『御即位叙位部類記』所収「通俊卿記」）。

源致治
経歴　正暦元年十二月九日　式部大丞（『本朝世紀』）。

源宗雅
経歴　治承四年正月廿八日　左馬権頭　元式部権少輔（「山槐記除目部類」）。

源基綱
生没年　永承四年（一〇四九）―永久四年（一一一六）
家族　父源経信　母源貞亮女（『公』『尊』）。
経歴　康平八年三月廿九日　大舎人権助（『公』）。治暦三年二月六日　式部少丞（『公』）。治暦三年九月廿八日　従五位下　馨子内親王内外官代被申（『公』）。治暦五年四月六日　治部少輔（『公』）。延久二年正月廿九日　少納言（『公』）。延久四年正月五日　従

五位上　少納言労（『公』）。承保二年正月廿八日　土佐権守（『公』）。承保三年正月五日　正五位下　労（『公』）。承保四年十二月　五位蔵人（『公』）。永保元年八月八日　右少弁　蔵人如元（『公』）。永保四年六月廿三日　左少弁（『公』）。応徳元年八月廿五日　右中弁（『公』）。応徳二年正月六日　従四位下　弁労（『公』）。寛治三年正月五日　従四位上　弁労（『公』）。寛治三年正月廿八日　権左中弁（『公』）。寛治三年三月十二日　正四位下　春日行幸行事賞（『公』）。寛治八年六月十二日　右大弁（『公』）。承徳元年正月廿九日　周防権守（『公』）。寛治二年正月廿七日　蔵人頭（『公』）。承徳二年十二月十七日　参議　転左大弁（『公』）。康和元年四月九日　兼勘解由長官（『公』）。康和二年七月廿三日　従三位　造宮行事賞（『公』）。康和三年二月九日　兼周防権守（『公』）。康和五年正月六日　正三位　大弁労（『公』）。長治二年正月廿七日　周防権守　大弁労（『公』）。長治三年十二月廿七日　権中納言（『公』）。天仁二年正月六日　従二位　石清水賀茂行幸行事賞　同年治部卿（『公』）。永久四年正月卅日　兼大宰大弐（『公』）。永久四年十二月卅日　薨去（『公』）。

系図等　大宰権帥治部卿権中納言正二位於宰府薨　六十八歳（『尊』）。

源守時

経歴　久安四年正月廿八日　式部少丞　元兵部丞　文章生　下名加（『本朝世紀』）。久安四年二月八日　式部丞（『本朝世紀』）。仁平二年十二月卅日　叙爵　前式部丞　皇嘉門院臨時（『兵範記』は藤・『本朝世紀』）。

源行景

家族　父源行種（『尊』）。

経歴　建久九年正月十一日　少内記源行景（『御譲位記』）。建久九年十月廿七日　少内記（『御禊行幸服飾部類』）。

系図等　左衛門尉少内記（『尊』）。

源行定

経歴　天福元年四月十六日　大嘗会主基行事補任　正六位上式部大丞（『民経記』）。

源行忠

経歴　長承元年正月廿二日　式部少丞補任（『中右記』）。長承二年正月五日　叙爵　式部（『中右記』）。

源能明

生没年　永保元年（一〇八一）―元永元年（一一一八）

家族　父藤原俊明（『中右記』『尊』）。

経歴　年月日未詳　式部丞補任　雅楽助（長治元年四月廿九日　源敦経申文『朝野群載』巻第九　功労）。元永元年八月十二日　中務大輔能明卒去、故民部卿俊明男、年卅八（『中右記』）。

系図等　従四位下中務大輔（『尊』）。

源義兼

家族　父新田氏（『師守記』）。

経歴　建武元年二月十九日　式部大丞補任（『師守記』康永元年二月十九日条）。

源能邦

経歴　（承久三）年□月□日　蔵人給料信房侍と式部丞源能邦闘乱、能邦除籍（『仁和寺日次記』）。貞応元年六月廿四日　去る五月廿一日前式部丞源能邦が紀為盛を刃傷したことの罪名勘申を行う（『承久三年四年日次記』）。

源義国

生没年　―久寿二年（一一五五）

家族　父源義家　母藤原有綱女（『尊』）。

経歴　久安五年正月卅日　散位（『本朝世紀』）。

系図等　久安六年月日参陣野時、不測而於路次参会大炊御門右大臣（于時右大将実能公）被称為狼藉、以侍随身等被打落、仍郎従等則含憤馳向本所焼払畢、依之勅勘籠居下野国畢、仁平四三十六出家、号荒加賀入道、久寿二六廿六卒、籠居下野国足利別業（『尊』）。加賀介従五位下式部丞帯刀長　足利式部大夫（『尊』）。

備考　建仁二年正月廿四日　入道従五位上行大炊助源義重卒　式部大夫義国男（『吾妻鏡』）。

源義治

家族　父脇屋義助（『尊』）。

経歴　建武二年十一月　式部大夫義治（『太平記』巻第十四　節度使下向事）。

系図等　左馬権頭式部大夫従五位上（『尊』）。

源頼貞

経歴　長保五年正月十日　蔵人式部少丞（『権記』）。寛弘元年正月五日　叙従五位下　蔵人式部丞（『権記』）。

三善清直

経歴　正応元年九月廿七日　式部大丞補任（『勘仲記』）。

三善貞氏

経歴　正安三年十一月十八日　叙爵　御即位叙位　式部（『実躬卿記』）。

三善佐忠

経歴　永祚元年六月七日　大内記（『小右記』）。正暦元年十二月九日　式部少輔（『本朝世紀』）。正暦三年十二月十一日　大江通直書状（『桂』問答博士事）。

備考　『拾遺和歌集』二七二号、大中臣能宣賀歌詞書「三善佐忠、冠し侍ける時」。

三善業継

経歴　寛喜三年七月□《（十カ）》日　少内記（『民経記』）。

三善成職

経歴　仁安三年十月十八日　式部少録補任（『兵範記』）。

三善久広

経歴　少内記（信貞書状『洞院家記』）。

備考　安倍久広を見よ。

三善道統

経歴　永延元年七月　文章博士補任　従四位下（『二中歴』第二　文章博士歴）。長徳三年九月九日　両博士道統匡衡（『小右記』）。長徳四年七月十日　文章博士（『権記』）。

三善光衡

経歴　元久二年正月五日　従五位上（『明月記』）。承久元年七月十九日　九条頼経鎌倉下向行列　善式部大夫光衡（『吾妻鏡』）。

三善用仲

経歴　長寛元年七月五日　少内記（『山槐記』）。永万元年七月廿二日　民部丞転任（『山槐記』）。

三善盛俊

経歴　承安四年八月二日　少内記（『吉記』）。治承元年十一月十二日　少内記（『玉葉』）。治承二年正月廿八日　民部少丞遷任（『玉葉』・『大』第九　顕官）。治承三年正月五日　叙爵　民部（『玉葉』『山槐記』）。治承三年正月十八日　武蔵権守　民部（『玉葉』）。

宗岳国任

経歴　長元四年三月廿八日　少内記補任（『小右記』）。長元四年九月九日　少内記（『小右記』）。

弓削清言

経歴　長保元年五月十一日　式部少録（『本朝世紀』）。長保二年正月廿二日　申外記　式部録（『権記』）。

備考　大江清言を見よ。

弓削以言

経歴　正暦五年五月廿六日　大内記（『本朝世紀』）。長徳元年八月廿一日　大内記（『百錬鈔』）。

備考　大江改姓　大江以言も見よ。

慶滋為政

家族　父賀茂保章（『尊』）。

経歴　長徳四年　方略試（『外記補任』）。長徳四年十月廿二日　権少外記補任（『外記補任』）。長保三年七月頃　少外記転任（『外記補任』）。長保五年正月七日　叙爵（『外記補任』）。寛弘二年　加賀権守補任（『外記補任』）。寛弘三年正月　能登守補任（『外記補任』）。寛弘八年三月十九日　式部少輔　兼大内記（『権記』）。寛弘八年九月十五日　大嘗会御契次官兼任　正五位下（『権記』）。寛弘八年十月五日　河内守補任（『権記』）。長和四年四月廿四日　内蔵権頭（『小右記』）。長和四年十二月四日　四位（『小右記』）。長和五年二月十八日　内蔵権頭　望東宮学士（『小右記』）。寛仁元年十月廿一日　文章博士（『御堂関白記』）。治安元年二月二日　改元定　従四位上行文章博士（『革暦類』『左経記』「脱漏」）。万寿二年三月四日　河内守為政（『小右記』）。

系図等　従四位上式部少輔文章博士内蔵権頭外記姓慶滋（『尊』）。

令宗業任

経歴　治安元年八月　少内記補任　文章生（「除目申文之抄」）。治安三年正月七日　少内記（『小右記』）。万寿元年十二月廿八日　少内記（『小右記』）。万寿四年十二月廿六日　外記（『小右記』）。

和気助次

経歴　仁治三年十月廿一日　大嘗会御禊次第主典式部録（『御禊行幸服飾部類』）。

和気助名

経歴　文保二年三月□日　式部少録（『洞院大納言藤公敏卿記』）。

和気助益

経歴　正応元年十月廿一日　大嘗会御禊次第主典　式部録（『勘仲記』）。

和気元倫
家族　父和気致頼。
経歴　正暦元年十二月九日　式部少録（『本朝世紀』）。正暦三年十二月廿日　宣旨（『桂』問答博士）。正暦五年四月廿三日　式部大録（『本朝世紀』）。長徳二年正月廿五日　右少史（『長徳二年大間書』）。

姓未詳

明守（姓未詳）
経歴　承元三年五月十七日　少内記（『猪隈関白記』）。

家弘（姓未詳）
経歴　弘安五年十一月廿五日　少内記補任（『勘仲記』）。

家能（姓未詳）
経歴　元永元年正月十八日　式部丞補任（『中右記』同十九日条）。

景政（姓未詳）
経歴　文治二年二月卅日　少内記景政（『山槐記除目部類』）。

兼氏（姓未詳）
経歴　建仁二年正月七日　白馬節会　式部丞（『猪隈関白記』）。

兼安（姓未詳）
経歴　長元五年十二月四日　式部丞兼安（『小右記』）。

兼行（姓未詳）
経歴　治安三年十二月十六日　少内記兼行（『小右記』）。万寿二年十二月十三日　内記兼行（『小右記』）。

公義（姓未詳）
経歴　長元八年二月四日　式部録公義（『左経記』）。

公頼（姓未詳）

経歴　万寿四年正月七日　式部少輔公頼（『小右記』）。

国成（姓未詳）

備考　七条院侍　越前国代　式部大夫（『古今著聞集』巻七―三三五「知足院殿大権房に咤祈尼法を行はしむる事、並びに福天神の事」）。

国信（姓未詳）

経歴　後三条院御時　式部丞補任　典薬助　二条殿濫挙（『魚』巻第四　顕官挙）。

邦広（姓未詳）

経歴　文永六年正月三日　蔵人式部邦広（『吉続記』）。

惟仲（姓未詳）

経歴　応徳三年十二月十九日　六位内記（『後二条師通記』）。

維成（姓未詳）

経歴　承安三年十月廿六日　式部大夫維成（『玉葉』）。

惟道（姓未詳）

経歴　長元四年正月五日　新叙沙汰　式部大丞（『小右記』）。

定雄（姓未詳）

経歴　弘安十年十一月十五日　前民部輔定雄昇殿（『新抄』）。

定俊（姓未詳）

経歴　承暦四年七月廿一日　内記定俊近例（『葉室中納言藤顕隆卿記』）。承暦四年八月六日　大内記定俊（『帥記』『葉室中納言藤顕隆卿記』）。

重清（姓未詳）

経歴　建保元年五月十七日　式部大夫重清武蔵国大河戸御厨八条郷を給わる（『吾妻鏡』）。

重綱（姓未詳）
経歴　嘉承二年六月十八日　式部丞（『中右記』）。
重経（姓未詳）
経歴　長久元年正月廿五日　式部丞補任　重□子（『春記』）。
季定（姓未詳）
経歴　寛治三年正月七日　内記（『江記』）。
佐継（姓未詳）
経歴　貞応元年正月七日　少内記（『天皇元服部類記』所収「大外記師季記」）。
相永（姓未詳）
経歴　保延五年五月一日　祈雨奉幣宣命起草（『古今著聞集』一　神祇）。
助吉（姓未詳）
経歴　藤原信頼乳母子（『平治物語』中　義朝敗北の事）。
祐村（姓未詳）
経歴　建長三年六月五日　引付奉行人　内記兵庫允祐村（『吾妻鏡』）。建長六年十二月十七日　内記兵庫允注進染鞦之故実、依別仰也、彼家代々於上総国令奉行此事云々（『吾妻鏡』）。
済任（姓未詳）
経歴　長元五年十月十九日　式部録　元兵部録により兵部役を勤める（『小右記』）。
孝信（姓未詳）
経歴　万寿三年六月廿四日　関白藤原頼通唐人に遣わす返事起草　大内記（『春記』）。
忠清（姓未詳）
経歴　寛治四年十二月廿一日　大丞着座（『江記』寛治五年正月六日条）。寛治六年四月廿八日　式部大夫（『中右記』）。

忠任（姓未詳）

経歴　寛治三年正月十一日　制符　式部少録（『朝野群載』巻第十二　内記）。

忠長（姓未詳）

経歴　延久元年六月三日　少内記（『土右記』）。承保二年十一月廿七日　少内記（『春記』）。

忠成（姓未詳）

経歴　天承二年　式部大丞忠成叙爵（『魚』巻第四　顕官挙）。

為政（姓未詳）

経歴　後一条院御時　式部丞補任　木工助（『魚』巻第四　顕官挙）。

為保（姓未詳）

経歴　元永二年八月十五日　少内記（『中右記』）。

為善（姓未詳）

経歴　天永二年正月十四日　内記為善（『中右記』）。

為頼（姓未詳）

経歴　永久二年四月廿五日　宣命　少内記（『石清水文書』五　宮寺縁事抄）。保安元年四月三日　遷少外記　内記（『中右記』）。

周貞（姓未詳）

経歴　貞応元年正月七日　式部丞（『天皇元服部類記』所収「大外記師季記」）。

親任（姓未詳）

経歴　寛元二年正月廿一日　申式部巡（『妙槐記』）。

親仲（姓未詳）

経歴　天仁二年四月十二日　式部丞（『殿暦』）。天永元年

四月三日　式部丞（『殿暦』）。天永元年十二月十四日　任大臣大饗　勧盃　式部大夫（『殿暦』）。

経兼（姓未詳）

経歴　万寿四年三月二日　式部丞経兼（『小右記』）。

経季（姓未詳）

経歴　長久元年十二月廿一日　経季式部巡不可失（『春記』）。

俊頼子（姓未詳）

経歴　康和三年二月十日　式部丞補任（『長秋記』）。

友兼（姓未詳）

経歴　保安元年三月廿九日　第二丞友兼（『中右記』）。保安元年四月十日　式部丞友兼（『中右記』）。

知邦（姓未詳）

経歴　天仁元年十月廿一日　紀伊国目代内記大夫知邦（『中右記』）。

知国（姓未詳）

経歴　嘉承二年正月三日　少内記（「朝覲部類」所収「長秋記」）。

長家（姓未詳）

経歴　式部大夫（『源平盛衰記』巻第三「殿下事会事」）。

備考　松殿関白藤原基房諸大夫（『源平盛衰記』巻第三「殿下事会事」）。

仲実（姓未詳）

経歴　寛喜三年四月九日　蔵人式部丞（『民経記』）。

仲光（姓未詳）

経歴　永久元年三月廿二日　式部大夫　堀河院判官代（『長秋記』）。

仲保（姓未詳）

経歴　長保三年九月十一日　少内記仲保殿上に祗候、身体作法甚非常也（『権記』）。

信家（姓未詳）
家族　五郎入道西入弟。
経歴　正安二年閏七月　和泉国悪党注文　式部丞（『鎌倉遺文』二〇五四三号）。

信義（姓未詳）
経歴　長徳三年十月廿一日　内記信義（『権記』）。

範明（姓未詳）
経歴　応保元年四月廿七日　前大内記（『山槐記』）。

範賢（姓未詳）
経歴　内記範賢（『水左記』承暦四年正月一日条）。内記範賢（『水左記』承暦四年正月十日条）。

範宣（姓未詳）

経歴　保元三年正月八日　式部丞（『兵範記』）。

式光（姓未詳）
経歴　長徳二年十月十三日　蔵人式部丞式光（『小右記』）。

久景（姓未詳）
経歴　建暦二年正月七日　内記久景（『野宮内大臣藤公継公記』）。

弘親（姓未詳）
経歴　徳治二年六月九日　後二条天皇宣命　少内記（『鎌倉遺文』二二九八二号）。

広経（姓未詳）
経歴　永承七年十一月廿九日　大内記（『伊勢勅使部類記』伊勢公卿勅使）。

正綱（雅綱）（姓未詳）
経歴　年月日未詳　鹿ケ谷事件縁坐　式部大夫（『平家

物語』巻第一「鹿ケ谷」、巻第二「西光被斬」「阿古谷の松」)。

雅盛(姓未詳)

経歴　式部大夫(『源平盛衰記』巻第三「熊野山御幸事」)。

備考　平資盛の笛の師(『源平盛衰記』巻第三「熊野山御幸事」)。

通時(姓未詳)

経歴　嘉承二年二月廿七日　雖預耆儒　為伊豆守下向任国了(『中右記』)。

光清(姓未詳)

経歴　万寿四年正月廿七日　式部丞俊平光清座次相論俊平上臈(『小右記』)。

備考　式部丞の在任期間を四年と考えれば、源光清とは別人である。

光継(姓未詳)

経歴　仁治三年六月五日　蔵人式部丞(『民経記』)。

光遠(姓未詳)

生没年　—天仁元年(一一〇八)

経歴　天仁元年四月廿五日　朝人走来談云、去夜々半強盗入二条富小路人家、取数多物、殺害家主五位了、近隣少内記光遠出来、為助彼難出二条大路之間、為検非違使郎等被射殺了、光遠者是文士也、本経文章生、今為訪人難出来、流矢之中遂夭命、可謂大至愚者歟(『中右記』)。

宗成(姓未詳)

経歴　安元二年正月廿八日　式部丞宗成(『玉葉』)。治承二年正月廿六日　式部丞宗成(『玉葉』)。治承二年正月廿八日　本年宗成叙爵(『玉葉』)。

宗基(姓未詳)

経歴　延久四年十二月廿四日　院判官代補任　蔵人式部丞(『為房卿記』)。

茂忠（姓未詳）

経歴　長元八年五月廿三日　関白家歌合　東宮学士茂忠朝臣（『栄花物語』巻第三十二「歌合」）。

以康（姓未詳）

経歴　長元元年二月十一日　式部丞（『左経記』）。長元元年九月十五日　蔵人式部丞（『小右記』）。長元元年十月三日　蔵人式部丞（『小右記』）。

盛氏（姓未詳）

経歴　寛元元年二月十六日　少内記盛氏（『民経記』）。

盛継（姓未詳）

経歴　正安三年九月十六日　式部大夫盛継、大納言藤原公貫の御共として出家（『実躬卿記』）。

□原盛維

経歴　嘉応元年八月十五日　斎宮御禊次第司御前主典式部少録（『兵範記』）。

盛広（姓未詳）

経歴　寛治三年正月五日　式部丞（『江記』）。

盛光（姓未詳）

経歴　久安三年二月六日　少内記盛光（『本朝世紀』）。

守元（姓未詳）

経歴　康治二年九月廿六日　式部録　御前次第主典（『本朝世紀』）。

行義（姓未詳）

経歴　寛治七年正月五日　式部録（『後二条師通記』）。

良貞（姓未詳）

家族　前帥三男（『左経記』長元四年正月十一日条）。

経歴　長元四年正月十一日　昇殿　式部大夫良貞（『左経記』）。

義重（姓未詳）
経歴　年月日未詳　顕官転任　式部録（『魚』巻第四　顕官挙）。

良治（姓未詳）
経歴　弘安四年四月廿九日　式部大夫（『弘安四年鶴岡八幡宮遷宮記』）。

頼季（姓未詳）
経歴　寛治六年正月廿五日　受領補任　式部巡第三（『中右記』）。

諱不詳

大友式部丞
経歴　年月日未詳　大友式部丞注進状案（『編年大友史料』五〇三）。

小野某
経歴　正六位上式部録（長元八年十月四日　式部省解『類聚符宣抄』第一　神社修造）。

小野某
経歴　正六位上式部録（長暦元年六月八日　式部省解『類聚符宣抄』第一　神社修造）。

惟宗某
経歴　正六位上式部録（長元八年十月四日　式部省解『類聚符宣抄』第一　神社修造）。

惟宗某
経歴　正六位上式部録（長暦元年六月八日　式部省解『類聚符宣抄』第一　神社修造）。

名越式部大夫
生没年　—建武二年（一三三五）
経歴　建武二年八月　名越式部大夫（『太平記』巻第十

三「足利殿東国下向事并時行滅亡事」）。

島津某

家族　父薩摩守護島津忠時。

経歴　年未詳二月十四日　式部丞催促状（『鎌倉遺文』二八五〇二号）。

菅原某

経歴　東宮学士（「後宇多上皇行幸記」正安三年二月廿日条）。

菅原某

経歴　大学頭（「後宇多上皇行幸記」正安三年二月廿日条）。

橘某

経歴　正六位上式部録（長元八年十月四日　式部省解『類聚符宣抄』第一　神社修造）。

伴某

経歴　正六位上式部録（長元八年十月四日　式部省解『類聚符宣抄』第一　神社修造）。

中原某

経歴　正六位上式部録（長元八年十月四日　式部省解『類聚符宣抄』第一　神社修造）。

中原某

経歴　正六位上式部録（長暦元年六月八日　式部省解『類聚符宣抄』第一　神社修造）。

藤原某

経歴　正六位上式部大丞（長元八年十月四日　式部省解『類聚符宣抄』第一　神社修造）。

藤原某

経歴　正六位上式部少丞（長元八年十月四日　式部省解『類聚符宣抄』第一　神社修造）。

藤原某

経歴　正六位上式部大丞（長暦元年六月八日　式部省解『類聚符宣抄』第一　神社修造）。

藤原某

経歴　正六位上式部大丞（長暦元年六月八日　式部省解『類聚符宣抄』第一　神社修造）。

藤原某

経歴　正六位上式部少丞（長暦元年六月八日　式部省解『類聚符宣抄』第一　神社修造）。

藤原某

経歴　正六位上式部少丞（長暦元年六月八日　式部省解『類聚符宣抄』第一　神社修造）。

藤原某

経歴　承保三年九月三日（別当）東宮学士藤原朝臣（関白左大臣家政所下文『平安遺文』一一三二号）。

藤原某

経歴　承徳二年八月十五日　大学頭（『栄山寺文書』栄山寺記事雑事）。

藤原某

経歴　保安元年正月五日　式部省奏　正五位下行少輔伊予介（『叙位議次第抄』）。

藤原某

経歴　保安元年正月五日　式部省奏　正五位下行少輔阿波介（『朝野群載』巻第八　別奏・『魚』巻第一）。

藤原某

経歴　天治元年正月　式部省勘申諸道得業生問者生課試及第事（『魚魯愚抄』巻第二　諸道課試及第事）。

藤原某

経歴　保延七年六月廿三日　東宮学士（鳥羽院庁下文案『平安遺文』補六五号）。

源某

経歴　建保二年五月　蔵人所牒案　式部少丞（『鎌倉遺文』二一〇六号）。

源某

経歴　貞応元年五月　蔵人所牒案　式部少丞（『鎌倉遺文』二九六四号）。

某

家族　大友氏関係者。

経歴　元弘三年十一月十三日　豊後国蓮城寺文書事　式部大丞（『編年大友史料』）。建武元年三月十六日　豊後国阿南庄松富合南方地頭職事　式部大丞（『編年大友史料』）。建武元年四月十八日　相模国大友郷安堵綸旨　式部大丞（『編年大友史料』）。建武元年四月廿六日　肥前国神蔵郷安堵綸旨　式部大丞（『編年大友史料』）。

式部考証附録　式部系図

一、本系図集は、「式部省補任附文章道大業」に重代の家として頻出する家を掲出する。

一、排列は、式部卿を重代とする家、式部輔や文章道大業を重代とする家の順で載せた。また、式部丞在任の者は頻出するので、武家など特色のある家のみ掲出した。式部録は地下の顕官に転出する要官なので、系図の明らかな家を掲出した。

一　天皇家（式部卿）

- 村上
  - 冷泉
    - 三条
      - 小一条院
        - 敦貞
      - 敦儀
      - 敦平
      - 敦賢
  - 円融
    - 一条
      - 敦康
  - 為平

後嵯峨
- 宗尊—惟康
- 後深草—久明—守邦
- 亀山—恒明

二　文章道大業

●藤原北家（儒者弁）

（日野）有国
- 広業—家経
  - 正家—俊信—顕業
    - 俊経
      - 親経
      - 盛経—信盛
        - 経業
        - 親業
          - 親顕—有正
          - 顕盛
    - 基業
  - 行家—行盛—有盛
- 公業—経衡
- 資業
  - 実綱
    - 有綱—実義
      - 実重—宗業
      - 信重
    - 有俊—国資—国能—業実—親俊

- （前頁より）
  - 実政
    - 敦宗
  - 有信
    - 実光
      - 資憲
        - 基光
          - 基定
            - 邦俊
              - 邦行
                - 種範
                  - 行氏
                  - 俊基
                  - 行光
      - 資長
        - 兼光
          - 資実
            - 家光
              - 資宣
                - 俊光
                  - 資名
                - 資朝
            - 光国
              - 資広
                - 道名

●藤原南家

- 実範
  - 成季
    - 永実
      - 永範
        - 孝範
          - 経範
            - 茂範
              - 広範
                - 具範
                  - 言範
                - 藤範
                  - 有範
              - 重範
            - （次頁へ）
          - 宗範
          - 保範
  - （次頁へ）

- 季綱 ─ 友実 ─ 能兼
  - 範兼 ─ 範光
  - 範季

- 明範
  - 業範
  - 俊範 ─ 房範
- 諸範
- 淳範 ─ 秀範

●藤原式家

- 明衡
  - 明業 ─ 周衡
  - 敦基
    - 合明
      - 範明 ─ 敦佐
      - 敦任 ─ 敦季 ─ 忠倫
      - 敦綱
    - 茂明
      - 敦周
      - 敦経 ─ 敦倫
  - 敦光
    - 有光 ─ 有光 ─ 有季 ─ 敦倫 ─ 有倫
    - 永光
      - 光経
      - 光輔 ─ 長倫 ─ 光兼 ─ 兼倫
        - 家倫
        - 敦継

●菅原氏

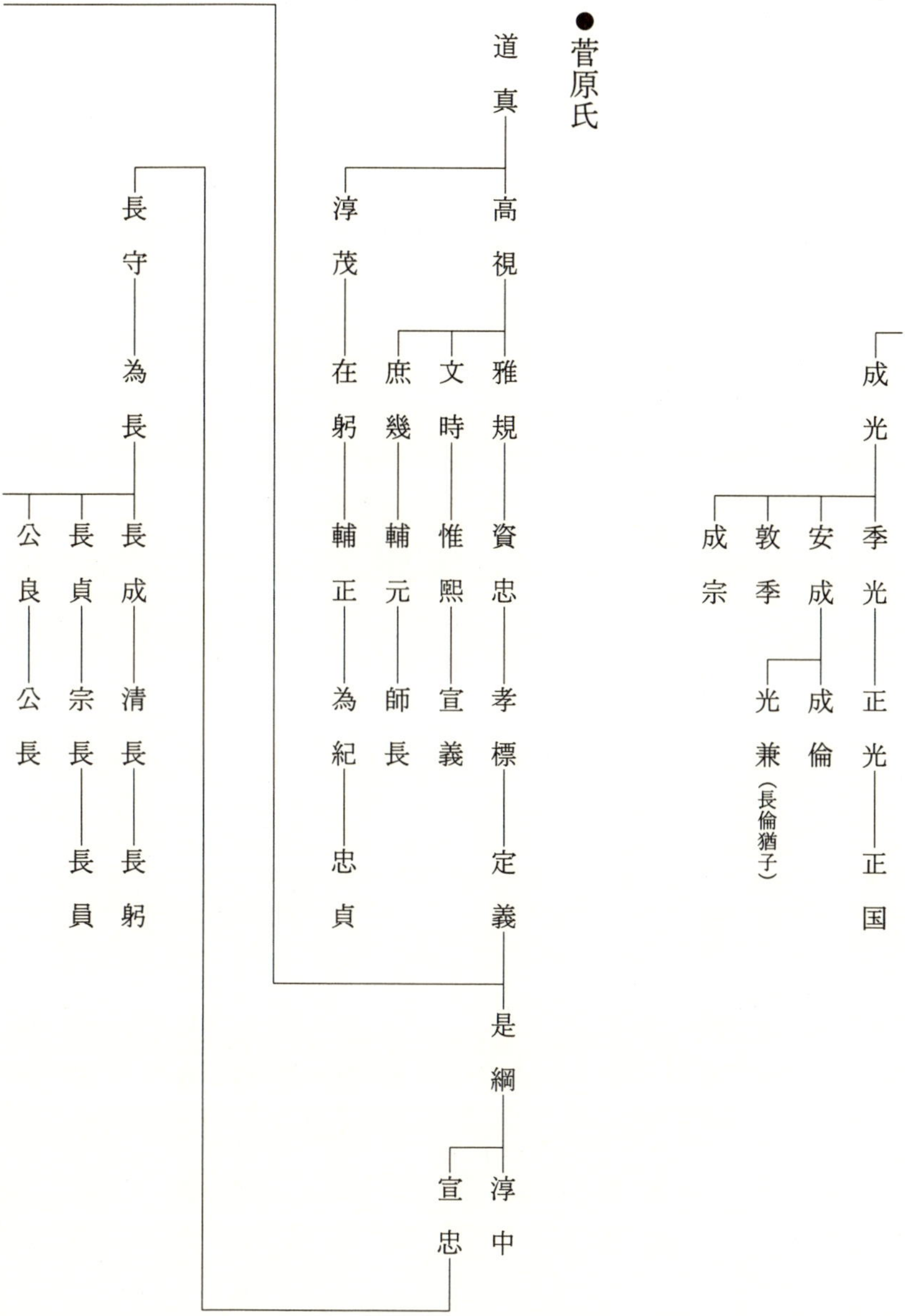
成光
季光
正光
正国
安成
成倫
光兼
（長倫猶子）
敦季
成宗
道真
高視
雅規
資忠
孝標
定義
是綱
淳中
宣忠
文時
惟熙
宣義
庶幾
輔元
師長
淳茂
在躬
輔正
為紀
忠貞
長守
為長
長成
清長
長躬
長貞
宗長
長員
公良
公長

- 在良
  - 時登
    - 公賢
      - 定正
        - 公貞
          - 良宗
            - 在賢
              - 在定
                - 在春
      - 良盛
        - 資高
          - 為俊
            - 在氏
              - 在顕
          - 在宗
            - 資宗
  - 清能
    - 貞衡
      - 在清
        - 公輔
          - 在公
            - 在輔
              - 在登
                - 在淳
                - 在嗣
          - 公氏
            - 公業
              - 公時
- 輔方
  - 宣資
  - 是基
    - 在茂
      - 在高
        - 淳高
          - 良頼
            - 在嗣
              - 在兼
                - 在経
                  - 家高
                    - 高嗣
                  - 在成
          - 在章
            - 在匡
            - 在守
              - 在任
      - 義高
        - 高能
- 高長
  - 長経
    - 季長
      - 為視
    - 茂長
      - 長綱
        - 秀長
    - 房長

●大江氏

- 音人
  - 玉淵—朝綱
    - 澄明—清通—定経
    - 澄江
      - 通直—佐国—通国
      - 為清
  - 千古
    - 維明
      - 仲宣
        - 清言—公資
        - 以言
      - 昌言
    - 維時
      - 重光—匡衡—挙周—成衡—匡房
        - 隆兼—匡周
        - 維順
          - 挙衡—忠房
          - 維光—匡範—周房—信房—重房
        - 有元
      - 斉光—為基

三　その他の諸家

●紀氏

長谷雄―淑信―在昌―┬伊輔―為基
　　　　　　　　　└伊賢

●惟宗氏

広孝―貴重―孝近―孝言―基言

●津守氏

俊基―保基―惟保―国俊（藤原改姓）

経国―国平―国助―棟国―国藤―清国

●桓武平氏

高棟王─惟範─時望─珍材─惟仲
　　　　　　　　　　　└生昌─雅康
　　　　　　　└直材─親信─行義─範国─経方─知信─信範
　　　　　　　　　　　　　　　　　　　　　　　　├信国─時兼─兼親─高兼─惟継
　　　　　　　　　　　　　　　　　　　　　　　　└信広─信継
　　　　　　　　　　　　　└行親─定家─時範
　　　　　　　　　└理義─定親

維衡─正度─貞季─兼季─貞房─貞重

（北条氏）
時政─義時─泰時─時氏─経時
　　　　　　　　　└時頼─時輔
　　　├重時─為時
　　　├朝時─光時
　　　│　　└時章
　　　└政村

└時房┬時盛
　　├朝直―宣時―宗宣┬貞房
　　│　　　　　　　└維貞
　　└時広

（三浦氏）
義明―義澄―義村┬泰村
　　　　　　　└家村

＊北条氏や全盛期の三浦氏は、式部丞から叙爵することで五位に昇進する形態をとっている。

●光孝平氏

忠望王―中興―元規―保衡―祐挙―挙範―師範―祐俊

●高階氏

良臣┬成忠┬信順
　　│　　└明順―成順
　　└敏忠―業遠┬業敏

- 成章

●橘氏

- 嶋田麿
  - 真材 — 峯範 — 広相 — 公材 — 好古
    - 敏政
      - 則孝
        - 則長 — 則季
        - 季通
      - 則隆 — 成任 — 以綱 — 広房 — 以長
        - 以政 — 以経 — 以良
        - 以忠
  - 長谷雄 — 海雄 — 茂枝 — 佐臣 — 仲遠 — 道文 — 為義
    - 義通 — 為仲

解説

一　はじめに

本書では、式部省の四等官の補任に、文章道大業の者が専門職として勤めた文章博士・東宮学士・大学頭と、文章道の者を多く補任した内記局を附載した補任表を作成した。文章博士・東宮学士・大学頭・大内記は文章道大業を任命する技官の職であり、少内記は文章道を修めた者を必ず一名補任し、かつ民部丞へ転任する道の開かれた地下の要官であった。

これらの諸官職をあわせた補任表を作成することにより、本書は本来の目的である式部省の補任表と、式部省の省務を執った文章道大業諸家の異動を伝える経歴表という二通りの使い道が可能になる。

二　式部省の定数

中世前期の式部省は、八省のなかでは最も序列の高い省である。式部省の職務を端的に表現すると人事（文官の叙位）と礼典であり、このふたつの仕事は朝廷が存続する限り消滅することがない。そのため、式部省には充実した人材が配置されていた。

式部省は、卿・大輔・少輔・大丞二人・少丞二人・大録二人・少録二人の正官十一人と権輔一人の十二人で構成された。権輔は、権大輔・権少輔のいずれかに一人を補任することが例であった。

また、平安時代末期から御厨子所預紀氏が式部省の年預職「式部省預」を称するようになった（『尊卑分脈』）。式部省の省務を執る式部大輔を上層部の中核とすると、式部省預は地下官人の中核となる役職と推定されるが、式部省預は叙位・除目の対象とならないので補任表を作成することができなかった。

三　式部卿

式部卿は、安田政彦「平安時代の式部卿」（『平安時代皇親の研究』所収）に延暦十六年（七九七）から治暦四年（一〇六八）までの補任表が作成されている。本表の作成にあたっては、安田氏作成の補任表を参考にさせていただいている。

式部卿は、親王任官の官である。『官職秘鈔』には「八省卿　中務　式部　以上必以親王任之」とあり、これに親王を補任の対象に加えた兵部卿が親王任官の範囲である。

式部卿が相当とした品位は一品から四品である。無品親王補任の例は見られない。式部卿と兵部卿・中務卿の序列を見ると、兵部卿・中務卿から式部卿への転任は見られても、その逆は見られない。三卿の序列は、式部卿・中務卿・兵部卿であろう。

室町時代になると、式部卿は「第一の親王是に任ず、（中略）、親王も宿老の人、極官にてあるべし」（『百寮訓要抄』）といわれるようになる。ただし、二条良基の記述は平安時代まで遡及しえるものではない。平安時代中期から鎌倉時代の式部卿を見ると、東宮に昇りながら廃太子された小一条院（敦明親王）を唯一の例外として、式部卿を極官としたことがわかる。平安時代中期に見える式部卿は、三条天皇の末裔が多く補任されている。

承暦元年（一〇七七）に敦賢親王が薨去してから永仁五年（一二九七）に鎌倉の将軍家久明親王が補任されるまで、式部卿の在職者は確認できなくなる。久明親王出家の後に確認できるのが亀山天皇の皇子恒明親王であり、式部卿は皇位継承の序列の低い庶子・庶流から補任されたことがわかる。

この時期、天皇は「あえかなる美しき小さなもの」（赤坂憲男『王と天皇』）となり、天皇家の権力は「治天の君」たる院に集中していった。また、皇位継承の序列が高くない男性皇族は権門寺院に入寺し、門跡や高僧として待遇を受けることによって特権的地位を確立した（岡野浩二「無度縁宣旨・一身阿闍梨・僧都直任――貴種の入寺と昇進――」『院政期の仏教』）。天皇に求められる資質が「穢れのない幼さ」であり、天皇を勤めた者のみが天皇家の家長権を掌握できる状況の中では、権門寺院を背景に持つ法親王となるか、神祇伯を世襲した伯家のような特殊な宮家となることが生き残っていく道となったのである。そのような状況のなかで、鎌倉の将軍家は新たな宮家の誕生を意味した。将軍職は俗人であることが在職の条件であり、式部卿久明親王は久しぶりの補任であった。また、大覚寺統・持明院統が皇位継承問題でしのぎを削るなかで、その枠外に置かれていた恒明親王もまた同様に考えてよいのであろう。

また、平安時代中期の式部卿は、式部省発給文書の決裁を行ない、省の長官として省務を行っていた。式部卿が空席となった後、省務は式部大輔に移ることになる。

式部卿は親王任官の官であるが、後醍醐天皇は建武新政で洞院公賢を補任した。中世の式部卿のなかで、例外といってよい人事である。

四　式部輔

式部輔は、式部大輔一名・式部少輔一名の正員二名と、大少いずれかの権輔に一名を補任したため、定数は三名となる。

式部輔は、文章道大業を代々補任する技官の職であった。文章道大業の家は、頭弁から参議に昇格していく家（頭弁型）と、文章道大業の官職を歴任しながら従三位に昇っていく家（大業型）の二系統に分かれる。文章道の専攻課程を修了した大業は漢詩文の専門家とみなされ、叙位においては、六年在級を昇進の目安とする「策労」によって正四位下まで昇進することができた。式部大輔は「大業之中撰人、於大輔者雖昇参議散三位不去之」（『官職秘鈔』）という官で、頭弁型・大業型を問わず有能な人材を補任した。式部大輔は、式部卿の闕が常態化するなかで省務を執る官職として慣例化したためであろう。式部卿に与えられていた年給を、式部大輔が申請するようになったのはその表れといえる（『大間成文抄』巻第十　三省奏）。

式部大輔は正四位下で補任の条件を満たしたが、年労によって公卿に列する道の開けていた官であることがわかる。頭弁型の家から見ると式部大輔は儒卿の待遇を受けるための条件付けに過ぎなかったが、大業型の家にとって式部大輔は極官であった。大業の家は式部大輔に補任された後は、家格にしたがって位階をどこまで上昇させるかが焦点となった。上限は正二位である。

少輔・権少輔は、五位を相当とした。権官から正官への内部昇格は認めれても、少輔叙留の認められる例は少なく、従四位下に昇進する時に少輔を離れることを例とした。また、式部大輔他四位相当以上の官職を辞任した時に、辞官申任の対象となった。

ここで、式部輔補任の慣例を伝えるひとつの競望の例を見てみよう。

『玉葉』治承四年正月廿八日条

（前略）此間人々定申式部輔事、所望人等、成光朝臣申権大輔、式部省之習、大輔、之間置権官一人、仍所申也、光輔位階第、一無官、尹明策労第一位階第二、当時為兵部輔、光綱、尹範年歯不及三十、位階従下最末、当時帯中宮少進、但祖父永範卿辞大、輔、以尹範申可被補之由云々、然而申文其状不見、又被仰其旨也、已上五人也、定能卿発語申云、可被補式部輔事已上人取条之状、皆如此也、、以成光朝臣被補権大輔、何事之候哉、若可被補少輔者、光輔尹明之間可在勅定者、長方申云、成光朝臣可被補権大輔者、実守、成範、共同之実国不候、座如何、、実房卿申状不分明但成光難被任権大輔之由歟、少輔事不聞及、可尋之、後聞実房申云、成光可被任権大輔者但少輔有、権官闕、而被任権大輔如何、可被問例云々、実定卿申云、成光権大輔可宜、若可補少輔、依策労可被補尹明者、余申云、聖明之世依官撰人、儒官之習可為先才漢、成光朝臣被転権大輔、尤可然、抑当時所闕正少輔也、被補権大輔者、権少輔可被転任、此条雖先規忽不覚悟、何強為巨難哉、但猶任恒例可被任少輔者、儒中之習以策労為先、尹明之間所申雖可然、或又依位階被登用、如此之事依時儀歟、而尹明身為八省輔、已非無一職、光輔為位階第一其身無官也、被施無遍之化者、頗可謂当仁歟者、成光権大輔、光輔少輔之間、可在勅定、関白被申云、成光、光輔、可在勅定者、勅定云、権大輔猶非常事、於少輔一同可定申者、定能申云、依位階上﨟、可被任光輔者、実守申云、依策労可被任尹明者、長方已上、除実定之外、皆同定能、実定同実守、但但各不申同之由、只申同事也余、関白共挙光輔、勅定云、就人々多定申、以光輔可令任少輔者、定説〔訖カ〕左大将持来申文等、余取之留光輔申文、残四通返献関白、（中略）、式部少輔正五位下藤原朝臣光輔、権少輔範季雖為位階上臈、不転任、先例也、（後略）

ここでは式部少輔の欠をめぐる議論の中で、補任の慣例がいくつも提示されている。式部権大輔・式部権少輔はいずれか一人を在職させるのが例であるが、通常は権少輔を補任するという。今回の場合、欠員は正官の式部少輔であり、式部権大輔を補任した場合は式部権少輔を式部少輔に転任させることになるという。文章道大業を補任する儒官の場合、最も重んじるのは才幹というが、年労を数える場合は策労（文章得業生の修了試験対策を及第した者に与える年労）を基準とし、通常の官人に適用する位階労（在級年数）をとらないことは特徴といえる。策労はおおよその目安として六年一級が基準であった。

五　式部丞

式部丞は、正六位下の位階から宮仕えを始める名家以下の公卿・殿上人・諸大夫の子弟が多く勤めた。定員は、大丞二名・少丞二名の四名である。正月五日の叙位で毎年一名叙爵して転出し、春除目顕官挙で新任が一名式部少丞に補任された。特昇によって転出する者がない場合、春除目で式部少丞に補任された者は二年後の春除目で式部大丞に転任し、四年後の叙位で従五位下に昇進し、春除目の宿官で諸国権守に補任された。

式部丞は良家の子弟を補任するのが例であり、兵部丞や公卿が二合で申請した諸司助からの転任が多かった。定数四名のなかには文章得業生・文章生を修了した者を必ず入れることを例とした。式部丞から従五位下に叙され、散位となった者が「式部大夫」である。また、式部丞は蔵人を兼務した「蔵人式部丞」となる者が多かった（岸野幸子「文章科出身者の任官と昇進」『お茶の水史学』四二　一九九八）。蔵人式部丞は六位官人の中でもエリートであったが、叙爵の時に要件を満たした方の年臈により蔵人巡と式部巡のいずれかの資格を獲得した。要件を満たした巡年で国守に任命されたことが、式部巡の検出例の少ない理由ともなっている。

院政期になると、公卿の子弟は院宮年爵を利用して従五位下から宮仕えを始める者が増加した。頭弁から参議に昇進する名家の子弟が式部丞を勤める事が少なくなると、式部丞に補任される者の家格は低下していた。源義国や源重成といった京の武者、良家子弟の枠組に入らない中原氏・清原氏・卜部氏といった姓が見えるようになる。仁安二年に式部少丞に補任された卜部基忠は、式部省の年労によって正六位上から従五位下に叙爵できず、院宮御給を利用して叙爵をした。卑姓に属する卜部氏は、順当にいくと外従五位下が相当となるのである（前掲『玉葉』建久四年正月廿八日条参照）。この事は、式部丞の地位低下を如実に示している。

鎌倉時代になると式部丞は成功の対象となり、鎌倉幕府の御家人の中からも成功で式部丞に補任される者があらわれた（上杉和彦「鎌倉幕府と官職制度」『史学雑誌』九九巻四号）。式部丞が成功の対象となることは、文章道を中心に良家の子弟を任用してきた顕官としての内実を喪失していくことにつながった。武家の側から見ると、鎌倉幕府が理運の昇進（道理に叶った昇進）を容認する以上、巡年の制度によって国守に補任される式部丞は検非違使尉とならぶ魅力的な官職であった。

鎌倉幕府は侍が成功銭百貫によって式部丞に補任する事を停止し、諸大夫以上の階層に属する諸家の任官は理運とした（『中世法制史料集　鎌倉幕府法』追加法二〇四号）。鎌倉時代中期以降、武家の任官が北条氏一門・幕府高官・一部の有力御家人に限定されたのは、この規定が比較的遵守されたためである。

六　式部録

式部録は、六省録や諸司属から式部録に転入して外記・史に転出していくのが例であった。外記・史は式部丞同様に巡年によって国司に任命される地下の顕官である。式部録は地下顕官の昇進コースに組み込まれ、有能な人材が集まった官職といってよい。この式部録に変質が見られるようになるのは鎌倉前期である。式部録の転出先のひとつ太政官六位史は、承久年間をひとつの目安として昇進速度が遅くなっていく。すなわち、史巡の形骸化によって、六位史が五位に昇進するメリットがなくなり、六位史一﨟が極﨟を称して昇進を辞退するようになった。それとともに、六位史の家は官務家小槻氏との関係の深い家に固定化し、「式部録 ↓ 六位史 ↓ 叙爵・宿官 ↓ 受領」という昇進のコースが空洞化し、小槻氏を頂点とした太政官下級官人の家の序列に組み込まれ、南北朝時代になると六位史は小槻氏門徒と呼ばれることになる。転出先がなくなった式部録もまた変質していくのである。このあたりの変化は、拙著『官史補任』を併読することによって詳細に実態を追うことができる。

このような式部丞・式部録の変化にともない、平安時代には式部録に補任されていた中原氏・清原氏といった地下の諸大夫は、鎌倉時代になると式部丞に補任されるようになった。式部丞の価値が下落したことによって式部録の家が五位に昇るための官職として式部丞を勤めるようになり、式部録が有名無実化したのであろう。鎌倉時代になると、式部録の検出例は際だって減ってくる。

七　内記局

天皇の詔勅や宣命を起草する内記局は、大内記一名・少内記三名の四名で構成された。大内記は五位を相当とし、文章道大業の中から才幹のある者を任用した。式部少輔とともに、大業者が式部大輔をめざして昇進していくスタートとなる官職で、辞官申任の対象となった（建保二年菅原忠貞項）。

少内記は、局奏によって文章生や能書を任用した（『大間成文抄』巻第七　本司奏）。少内記には重代の家があり、転出先の候補には地下の顕官である民部丞が含まれていた。同じ文筆の官であっても、式部省が人事や式典を主な職掌としたのに対し、民部省は吏途（地方行政や税務）を主な職掌とした。少内記は京の武者の右筆や、鎌倉幕府の奉行人の家名にも見える。

八　文章博士・東宮学士・大学頭

文章道大業を任用する官の中で、四位を相当とした官職である。文章道大業の名誉の職であり、除目において重代の者が提出した申文の中から清撰して補任した。任命にあたっては才能を重視したが、実際には策労による年労や位階上臈（在級年数）による理運が多く、権門勢家の口入にも大きく左右された。治承元年十一月十五日、菅原在茂が菅原氏長者でありながら未だ大業官をひとつも帯びない事を理由に、上臈の儒者八人を超越して大学頭に任ぜられた。

菅原在茂は、大炊御門頼実の師であった。

これらの官職は、自ら帯びる官職を辞任して式部少輔・大内記・式部丞といった五位・六位の官職に子息等を申請する辞官申任の事例が多く見られる（嘉禄二年藤原長倫項他）。この上席にあるのは式部大輔のみであり、式部大輔は文章道大業の極官としてひとたび任命されるとなかなか異動しないのが常であった。そのため、年功序列による順番待ちを待ちきれず、子孫に昇進の道を開くために辞官申任を申請する事例が時々見られたのである。

九　式部巡

巡年は、地下兼官とよばれた六位外記・六位史・六位蔵人・検非違使六位少尉・式部丞・民部丞が既得権として持つ国守任命の枠をいう。制度が成立した十世紀頃は宿官を一期務めた後、数年で国守に任命されたが、知行国制度が発展した事で国司を任命する国が不足してくると、巡年の資格を持つ者が国守に任命まで待つ期間が長くなっていった。式部丞は六位蔵人と兼任するため、他の顕官と比較すると式部巡年の有資格者は少なかった。式部巡で国守に任命された最後の事例は、正応三年（一二九〇）に土佐守に補任された津守棟国である。式部丞に補任される者は太政官六位史と比較して社会的地位が高いため、国司の待命期間を意味する巡年をひとつの権利として、本人の位階一級を上げる申請、家族や一族の官職推挙や位階一級を申請する場合、国司任命の権利を譲って縁者を推挙する場合など、多様な使い方をしている。家格による官職補任の制限が多かった太政官六位史が本人の位階一級に多く使ったのと比較すべき点である。

十 おわりに

以上のように、式部省と大業者を任用する官職を通観すると、次のようなことがいえるであろう。

平安時代後期の式部省は、卿・輔・丞・録がそれぞれに補任の慣例を持ち、内部昇格の昇進過程をもたなかった。式部省の省務は、三条天皇の末裔が継続的に勤めていた時期までは式部卿が掌握していたが、式部卿が空席となった後は式部大輔の掌中に移っていった。

四等官のそれぞれの官職が補任の慣例によって異動する人事は院政時代から次第に崩れていくといってよい。名家の子弟を任用していた式部丞は院宮の年爵によって羽林家以上の公卿の子弟が従五位下から宮仕えを始めるようになったことによって地位の下落をおこし、式部録を勤めていた家が式部丞を勤めるようになっていった。それに伴い、式部録の有名無実化が進み、最後には巡年制度の形骸化と武家の成功によって式部丞が実態を失っていった。

一方、鎌倉後期に式部卿は皇位継承の可能性の低い皇族が勤める官職となり、名誉職として復活した。

その結果、式部省四等官の中で実際に省務を執るのは式部輔となり、叙位と儀式を主管した式部省は文章道大業の家の牙城となっていった。

この変化のなかで、式部大輔は文章道大業が歴任した専門職の中で頂点の官職となり、文章道大業は正二位式部大輔を極官とするようになった。式部省は文章道の家に支えられることによって実態を持った官職として存続していくことになったのである。それ故、本書では式部省と文章道大業が専門職として勤めた官職を包摂した形で補任をつくり、中世の式部省の実態を明らかにすることを試みたのである。

（付記）式部省の補任には、他に小野泰央「式部省補任㈠」（『群馬高専レビュー』一七　一九九八）がある。こちらは、天武六年から天平勝宝八年の補任を復元している。

あとがき

編者が続群書類従完成会から『官史補任』を刊行したのは、平成十年のことである。その後、中島善久編著『官史補任稿　室町期編』（日本史史料研究会　二〇〇七年）が刊行され、太政官弁官局の史は正暦元年から明応九年までが通覧できるようになった。拙著の体裁を継承する形で室町期編を編纂された中島氏の好意には感謝のしようがない。

『官史補任』に続く第二作となる『式部省補任』を八木書店から刊行できることも、この間の経緯を考えれば、望外の事と言うことができる。編者が式部省に関心を寄せるようになったのは、「平安・鎌倉時代の南家儒流」（『栃木史学』九号　一九九五年）を執筆した時のことである。この論文は、文章道大業諸家の消長を平安時代中期から南北朝時代まで追ったもので、その中でも武家との関係を深めていった藤原南家の儒流に関心の中心があった。文章道大業諸家の消長は専門職が勤める官職の争奪戦として表現されたこと、中でも朝廷の礼典と文官の叙位を司る式部省の省務を執る式部大輔が争奪戦の焦点に当てられていたことを明らかにした。その事は、式部大輔を長く勤める家が一族を広げて繁茂する一方で、勤められなくなった家が専門職から外されていった事で如実に表れている。この事の進んだ後白河院政期は、平安時代中期から進んだ国家機構の縮小再編が家格の形成という形で明確な姿を見せ始めた時期であり、式部省の省務が文章道大業の諸家によって担われる慣例が定着した事により、式部省が実体を失うことなく存続できる条件が整えられた。八省の中で式部省が実体を残したまま存続した事は、叙位・除目に表れる人名が実体を持っていたことから明らかである。この事は、式部省が他の六省（民部省を除く）と比較して検出例の多いことからもうかがえる。本書が、式部省とともに、文章道大業の諸家が専門職として務めた官職を併記したのは、この動向をより鮮明に見せる事を意図したためである。本表を通じて、日本の中世国家が持つ官僚機構の特徴の一端が表現できれば幸甚と考えている。

最後に、本資料集作成にあたって御世話になった小川一義氏、菊池紳一氏、編集者として細かいチェックとアドバイスをいただいた八木書店の柴田充朗氏・恋塚嘉氏に御礼を申し上げる。

人 名 索 引

凡　例

一、排列は、名前の漢字字画順の音読みによる五十音とした。改名等の場合は適宜参照見出しをたてた。

一、索引として掲出した項目は以下の通り。

○式部卿、大輔、権大輔、少輔、丞、録、文章博士、東宮学士、大内記、少内記、大学頭の在任期間と式部巡による任官年の本文頁を示した。丞、録については、それぞれ大丞・少丞、大録・少録を区別せず一括して扱った。

○式部考証の頁数を示した。

○在任期間が明らかでないものは、考証に掲げた頁数のみを示した。

	名（姓）	官職	在任期間	本文頁数	考証頁数
ア	安頼（藤原）	式部丞	天永2年	103	512
イ	以蔭（橘）	式部丞	文永11年	234	378
	以業（中原）	少内記	文治5年―建久2年	169,170	387
	以言（大江）	文章博士	長保3年―寛弘4年	11-16	307
		式部権大輔	寛弘7年	18	
	以言（弓削）	大内記	正暦5年―長徳元年	5	549
	＊大江改姓				
	以綱（橘）	式部丞	延久元年	65	379
	以康（姓未詳）	式部丞	長元元年	36	558
	以忠（惟宗）	少内記	建久9年―建仁2年	175-179	313
	以忠（橘）	式部丞	正治元年	176	379
	以長（惟宗）	式部丞	建保3年	189	314
	以良（橘）	式部丞	建保6年	191	379
		式部巡	寛喜3年	201	
	伊賢（紀）	式部丞	正暦元年	1	309
	伊実（源）				527
	伊祐（藤原）	式部丞	正暦元年	1	420
	為紀（菅原）				347
	為基（大江）				298
	為基（紀）	式部少輔	寛弘元年	13	309
		式部権大輔	寛弘8年―長和2年	20-22	
	為業（藤原）	少内記	大治4年―保延元年	116-120	445
	為賢（橘）	少内記	長和3年―寛仁2年	24,25,27,28	376
	為視（菅原）	式部丞	嘉元2年―徳治2年	258-260	347
	為時（巨勢）	大内記	正暦2年―正暦5年	2-5	312
	為時（藤原）	式部巡	長徳2年	7	444
	為時（平）	式部丞	仁治3年	210	362
	為政（慶滋）	式部少輔	寛弘8年	20	550
		大内記	寛弘8年	21	
		文章博士	寛仁元年―長元2年	27-37	
		式部少輔	万寿元年	33	
	為政（姓未詳）				554
	為清（大江）	大内記	長和元年―長和2年	22,23	298
	為盛（藤原）	少内記	久安2年―仁平3年	128-135	445
	為宣（藤原）	式部丞	寛治7年―嘉保元年	85,86	445
	為善（源）	式部丞	長和5年	26	533
	為善（姓未詳）	少内記	天永2年	103	554

	名（姓）	官職	在任期間	本文頁数	考証頁数
イ	為宗（藤原）	式部丞	久寿２年—保元元年	136,137	445
	為則（菅原）	少内記	長承２年	118	347
	為仲（橘）	式部丞	永承２年	51	376
	為長（菅原）	式部少輔	建久６年—正治２年	172-177	345
		大内記	正治２年—元久元年	178-181	
		文章博士	元久元年—承元４年	180-186	
		式部権大輔	建暦元年—建保２年	187,188	
		式部大輔	承久３年—寛元４年	193-215	
	為長（中原）				384
	為定（紀）	少内記	延久２年	67	309
	為定（藤原）	少内記	承保２年	71	444
	為貞（藤原）	式部丞	仁安２年	149	444
	為範（藤原）	式部丞	大治５年	116	445
	為平親王	式部卿	正暦元年—寛弘７年	1-18	287
	為保（姓未詳）	少内記	元永２年	108	554
	為頼（姓未詳）	少内記	永久２年—保安元年	105-108,110	554
		式部録	保安元年	109	
	惟規（藤原）	少内記	寛弘元年—寛弘２年	14,15	478
		式部丞	寛弘６年	17	
	惟経（中原）	少内記	元久２年—承元２年	182-184	383
	惟継（平）	文章博士	建武２年—建武３年	281,282	357
	惟時（源）	式部丞	正暦４年	3	527
	惟宣（大中臣）	式部丞	正安３年	256	308
	惟仲（平）				358
	惟仲（姓未詳）	少内記	応徳３年	79	552
	惟貞（藤原）	少内記	正暦元年	2	420
	惟道（姓未詳）	式部丞	長元４年	38	552
	惟任（藤原）	式部丞	寛弘８年	20	420
	惟明（藤原）	式部巡	天永３年	104	420
	維光（大江）	式部丞	久安６年—仁平２年	131-133	294
		式部少輔	保元元年—保元３年	137,139,141	
	維順（大江）	式部丞	長治元年	95	293
		大学頭	久安４年—久寿２年	130-135,137	
	維成（姓未詳）				552
	維貞（平）	式部丞	正安３年	256	357
	維度（平）				359
	維房（大江）				294

	名　（姓）	官　職	在任期間	本文頁数	考証頁数
イ	胤家（平）				362
	胤季（源）	式部丞	正応２年	246	533
エ	永光（源）	式部丞	長保５年―寛弘２年	13,14	539
	永実（藤原）	文章博士	天永３年―元永２年	104-108	465
		大内記	永久元年―元永元年	104-108	
	永昌（平）				365
	永職（藤原）	式部丞	万寿元年	33	472
	永相（藤原）	式部丞	延久４年	68	466
	永藤（藤原）	式部丞	元亨元年	270	471
	永範（藤原）	文章博士	保延５年―仁平２年	122,123,125-133	469
		式部大輔	仁平２年―治承４年	133-138,141-145,147,148,150-159,161	
		東宮学士	仁安元年―仁安３年	148,149,151	
	英房（藤原）	式部少輔	建武元年	280	490
	延貞（惟宗）				313
	遠依（安倍）	式部丞	正応２年	246	289
	遠賢（藤原）	式部丞	元久２年	181	455
	遠章（源）	大内記	嘉禄２年―寛喜２年	197-199	536
	遠宣（藤原）	式部丞	久安２年―久安４年	127,128,130	455
	遠明（藤原）	大内記	仁平２年―保元元年	134,135,137,138	454
	遠連（藤原）	式部巡	寛喜３年	201	429
	＊藤原重資の式部巡				
カ	家経（藤原）	文章博士	万寿３年―長元５年	35-39	408
		文章博士	長久３年	48	
	家光（藤原）	東宮学士	建保６年―承久３年	191-193	410
	家弘（姓未詳）	少内記	弘安５年	239	551
	家高（菅原）	東宮学士	延慶元年	261	331
		文章博士	正和４年	265	
		文章博士	文保元年―元亨元年	267-270	
		大学頭	正中元年―嘉暦元年	272-274	
	家綱（藤原）	式部丞	治暦元年	62	408
	家時（源）				526
	家俊（源）				526
	家信（藤原）	式部丞	承安元年	153	409
	家政（平）	式部丞	正安３年	256	356
	家盛（藤原）	式部丞	仁治３年	211	404

	名　（姓）	官　職	在任期間	本文頁数	考証頁数
カ	＊藤原有仲の式部巡				
	家清（源）	式部丞	応徳３年	79	525
		式部巡	長治２年	97	
	家村（平）	式部丞	仁治２年	209	356
	家朝（藤原）	式部丞	嘉元元年	258	409
	家能（姓未詳）	式部丞	元永元年	107	551
	家倫（藤原）	式部丞	乾元元年	257	409
		式部少輔	正和３年―正和４年	265	
		文章博士	正中２年―嘉暦２年	273,274	
		東宮学士	元弘元年	277	
	雅光（源）	式部丞	康和５年―嘉承元年	94-97	541
	雅光（源）	式部丞	永久元年	104	541
	雅康（平）	式部丞	長和２年―長和３年	22,23	367
	雅職（源）	式部丞	保安元年	109	542
	雅盛（姓未詳）				557
	雅仲（藤原）	式部丞	大治５年	116	496
	雅頼（源）	式部丞	長承元年―長承２年	117,118	542
	雅隆（源）	式部丞	寛治５年―寛治７年	84,85	541
		式部巡	元永２年	109	
	懐尹（藤原）	式部丞	寛弘８年	20	412
	懐遠（藤原）	式部丞	大治４年	115	412
	懐経（藤原）	式部丞	久安６年―仁平元年	132	412
	懐実（藤原）	式部丞	文治４年	169	411
	懐信（源）	式部丞	長和５年	26	526
	監綱（藤原）	式部丞	寛治元年	80	390
キ	季継（源）	式部丞	寛元元年―寛元３年	211-213	530
	季綱（藤原）	式部巡	嘉保２年	87	429
		大学頭	康和元年	91	
	季重（安部）	式部丞	元弘２年	279	289
	季随（伴）	式部録	長保元年―長保２年	9,10	382
	季正（中原）	式部録	仁平３年	134	384
	季忠（源）	式部丞	寛治４年―寛治５年	83	530
		式部巡	元永元年	108	
	季長（菅原）	大内記	正応２年	246	339
	季通（橘）	式部丞	長元７年―長元８年	40,41	375
	季定（姓未詳）	少内記	寛治３年	82	553
	季貞（中原）	少内記	嘉保元年	86	384

	名（姓）	官職	在任期間	本文頁数	考証頁数
キ	季任（菅原）	式部丞	正和５年	266	339
	季範（源）	式部丞	寛仁元年	27	530
	季隆（源）	式部丞	保延元年	119	529
	基久（藤原）	少内記	元久２年	182	508
	基業（卜部）				292
	基業（藤原）				508
	基兼（藤原）	式部権大輔	寛治元年	79	507
	基言（惟宗）	少内記	嘉保元年	86	314
	基光（卜部）				292
	基綱（藤原）	式部巡	嘉承元年	98	507
	基綱（源）	式部丞	治暦３年	64	545
	基忠（卜部）	式部丞	仁安２年—仁安３年	149,150	291
	基長（藤原）	式部丞	寛元２年	212	507
		式部少輔	建長３年—建長６年	218,219	
		大内記	建長６年—康元元年	220,221	
		東宮学士	文永５年—文永11年	230-234	
		文章博士	弘安４年—弘安６年	239,240	
	基朝（卜部）	式部丞	嘉禄２年	196	291
	基明（卜部）	式部丞	嘉禄２年	196	291
	貴重（惟宗）	式部録	長徳元年	5	313
	義経（藤原）	式部丞	保延４年—保延５年	121	519
	義兼（源）	式部丞	建武元年	280	547
	義憲（藤原）	式部丞	久寿元年—久寿２年	135,136	519
	義国（源）				546
	義治（源）				548
	義重（姓未詳）				559
	義清（橘）	式部丞	長元８年—長元９年	41,43	380
	義忠（藤原）	少内記	寛弘８年—長和２年	21-23	483
		大内記	長和４年—寛仁３年	25,27-29	
		東宮学士	寛仁元年—長元７年	28-41	
		式部少輔	寛仁２年—寛仁４年	28-30	
		文章博士	寛仁４年—万寿元年	30-33	
		大学頭	長元９年—長久２年	43,45-47	
		東宮学士	長暦元年—長久２年	45-47	
	義通（橘）	式部丞	長和２年	22	380
	義定（小野）	式部録	承徳２年—康和５年	89,91-94	308
	義定（上野）	式部録	寛治２年—寛治３年	81,82	290

	名（姓）	官職	在任期間	本文頁数	考証頁数
キ	久景（姓未詳）	少内記	建暦２年	188	556
	久広（安部）	少内記	弘安10年—正応元年	243-245	289
	久広（三善）→安倍久広を見よ				548
	久俊（大江）	式部録	保延５年—康治元年	122,123,125	300
	久明親王	式部卿	永仁５年—延慶２年	251,253,254,256,262	288
	挙周（大江）	式部丞	寛弘３年	15	296
		東宮学士	寛弘８年—長和５年	21-25,27	
		文章博士	万寿元年—長暦元年	34-44	
		式部権大輔	長元２年—永承元年	37-41,43-50	
		大学頭	寛徳元年	49	
	挙直（藤原）				440
	匡衡（大江）	文章博士	正暦元年—長保２年	1-8,10	302
		式部権少輔	長徳元年—長徳４年	5-8	
		東宮学士	長徳３年—寛弘４年	8-16	
		式部権大輔	長徳４年—寛弘３年	8-15	
		式部権大輔	寛弘５年—寛弘６年	16,17	
		文章博士	寛弘６年—長和元年	17,18,20,21	
		式部大輔	寛弘７年—長和元年	18,20,21	
	匡周（大江）				301
	匡時（大江）	式部丞	長治元年	95	301
	匡範（大江）				301
	匡房（大江）	式部丞	康平３年	59	303
		東宮学士	治暦３年—応徳２年	64-77	
		式部権大輔	永保３年—応徳３年	76,77,79	
		式部大輔	寛治元年—嘉保元年	79-86	
	教重（紀）	式部録	長承元年—長承３年	118,119	310
	教任（藤原）	式部丞	治安２年	31	484
	業基（橘）				377
	業継（三善）	少内記	寛喜３年	201	548
	業兼（高階）	式部丞	天承元年—長承３年	117-119	371
	業兼（中原）	少内記	建仁３年—建永元年	179-182	386
	業広（藤原）	式部丞	文永４年	229	476
	業綱（高階）	式部丞	久寿２年以前	136	372
	業実（藤原）	式部丞	保元元年	137	472
	→資能（藤原）も見よ				
	業実（藤原）	式部少輔	仁安３年—承安２年	150-153	

	名　（姓）	官　職	在任期間	本文頁数	考証頁数
キ		大内記	承安４年—寿永２年	155-159,162-165	
		文章博士	元暦元年—建久５年	166-172	
		式部巡	建久５年	172	
	業昌（惟宗）	少内記	治承２年—元暦元年	159,160,162-166	313
	業仲（藤原）	式部丞	寛治７年—康和元年	85-90	475
	業貞（藤原）	少内記	治承４年—寿永元年	162-164	473
	業任（令宗）	少内記	治安元年—万寿元年	31-33	550
	業範（藤原）	大内記	建治２年—弘安元年	236,237	476
	業敏（高階）	式部丞	長和元年	21	372
ク	具範（藤原）	大内記	弘安９年—正応２年	243-246	464
ケ	景家（紀）	少内記	元応元年—嘉暦元年	269-274	308
	景高（藤原）	少内記	承元２年	184	411
	景氏（藤原）				411
	景政（姓未詳）	少内記	文治２年	168	551
	景盛（中原）	少内記	康元元年	221	382
	経雅（源）	式部巡		213	536
	経季（姓未詳）	式部巡	長久元年	47	555
	経業（藤原）	東宮学士	正嘉２年—正元元年	221-223	451
		式部大輔	建治元年—弘安４年	235-238	
	経兼（姓未詳）	式部丞	万寿４年	36	555
	経衡（藤原）	式部丞	長元６年	40	454
	経時（源）	式部丞	仁平３年—久寿２年	134-136	534
	経政（藤原）	式部丞	久安３年	129	454
	経盛（藤原）	式部丞	仁安２年—仁安３年	149,150	454
	経長（中原）	少内記	仁安２年—承安４年	149,151-155	385
	経長（藤原）	式部少輔	治安３年	32	451
	経長（源）	式部丞	治安３年—万寿元年	32,33	535
	経任（源）	少内記	万寿２年	34	534
		式部丞	万寿３年—長元元年	35,36	
	経範（藤原）	大学頭	寛喜２年—天福元年	200-204	453
		文章博士	天福元年—建長元年	203-217	
		式部大輔	建長２年—康元元年	217-220	
	経方（平）	式部丞	治暦４年	65	362
	経雄（藤原）	東宮学士	永仁６年—正安３年	253-256	450
	慶範（藤原）	式部丞	建武元年	280	519
	兼安（姓未詳）	式部丞	長元５年	39	551
	兼遠（卜部）	式部丞	建永元年	182	291

	名　（姓）	官　職	在任期間	本文頁数	考証頁数
ケ	兼経（卜部）	式部丞	建久９年―建仁２年	175-179	290
	兼光（藤原）	東宮学士	仁安元年―仁安３年	148,149,151	413
	兼行（姓未詳）	少内記	治安３年―万寿２年	32-34	551
	兼孝（菅野）	少内記	承暦３年	74	314
	兼衡（藤原）	大内記	康和元年―康和４年	91-93	413
	兼氏（姓未詳）	式部丞	建仁２年	179	551
	兼職（惟宗）	少内記	天仁元年―天永２年	101-103	312
	兼春（卜部）	宿官(式部丞)	正和元年	264	291
	兼親（藤原）	式部丞	康治２年	125	412
	兼世（卜部）	式部丞	嘉禄２年	196	291
	兼宣（源）	式部丞	長保３年	11	526
	兼定（藤原）	式部録	永久３年	105	412
	兼定（藤原）	式部丞	永久４年	106	411
	兼峯（卜部）	式部丞	寛元３年	213	291
	兼有（卜部）				290
	兼倫（藤原）	大内記	正元元年―弘長元年	224,225	412
		式部少輔	弘長２年―弘長３年	225,226	
		東宮学士	建治元年―弘安10年	235-243	
		文章博士	弘安８年―弘安10年	241-243	
		式部権大輔	正応３年―正応５年	246-248	
		式部大輔	正応５年―永仁４年	248-251	
	憲親（藤原）	式部丞	天養元年―久安元年	126,127	484
		少内記	久安３年	129	
	憲盛（藤原）	式部丞	永暦元年	143	489
	憲輔（藤原）	式部丞	長暦３年	46	483
	憲頼（藤原）	式部丞	寿永元年	164	489
	顕業（藤原）	文章博士	長承３年―永治元年	119-123	391
		東宮学士	保延５年―永治元年	122,123	
		式部大輔	天養元年―久安４年	126-129	
	顕高（藤原）				390
	元重（大江）	式部録	長承３年	119	307
	元信（藤原）	式部大丞	仁治３年	210	508
	元忠（藤原）	式部丞	嘉禎３年―暦仁元年	206,207	507
	元範（藤原）	少内記	万寿３年	35	508
		式部少輔	長元８年―長暦２年	41,43-45	
	元輔（橘）	式部丞	天仁元年	100	379
	元倫（和気）	式部録	正暦元年―長徳２年	1-6	551

	名　（姓）	官　職	在 任 期 間	本 文 頁 数	考証頁数
ケ コ	言範（藤原）	東宮学士	建武元年—建武３年	281,282	456
	公員（宇佐）	式部丞	延慶元年	261	290
	公基（藤原）	式部丞	長久元年	46	417
	公基（藤原）	少内記	保延５年—康治元年	122,123,125	417
		式部丞	久安２年—久安４年	128,130	
	公義（姓未詳）	式部録	長元８年	41	551
	公経（藤原）	式部丞	永承６年—天喜２年	53-55	416
	公賢（菅原）	式部権少輔	仁平２年—久寿元年	133-135	332
		文章博士	保元２年	139	
	公賢（藤原）	式部卿	建武元年—建武２年	280,281	415
	公資（大江）	式部少輔	長元８年	41	292
	公時（菅原）	式部丞	嘉元３年	259	333
		式部権少輔	徳治２年	260	
		大学頭	正和元年—文保元年	264-267	
		文章博士	元応２年	269	
		文章博士	元亨元年—正中元年	270-272	
		東宮学士	嘉暦元年—元弘元年	274-277	
	公仲（大江）				293
	公長（菅原）	式部丞	貞永元年	202	334
		大内記	正嘉元年—正元元年	221-224	
		式部少輔	弘長元年	225	
	公輔（菅原）	式部少輔	建永元年	182	333
		文章博士	建暦元年—建保元年	187,188	
		式部権大輔	貞応元年—元仁元年	194,195	
	公明（藤原）	式部丞	承徳元年—康和２年	89-91	415
	公頼（姓未詳）	式部少輔	万寿４年	35	551
	公良（菅原）	大内記	寛喜３年—嘉禎２年	200-206	335
		式部巡	仁治３年	211	
		大学頭	寛元元年—寛元２年	212,213	
		文章博士	寛元２年—建長２年	212-218	
		式部権大輔	建長３年—文応元年	218-224	
	広業（藤原）	式部丞	長保元年—長保２年	9,10	490
		東宮学士	寛弘４年—寛弘８年	16-18,20	
		文章博士	寛弘５年—寛弘６年	17	
		式部大輔	長和元年—治安３年	21-24,26-32	
		東宮博士	寛仁元年—寛仁２年	27-30	
	広経（姓未詳）	大内記	永承７年	54	556

	名　（姓）	官　職	在任期間	本文頁数	考証頁数
コ	広兼（藤原）	少内記	永久５年―保安元年	107-110	490
	広光（藤原）	式部丞	建久９年	175	492
	広綱（源）	式部巡	天仁元年	101	540
	広俊（中原）	少内記	承徳２年―天永２年	90-97,99,101-103	387
	広範（藤原）	式部権少輔	文永９年―文永10年	232,233	491
		大学頭	正応元年	245	
		東宮学士	永仁６年―正安元年	253,254	
		式部大輔	乾元元年―嘉元元年	257	
	弘親（姓未詳）	少内記	徳治２年	260	556
	弘道（藤原）	少内記	正暦３年	3	492
		東宮学士	長徳２年―寛弘５年	6,8-17	
		文章博士	長保元年―寛弘５年	10-17	
	光遠（源）	式部丞	仁安３年	150	544
	光遠（姓未詳）	少内記	天仁元年	101	557
	光貴（麻田）	式部録	長和４年	24	289
	光経（藤原）				499
	光継（姓未詳）	式部丞	仁治３年	210	557
	光兼（藤原）	式部丞	建保５年	190	496
		式部巡	建保５年	190	
		大内記	寛喜２年―寛喜３年	199,200	
		大学頭	天福元年―嘉禎２年	204-206	
		文章博士	嘉禎２年―寛元元年	205-212	
		東宮学士	寛元元年―寛元４年	212-215	
		式部大輔	正嘉元年―弘長元年	222-225	
	光衡（藤原）	式部丞	永万元年	147	501
	光衡（三善）				549
	光国（藤原）	東宮学士	正嘉２年―文永元年	222-227	497
	光資（藤原）	式部丞	文治３年	168	499
	光時（平）	式部丞	嘉禎３年	206	367
	光重（藤原）	少内記	寛元３年―寛元４年	214,215	498
	光俊（源）	式部丞	仁平２年―久寿元年	133-135	544
	光信（藤原）	式部丞	仁治３年	210	499
	光成（源）	式部丞	大治５年	116	545
	光清（源）	式部丞	長和２年	22	544
	光清（姓未詳）	式部丞	万寿４年	36	557
	光宗（藤原）	式部丞	元仁元年	195	501
	光宗（源）	式部丞	寛喜３年	200	545

	名　（姓）	官　職	在任期間	本文頁数	考証頁数
コ	光朝（藤原）	式部少輔	寛喜3年―貞永元年	200-202	499
	光範（藤原）	式部丞	保元元年―保元2年	138,139	500
		大内記	仁安2年―承安4年	149-155	
		文章博士	承安4年―文治元年	155-159,161,163-167	
		東宮学士	治承2年―治承4年	158,159,162	
		式部大輔	文治元年―元久2年	167-181	
	光輔（藤原）	式部少輔	治承4年―元暦元年	161,163,164,166	498
		大内記	寿永2年―元暦元年	165,166	
		文章博士	文治元年―建久5年	167-172	
	光輔（源）	式部丞	文治元年	167	544
	行遠（平）				370
	行家（藤原）	文章博士	承暦3年―永保元年	73-75	513
	行義（姓未詳）	式部録	寛治7年	85	558
	行景（源）	少内記	建久9年	176	546
	行光（藤原）	大内記	嘉暦元年―建武3年	274,276,278-282	517
	行佐（藤原）	式部丞	天仁2年―天永2年	101,102	515
	行氏（惟宗）	式部丞	仁治3年	210	314
	行氏（藤原）	大内記	延慶元年―文保2年	261-268	513
		大学頭	文保2年―元亨元年	268-270	
		文章博士	元亨2年―元徳元年	271-276	
		東宮学士	元徳元年―元弘元年	276,277	
		式部権大輔	建武元年―建武3年	280-282	
	行資（橘）	式部丞	長徳3年―長徳4年	7,8	380
	行俊（菅野）				314
	行順（橘）	式部丞	寛弘8年	20	380
	行親（紀）				310
	行親（藤原）	大内記	文保2年	268	515
	行成（藤原）	式部権大輔	長徳2年	6	515
	行盛（藤原）	式部丞	長治元年―長治2年	95,96	517
		式部少輔	永久5年―元永2年	106-108	
		文章博士	保安3年―長承3年	111-119	
	行忠（藤原）	少内記	正元元年	224	515
	行忠（源）	式部丞	長承元年―長承2年	118	547
	行定（源）	式部丞	天福元年	203	547
	行任（紀）	少内記	長和5年―寛仁元年	27,28	310
	行範（藤原）	式部少輔	文保2年	268	516

	名　（姓）	官　職	在任期間	本文頁数	考証頁数
コ	行方（藤原）	式部丞	嘉禎２年―嘉禎３年	205,206	515
	行方（藤原）	式部巡	仁治２年	209	
	行友（紀）	式部録	永久２年	105	311
	孝言（惟宗）	少内記	永承３年	52	312
		大学頭	延久３年	67	
	孝行（源）	式部丞	嘉禄元年	196	532
		式部巡	仁治元年	208	
	孝佐（藤原）	少内記	久安４年―保元２年	130-135,137,138,140	438
	孝重（斎部）	式部録	保安元年	110	290
	孝順（平）	式部丞	正暦５年	4	362
	孝信（姓未詳）	大内記	万寿３年	35	553
	孝親（橘）	少内記	寛仁４年	30	375
		大内記	万寿３年―長久元年	35-43,45-47	
		文章博士	長暦２年―長久元年	45,46	
	孝忠（藤原）	式部丞	嘉応２年	152	439
	孝道（源）	大学頭	長保元年	10	532
	孝範（藤原）	大内記	建永元年―承元３年	183-185	440
		文章博士	建暦元年―承久元年	186-191	
		大学頭	貞応元年―寛喜２年	194-199	
	恒明親王	式部卿	正中元年―建武３年	272-282	287
	高嗣（菅原）	式部権少輔	建武元年―建武３年	281,282	343
		東宮学士	建武元年―建武３年	281,282	
	高盛（平）				362
	高長（菅原）	大内記	仁治３年―寛元元年	210-212	343
		大学頭	建長６年	220	
		文章博士	文応元年―弘長２年	225,226	
		式部大輔	文永８年―建治元年	231-235	
	高朝（平）				362
	高能（菅原）	式部少輔	宝治２年	216	344
		大学頭	文永９年―弘安10年	233-243	
		式部権大輔	弘安10年	242	
	高房（平）				362
	高有（平）	式部丞	元弘３年	279	361
	康業（中原）	少内記	建久９年	176	389
	康職（藤原）	少内記	正元元年	224	512
	康能（中原）	式部録	承安２年	154	389

	名　(姓)	官　職	在任期間	本文頁数	考証頁数
コ	康茂（藤原）	少内記	天福元年	203	512
	国康（紀）	式部録	天仁元年	100	308
	国資（藤原）	式部丞	寛治６年	84	417
	国秀（中原）	少内記	仁治３年	211	383
	国俊（藤原）	少内記	正治元年—建仁２年	177-179	418
	国信（姓未詳）				552
	国成（惟宗）	少内記	長元２年—長元４年	37-39	312
	国成（藤原）	式部丞	寛仁元年	27	418
		大学頭	長元７年	41	
		文章博士	長暦元年—長久元年	44-46	
		東宮学士	長久２年	47	
		式部権大輔	永承３年	52	
		式部大輔	永承６年—天喜元年	53-55	
	国成（姓未詳）				552
	国政（源）	式部丞	長徳４年	8	527
	国長（藤原）	式部丞	嘉応元年	152	418
	国貞（中原）	式部録	建久９年	175	383
	国任（中原）	式部丞	正応元年	244	383
	国任（宗岳）	少内記	長元４年	39	549
	国能（藤原）	式部少輔	長承元年—保延元年	117-119	419
	国保（中原）	式部録	仁安３年—安元２年	151-157	383
サ	佐継（姓未詳）	少内記	貞応元年	194	553
	佐忠（三善）	式部少輔	正暦元年—正暦３年	1-3	548
	佐友（阿刀）	式部録	長保元年	9	289
	済任（姓未詳）	式部録	長元５年	39	553
	在匡（菅原）	式部少輔	正元元年	223	326
		文章博士	文永11年—建治元年	234,235	
	在経（菅原）	東宮学士	永仁２年	250	323
		東宮学士	嘉元元年	258	
	在兼（菅原）	式部少輔	文永８年—文永11年	232-234	317
		東宮学士	建治２年—弘安10年	236-243	
		東宮学士	正応３年—永仁２年	246-250	
		大学頭	正応３年—正応４年	247,248	
		文章博士	正応４年—永仁元年	248,249	
		式部大輔	元応２年—元亨元年	269,270	
	在賢（菅原）	式部丞兼少内記	文永11年	234	317
	在顕（菅原）	大内記	弘安元年—弘安２年	237,238	315

	名　（姓）	官　職	在任期間	本文頁数	考証頁数
サ	在公（菅原）	式部少輔	寛元元年—宝治２年	211-216	319
		大内記	宝治２年—建長元年	216,217	
		文章博士	弘長２年—弘安４年	226-239	
		式部権大輔	弘安４年—弘安８年	239-241	
	在高（菅原）	文章博士	正治２年—元久元年	177-180	320
		大学頭	元久元年—建永元年	181-183	
		式部大輔	建永元年—承元４年	182-186	
	在氏（菅原）				317
	在嗣（菅原）	式部権少輔	文応元年—弘長２年	224-226	322
		式部少輔	弘長３年	226	
		文章博士	建治３年	236	
		文章博士	弘安２年—正応元年	238-244	
		式部大輔	永仁４年	251	
		東宮学士	正中２年	273	
	在守（菅原）	大内記	文永４年	229	328
		大内記	文永７年—文永11年	231-234	
		東宮学士	文永９年	232	
		式部少輔	文永11年—建治２年	234,235	
	在春（菅原）				325
	在淳（菅原）	文章博士	元徳元年—建武元年	276-281	316
		大学頭	元亨元年	270	
		東宮学士	元応２年	269	
		東宮学士	正中元年	272	
	在章（菅原）	式部丞	安貞元年—安貞２年	197,198	314
		大学頭	建長２年—建長６年	218,219	
		文章博士	建長６年—文応元年	219-224	
		式部権大輔	弘長３年—文永５年	226-229	
	在成（菅原）	式部権少輔	正和５年—元応元年	266-268,269	324
		大学頭	嘉暦３年—元弘元年	275-278	
		東宮学士	元弘元年	277	
		文章博士	元弘元年—建武２年	277,279-281	
		式部少輔	建武２年—延元元年	281,282	
		大学頭	延元元年	282	
	在宗（菅原）	式部丞	文暦元年	204	326
		式部少輔	延応元年—寛元元年	208-211	
		大内記	寛元元年—宝治２年	212-217	
		大学頭	文応元年—文永４年	225-229	

	名　(姓)	官　職	在任期間	本文頁数	考証頁数
サ	在長（菅原）	式部権少輔	久安２年—久安４年	127,128	324
	在登（菅原）	東宮学士	延慶元年—文保２年	261-268	323
		文章博士	応長元年—文保元年	263-267	
		式部権大輔	元亨元年—嘉暦２年	270-274	
		式部大輔	嘉暦３年—元徳２年	275,276	
	在任（菅原）	式部少輔	正応元年	244	323
	在範（菅原）	式部少輔	正応３年—正応４年	246,247	325
	在平（高階）	式部丞	長和元年	21	370
	在輔（菅原）	式部権少輔	弘安元年—弘安２年	237	319
		大学頭	正応元年—正応３年	245-247	
		文章博士	正応３年—永仁６年	247-253	
		式部権大輔	永仁６年—正安３年	253,254	
		式部大輔	正安３年	256	
		式部大輔	嘉元元年—元応２年	257-266,268,269	
	在房（菅原）	式部巡	寛元２年	213	325
	＊源経雅を式部巡で昇叙				
	在茂（菅原）	式部丞	仁安元年	148	327
		式部少輔	安元元年	156	
		大学頭	治承元年—正治２年	158-160,162-174, 176-178	
		文章博士	建久８年—正治２年	174-177	
	在良（菅原）	式部丞	延久３年	67	328
	在良（菅原）	式部丞	承保２年—承暦元年	70-72	328
		式部少輔	承暦元年—応徳元年	72-77	
		式部少輔	寛治元年	80	
		大内記	寛治元年—嘉保元年	80-86	
		式部少輔	寛治３年—嘉保元年	81-86	
		文章博士	承徳２年—天永２年	90-97,99,101-103	
		式部大輔	天永２年—保安元年	102-109	
		文章博士	保安元年	110	
シ	氏経（源）				526
	氏長（菅原）	式部少輔	正元元年—文応元年	223,224	332
	氏口（藤原）	式部権少輔	延慶元年	261	411
	至光（源）	少内記	長徳２年	7	534
	資家（源）	式部丞	寿永元年	164	530
	資懐（藤原）	式部丞	康和４年	93	429
	資業（藤原）	式部丞	寛弘３年—寛弘６年	15-17	434

	名　(姓)	官　職	在任期間	本文頁数	考証頁数
シ		大内記	寛弘7年	18	
		東宮博士	寛弘8年—長和5年	21-26	
		文章博士	寛仁元年—寛仁2年	27,28	
		式部大輔	治安3年—長久元年	32,33,35-41,43-46	
	資弘（大江）	少内記	治承4年	162	295
	資弘（中原）	少内記	嘉応元年—治承2年	152-159	384
	資光（藤原）	式部権少輔	保安元年—天治2年	109-113	437
		大学頭	天治元年—長承元年	113-118	
		式部少輔	大治2年—大治5年	114-116	
	資高（菅原）	少内記	寛弘7年	18	340
	資高（菅原）	文章博士	嘉禄2年—嘉禎元年	197-205	340
	資康（藤原）	少内記	康和2年—長治2年	92-97	438
	資国（安部）	式部丞	正元元年—文応元年	223,224	289
	資実（藤原）	東宮学士	正治2年—建仁元年	177,178	430
	資昌（藤原）	式部丞	文治元年	167	437
	資信（藤原）	式部丞	康和4年	93	435
	資信（菅原）	少内記	寛弘8年—長和3年	21-24	340
		式部丞	長元4年	39	
	資成（中原）	式部録	康和4年	93	384
	資宗（菅原）	大内記	文永5年—文永7年	229-231	340
		文章博士	正応元年—正応4年	245-248	
		東宮学士	正応3年—永仁6年	246-253	
		大学頭	正応4年—永仁4年	248-251	
		式部権大輔	永仁4年—永仁6年	251,253	
		式部大輔	正安3年—乾元元年	256,257	
	資通（橘）	式部丞	長元4年	38	375
	資通（源）	式部丞	治安2年	31	530
	資定（藤原）	式部丞	治承2年	158	429
	資定（藤原）	東宮学士	寛元元年—寛元4年	212-215	429
	資朝（藤原）	文章博士	文保2年—元亨2年	268-271	432
	資能（藤原）	→業実（藤原）を見よ		137	438
	資博（藤原）	式部丞	治承4年—寿永元年	161,163,164	436
	資文（藤原）	式部丞	天永2年	102	436
	資名（藤原）	文章博士	延慶3年—応長元年		432
	師綱（藤原）	式部権少輔	文治元年	167	511
	師信（藤原）	式部丞	長保元年	9	511

	名　(姓)	官　職	在任期間	本文頁数	考証頁数
シ	師長（菅原）	式部少輔	寛弘８年—長和５年	20-24,26	355
	師任（中原）	式部録	長和４年—治安元年	24,26-30	388
	時家（藤原）				455
	時家（源）				536
	時賢（源）	式部丞	大治２年	114	536
	時広（平）	式部丞	寛元３年—宝治元年	213-216	364
	時秀（平）	式部丞	仁治２年	209	363
	時章（平）	式部丞	暦仁元年	207	363
	時宗（藤原）	式部丞	安元２年	156	456
	時通（平）				364
	時棟（大江）	大学頭	長元４年—長元５年	39,40	298
	時登（菅原）	式部少輔	大治２年	114	348
		文章博士	長承元年—保延元年	118,119	
		大学頭	保延３年	121	
	時輔（平）	式部丞	文永２年	228	363
	時房（平）	式部丞	元久２年	181	364
	時房（大江）		建久５年	172	472
	式光（姓未詳）	式部丞	長徳２年	6	556
	実義（藤原）	文章博士	長治２年—嘉承元年	96,97	427
	実教（藤原）	式部丞	仁安３年	150	423
	実綱（藤原）	東宮学士	長暦元年—寛徳２年	45-50	422
		大学頭	寛徳２年—康平５年	50-61	
		文章博士	永承６年—天喜元年	54,55	
		式部権大輔	康平５年	60	
		式部大輔	康平６年—永保元年	61-75	
	実重（平）	式部丞	久安６年	131	361
	実重（藤原）				422
	実俊（藤原）	式部丞	承暦３年	73	423
	実世（藤原）	大学頭	建武元年—建武３年	281,282	426
	実政（藤原）	式部丞	長久４年	48	424
	実政（藤原）	式部丞	長久４年—寛徳元年	48,49	424
		大内記	永承５年	53	
		東宮学士	永承５年—延久４年	53-68	
		式部巡	康平７年	62	
		文章博士	延久元年—承暦２年	66-73	
		式部大輔	永保２年—応徳元年	75,76	
	実範（藤原）	式部丞	仁安２年—仁安３年	149,150	424

	名 （姓）	官　職	在任期間	本文頁数	考証頁数
シ	実範（藤原）	式部丞	長元元年—長元２年	36,37	424
		文章博士	天喜元年—康平４年	55-60	
	実房（藤原）	式部丞	長保４年—長保５年	12,13	424
	守元（姓未詳）	式部録	康治２年	125	558
	守光（中原）	式部録	保延５年	122	388
	守光（藤原）	少内記	永治元年—久安４年	123,125-130	511
	守時（藤原）	式部丞	仁平２年	133	510
	守時（源）	式部丞	久安４年—仁平２年	130-133	546
	守職（高橋）				374
	守成（能登）	式部録	長徳元年—長徳２年	5,6	389
	種範（藤原）	大学頭	嘉元２年—延慶元年	259,260	443
		文章博士	正和元年—正和２年	264	
	秀実（中原）	式部丞	永仁２年	250	387
	秀昌（清原）	式部丞	嘉禄２年	196	311
	秀成（藤原）	式部丞	文永４年	229	489
	秀清（藤原）	式部丞	文永７年	231	489
	秀範（藤原）				489
	周衡（藤原）	少内記	天仁元年—天永３年	101-104	449
		式部丞	元永２年—保安元年	108,109	
	周貞（姓未詳）	式部丞	貞応元年	194	554
	周房（大江）	式部権少輔	建保２年—建保５年	188-190	298
		文章博士	嘉禄元年—寛喜３年	196-200	
	修言（菅原）	少内記	永久元年	104	332
	重基（藤原）	式部巡	寛喜３年	201	429
	＊式部巡で藤原遠連を推挙				
	重経（姓未詳）	式部丞	長久元年	46	553
	重兼（藤原）	式部丞	康和３年—康和５年	92-94	428
	重広（藤原）				428
	重光（平）	式部丞	養和元年	163	361
	重綱（姓未詳）	式部丞	嘉承２年	99	553
	重資（源）	式部丞	治暦元年—治暦３年	62-64	528
	重俊（源）	式部丞	保安元年	109	529
	重職（高橋）	少内記	正元元年	224	373
	重真（藤原）	少内記	保安２年—大治４年	111-116	428
	重成（源）	式部丞	長元９年	43	529
	重成（源）	式部丞	久安２年	127	529
	重清（姓未詳）				552

	名（姓）	官職	在任期間	本文頁数	考証頁数
シ	重能（藤原）	式部丞	弘安８年	241	429
	重範（藤原）	式部少輔	正応５年—永仁６年	248-253	428
	重房（大江）	少内記	正嘉元年	221	294
		大内記	文永２年—文永４年	228,229	
		式部権少輔	文永６年—文永９年	230-232	
		式部権大輔	弘安10年—正応３年	242-246	
	俊基（藤原）	大内記	元亨３年	272	463
	俊経（藤原）	式部丞	長元９年	43	456
	俊経（藤原）	式部丞	康治元年	124	456
		文章博士	保元３年—承安４年	141-155	
		式部大輔	治承４年—文治元年	161,163,164,166,167	
	俊兼（源）	式部丞	寛治２年—寛治４年	81-83	537
	俊賢（源）	式部巡	康和元年	91	537
	俊憲（藤原）	式部丞	久安２年—久安３年	128	460
		東宮学士	久寿２年—保元元年	137,138	
		東宮学士	保元２年—保元３年	139,142	
	俊光（藤原）	式部丞	保元元年	137	462
	俊光（藤原）	文章博士	弘安10年—正応元年	243,244	461
	俊光（源）	式部巡	治承４年	161	537
	俊孝（橘）	式部丞	長和２年	22	376
	俊高（源）	式部録	大治４年	116	537
	俊式（中原）	式部録	大治５年	116	385
	俊実（橘）				376
	俊重（藤原）	少内記	延慶元年	261	456
	俊重（源）	式部丞	康和４年	93	537
	俊信（藤原）	大内記	嘉保２年—承徳２年	87-90	458
		東宮学士	康和２年—長治２年	91-96	
		文章博士	康和５年—長治２年	94-96	
	俊忠（藤原）	式部丞	治安２年—治安３年	31,32	456
	俊長（源）	式部丞	大治４年	115	537
	俊範（藤原）	大内記	正安元年—正安３年	254-256	459
		東宮学士	嘉元元年—延慶元年	258-261	
	俊平（藤原）				461
	俊頼子（姓未詳）	式部丞	康和３年	92	555
	春範（藤原）	文章博士	正和４年—正和５年	265,266	489
	淳高（菅原）	式部少輔	建暦元年—建保２年	187,188	329

	名　（姓）	官　職	在任期間	本文頁数	考証頁数
シ		文章博士	承久元年—嘉禄元年	192-196	
		東宮学士	寛喜２年—貞永元年	200-202	
		式部権大輔	延応元年—寛元３年	207-213	
		式部大輔	寛元４年—建長２年	215-217	
	淳中（菅原）	式部丞	寛治元年—寛治４年	80-82	331
	淳範（菅原）	式部丞	文永４年—文永５年	229,230	398
		大内記	文永11年—建治元年	234,235	
		式部少輔	弘安４年—弘安６年	239,240	
		文章博士	永仁元年—延慶２年	249-262	
	庶政（藤原）	式部丞	寛弘６年	17	449
	諸範（藤原）	式部少輔	文永２年—文永４年	227-229	511
	如正（文室）	大内記	正暦元年	2	524
		大学頭	長保３年—長和４年	11-19,21-25	
	助益（和気）	式部録	正応元年	244	550
	助吉（姓未詳）				553
	助次（和気）	式部録	仁治３年	210	550
	助名（和気）	式部録	文保２年	268	550
	尚業（中原）	式部丞	寛元４年	215	386
	昌言（大江）	少内記	長徳３年	8	301
	章永（中原）	式部録	永久元年	104	382
	章綱（藤原）	式部丞	仁安３年	152	390
	章国（惟宗）	式部録	治安３年	32	312
	章信（藤原）	式部丞	長和２年—寛仁元年	22-24,26,27	392
	章盛（橘）	式部丞	保元元年—保元３年	138,139,141	374
	章定（橘）	式部丞	寛治４年—寛治６年	83,84	374
	章祐（藤原）	式部丞	長暦３年	46	389
	勝仲（藤原）	式部丞	嘉応２年	152	411
	職成（中原）	式部少丞	正元元年	223	389
	信家（姓未詳）	式部丞	正安２年	254	556
	信義（姓未詳）	少内記	長徳３年	8	556
	信経（藤原）	式部丞	長徳３年—長徳４年	7,8	478
	信経（藤原）	東宮学士	正応２年	246	478
	信継（平）	式部丞	寛喜元年	198	365
	信兼（大江）	少内記	嘉禄元年	197	300
	信兼（藤原）	式部丞	康治元年—康治２年	124,125	477
		式部丞	文永７年	231	477
	信行（源）	式部丞	寛喜３年	200	540

	名　（姓）	官　職	在任期間	本文頁数	考証頁数
シ	信康（中原）	少内記	文治元年	167	386
	信綱（源）	式部丞	保元元年―保元３年	138,139,141	539
		式部巡	正治元年	177	
	＊式部巡で子息宗信を推挙				
	信重（伴）	式部録	長和２年―万寿２年	23,24,26-34	382
	信重（藤原）	式部丞	康治元年―天養元年	124-126	477
		大内記	保元元年―長寛元年	138,140,142-145	
	信順（高階）	東宮学士	正暦元年―長徳元年	2-5	372
	信政（大江）	式部録	久寿２年―仁安３年	136,138,139,141-150	300
	信盛（藤原）	文章博士	貞永元年―天福元年	202,203	479
	信忠（藤原）	式部丞	承徳元年	88	477
	信房（大江）	式部権少輔	嘉禎元年	205	300
		大内記	延応元年―仁治３年	208-210	
		文章博士	康元元年―文応元年	221-224	
	信房（源）	式部丞	長久２年	47	540
	真行（中原）	式部録	天仁元年―天永元年	100-102	383
	親基（安部）	式部丞	正応元年	244	289
	親業（藤原）	式部丞	長和５年	26	448
	親経（藤原）	式部丞	長元元年	36	446
	親経（藤原）	式部丞	久安６年	131	446
	親経（藤原）	式部丞	保元元年	138	446
	親経（藤原）	東宮学士	治承２年―治承４年	158,159,162	446
		文章博士	建久５年―建久９年	172-175	
		式部大輔	元久２年―建永元年	181,182	
	親継（藤原）	式部丞	元久２年	181	446
	親顕（藤原）	大内記	弘安10年	243	445
	親行（源）				534
	親佐（藤原）	式部丞	正嘉元年	221	446
	親時（源）	少内記			534
	親守（中原）	式部丞	正応元年	244	385
	親俊（藤原）	少内記	建久３年	171	448
	親信（藤原）	式部巡	康和５年	95	449
	親信（藤原）	大内記	正安３年―徳治元年	257-260	449
	親政（藤原）	式部丞	治承２年	158	450
	親説（藤原）	式部丞	康元元年―文永４年	221-229	450
	親仲（姓未詳）	式部丞	天仁２年―天永元年	101,102	554

	名（姓）	官職	在任期間	本文頁数	考証頁数
シ	親長（藤原）	式部丞	仁平３年	134	448
	親任（藤原）	式部丞	万寿２年	34	448
	親任（姓未詳）	式部巡	寛元２年	213	554
	親能（中原）				385
	親範（源）	大内記	寛徳元年―寛徳２年	49,50	534
	親平（藤原）	式部丞	文治５年	169	449
セ	是基（菅原）	少内記	大治２年―長承３年	114-119	337
		式部丞	保延３年―保延５年	120,121	
	是綱（菅原）	大学頭	寛治２年―嘉保２年	81-85,87	336
	正家（藤原）	大内記	天喜４年―康平３年	57-59	493
		文章博士	治暦元年―承暦３年	63-73	
		式部権大輔	寛治元年―嘉保２年	79,81-87	
		式部大輔	嘉保２年―天永２年	87-97,99-102	
	正経（藤原）	東宮学士	正中元年―嘉暦元年	272-274	495
	正光（藤原）	大学頭	仁治２年	209	496
	正綱(雅綱、姓未詳)				556
	正国（藤原）	式部丞	仁治３年	210	495
	成家（藤原）	式部丞	建保４年	189	472
	成季（藤原）	大内記	治暦元年―承保２年	63-70	473
		式部少輔	治暦４年―承保２年	65-70	
		文章博士	応徳元年―康和元年	77,79-91	
	成経（中原）	少内記	貞永元年	202	386
	成憲（源）	式部丞	元久２年	181	539
	成行（中原）	式部丞	寛元２年	212	386
	成光（藤原）	式部権少輔	久寿２年―応保元年	136,137,139,141-143	476
		文章博士	仁安元年―嘉応元年	148,149,152	
	成衡（大江）				299
	成佐（藤原）	式部丞	久安元年―久安３年	127,128	474
		式部権少輔	久安４年―久安６年	130,131	
	成氏（大江）	式部丞	貞永元年	202	299
	成周（大江）	少内記	久安３年―保元２年	129-135,137,138,140	299
	成重（藤原）	式部丞	正応元年	244	473
	成俊（惟宗）	少内記	治安元年	31	313
	成俊（中原）	少内記	貞永元年―嘉禎元年	202-205	386
	成順（高階）	式部丞	寛弘７年―寛弘８年	18,20	372

	名（姓）	官職	在任期間	本文頁数	考証頁数
セ	成章（高階）	式部丞	長和5年—寛仁元年	26,27	370
	成職（三善）	式部録	仁安3年	151	548
	成信（藤原）	式部少輔	正治2年—建永元年	177-182	475
		大内記	元久元年—元久2年	181,182	
		大学頭	建永元年—建暦2年	183-188	
	成中（源）				539
	成忠（高階）	式部大輔	正暦元年—正暦2年	1,2	371
	成忠（紀）	式部録	長治元年—長治2年	95,96	310
	成棟（大江）	少内記	承安4年—養和元年	155-157,159,160, 162,163	300
	成任（橘）	式部丞	万寿元年	33	377
	政村（平）	式部丞	寛喜2年	199	366
	政長（平）	式部丞	文永7年	231	366
	政頼（平）	式部丞	弘安5年	239	367
	済政（源）	式部丞	長徳2年—長徳3年	6,7	531
	斉名（紀）	大内記	長徳2年—長保元年	6,8-10	309
	済通（橘）	式部丞	万寿2年	34	375
	済頼（源）	式部丞	長保元年	9	532
	清家（源）	式部丞	元久元年	180	527
	清季（橘）	式部丞	元暦元年	166	374
	清季（源）	式部丞	建仁2年	179	527
	清言（弓削）	式部録	長保元年—長保2年	9,10	549
	清国（津守）	式部丞	永仁5年	251	381
	清仲（橘）	式部丞	永久5年—元永元年	107	374
		式部巡	仁平2年	134	
	清直（三善）	式部丞	正応元年	244	548
	清定（平）	式部丞	安元元年	156	357
	清藤（藤原）	式部丞	嘉暦2年—元徳元年	274,275	417
	清能（菅原）	式部丞	永久5年—元永元年	107	336
	盛安（清原）	式部録	永久3年—元永元年	105-107	311
	盛維（□原、姓未詳）	式部録	嘉応元年	152	558
	盛久（藤原）				510
	盛経（藤原）	式部丞	治承4年—寿永2年	161,163,164	509
	盛継（姓未詳）				558
	盛憲（藤原）				510
	盛行（中原）	少内記	仁治3年	211	388
	盛広（姓未詳）	式部丞	寛治3年	82	558

	名（姓）	官職	在任期間	本文頁数	考証頁数
セ	盛光（姓未詳）	少内記	久安３年	129	558
	盛綱（藤原）				509
	盛氏（姓未詳）	少内記	寛元元年	212	558
	盛時（清原）	式部録	久安３年―仁平２年	129-133	311
	盛清（藤原）	式部丞	平治元年―永暦元年	142,143	509
	盛種（中原）	式部丞	文保２年	268	388
	盛俊（三善）	少内記	承安４年―治承２年	155-157,159	549
	盛忠（橘）	少内記	保安４年	112	380
	盛藤（中原）	式部丞	弘安９年	242	388
	盛輔（藤原）	式部丞	承徳２年	89	509
		式部巡	大治２年	115	
	盛房（平）	式部丞	康和元年	90	368
	盛房（藤原）	式部丞	寛治元年―寛治２年	80,81	510
	説家（橘）	式部丞	寛治２年	81	376
	説長（藤原）	式部丞	寛治６年	84	455
	宣義（菅原）	式部丞	長徳２年	6	353
		大内記	長保２年―寛弘７年	11-18	
		式部権少輔	寛弘４年―寛弘５年	16,17	
		東宮学士	寛弘５年―寛弘８年	17,18,20	
		文章博士	長和元年―寛仁元年	22-27	
	宣資（菅原）	少内記	嘉保元年―承徳元年	86-89	353
	宣親（藤原）	式部丞	治承３年―治承４年	159,161	477
	宣範（藤原）	大学頭	文保２年	268	479
ソ	宗遠（中原）	式部録	保延元年	119	387
	宗雅（源）	式部権少輔	治承４年	161	545
	宗基（姓未詳）	式部丞	延久４年	68	557
	宗業（藤原）	大内記	建久３年―正治２年	171-177	502
		文章博士	正治２年―承元４年	177-186	
		式部大輔	承元４年―承久元年	186-191	
	宗継（藤原）	式部丞	仁治元年	208	502
	宗広（高階）	式部録	保安２年	110	373
	宗光（藤原）	式部丞	康和元年―嘉承元年	90-97	504
		大内記	元永２年―天承元年	108,110-117	
		式部権大輔	保延３年―康治２年	120-125	
		大学頭	康治元年	125	
	宗綱（源）	式部丞	治承３年―治承４年	159,161	545
	宗国（藤原）	式部丞	康和５年	94	502

	名（姓）	官職	在任期間	本文頁数	考証頁数
ソ	宗俊（源）	式部丞	応徳３年	79	545
	宗尚（藤原）				504
	宗信（源）	〔左兵衛尉〕	正治元年	177	539
	宗成（姓未詳）	式部丞	安元２年―治承２年	157,158	557
	宗宣（平）	式部丞	弘安５年	239	368
	宗仲（藤原）	式部丞	永長元年―承徳元年	88	502
	宗長（藤原）	式部巡	治承４年	161	502
	宗能（藤原）	式部丞	元永２年	108	505
	宗範（藤原）	式部少輔	貞永元年―天福元年	202,203	503
		大内記	嘉禎３年―暦仁元年	206,207	
	相永（姓未詳）	少内記	保延５年	122	553
	相門（林）	式部録	正暦元年	1	389
	則季（橘）	式部丞	康平５年	60	378
	則季（中原）				387
	則久（藤原）	式部録	仁平３年	135	486
	則孝（源）	少内記	長保２年―長保３年	11	540
	則成（源）	式部丞	万寿元年	33	540
	則長（橘）	式部丞	治安３年	32	378
	則隆（橘）	式部丞	長保２年―長保３年	10,11	378
タ	泰時（平）	式部丞	建保４年	189	369
	泰俊（藤原）	少内記	永長元年―康和元年	88-91	512
	泰盛（藤原）	少内記	康和元年―康和２年	91,92	512
	泰村（平）	式部丞	嘉禎３年	206	369
	泰通（藤原）	式部丞	長徳４年―長保元年	8,9	512
	泰能（高階）	式部丞	寿永２年―元暦元年	165,166	373
	泰茂（平）	式部丞	正元元年	223	369
チ	知教（橘）	式部丞	仁治元年	208	377
	知言（藤原）	式部丞	承暦元年	72	463
	知光（藤原）	式部丞	正暦３年	3	465
	知弘（橘）	式部丞	文永11年	234	377
	知国（姓未詳）	少内記	嘉承２年	99	555
	知重（中原）	式部録	仁安元年―寿永元年	148,149,151-159,161,163,164	385
	知仲（藤原）	式部丞	天仁元年	100	463
	知通（藤原）	式部丞	大治２年―大治４年	114,115	464
	知邦（源）	式部丞	寛元３年	213	538
	知邦（姓未詳）				555

	名（姓）	官職	在任期間	本文頁数	考証頁数
チ	致孝（津守）	式部録	寛弘8年―長和3年	20,21,23	381
	致綱（橘）	式部丞	承暦3年	73	378
	致治（源）	式部丞	正暦元年	1	545
	中尹（藤原）	少内記	長徳元年―長徳4年	5,7-9	467
	仲家（源）	式部丞	建久9年	175	538
		式部丞	承元元年	183	
	仲教（藤原）	式部丞	嘉応元年	152	468
		式部巡	寿永2年	165	
	仲光（姓未詳）				555
	仲資（藤原）	式部丞	寿永元年	164	466
	仲実（藤原）	式部丞	承暦3年	73	465
	仲実（姓未詳）	式部丞	寛喜3年	200	555
	仲俊（大江）	少内記	康和2年	92	299
	仲俊（橘）	式部丞	寛治元年	80	377
	仲俊（橘）	式部丞	仁安3年	150	377
	仲章（源）	大学頭	建保2年―建保5年	189,190	538
		文章博士	建保6年―承久元年	191,192	
	仲成（藤原）	式部丞	久安6年	132	468
	仲忠（源）	式部丞	正元元年	223	538
	仲道（卜部）	式部丞	治承3年―養和元年	159,161,163	291
	仲保（姓未詳）	少内記	長保3年	12	555
	仲友（佐伯）	式部録	天養元年―久安3年	126-129	314
	仲頼（源）	式部丞	康治元年	125	539
	忠遠（高階）				370
	忠遠（中原）	少内記	寛治元年―永長元年	80-88	384
	忠継（藤原）	式部丞	弘長元年	225	442
	忠広（中原）	少内記	建長2年	218	384
	忠光（藤原）	式部丞	元永2年―保安4年	108-112	443
	忠光（源）	式部丞	仁安3年	150	533
	忠弘（紀）	少内記	永仁6年	253	309
	忠孝（大江）	式部丞	長保3年	11	297
	忠康（藤原）	式部丞	元久2年	181	443
	忠興（藤原）	式部丞	永久2年―永久4年	105,106	441
	忠時（源）	式部丞	康和5年	94	533
	忠成（姓未詳）	式部丞	長承元年	117	554
	忠政（源）				533
	忠清（大中臣）	式部丞	仁安3年	150	308

	名（姓）	官職	在任期間	本文頁数	考証頁数
チ	忠清（姓未詳）	式部丞	寛治4年—寛治5年	82,83	553
	忠宗（藤原）	式部巡	寛治5年	84	443
	忠長（藤原）				443
	忠長（姓未詳）	少内記	延久元年—承保2年	66-70	554
	忠貞（菅原）	大内記	治安元年—万寿3年	31-35	345
		式部少輔	万寿元年—万寿2年	33	
		文章博士	長元5年—長暦元年	39-44	
	忠任（姓未詳）	式部録	寛治3年	82	554
	忠輔（藤原）	東宮学士	正暦元年—長徳2年	1-6	441
	忠房（大江）	式部丞	安元2年	157	297
	忠友（藤原）	式部丞	承安4年—治承2年	155-158	442
	忠理（藤原）	少内記	康和5年—嘉承2年	95-97,99	443
		式部丞	天仁元年	100	
	忠隆（源）	式部丞	寛弘元年	14	533
	忠倫（藤原）	式部少輔	建保6年—貞応2年	191-194	442
		大学頭	寛元元年	212	
	長員（菅原）	大内記	永仁6年	253	348
		式部大輔	元徳2年—建武3年	276,277,279-282	
	長英（藤原）	式部少輔	正和4年	265	470
	長家（姓未詳）				555
	長経（菅原）	式部丞	正元元年	223	350
	長継（菅原）	式部少輔	正慶元年	279	349
	長継（橘）	式部丞	文永4年	229	377
	長憲（菅原） →長員（菅原）を見よ				352
	長光（藤原）	大内記	康治2年—仁平2年	126-134	471
		文章博士	仁平2年—永万元年	133,135,136,138, 139,141-147	
	長綱（菅原）	少内記	元徳2年—建武2年	276,278-281	350
		式部丞	建武元年	280	
		大内記	建武元年—建武3年	281,282	
	長衡（藤原）	式部少輔	承元2年	184	471
	長守（菅原）	大内記	文治元年—建久2年	167-170	352
		文章博士	正治元年—正治2年	176,177	
		大学頭	正治2年—建仁3年	178-180	
	長俊（菅原）	大内記	正中元年	272	351
	長俊（藤原）	式部丞	正応4年	247	467

	名（姓）	官職	在任期間	本文頁数	考証頁数
チ	長正（藤原）	式部丞	文治元年	167	471
	長成（菅原）	大学頭	寛元２年	213	351
		文章博士	建長元年―建長５年	217-219	
		式部大輔	弘長元年―弘長３年	225,226	
	長貞（菅原）	大内記	建保２年―嘉禄２年	189-197	349
		東宮学士	建保６年―承久２年	191,192	
		文章博士	嘉禄２年	197	
	長輔（菅原）	文章博士	正応元年	245	349
	長躬（菅原）				353
	長倫（藤原）	式部丞	建仁元年―建仁３年	178,179	467
		式部少輔	建保４年―建保６年	189-191	
		式部巡	承久元年	192	
		文章博士	承久３年―嘉禄２年	194-196	
		式部権大輔	寛喜２年―天福元年	199-203	
		東宮学士	寛喜３年―貞永元年	200-202	
	朝久（紀）	少内記	仁治３年	211	310
	朝時（平）	式部丞	承久２年―元仁元年	192-195	364
	朝直（平）	式部丞	天福元年―文暦元年	203,204	365
	朝棟（源）	式部丞	万寿２年	34	538
	朝輔（藤原）	式部丞	寛治４年	82	463
	澄景（大江）	少内記	嘉承元年	97	295
	直氏（平）	少内記	正応元年	245	365
	直世（藤原）				465
ツ	通景（大江）	少内記	寛治６年―寛治７年	85	305
	通国（大江）	少内記	承暦元年	72	305
		大学頭	天永２年―天永３年	103,104	
	通時（姓未詳）				557
	通盛（大江）				307
	通直（大江）	少内記	長徳３年	8	306
		文章博士	寛弘７年―寛仁元年	18,20,22-24,26,27	
		式部権大輔	寛仁２年―長元元年	28-36	
		大学頭	治安２年―長元２年	31-33,35-38	
	通能（藤原）	式部丞	康治元年	124	496
	通能（源）				543
テ	定家（橘）	式部丞	養和元年―寿永元年	163,164	375
	定義（菅原）	大内記	万寿４年―長元２年	36,37	338

	名（姓）	官職	在任期間	本文頁数	考証頁数
テ		大内記	永承元年―永承３年	51,52	
		文章博士	天喜２年―康平６年	56-61	
		大学頭	康平５年―康平６年	61	
	定経（大江）	式部丞	寛仁２年	28	294
	定景（清原）	式部録	久安３年	129	311
	定景（惟宗）	式部録	応保２年	144	312
	定元（橘）	式部丞	大治５年	116	375
	定弘（紀）	少内記	延慶元年―応長元年	261-263	309
	定佐（藤原）	式部丞	寛弘３年	15	421
	定俊（姓未詳）	大内記	承暦４年	74	552
	定親（平）	式部丞	寛仁３年―寛仁４年	29,30	359
		東宮学士	長元６年―長元９年	40-43	
		文章博士	長久２年―天喜元年	47-55	
		東宮学士	寛徳２年―康平４年	50-60	
		式部大輔	天喜２年―康平４年	55-60	
	定正（菅原）	式部丞	応保２年	144	337
		式部少輔	仁安２年―仁安３年	148,150	
	定宗（菅原）	式部丞	仁平２年	133	338
	定仲（藤原）	式部丞	嘉保元年―嘉保２年	86,87	422
	定輔（藤原）	式部丞	寛弘５年	17	421
	定房（藤原）	式部丞	長保４年	12	422
	定茂（藤原）	少内記	正元元年	224	422
	定雄（姓未詳）				552
	定良（源）	式部丞	長和５年	26	527
	貞衡（菅原）	式部丞	久安５年	131	337
	貞氏（三善）	式部丞	正安３年	256	548
	貞重（平）	式部丞	承安元年	153	359
	貞親（藤原）	少内記	応保元年―嘉応元年	144-149,151,152	421
	貞房（平）	式部丞	正応２年―正応３年	245,246	360
ト	棟国（津守）	式部丞	文永５年―文永６年	230	381
		式部巡	正応３年	247	
	登任（藤原）	式部丞	長和４年―長和５年	24,26	475
	藤範（藤原）	東宮学士	徳治２年―延慶元年	260,261	492
		式部大輔	元亨２年―嘉暦３年	271-275	
		文章博士	建武２年―建武３年	282	
	度房（平）	式部丞	治承２年	158	366
	道成（源）	式部丞	寛弘元年	13	543

	名　（姓）	官　職	在任期間	本文頁数	考証頁数
ト	道済（源）	式部丞	長保５年―寛弘３年	13-15	543
		式部巡	長和４年	25	
	道統（三善）	文章博士	正暦元年―長徳４年	1-8	549
	道名（藤原）	大内記	永仁元年―永仁２年	249,250	496
	徳時（平）				366
	敦家（藤原）	式部丞	延久２年	66	394
	敦季（藤原）	式部丞	養和元年	163	394
	敦基（藤原）	少内記	延久元年―延久３年	66,67	402
		式部丞	延久３年	67	
		大内記	承保２年―応徳３年	70-79	
		文章博士	寛治２年―承徳元年	81-89	
	敦儀親王	式部卿	寛仁４年―長元３年	29-38	286
	敦業（中原）	式部丞	寛元３年―寛元４年	213-215	382
	敦経（藤原）	式部丞	応保２年	144	397
		式部少輔	承安４年―安元元年	155	
	敦経（源）				524
	敦継（藤原）	大内記	弘安10年―正応２年	243-246	396
		式部少輔	正応元年―正応２年	244,245	
		文章博士	永仁６年―延慶３年	253-262	
	敦賢親王	式部卿	康平４年―承暦元年	59-63,65-72	285
	敦憲（藤原）	式部丞	治暦４年	65	398
	敦光（藤原）	式部丞	承徳２年―康和元年	89,90	399
		大内記	康和４年―永久元年	93,95-97,99,101-104	
		文章博士	嘉承２年―保安２年	99,101-108,110	
		大学頭	永久元年―保安３年	105-108,110,111	
		式部大輔	保安３年―天養元年	111-126	
	敦康親王	式部卿	長和５年―寛仁２年	26-28	287
	敦綱（藤原）	式部権少輔	仁安元年―嘉応２年	147-150,152	397
		式部権大輔	建久元年―建仁元年	170-178	
	敦佐（藤原）				394
	敦嗣（藤原）				396
	敦周（藤原）	式部丞	久安４年―久安５年	130,131	395
		大内記	長寛元年―仁安元年	145-148	
		文章博士	承安４年―寿永２年	155-159,162-165	
	敦親（藤原）	式部丞	久寿２年―保元２年	136,137,139	395
	敦宗（藤原）	式部丞	延久２年	66	400

	名（姓）	官職	在任期間	本文頁数	考証頁数
ト		文章博士	永保３年―寛治２年	76,77,79-81	
		式部少輔	承徳２年―康和元年	89,90	
		大学頭	康和４年―天永２年	94-99,101-103	
		東宮学士	康和５年―嘉承２年	94,96,97,99	
		式部権大輔	嘉承２年―天仁元年	99,100	
	敦貞親王	式部卿	永承５年―康平４年	53-59	285
	敦平親王	式部卿	長元３年―永承４年	38-41,43,45-52	286
	敦保（伴）	式部丞	康治元年	124	382
	敦保（藤原）	式部丞	久安２年	127	403
	敦明親王	式部卿	寛弘８年―長和５年	20-24,26	285
	敦倫（藤原）	大内記	建暦元年―建暦２年	187	398
ノ	能資（藤原）	少内記	応保元年―仁安３年	144-149,151	518
	能秀（大江）	少内記	寛元２年―寛元４年	213-215	308
	能貞（平）	少内記	仁治３年	211	370
	能邦（源）	式部丞	承久３年	193	547
	能明（源）				547
ハ	範永（藤原）	式部丞	寛仁３年	29	486
	範季（藤原）	式部権少輔	安元元年―元暦元年	156-159,161,163, 164,166	481
	範基（藤原）	式部丞	康治元年	124	488
	範基（源）	式部丞	康治元年	124	540
	範業（藤原）	式部丞	久寿２年―保元元年	136,137	486
	範兼（中原）	式部録	大治３年	115	387
	範兼（藤原）	式部少輔	天養元年―保元元年	126-128,130-137	480
		東宮学士	久寿２年―保元３年	137-139,141	
		大学頭	保元元年―応保２年	138,140,142-145	
	範賢（姓未詳）	少内記	承暦４年	75	556
	範光（藤原）	式部丞	保元３年―平治元年	141,142	487
	範光（藤原）	式部丞	承安元年―承安２年	153,154	487
		式部権少輔	元暦元年	166	
		式部少輔	文治元年―建久６年	167-173	
	範光（藤原）	式部丞	寿永元年―元暦元年	164-166	487
	範国（藤原）	式部少輔	元弘元年―元弘３年	277,279	481
	繁氏（源）				528
	範資（藤原）	式部丞	建久９年	175	483
	範時（藤原）	東宮学士	正治２年―承元４年	177-186	485
		式部権少輔	建仁３年―承元２年	179-184	

	名　（姓）	官　職	在任期間	本文頁数	考証頁数
ハ	範尚（藤原）	式部丞	寛喜２年	199	486
	範信（藤原）	式部丞	保元２年―保元３年	139,141	486
	範政（藤原）	式部丞	正治元年	176	487
	範宣（姓未詳）	式部丞	保元３年	141	556
	範宣（藤原）	式部丞	仁安元年	148	486
	範忠（藤原）	式部丞	仁平元年―仁平３年	132-134	484
	範明（姓未詳）				556
	範頼（藤原）	式部丞	治承４年―養和元年	161,163	489
	繁雅（平）				361
フ	文雅（紀）	式部少丞	正応元年	244	310
	文信（石城）	式部録	長保元年―長保２年	9,10	290
ホ	保清（中原）	少内記	承暦４年	74	389
	保相（藤原）	式部丞	寛仁３年	29	511
	輔尹（藤原）	式部丞	正暦４年	3	431
	輔実（藤原）	式部丞	嘉承元年―天仁元年	97,99,100	430
	輔正（菅原）	式部権大輔	正暦元年―正暦２年	1,2	341
		式部大輔	正暦２年―寛弘６年	2-17	
	邦兼（藤原）	式部丞	仁安３年―嘉応元年	150,152	417
	邦広（姓未詳）	式部丞	文永６年	230	552
	邦行（藤原）	大内記	弘安６年―弘安７年	240,241	419
	邦光（平）	少内記	長保５年	13	357
	邦忠（源）	式部丞	大治３年	115	527
	房長（菅原）	式部丞	徳治元年	259	354
		式部権少輔	元応元年―元亨元年	269,270	
マ	末正（中原）	式部録	久安３年	129	384
メ	明業（藤原）	式部丞	承暦元年	72	390
	明衡（藤原）	式部少輔	天喜４年―康平６年	57-61	393
		文章博士	康平５年―治暦元年	60-62	
		東宮学士	康平６年	61	
		大学頭	治暦２年	63	
	明守（姓未詳）	少内記	承元３年	185	551
	明範（藤原）	大内記	弘長元年―文永２年	225-228	392
		文章博士	弘安６年―弘安８年	240,241	
		式部権大輔	弘安８年―弘安10年	241,242	
		大学頭	弘安10年―正応元年	243-245	
		式部大輔	永仁４年―正安３年	251,253,254,256	
モ	茂忠（姓未詳）	東宮学士	長元８年	42	558

	名 (姓)	官 職	在任期間	本文頁数	考証頁数
モ	茂長 (菅原)				355
	茂範 (藤原)	式部権少輔	仁治3年—宝治元年	210-216	506
		大内記	建長元年—建長2年	217,218	
		文章博士	文永元年—文永11年	227-234	
		式部権大輔	弘安元年—弘安4年	237,238	
		式部大輔	弘安4年—正応5年	239-248	
	茂平 (中原)	少内記	寛喜3年	200	387
	茂明 (藤原)	式部少輔	康治元年—康治2年	124,125	505
		文章博士	天養元年—久寿2年	126-133,135,136	
ユ	友景 (中原)	少内記	建久9年	175	385
	友兼 (姓未詳)	式部丞	保安元年	109	555
	友時 (豊原)	式部録	元永2年	108	382
	友実 (藤原)	式部丞	寛治4年—寛治5年	83	463
	友昌 (清原)	式部丞	寛喜2年	199	311
	友成 (惟宗)	少内記	寿永2年—文治元年	164-167	313
	友房 (藤原)				464
	有家 (藤原)	式部丞	長徳2年	6	403
	有家 (源)	式部丞	寛治4年	83	525
	有教 (藤原)	式部丞	保安元年	109	406
	有元 (大江)	式部少輔	嘉承2年—永久4年	99-106	292
		文章博士	保安3年—天承元年	111-117	
	有光 (藤原)	式部丞	保延3年	120	407
		大学頭	応保2年—治承元年	145-149,151-158	
	有弘 (紀)	式部丞	文応元年	224	308
	有綱 (藤原)	大学頭	承保2年—承暦3年	71-74	403
		文章博士	承暦2年—応徳元年	73-77	
		東宮学士	承暦3年	74	
	有綱 (源)	式部丞	建久9年	175	525
	有俊 (藤原)				404
	有章 (源)	式部丞	万寿4年	36	525
	有信 (藤原)	東宮学士	承暦4年—寛治元年	74-80	405
	有正 (藤原)	大内記	正安3年—徳治元年	256-259	406
	→親信 (藤原) も見よ				
	有正 (藤原)	文章博士	正中元年—嘉暦元年	272,273	406
	有成 (藤原)	式部丞	天仁元年	100	405
	有清 (藤原)	式部丞	康和5年—嘉永2年	94-97,99	403
	有盛 (藤原)	式部丞	大治4年	115	407

	名　（姓）	官　職	在任期間	本文頁数	考証頁数
ユ		式部丞	久安6年―仁平3年	132-134	408
	有仲（藤原）	式部巡	仁治3年	211	404
	＊父家盛を式部巡で昇叙				
	有範（大中臣）	式部丞	正応元年	244	308
	有範（藤原）	大学頭	建武元年	281	406
		東宮学士	建武3年	282	
	有保（源）	式部丞	久寿元年―久寿2年	135,136	525
	有房（源）	式部丞	康和元年―康和4年	90-93	525
	有隆（藤原）	式部丞	保安4年	112	403
	祐俊（平）	少内記	承暦4年―永保元年	74,75	361
	祐村（姓未詳）				553
ヨ	用仲（三善）	少内記	長寛元年―永万元年	145-147	549
ラ	頼季（藤原）	式部丞	康治元年	124	521
	頼季（藤原）	式部丞	正治元年―正治2年	176,177	521
		式部巡	元久2年	182	
	頼季（姓未詳）	式部巡	寛治6年	85	559
	頼業（藤原）				523
	頼経（藤原）	式部丞	治承3年	159	522
	頼元（安部）	式部録	保元2年	139	289
	頼成（藤原）	式部丞	仁安元年	148	523
	頼政（紀）	式部録	長元5年―長元7年	39,40	311
	頼宣（藤原）	式部丞	寛仁2年	28	523
	頼村（平）	少内記	弘安9年	242	370
	頼泰（藤原）				524
	頼仲（藤原）	式部丞	承久3年	193	522
	頼定（藤原）	式部丞	保延6年―康治元年	122-124	520
	頼貞（源）	式部丞	長保5年―寛弘元年	13	548
	頼任（藤原）	少内記	寛弘3年	16	522
		大内記	長和3年	24	
	頼範（藤原）	式部丞	寿永2年	165	523
		東宮学士	建仁元年―承元4年	178-186	
		式部大輔	承久元年―承久3年	191-193	
	頼方（藤原）	式部丞	久安5年―久安6年	131	520
	頼明（藤原）	式部丞	寛弘元年	13	520
	頼茂（藤原）	式部丞	建暦2年	187	524
	頼祐（藤原）	式部丞	長和2年	22	522
	頼隆（藤原）	式部丞	正暦4年	4	522

	名（姓）	官職	在任期間	本文頁数	考証頁数
リ	理義（平）	式部丞	正暦4年	3	367
	隆兼（大江）	式部丞	承暦4年	74	295
	隆光（藤原）	式部丞	寛弘2年	14	441
	隆佐（藤原）	少内記	寛弘4年―長和3年	16-18,21-24	438
		式部丞	長和3年―長和5年	23,24,26	
	隆重（藤原）	式部丞	嘉保2年―永長元年	87,88	438
	隆政（藤原）	式部丞	久安4年	130	441
	隆忠（中原）	少内記	康和5年	95	384
	良綱（藤原）				519
	良治（姓未詳）				559
	良重（藤原）	式部丞	建久6年	173	518
	良盛（菅原）	式部丞	仁安元年	148	355
	良貞（大江）	式部録	応徳元年―寛治3年	77,79-82	307
	良貞（姓未詳）				558
	良任（藤原）	式部丞	治安元年―治安2年	30,31	519
	良頼（菅原）	式部権少輔	天福元年―嘉禎元年	203-205	356
		式部少輔	嘉禎元年―嘉禎3年	205,206	
		文章博士	建長6年	219	
		式部大輔	弘長3年―文永8年	226-231	
	倫光（中原）	式部録	建久6年	173	386
	倫俊（中原）	式部録	保安元年―大治2年	110-114	386
レ	令明（藤原）	大内記	長承元年―康治2年	118-123,125,126	518
	令茂（藤原）				520
	廉兼（藤原）	少内記	保安2年	111	411
諱未詳	ト部某	式部丞	建久4年	171	292
	大友式部丞(諱未詳)				559
	小野（諱未詳）	式部録	長元8年	42	559
	小野（諱未詳）	式部録	長暦元年	44	559
	紀（諱未詳）	式部録	万寿2年	34	560
	惟宗（諱未詳）	式部録	万寿2年	34	559
	惟宗（諱未詳）	式部録	長元8年	41	559
	惟宗（諱未詳）	式部録	長暦元年	44	559
	坂合部（諱未詳）	式部録	万寿2年	34	560
	島津（諱未詳）	式部丞	年未詳		560
	菅原（諱未詳）	東宮学士	正安3年	256	560
	菅原（諱未詳）	大学頭	正安3年	256	560
	橘（諱未詳）	式部録	長元8年	42	560

	名（姓）	官職	在任期間	本文頁数	考証頁数
諱未詳	伴（諱未詳）	式部録	長元８年	42	560
	中原（諱未詳）	式部録	長元８年	42	560
	中原（諱未詳）	式部録	長暦元年	44	560
	名越式部大夫(諱未詳)				559
	藤原（諱未詳）	式部録	長元８年	41	560
	藤原（諱未詳）	式部録	長元８年	41	560
	藤原（諱未詳）	式部丞	長暦元年	44	561
	藤原（諱未詳）	式部丞	長暦元年	44	561
	藤原（諱未詳）	式部丞	長暦元年	44	561
	藤原（諱未詳）	式部丞	長暦元年	44	561
	藤原（諱未詳）	東宮学士	承保３年	71	561
	藤原（諱未詳）	大学頭	承保３年	71	561
	藤原（諱未詳）	大学頭	承徳２年	90	561
	藤原（諱未詳）	式部少輔	保安元年	109	561
	藤原（諱未詳）	式部丞	天治元年	112	561
	藤原（諱未詳）	東宮学士	永治元年	123	562
	源（諱未詳）	式部丞	建保元年	188	
	源（諱未詳）	式部丞	貞応元年	194	
	某				562

【著者】永井 晋（ながい すすむ）

〔略歴〕
1959 年　群馬県に生まれる
1986 年　國學院大學大学院博士課程後期中退（文学修士）
1986 年　神奈川県教育委員会就職、金沢文庫勤務
2008 年　國學院大學博士（歴史学）
現　在　神奈川県立金沢文庫主任学芸員・國學院大學非常勤講師

〔主要著書〕
『官史補任』（続群書類従完成会）
『鎌倉幕府の転換点——吾妻鏡を読み直す』（NHK 出版）
『人物叢書　金沢貞顕』（吉川弘文館）
『金沢文庫資料図録 書状編１』（神奈川県立金沢文庫　共著）
『吾妻鏡人名総覧——注釈と考証——』（吉川弘文館　共著）
『北条氏系譜人名辞典』（新人物往来社　共著）
『金沢北条氏の研究』（八木書店）
『北条時宗の時代』（八木書店　共著）

式部省補任　　定価（本体 12,000 円＋税）

2008 年 5 月 15 日　初版第一刷発行

編　者　永井　晋
発行者　八木　壮一
発行所　株式会社　八木書店
〒101-0052 東京都千代田区神田小川町 3-8
電話 03-3291-2961（営業）
03-3291-6969（編集）
03-3291-6300（FAX）
E-mail pub@books-yagi.co.jp
Web http://www.books-yagi.co.jp/pub

組　版　笠間デジタル組版
印　刷　平文社
製　本　牧製本印刷
用　紙　中性紙使用

ISBN978-4-8406-2031-4

宮崎康充編

国司補任　全六冊

A5判上製

第一　七、三五〇円
第二　九、四五〇円
第三　八、四〇〇円
第四　九、四五〇円
第五　品切
索引　一二、六〇〇円

本書は、大宝元年（七〇一）以降の国・島・大宰府・鎮守府（摂津職・河内職・和泉監を含む）について、その四等官と史生および前司等を諸史料より索捜し、可能なかぎり掲出しようとするものである。掲出方法は国別編年とし、各年ごとに所見のあった四等官等をまとめた。国の配列は概ね延喜式の記載に従った。利用の便をはかり、出典を明らかにして新編集・刊行するものである。
第一巻　大宝元年（七〇一）～延暦十年（七九一）　第二巻　延暦十一年（七九二）～仁和四年（八八八）　第三巻　寛平元年（八八九）～寛和二年（九八六）　第四巻　永延元年（九八七）～延久五年（一〇七三）　第五巻　承保元年（一〇七四）～平治元年（一一五九）　第六巻　遠山久也編　人名索引

市川久編

蔵人補任　全一冊

A5判上製　一〇、五〇〇円

本書は、蔵人所の頭・五位・六位蔵人を年ごとに列挙し、各人の下に任日・兼官・叙任の記事を注した補任次第書である。弘仁元年（八一〇）より建久九年（一一九八）を諸記録にあたり新たに編集刊行する。蔵人所別当補任・蔵人補任系図を加え、さらに詳細な人名索引を付し、利用の便宜をはかった。

市川久編

近衛府補任　全二冊

A5判上製

第一　九、四五〇円
第二　九、四五〇円

大同二年（八〇七）より建久九年（一一九八）までの近衛府の大将・中将・少将の任免並に兼任等を年ごとに列挙した補任次第書である。諸記録にあたり新たに編集刊行するものである。第一巻　大同二年～延久四年　第二巻　延久五年～建久九年　第二巻巻末に詳細な人名索引と近衛府補任系図を加える。

市川久編

衛門府補任　全一冊

A5判上製　一〇、五〇〇円

弘仁二年（八一一）左右衛士府が左右衛門府に改編されてより建久九年（一一九八）までの左右衛門の任免ならびに兼任等を、数多くの史料を駆使して編集する。『蔵人補任』『近衛府補任』に続く編者の労作。出典の明確なことでは定評がある。衛門府補任系図と詳細な人名索引を付して刊行する。

井上幸治編

外記補任　全一冊

A5判上製　一〇、五〇〇円

大宝元年(七〇一)から明応九年(一五〇〇)までの外記の補任次第書である。これまで『続群書類従』所収分が利用されてきたが、今回『続群書類従』本を底本とし、諸史料から新編集。年ごとにその姓名・本官・位階・任免・異動月日・兼官等を列記、出典を明確にした。巻末に外記考証・系図・解説・人名索引付。

永井晋編

官史補任　全一冊

A5判上製　一〇、五〇〇円

正暦元年(九九〇)より建武三年(一三三六)までの太政官弁官局の史の補任次第書である。諸記録にあたり、出典をあげて現任の位階・氏名・任日・兼官のみならず、前官・史巡・叙爵も載せ、新編集刊行するものである。巻末に各人の履歴を表す官史考証、詳細な人名索引と解説、官史系図を付して刊行する。

宮崎康充編

検非違使補任　全三冊

A5判上製　**完結**

第一　七、三五〇円
第二　九、四五〇円
別巻　一一、五五〇円

弘仁七年(八一六)より元弘三年(一三三三)までの検非違使を数多の史料より抽出し、姓名・本官・位階・任免・兼官・加階を年ごとに掲出し、出典を明確にする。
第一巻　弘仁七年～貞応二年　第二巻　元仁元年～元弘三年、系図・索引付。
別巻　一・二巻の編集過程で調査した検非違使別当と佐の経歴(補遺)

湯川敏治編

歴名土代　全一冊

A5判上製　一五、七五〇円

本書は山科言継・言経父子自筆の四・五位の叙位記録で、貞治六年(一三六七)～慶長十一年(一六〇六)までを収める。今回、東京大学史料編纂所の自筆本を底本として翻刻する。また、『公卿補任』の体裁にならい配列しなおした編年索引を作成し、人名索引を付した。四位・五位の人々の経歴を知るための好史料。

米田雄介・荒川玲子・詫間直樹編

新摂関家伝　全二冊

A5判上製　既刊第一　九、四五〇円

藤原氏流で摂政または関白となった人物の官歴を「諸家伝」「摂関家伝」をもとに、諸記録にあたり新たに編集した。鎌足より藤原北家の当主を掲出し、五摂家分立以前は補任順に、五摂家分立以後は、近衛・鷹司・九条・二条・一条の家毎に掲出する。第一には鎌足より戦国・安土桃山、第二に江戸時代を収める。

史料纂集既刊書目一覧表

史料纂集既刊書目一覧表

古記録編

配本回数	書名	巻数
①	山科家礼記	1
②	師守記	1
③	公衡公記	1
④	山科家礼記	2
⑤	師守記	2
⑥	隆光僧正日記	1
⑦	公衡公記	2
⑧	言国卿記	1
⑨	師守記	3
⑩	教言卿記	1
⑪	隆光僧正日記	2
⑫	舜旧記	1
⑬	隆光僧正日記	3
⑭	山科家礼記	3
⑮	師守記	4
⑯	葉黄記	1
⑰	経覚私要鈔	1
⑱	明月記	1
⑲	兼見卿記	1
⑳	教言卿記	2
㉑	師守記	5
㉒	山科家礼記	4
㉓	北野社家日記	1
㉔	北野社家日記	2
㉕	師守記	6
㉖	十輪院内府記	全
㉗	北野社家日記	3
㉘	経覚私要鈔	2
㉙	兼宣公記	1
㉚	元長卿記	全
㉛	北野社家日記	4
㉜	舜旧記	2
㉝	北野社家日記	5
㉞	園太暦	5
㉟	山科家礼記	5
㊱	北野社家日記	6
㊲	師守記	7
㊳	教言卿記	3
㊴	吏部王記	全
㊵	師守記	8
㊶	公衡公記	3
㊷	経覚私要鈔	3
㊸	言国卿記	2
㊹	師守記	9
㊺	三藐院記	全
㊻	言国卿記	3
㊼	兼見卿記	2
㊽	義演准后日記	1
㊾	師守記	10
㊿	本源自性院記	全
51	舜旧記	3
52	台記	1
53	言国卿記	4
54	経覚私要鈔	4
55	言国卿記	5
56	言国卿記	6
57	権記	1
58	公衡公記	4
59	舜旧記	4
60	慶長日件録	1
61	三箇院家抄	1
62	花園天皇宸記	1
63	師守記	11
64	舜旧記	5
65	義演准后日記	2
66	花園天皇宸記	2
67	三箇院家抄	2
68	妙法院日次記	1
69	言国卿記	7
70	師郷記	1
71	義演准后日記	3
72	経覚私要鈔	5
73	師郷記	2
74	妙法院日次記	2
75	園太暦	6
76	園太暦	7

史料纂集既刊書目一覧表

古文書編

配本回数	書名	巻数
①	熊野那智大社文書	1
②	言継卿記紙背文書	1
③	熊野那智大社文書	2
④	西福寺文書	全
⑤	熊野那智大社文書	3
⑥	青方文書	1
⑦	五条家文書	全
⑧	熊野那智大社文書	4
⑨	青方文書	2
⑩	熊野那智大社文書	5
⑪	気多神社文書	1
⑫	朽木文書	1
⑬	相馬文書	全
⑭	気多神社文書	2
⑮	朽木文書	2
⑯	大樹寺文書	全
⑰	飯野八幡宮文書	全
⑱	気多神社文書	3
⑲	光明寺文書	1
⑳	入江文書	全
㉑	光明寺文書	2
㉒	賀茂別雷神社文書	1
㉓	沢氏古文書	1
㉔	熊野那智大社文書索引	
㉕	歴代古案	1
㉖	歴代古案	2
㉗	長楽寺文書	全
㉘	北野神社文書	全
㉙	歴代古案	3
㉚	石清水八幡宮文書外	全
㉛	大仙院文書	全
㉜	近江大原観音寺文書	1
㉝	歴代古案	4
㉞	歴代古案	5
㉟	言継卿記紙背文書	2
㊱	福智院家文書	1
㊲	福智院家文書	2
㊳	朽木家文書	1